国家社会科学基金项目"基于语料库的中国日语学习者认知研究（13BYY160）"研究成果
获中央高校基本科研业务费及上海外国语大学学术著作出版资助

毛文伟 ——— 著

基于语料库的中国日语学习者认知研究

A Corpus-based

Cognitive Study on Chinese

Japanese Learners

北京大学出版社
PEKING UNIVERSITY PRESS

图书在版编目（CIP）数据

基于语料库的中国日语学习者认知研究 / 毛文伟著 . —北京：北京大学出版
社，2019.6

ISBN 978-7-301-30465-5

Ⅰ.① 基… Ⅱ.① 毛… Ⅲ.① 日语 – 第二语言 – 语言学习 – 研究 Ⅳ.① H36

中国版本图书馆 CIP 数据核字（2019）第 079766 号

书　　　名	基于语料库的中国日语学习者认知研究
	JIYU YULIAOKU DE ZHONGGUO RIYU XUEXIZHE RENZHI YANJIU
著作责任者	毛文伟　著
责 任 编 辑	兰　婷
标 准 书 号	ISBN 978-7-301-30465-5
出 版 发 行	北京大学出版社
地　　　址	北京市海淀区成府路 205 号　100871
网　　　址	http://www.pup.cn　　　新浪微博：@ 北京大学出版社
电 子 信 箱	lanting371@163.com
电　　　话	邮购部 010-62752015　发行部 010-62750672　编辑部 010-62759634
印 刷 者	北京虎彩文化传播有限公司
经 销 者	新华书店
	720 毫米 ×1020 毫米　16 开本　18.5 印张　340 千字
	2019 年 6 月第 1 版　2019 年 6 月第 1 次印刷
定　　　价	58.00 元

未经许可，不得以任何方式复制或抄袭本书之部分或全部内容。

版权所有，侵权必究

举报电话：010-62752024　电子信箱：fd@pup.pku.edu.cn

图书如有印装质量问题，请与出版部联系，电话：010-62756370

前　言

　　第二语言习得是一个极其复杂的学习过程。研究者通常会借鉴母语研究、语际对比、心理学以及其他相关学科的研究方法，从不同视角、不同层面出发，全面考察第二语言的发展状况和显著特征，详细描述学习者获得第二语言的具体过程和影响因素，深入探讨第二语言习得的核心机制和关键要素，以便对第二语言习得与第一语言习得的共性与区别以及学习者内部第二语言发展差异的形成原因等诸多理论和现实问题形成合理、准确的解释。

　　学习者表达失误研究是二语习得研究的重要组成部分。众所周知，在学习者的产出中，存在着大量不恰当的表达形式。这些形式如同一面镜子，反映出学习者对目标语言的掌握情况和运用能力。尽管这种反映可能是断片式的、不完整的，但在现阶段，仍然是研究者观察学习者内部语言发展状况的最主要手段之一。研究不同阶段学习者的易发错误，掌握其分布规律，分析其形成原因，剖析其认知机理，有助于教师及学习者正确看待语言学习过程中遭遇的各种问题，采取相应对策，有效地避免表达失误的发生，更好地促进第二语言的发展。这对于我们深入探究人类语言形成规律，提高语言教学的效率和效果，培养更多的高水平外语人才等都具有重要的理论和应用价值。

　　本书以现代日语书面语均衡语料库（BCCWJ）和中国日语学习者语料库（CJLC）为基本数据来源，通过对前者收录的大规模本族语语料进行分析，全面、深入地考察母语使用者的表达习惯和认知方式；同时，对后者收录的大规模学习者语料进行统计、分析，详细、准确地了解常见表达失误的分布情况和出现规律。在此基础上，运用认知语言学理论，探讨学习者与母语使用者在识解模式、事物的把握方式、词汇的意象图式以及对隐喻、转喻、提喻等的理解、运用等方面存在的差异，以期对二语习得过程中学习者的认知模式以及表达失误的产生原因等形成合理解释，并探讨相应对策。

　　本研究的目的在于，首先，促进日语研究界对认知语言学理论的吸收和应用。

当前，我国认知语言学研究多集中于英语和汉语研究界，日语研究界起步较晚。对于我国日语语言学研究者来说，加强对认知语言学理论的吸收和理解，促进认知语言学在日语研究领域的应用，有助于进一步拓展研究视野，丰富研究手段，深化认识水平，提高研究的理论性和创新性，具有重要的理论价值。其次，加强对日语学习者认知机制的认识。当前，以认知语言学理论分析日语学习者表达失误成因的研究尚不多见，研究者多致力于对表达失误的现象进行观察和归纳，缺少对其形成机制的分析和总结。从认知视角出发，深入分析中国日语学习者的产出，能够进一步丰富我们对于学习者认知特点和语言发展规律的认识，提高我们对表达失误产生原因的分析和解释能力，是非常迫切、很有意义的课题之一。最后，进一步完善认知语言学理论。以认知语言学理论解释日语学习者表达失误的产生机制，有利于对认知语言学理论本身进行补充和完善。研究者必须面对过去未曾遇到过的问题，并做出合理解释，最终促使理论落地，反哺理论研究，不断丰富认知语言学的研究内容，完善认知语言学的理论体系。

希望本书能够进一步深化我们对于汉日语言认知机制、日语学习者习得特点、中介语发展规律以及表达失误产生原因等的认识，促进认知语言学研究在二语习得研究领域的应用，并为我们改变教学理念、改革教学内容、改进教学方法、改善教学效果提供有益启示。

在本书成书过程中，本人得到了许多学界前辈、师友的热情支持和宝贵指导，在此一并表示感谢！受学力所限，在论述过程中难免有疏漏、不当之处，恳请不吝赐教！

毛文伟

2019年3月

目　录

第一章　日语二语习得研究范式的演变历程 ………………… 1

　　1. 引言 ………………………………………………………… 1

　　2. 从语言对比研究到学习者表达失误研究 ………………… 1

　　3. 中介语研究的兴起 ………………………………………… 3

　　4. 日语教育研究的发展历程 ………………………………… 4

　　5. 日语二语习得研究的发展历程 …………………………… 7

　　6. 结语 ………………………………………………………… 10

第二章　中国日语学习者产出的总体特征分析 ………………… 14

　　1. 引言 ………………………………………………………… 14

　　2. 研究对象及方法 …………………………………………… 15

　　3. 学习者词汇使用的总体特征 ……………………………… 16

　　4. 词目覆盖率统计及对比 …………………………………… 20

　　5. 高频词目对比分析 ………………………………………… 24

　　6. 结语 ………………………………………………………… 30

第三章　学习者表达失误的类型及分布 ………………………… 32

　　1. 引言 ………………………………………………………… 32

　　2. 现有学习者语料库的表达失误类型设计 ………………… 32

　　3. 学习者表达失误的类型设定 ……………………………… 34

　　4. 学习者表达失误的认定原则 ……………………………… 40

　　5. 学习者表达失误的分布状况 ……………………………… 42

　　6. 结语 ………………………………………………………… 46

第四章　学习者表达失误的成因分析 …………………………… 49

　　1. 引言 ………………………………………………………… 49

　　2. 学习者表达失误的成因 …………………………………… 49

3. 单纯目标语缺陷引发的表达失误	50
4. 母语负迁移引发的表达失误	54
5. 目标语负迁移引发的表达失误	57
6. 文化背景知识引发的表达失误	59
7. 结语	60

第五章 认知语言学与二语习得研究的接点 62

1. 引言	62
2. 认知语言学的形成及发展历程	63
3. 认知语言学的主要研究内容	65
4. 认知语言学在二语习得研究中的应用现状	66
5. 结语	70

第六章 识解方式与二语习得研究 74

1. 引言	74
2. 图形与背景	75
3. 基体与侧面	79
4. 实例分析：数量词连体、连用修饰用法对比分析及学习者习得状况研究	81
5. 结语	85

第七章 范畴、原型与二语习得研究 87

1. 引言	87
2. 范畴和原型	88
3. 基于原型的范畴结构	91
4. 实例分析：格助词「で」的功能扩展及学习者习得状况研究	93
5. 结语	101

第八章 意象图示与二语习得研究 104

1. 引言	104
2. 意象图示的典型类型	105
3. 意象图示的相互转换	108
4. 实例分析：助数词「本」计数对象的意象图示分析及学习者习得状况研究	110
5. 结语	118

第九章	隐喻与二语习得研究	120
	1. 引言	120
	2. 隐喻的性质及类型	122
	3. 隐喻的成立基础	127
	4. 实例分析：汉日"上/下"隐喻的对比分析及学习者习得状况研究	131
	5. 结语	144
第十章	转喻、提喻与二语习得研究	146
	1. 引言	146
	2. 转喻的认知机制及类型	149
	3. 提喻的认知机制及类型	161
	4. 喻解的连锁	165
	5. 实例分析：汉日「目」和"眼"的语义拓展及学习者习得状况研究	167
	6. 结语	193
第十一章	语法化与二语习得研究	196
	1. 引言	196
	2. 词汇演变视角下的语法化现象	199
	3. 语法化的本质现象及判断依据	208
	4. 实例分析：机能辞的认知机理及学习者习得状况研究	218
	5. 结语	245
第十二章	总结与展望	248
	1. 本书的总结	248
	2. 今后的展望	256

附录1	中国日语学习者语料库概况	258
附录2	日语机能辞评价指标统计表	263
附录3	参考文献	276

第一章 日语二语习得研究范式的演变历程

1. 引言

　　二语习得研究是一门新兴学科，旨在考察人们在掌握母语后获得第二语言的过程及规律。它的兴起源于外语教育的需要。作为一门独立学科，二语习得研究大概形成于20世纪60年代末、70年代初（Block 2003）。与其他社会科学相比，它是一个崭新的领域。在发展过程中，研究者大多借鉴了母语研究、教育学研究或其他相关学科的方法（Larsen-Freeman & Long 1991）。同时，又深受行为主义心理学、普遍语法、语言类型学等相关研究的影响。

　　在过去的近50年时间里，该领域的研究者秉承的理念不断地发生着变化。从研究方法来看，先后经历了语言对比研究、学习者表达失误研究和中介语研究三个阶段。从研究对象看，从音韵、词素、词汇、语法等本体层面开始，逐渐拓展到语体混淆、附和不当、错误运用交际策略等语用层面。从研究素材看，则从初期的个案分析逐步发展到当今利用大规模语料库开展实证性研究的阶段。通过50多年的不懈努力，研究的广度和深度不断得到拓展，为外语教学和语言学研究的发展做出了巨大贡献。

　　与欧美的相关研究相比，日语二语习得研究既有共性的一面，又呈现出不同特点。本章旨在回顾日语二语习得研究的发展历程，梳理研究范式的演变过程以及最新趋势，总结过去，展望未来，助力日语二语习得研究快速发展。

2. 从语言对比研究到学习者表达失误研究

　　从研究方法来看，二语习得研究大致经历了语言对比研究、学习者表达失误研究和中介语研究三个阶段。

　　最初，受到行为主义心理学影响，研究者注重运用结构语言学的分析性练习方式，通过反复加强刺激，促使学习者形成正确的语言反馈习惯，同时，避免表达失

2 基于语料库的中国日语学习者认知研究

误的发生。研究者普遍认为，表达失误由学习者的母语和目标语言的差异引起。因此，两者差异越大，习得越困难，反之亦然。为了实现习得目标，研究者必须准确掌握学习者的母语与目标语言的差异。语言对比研究由此得到了重视。然而，基于该理论做出的许多预测都被证明与实际情况不符。例如，日语中很多句子省略了主语，因此，日本人在用英语写作或会话时理应较容易出现主语的不当省略。但是，研究者对在美国学习的日本大学生所写的英语作文进行调查后发现，9成以上的句子中并未出现主语省略现象（Krahnke, Krahnke & Nishimura 1993）。此外，也有研究指出，在不同母语背景的学习者的产出中发现了相同类型的表达失误。这说明，表达失误并非都是由母语干扰引起的。由于这些问题的存在，基于语言对比研究的二语习得研究范式的有效性受到了质疑，并逐渐式微。

由于在不同母语学习者的产出中发现了相同类型的表达失误，研究者开始将目光聚焦在表达失误上。通过对学习者的产出进行分析、标注，收集表达失误的实例，探讨其成因（如Buteau 1970、Corder 1967等）。由此，二语习得研究进入了学习者表达失误研究阶段。研究者对学习者表达失误的认识也发生了显著变化。在语言对比研究阶段，研究者注重通过反复训练，培养正确的语言反馈，尽量避免发生表达失误。而在学习者表达失误研究中，研究者认为，表达失误是必然会产生的。在学习过程中，学习者尝试构建各种规则，并不断对照接触到的目标语语料对其进行检验。若此构建过程发生了错误，在学习者的产出中便会不可避免地出现相应错误。迫田久美子（2002）指出，学习者在表达过程中会注意到自己的错误，并不断加以修正。观察例1可以发现，在说话过程中，学习者不断尝试选择正确的表达形式，检验自身假定的语言规则，并加以修正。正是通过这一方式，学习者逐渐掌握了这些语言知识。

（1）父がいま、年がほんとに高いです、年が多いです。（迫田久美子2002：
　　24）

長友和彦（1993）指出，反映20世纪70年代日语二语习得研究在日本发展状况的当属《日本语教育》杂志第34号。该期杂志设立了学习者表达失误研究专题，收录了鈴木忍（1978）、吉川武時（1978）等6篇文章。从中可以观察到当时日语学习者表达失误研究的两大方向。一是研究为教材开发以及改善教学方法服务。二是以学习者表达失误为鉴，推动词汇、语法等日语本体研究。随后的研究，如《日本语学》杂志上刊登的一系列相关研究论文以及佐治圭三（1991）、松本－スタート洋

子（2003）等研究都沿袭了这样的方向。这一时期，该领域研究的一个共同特征就是，研究者通常以某特定国家的学习者为考察对象，观察其母语与日语在音韵、词汇或语法等层面上存在的差异，分析它们与各类表达失误之间的因果联系（如青木晴夫1980等）。从方法论来看，仍然沿袭着语言对比研究阶段的基本做法。研究焦点集中在由母语干扰引起的各类失误上，而没有如同欧美学界那样，对各类表达失误进行系统观察。因此，从研究视野的广度来看，应该说是有所欠缺的。

3. 中介语研究的兴起

尽管学习者表达失误研究对于探讨学习者在目标语言使用方面的问题及对策，提高其语言运用的准确性起到了积极作用，但是，随着研究的不断深入，这种研究范式的局限性也逐渐显现出来。研究者所遭遇的难题之一就是如何设定表达失误的判断标准。部分情况下，正确用法和表达失误的界限较为模糊，导致研究者对某些较为微妙的表达形式往往难以取得一致的判断。例如，对于例2，Makino & Tsutsui（1995）认为是正确的。而在网页「日本語教師塾」（日语教师塾）的相关讨论中，有的参与者却指其为错句。此外，也有一些表达形式的问题并非存在于词汇或语法层面。例如，尽管将例3改为例4可能更为自然，但就其本身来说，却很难认定是错句。在这种情况下，研究者对于表达正误的判断必然会出现差异。这不可避免地给各类研究，尤其是定量研究的信度和数据的可比性带来了不利影响。

（2）東京の夏は暑くてならない。
（3）私は日本語の授業を楽しみました。（迫田久美子2002：26）
（4）楽しく日本語の授業を受けました。

问题之二在于，对于自己不熟悉或没有太大把握的语言表达形式，学习者往往会尽可能地采取回避策略。这导致在学习者的产出中，某些词汇、语法形式没有出现或是使用频率偏低。如果仅仅以学习者产出中检出的表达失误为研究对象，必然会导致研究者无法全面、准确地掌握学习者习得的真实情况以及存在的各种隐性问题。因此，为了客观、全面地观察第二语言习得的完整过程和实际状况，我们的视野不能仅仅局限在学习者的表达失误上，而是必须扩展到正确表达以及词汇、语法构成等方面，通过对其进行系统考察，并与母语使用者的产出进行对比，准确把握学习者各个阶段语言能力发展的真实情况和特征。

正是由于研究者逐渐意识到以上两个问题的存在，二语习得研究进入了中介语

研究阶段。首先提出中介语（interlanguage）概念的是Selinker（1972）。他认为，既然在不同母语学习者的产出中观察到同类失误，说明在他们的头脑中存在着与母语无关的共通的语言体系。学习者或接受目标语输入，或借助母语知识，对目标语言的规则进行假定。随后，在实际使用中不断检验该规则正确与否，并对其加以适当修正。由此，在自己的头脑中构建起目标语言的语言体系。Selinker将这种语言体系称为中介语。中介语具有开放性、动态性和系统性等特点。影响中介语形成的因素包括母语迁移、语言规则的过度归纳、训练迁移、交际策略以及二语习得策略的运用等。在整个二语习得过程中，这五个因素共同起着作用，导致在学习者头脑中构建起来的中介语体系各不相同，并在不断地发生着变化。除Selinker以外，Corder、Nemser等学者也将学习者使用的目标语言视为创造性产物。尽管命名各有不同①，但是，在将学习者的语言看成是向目标语言不断发展的复杂而活跃的语言体系方面，他们的观点是一致的。

随着中介语概念的确立，其研究对象不断拓展，研究方法不断丰富。在研究者的不懈努力下，二语习得研究的对象从学习者表达失误拓展到了中介语。研究方式从单纯的表达失误分析发展到了会话分析、谈话分析、语法正误测试和心理学实验等。研究方法由量化法，即问卷调查和实验研究等，拓展到了质化法，包括个案研究和人种志研究等。欧美的二语习得研究方法经历了两次大转变。第一次大转变发生在20世纪80年代中期，量化法进入成熟期。第二次转变则发生在20世纪90年代后期，质化法进入了成熟期（文秋芳、王立非2004）。不过，正如本章第4节指出的那样，在日本，日语二语习得研究长期停留在语言对比研究和学习者表达失误研究阶段，在中介语研究方面明显落后于欧美学界。

以下，笔者通过对《日本语教育》杂志迄今为止刊登的论文进行统计和分析，全面梳理过去55年间日本日语教育研究的发展历程，深入考查二语习得研究领域的成果分布，剖析其研究理念的发展变化以及总体趋势。

4. 日语教育研究的发展历程

在本节，笔者运用文献分析法，考察日本二语习得研究的发展历程。研究对象为1962年至2016年期间刊登在《日本语教育》杂志（共164期）上的所有论文，计1753篇。之所以选用该杂志为研究对象，首先，《日本语教育》杂志是日本语教育

---

① 例如，Corder（1971）将学习者的语言称为"个人特有的方言"（idiosyncratic dialects），Nemser（1971）则称之为"近似体系"（approximative systems）。

学会的会刊，是日本日语教育研究界的权威刊物，汇聚了日语教育研究，尤其是以外国人为对象的日语教育研究领域的最新成果。其次，该杂志创刊于1962年，与二语习得研究成为独立研究领域的时间较为接近。对该杂志刊登的各类研究成果进行统计分析，可以较好地掌握过去50多年来日语教育研究，特别是二语习得研究的发展历程和总体趋势，以便更好地总结过去，展望未来。

纵观该杂志自创刊以来刊登的各类文章，根据研究方向，大概可以将其归为8大类，即教学法、日语本体研究、二语习得、情况调查、测试评价、教材研究、辞书研究、研究方法。

教学法类论文主要探讨教学方法以及课程设计等方面的内容，如黑田巍（1963），古川智樹、手塚まゆ子（2016）等。日语本体研究指那些以日语中某些语言现象为考察对象的论文，如江田すみれ（1991）、山内美穂（2015）等。二语习得研究论文包括那些利用问卷调查、参与观察、访谈以及失误分析等方法或者学习者语料，观察学习者的语言习得状况和第二外语获得规律的论文，如水野晴光（1987）、趙南星（1993）、大石久実子（1998）等。需要说明的是，部分语言对比类研究，如古藤友子（1987）、楊虹（2015）等通过对不同语言的近义表达进行对比，探索其异同，其目的在于服务二语习得研究，也可认为是二语习得研究的成果之一。因此，笔者将此类论文也归入二语习得研究类论文。情况调查类论文指那些对世界各地日语教育发展以及教学实施等现状开展的调研，如大野喜代治（1982）、嶋津拓（2016）等。从考察对象上看，部分论文与日语本体研究、教学活动、课程规划以及教科书编撰等内容相关，但并非是作者自身的实践，而是对他人或组织在历史上或在当前开展的相关活动或研究现状等进行调查或描述，笔者也将其归入本类。如果论文论述的是作者本人开展的科学研究、教学实践、课程规划等，则归入日语本体研究、教学法研究等相应类别。测试评价类论文主要探讨如何对被试者的语言能力进行测试，如奥水实（1964），葦原恭子、小野塚若菜（2014）等。关于教材、辞书的呈现形式以及内容编纂等方面的论文分别归入教材研究和辞书研究类，如武田祈（1972），中村明（1972），岩沢正子、高石久美子（1994），楊煜雯（2016）等。此外，尽管绝对数量不多，但有一些论文重点阐述的并非具体的研究内容，而是新的研究工具或方法，如第54期的个人电脑专题、第78期的CAI专题以及第130期的语料库专题等。笔者将其全部归入研究方法类。最后，在该杂志刊登的论文中，还有部分非研究类文章，如感想、答疑、书评以及讣告等，笔者将其统一归入其他类。

6　基于语料库的中国日语学习者认知研究

　　笔者将《日本语教育》杂志第1期至第164期刊登的所有1753篇论文按以上标准分类，并以10年为单位①进行统计后，获得下表。

表1-1　《日本语教育》刊载论文分类统计表②

年份 类型	1962—1970	1971—1980	1981—1990	1991—2000	2001—2010	2011—2016
本体研究	32 (40.0)	57 (21.2)	57 (13.7)	143 (31.4)	104 (25.6)	19 (15.2)
二语习得	4 (5.0)	30 (11.2)	82 (19.7)	111 (24.4)	108 (26.5)	29 (23.2)
教 学 法	14 (17.5)	52 (19.3)	77 (18.5)	78 (17.1)	83 (20.4)	24 (19.2)
测试评价	2 (2.5)	7 (2.6)	13 (3.1)	12 (2.6)	24 (5.9)	9 (7.2)
教材研究	1 (1.3)	17 (6.3)	21 (5.0)	10 (2.2)	5 (1.2)	5 (4.0)
辞书研究	1 (1.3)	4 (1.5)	0 (0.0)	0 (0.0)	1 (0.2)	0 (0.0)
研究方法	0 (0.0)	0 (0.0)	6 (1.4)	6 (1.3)	10 (2.5)	5 (4.0)
情况调查	7 (8.8)	74 (27.5)	143 (34.3)	87 (19.1)	65 (16.0)	13 (10.4)
其 他	19 (23.8)	28 (10.4)	18 (4.3)	8 (1.8)	7 (1.7)	21 (16.8)
合 计	80 (100)	269 (100)	417 (100)	455 (100)	407 (100)	125 (100)

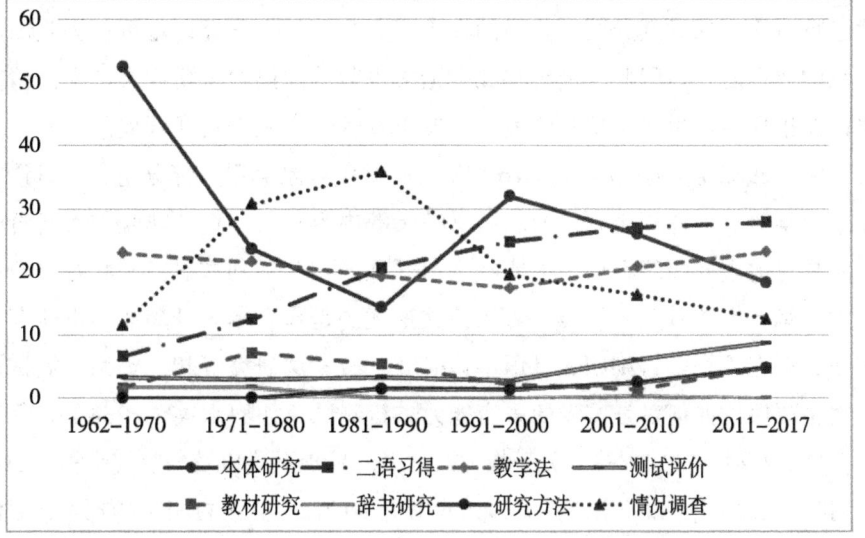

图1-1　《日本语教育》刊载论文分类统计图

---

① 由于该刊创刊于1962年，为便于统计，笔者将20世纪60年代的统计对象设定为发表于1962年至1970年的论文。

② 括号中数字表示该类论文在所属时间段全部论文中所占比例，数据为四舍五入后的结果，故合计数可能略有误差，以下同。

如上表所示，在不同年代，《日本语教育》杂志刊登论文的绝对数量差异悬殊。1970年之前，年均仅9篇左右，随后，逐步上升到1991年至2000年的45.5篇。进入新世纪之后，又有所减少。为便于观察，笔者将上表数据制成了折线图（图1-1）。为使不同年代的数据具有可比性，笔者不是以论文的绝对数量，而是以其在所属时间段全部论文中所占比例为标准观察此类论文的发表情况。

从以上图表可以看出，在《日本语教育》问世以来的50多年里，教学法始终是该杂志刊载论文的主要研究方向之一，所占比例保持在18%左右，一直较为稳定，且近年来有所增加。除此之外，不同时期主流的研究方向发生着较为显著的变化。创刊之初，日语教育尚未在日本受到足够重视。不仅投稿数量少，而且刊登的文章很多并非是研究性的，而是感想类的。同时，由于正值二语习得理论的萌芽期，二语习得类论文很少，日语本体研究以及教学法类研究论文占据主导地位。20世纪70年代至80年代，随着日本国力的大幅增强，为了满足对日经济、文化交流的需要，各国逐渐掀起了日语学习的热潮。日本政府也开始着力通过国际交流基金等机构在海外推广日语教育，培养日语人才，密切国家关系，提高国际影响力。日语教育由此开始得到重视。在此背景下，不仅二语习得类论文显著增加，反映各国日语教育发展状况的情况调查类文章也异军突起，在该时期的论文中占据了很大比重。这充分体现了学界关注重点的转移。90年代之后，日语教育界开始注重研究的深度以及新理论、新方法的运用。因此，情况调查类论文明显减少，日语本体研究、二语习得研究和教学法研究成为主要研究方向。进入新世纪以来，日语本体研究以及情况调查类研究进一步减少，二语习得研究成为最受学界瞩目、成果最为丰富的研究领域。测试评价类研究也在逐渐升温。另一方面，50多年以来，该刊刊登的研究方法、教材研究以及辞书研究类论文始终较为罕见。这在一定程度上显示，这些领域尚未得到日语教育界的足够重视。

5. 日语二语习得研究的发展历程

根据具体研究对象、方法的不同，二语习得研究又可进一步细分为理论研究、学习者产出研究、语言能力研究以及学习者内部因素研究。二语习得理论研究重点探讨有关第二语言能力获得过程的理论、方法和假说等，如水野晴光（1987）、小柳かおる（2001）等。学习者产出研究通过分析学习者的书面或口头产出，包括文字和音声等，考察第二语言的习得状况。根据研究方法的不同，该领域的研究可以

8   基于语料库的中国日语学习者认知研究

进一步分为语言对比研究（如中岛悦子1990、楊虹2015等）、学习者表达失误研究（如趙南星1993、程焱2015等）和中介语研究（如大石久実子1998，岡田美穂、林田実2016等）。学习者能力研究着重于运用各种测试方法，观察学习者第二语言能力和语用能力的发展状况（如福岡昌子1998、齊藤ひろみ2009等）。学习者内部因素研究可以进一步细分为学习策略研究和学习意愿研究。前者主要关注学习者对学习策略的运用和学习模式的形成、演变过程（如舘岡洋子2001，朱桂荣、砂川有里子2010）等。后者则重点考察学习意愿的形成、演变以及对二语习得的影响（如守谷智美2005，戸坂弥寿美、寺嶋弘道、井上佳子、高尾まり子2016等）。

　　将《日本语教育》杂志第1期至第164期刊登的所有相关论文按以上标准分类统计后，得到下表①。从中可以看出，一方面，随着日语教育的蓬勃发展，二语习得研究的成果数量显著增加。另一方面，随着时间推移，研究对象和研究方法也在不断发生着变化。为了便于观察其中的趋势，笔者根据表1-2中的数据制作了图1-2。与图1-1相同，考虑到各时期论文发表数量差异较大，为保证数据的可比性，笔者没有采用绝对数量，而是以论文的占比显示该时期研究成果的分布状况。

表1-2　二语习得研究类论文分类统计表

类型 ＼ 年份	1962—1970	1971—1980	1981—1990	1991—2000	2001—2010	2011—2016
理论研究	0 (0.0)	0 (0.0)	2 (2.4)	4 (3.6)	1 (0.9)	0 (0.0)
语言对比研究	3 (75.0)	15 (50.0)	54 (65.9)	16 (14.4)	16 (14.8)	1 (3.4)
表达失误研究	1 (25.0)	14 (46.7)	15 (18.3)	8 (7.2)	4 (3.7)	2 (6.9)
中介语研究	0 (0.0)	1 (3.3)	10 (12.2)	60 (54.1)	63 (58.3)	23 (79.3)
语言能力研究	0 (0.0)	0 (0.0)	1 (1.2)	11 (9.9)	12 (11.1)	1 (3.4)
学习策略研究	0 (0.0)	0 (0.0)	0 (0.0)	4 (3.6)	8 (7.4)	1 (3.4)
学习意愿研究	0 (0.0)	0 (0.0)	0 (0.0)	8 (7.2)	4 (3.7)	1 (3.4)
合　计	4 (100)	30 (100)	82 (100)	111 (100)	108 (100)	29 (100)

---

① 如上所述，二语习得理论研究与学习者表达失误研究、学习策略研究等所属层面并不相同。但为简明起见，笔者将其合并为一个表格统一进行观察和分析。

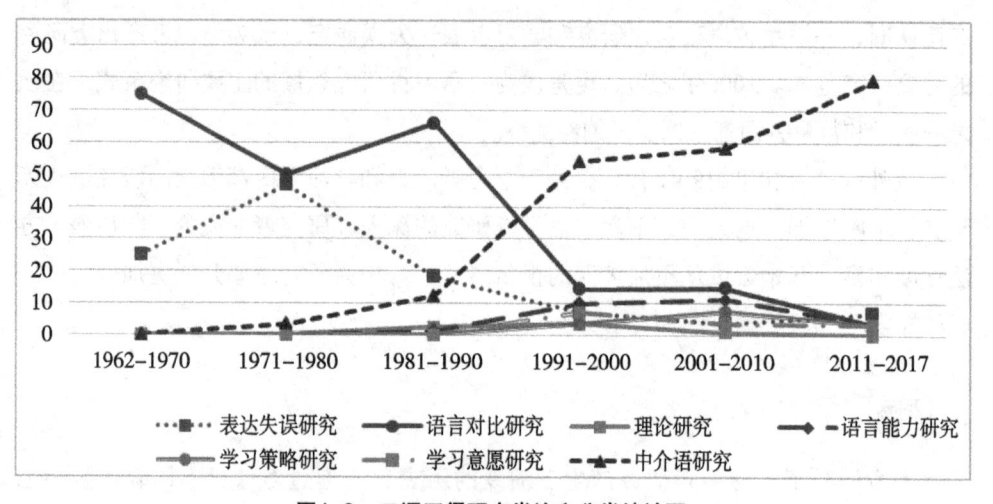

图1-2 二语习得研究类论文分类统计图

观察以上图表可以发现，在二语习得研究领域，理论类研究成果始终较为罕见。即便偶有出现，通常也是对欧美学界相关理论、方法的介绍，很少有日本学者自己的假说或理论框架。从内容上看，绝大多数论文都属于学习者产出研究范畴。这些研究基本上都围绕着特定研究对象进行，重点探讨该语言现象的实际习得状况及具体特征，很少有研究者在此基础上进行更加深入的理论剖析。这实际上反映了日本语言学以及二语习得研究的一个传统趋势，即重个别、轻共性，重个案考察、轻理论探索。这与欧美学界普遍注重研究的理论框架建构和方法论探讨形成鲜明对比。尽管日本的相关成果在研究深度方面毫不逊色，甚者更胜一筹，但在理论高度和视野的开阔性方面，不能不说是有所欠缺的。

从各类论文的发表数量来看，无论在哪个时期，学习者产出类研究都占据了绝大多数。如前所述，根据研究方法的不同，此类研究可以进一步分为语言对比研究、学习者表达失误研究和中介语研究。从图1-2中，可以明显地观察到这三类研究的发展历程。20世纪90年代之前，语言对比研究始终居于主导地位。尽管在70年代，学习者表达失误研究曾经获得较大发展，但是，由于该研究范式自身存在的一些局限，在80年代之后，研究成果的数量急剧下降，远远落后于语言对比等其他类型的研究。

另一方面，尽管自20世纪60年代末70年代初开始，欧美二语习得研究界就逐渐趋向于将学习者语言看作是向目标语言不断发展的复杂而活跃的语言体系，从而跨入了中介语研究阶段，但在日本，直到90年代之后，中介语研究才逐渐得到学界的

广泛认同，一举超越语言对比研究和学习者表达失误研究，成为学习者产出类研究的主要研究范式。2000年之后，更是成为二语习得研究领域的主要研究范式，在成果的质量和数量方面都占据了压倒性优势。

此外，进入20世纪90年代后，关于学习者能力和学习者内部因素的研究也从无到有，不断增加。这说明，随着二语习得研究的深入，研究者的视野不断拓展，方法逐渐丰富，开始尝试从更加多元的视角出发，对相关研究对象开展更加全面、广泛的探索。

6. 结语

本章回顾了二语习得研究产生、演变的历史，并通过对《日本语教育》杂志创刊以来刊登的各类论文进行统计、分析，系统梳理了日本日语二语习得研究的发展历程。从中可以看出，二语习得研究兴起与外语教育的蓬勃发展息息相关。欧美学界的研究比较注重理论探讨，对于二语习得的机制提出了很多建设性的假设和理论框架，并在20世纪70年代完成了从学习者表达失误研究向中介语研究的转变。与之相比，日本的二语习得研究起步虽不算晚，但是受到传统研究理念的影响，长期停留在语言对比研究阶段。学习者表达失误研究在20世纪70年代曾经受到过一定重视。但进入80年代后，逐渐式微。直到90年代之后，中介语研究才逐渐成为学习者产出研究的主流研究方法。与欧美相比，晚了近20年。不仅如此，纵观日本的二语习得研究，普遍呈现出重个案观察、轻理论探索的倾向。这对于学科的进一步发展，无疑是不利的。

因此，为了推动日语二语习得研究不断深入，亟需引入认知语言学等崭新的研究范式，从中介语视角出发，对学习者的产出进行系统、全面、深入的观察和分析，从中归纳出日语学习者的认知机制和共性特征。在之后的章节里，笔者将首先以定量和定性分析相结合的方式，全面梳理学习者表达失误的出现情况，对其主要类型及分布状况进行较为准确、客观的归纳、整理。随后，运用实证性研究方法，逐一考察包括图形与背景、基体与侧面、范畴、原型、意象图示、隐喻、转喻、提喻等在内的认知语言学相关理论在日语中的具体呈现方式，探究其中蕴含的认知机制，然后结合实例，从认知视角出发，以学习者表达失误为窗口，深入分析其产生原因、形成机理以及不同学习阶段的具体特征，探索学习者对第二语言的习得机制，探讨相应对策，实现认知语言学理论与二语习得研究的有机融合，促进理论创

新和方法创新，为改革日语教学模式、丰富日语教学内容、完善日语教学方法提供有益启示。

参考文献

[1] Block, D. 2003. The Social Turn in Second Language Acquisition [M]. Edinburgh: Edinburgh University Press.

[2] Buteau, M. 1970. The students' errors and the learning of French as a second language [J]. International Review of Applied Linguistics (8).

[3] Corder, S. P. 1967. The significance of learners' errors [J]. International Review of Applied Linguistics (5).

[4] Corder, S. P. 1971. Idiosyncratic dialects and error analysis [J]. International Review of Applied Linguistics (9).

[5] Krahnke, K. & Krahnke, K. & Nishimura T. 1993.Pragmatics and transfer: Japanese ellipsis in English interlanguage [A]. m.s. at The 4th International Pragmatics Conference [C], Kobe：Japan.

[6] Larsen-Freeman, D. & Long, M. H. 1991. An Introduction to Second Language Acquisition Research [M]. Beijing: Foreign Languages Teaching and Research Press.

[7] Makino & Tsutsui. 1995. A Dictionary of Intermediate Japanese Grammar [M]. Tokyo: The Japan Times.

[8] Nemser, W. 1971. Approximative Systems of Foreign Language Learners [J]. International Review of Applied Linguistics (9).

[9] Selinker, L. 1972. Interlanguage [J]. International Review of Applied Linguistics (10).

[10] 青木晴夫. 1980. 英語を母語とする日本語学習者の問題点[J]. 日本語教育（40）.

[11] 葦原恭子, 小野塚若菜. 2014. 高度外国人材のビジネス日本語能力を評価するシステムとしてのビジネス日本語Can-do statementsの開発——BJTビジネス日本語能力テストの測定対象能力に基づいて－[J]. 日本語教育（157）.

[12] 小柳かおる. 2001. 第二言語習得過程における認知の役割[J]. 日本語教育（109）.

[13] 岩沢正子, 高石久美子. 1994. 「算数」の教科学習を助ける日本語テキスト試案[J]. 日本語教育（83）.

[14] 江田すみれ. 1991. 複合辞による条件表現 I——「となると」の意味と機能[J]. 日本語教育（75）.

[15] 大石久実子. 1998. 願望疑問文に関する自然談話分析——外国語を母語とする日本語話者のデータ[J]. 日本語教育（97）.

[16] 大野喜代治. 1982. ニューカッスル大学の日本語教育[J]. 日本語教育（48）.

[17] 岡田美穂, 林田実. 2016. 中国語を母語とする中級レベルの日本語学習者の移動先を表す「に」と動作場所を表す「で」の習得[J]. 日本語教育（163）.

[18] 黒田巍. 1963. 外国語教育に於ける文型練習の意義[J]. 日本語教育（2）.

[19] 輿水実. 1964. 言語テストの種類と作り方[J]. 日本語教育（4・5）.

[20] 古藤友子. 1987. 日中漢字音の対照[J]. 日本語教育（62）.

[21] 齋藤ひろみ. 2009. 外国人児童の就学時における日本語会話力——インタビュータスク時の発話資料の分析を通して[J]. 日本語教育（142）.

[22] 嶋津拓. 2016. 海外への「日本語の普及」に対する日本国民の意識——インターネット調査の結果から[J]. 日本語教育（163）.

[23] 朱桂栄, 砂川有里子. 2010. ジグソー学習法を活用した大学院授業における学生の意識変容について——活動間の有機的連携という観点から[J]. 日本語教育（145）.

[24] 迫田久美子. 2002. 日本語教育に生かす第二言語習得研究[M]. 東京：アルク.

[25] 佐治圭三. 1991. 誤用例分析の一例[J]. 日本語学（10-2）.

[26] 鈴木忍. 1978. 格助詞を中心にして[J]. 日本語教育（34）.

[27] 武田祈. 1972.「外国人のための基本語用例辞典」について[J]. 日本語教育（17）.

[28] 舘岡洋子. 2001. 読解過程における自問自答と問題解決方略[J]. 日本語教育（111）.

[29] 趙南星. 1993. 韓国人日本語学習者による漢字書きの誤りの分析と評価[J]. 日本語教育（80）.

[30] 程焱. 2015. 中国の大学日本語専門教育における学習者の「ベキダ」と「ハズダ」の使用意識について——短文作成問題と選択式問題に見られる誤用の分析結果から[J]. 日本語教育（160）.

[31] 戸坂弥寿美, 寺嶋弘道, 井上佳子, 高尾まり子. 2016. 学外での日本語母語話者へのインタビュー活動に関する一考察——学習者の不安とその変化を中心に[J]. 日本語教育（164）.

[32] 中島悦子. 1990. 日本語と中国語の条件表現——「と」と"一"と"就"を中心に[J]. 日本語教育（72）.

[33] 中村明. 1972. 国語辞典の情報対比[J]. 日本語教育（17）.

[34] 長友和彦. 1993. 日本語の中間言語研究——概観[J]. 日本語教育（81）.

[35] 福岡昌子. 1998. イントネーションから表現意図を識別する能力の習得研究——中国4方言話者を対象に自然・合成音声を使って[J]. 日本語教育（96）.

[36] 古川智樹, 手塚まゆ子. 2016. 日本語教育における反転授業実践——上級学習者対象の文法教育において[J]. 日本語教育（164）.

[37] 松本－スタート洋子. 2003. 日本語学習者によるワープロ文書の誤用漢字は「同音漢字の誤変換」なのか[J]. 日本語教育（118）.

[38] 水野晴光. 1987. 日本語の中間言語分析[J]. 日本語教育（62）.

[39] 守谷智美. 2005. 研修生の日本語学習動機とその生起要因——ある中国人研修生グループの事例から[J]. 日本語教育（125）.

[40] 山内美穂. 2015. 会話で「単独使用」される「たり」——なぜ「たり」で「可能性」や「意外性」が表せるのか[J]. 日本語教育（162）.

[41] 楊虹. 2015. 初対面会話における話題上の聞き手行動の中日比較[J]. 日本語教育（162）.

[42] 楊煜雯. 2016. 台湾人口本語既習者の発音能力を維持するe-learning教材の作成と実践[J]. 日本語教育（164）.

[43] 吉川武時.1978.誤用例による研究の意義と方法[J].日本語教育（34）.

[44] 毛文伟.2009a.语料库在历时语言学研究领域的应用——以对机能辞「とたん（に）」的考察为例[J].外语电化教学（1）.

[45] 毛文伟.2009b.整合型学习者语料库平台的规划与实现——以中国日语学习者语料库CJLC的构建为例[J].现代教育技术（9）.

[46] 毛文伟.2012a.日语学习者产出文本特征的量化分析[J].解放军外国语学院学报（1）.

[47] 毛文伟.2012b.日语自动词性赋码器的信度研究[J].外语电化教学（3）.

[48] 毛文伟.2013.日本的日语二语习得研究50年：回顾与展望——以『日本語教育』学刊为例[J].东北亚外语研究（1）.

[49] 文秋芳,王立非.2004.二语习得研究方法35年：回顾与思考[J].外国语（4）.

第二章 中国日语学习者产出的总体特征分析

1. 引言

要开展学习者认知规律研究，我们首先必须对中国日语学习者语言习得的总体状况和特征取得一个较为全面、准确的认识。如前文所述，中介语是在学习者内部逐步构建起来的一个不断向目标语言发展的复杂而活跃的语言体系。它不仅在词汇、语法、句式、篇章等语言的各个层面都与母语使用者的产出存在着或多或少的差异，而且，在不同学习阶段或者不同母语的学习者产出之间也存在一定差别。对比学习者与母语使用者的产出可知，两者在词汇使用方面有着显著差异。在学习者的产出中，有些词汇使用频率很高，但相关表达失误很少，显示学习者具备了较强的使用能力。部分词汇使用频率高，且相关表达失误频出，因此，容易受到研究者的关注。不过也有一些词汇，学习者实际上并不具备很好的使用能力，但由于学习者使用很少，表达失误较为罕见，容易被研究者忽视。实际上，这类词汇应该成为我们的重点研究内容之一。因此，为了客观、准确地掌握学习者对各类日语词汇的习得状况，首先，我们必须通过实证性研究，对学习者词汇、语法等的使用情况进行较为全面、准确的统计，在此基础上，与母语使用者的产出进行对比，揭示其特征所在。而学习者掌握的词汇总量、高频词汇以及与母语使用者的差异，也是值得深入考察、分析的重要课题之一。

一些学者运用语料库工具就此进行了有益的探索。文秋芳等（2003）指出，中国高水平英语学习者的书面语表现出较强的口语化倾向，与母语使用者产出的书面语存在着明显差距。甄凤超（2005）以中国学习者英语口语语料库（COLSEC）和BNC（British National Corpus）口语部分、ICE（International Corpus of English）的口语部分为素材，对比、分析了中国英语学习者口语产出与英语母语使用者口语产出在词目覆盖率及常用词目使用方面的差异后指出，中国学习者掌握的口语词汇量较少，而且过度使用了某些常用词汇。大多数中国学习者没有完全掌握英语会话的常用词汇，会话缺乏足够的交互性。

通常，我国的外语教学秉承听说领先的原则。在低年级阶段，要求学习者逐步培养口语交际能力。随着学习的深入，再逐渐过渡到对书面语的理解和产出。在本族语的口语、小说、议论文等不同类型的文本中，出现的高频词不尽相同。相应的，在不同的学习阶段，学习者需要掌握的词汇及其数量也必然存在着较大差异。另一方面，高频词是目标语言中使用频率较高的一些词，相比那些相对生僻的词语，熟练掌握高频词对于提高学习者的理解和产出能力、改善教学效果具有更加重要的意义。因此，准确把握各类本族语文本中的词汇覆盖率以及高频词的分布状况，有利于我们合理设置教学内容，顺利实现教学目标。而观察学习者产出中的词汇分布将帮助我们更为准确地掌握中国日语学习者的语言发展特点，以便采取相应对策，有效地提高学习者的学习效率，改善教学效果。

在本章，笔者将运用计算机自动赋码技术，通过对比分析，全面考察日语本族语语料和学习者语料在词汇占比、词汇覆盖率以及高频词目分布方面的差异，对中国日语学习者语言习得的总体状况和特点取得一个较为全面、准确的认识。

2. 研究对象及方法

本章的研究对象为不同文体的日语本族语语料以及中国日语学习者语料库（CJLC）中收录的全国日语四、八级作文。与欧美语言不同，日语的句子为连续字符串，单词之间没有空格分隔。因此，要对语料所含词汇进行统计、分析，首先必须进行分词和词性标注。但是，无论是从工作效率还是标注标准的一致性看，手工操作都无法胜任如此庞大的工作，必须借助于计算机自动赋码技术。通过对学习者语料的试标注，笔者发现，在目前常用的日语开源赋码器中，MeCab的解析精度最高，标准差最小，即最为稳定（表2-1）。工藤拓等（2004）也报告，MeCab对于日语本族语语料的解析准确率高达96.75%，能够满足语料自动赋码对精度的要求[①]。

表2-1　常用日语开源赋码器精度一览

	均值	标准差	N
JUMAN	97.2393	1.26491	30
ChaSen	98.6320	0.96721	30
MeCab	98.8353	0.65635	30

---

① 关于计算机自动赋码技术的作用、实现原理及应用，详见毛文伟（2007）、毛文伟（2009）和毛文伟（2012b）。

16　基于语料库的中国日语学习者认知研究

在进行词目和高频词统计过程中，笔者对计算机自动解析的结果进行了二次加工。词目包括单词的基本形及其活用变化，并以单词的基本形表示（Nation & Waring 1997）。在日语中，除了动词、形容词等部分词汇具有词尾活用变化以外，书写方式也多有用汉字和纯用假名两种。这导致同一词目最多可能具有10余种不同词形。如果按词形分别计数，会导致书写形式变化较多的单词的覆盖率被人为低估。因此，在运用自动赋码软件进行分词时，笔者通过设置参数在MeCab的输出中添加了读音信息。不过，读音相同的单词有时词性和意义又迥然不同（例1—3）。如果归并为同一词目，必将降低统计的精度。因此，笔者运用SPSS 10.0J for Windows 以"读音、词性"为变量制作频次分布表。随后，根据《明镜国语辞典》的词条设定，对所得词目进行了手工归并和拆分[①]，并对自动赋码过程中出现的各类错误进行了修正[②]。

（1）浅い春の香がひろがった。（『光抱く友よ』高樹のぶ子）

（2）父は母や私たち兄弟にいつも桁外れに値が張る品をプレゼントした。（『家族シネマ』柳美里）

（3）頬にビニールテープを貼る。（『陽気なギャングが地球を回す』伊坂幸太郎）

3. 学习者词汇使用的总体特征

文秋芳等（2003）指出，学习者语料的对比研究具有三种维度：第一，比较不同母语的外语学习者的语料；第二，比较中介语语料与目标语语料；第三，比较不同水平的学习者语料。在迄今为止的研究中，既有单一维度的考察，也有多维度的综合分析。前者如张雪梅、杨滢滢（2009），王春艳（2009）和高见、戴曼纯（2009）等。后者不仅比较不同水平学习者语料，还对照本族语语料，探求它们之间的差异，如马刚、吕晓娟（2007），张萍（2007），孙海燕（2008）和文秋芳（2009）等。本节首先借鉴语言学文体研究[③]的方法，统计本族语语料与学习者语料的词汇占

---

① 例如，根据《明镜国语辞典》的词条设定，「つく」一词分为「付く」、「着く」、「突く」、「就く」、「点く」和「吐く」。这些动词的意义差异显著，不宜作为同一个动词看待。因此在统计过程中，分别进行了计数。

② 例如，MeCab 将「お父さん」中的「父」解析为「チチ，名詞」，不符合日语读音习惯。笔者对此逐一进行了修正。

③ 以山本忠雄（1940），樺岛忠夫、寿岳章子（1965）为代表的语言学文体理论派的研究者们认为，文体是静态的、客观的，是以某种形态表现出来的作家或作品的文本特性，可以通过量化分析把握其特征。这些研究从词汇占比、句长、时态等方面对日语本族语语料进行了较为深入、细致的分析，探讨了部分指标的意义，揭示了小说等特定类型文本的文体特征，具有很高的参考价值。

比和句长等数据。在此基础上，在本族语语料与学习者语料以及不同年级的学习者语料之间开展对比，着重归纳中国日语学习者的词汇使用特征，探讨其是否存在着一定的口语化倾向。同时，验证其产出质量是否随着学习时间的增加而有所改善。

本节使用的语料分为学习者语料和本族语语料两大类。其中，学习者语料来自中国日语学习者语料库收录的2008年全国日语专业四、八级考试的命题作文。这些作文都是从该年度所有试卷中随机抽取出的，各400篇，所含单词总数分别为81,258个和98,161个。作为对照组，笔者随机选取了25部剧本[①]、50部小说和50部论述性书籍[②]分别作为本族语口语、小说和议论文的代表。这些本族语语料的作者各不相同，在一定程度上避免了个人表达偏好对统计结果的干扰。各类语料的规模详见表2-2。

表2-2 语料库素材构成一览[③]

	本族语语料			学习者语料	
	会话	小说	议论文	四级	八级
篇数	25	50	50	400	400
单词数	326,420	2,543,043	2,812,959	81,258	98,161

取得上述语料后，笔者利用自动赋码软件MeCab对语料进行单词切分，随后用Python编制的词汇统计软件按词类进行分类统计，计算出各类词汇的占比和平均句长等，获得表2-3。为了更加直观地考察学习者语料与本族语语料各项指标的差异，笔者依据表2-3中的数据制作了图2-1。

表2-3 本族语、学习者语料词汇占比一览表[④]

	会话	小说	论述文	四级	八级
名词	58,196 (17.8)	536,035 (21.1)	635,392 (22.6)	15,756 (19.4)	22,723 (23.1)
数词	4,051 (1.2)	35,274 (1.4)	67,451 (2.4)	831 (1.0)	567 (0.6)
代词	13,501 (4.1)	68,724 (2.7)	44,774 (1.6)	3,574 (4.4)	2,282 (2.3)

---

① 剧本中除了出场人物的对话以外，还有人物姓名、场景介绍（例a画线部分）等内容。为了不影响词类构成分析的结果，笔者运用语料自动处理技术，抽取出所有对话作为考察对象。

　a）カオル「はあ―（気の抜けた声）」（『バタアシ金魚』松岡錠司）

② 为确保语料能够较为准确地反映现代日语的特点，本章所用本族语素材全部首次出版于1976年至2005年之间。

③ 为简明起见，笔者将2008年四级、八级作文语料简称为"四级"和"八级"。以下同。

④ 除平均句长外，表中括号前的数字为该类词汇的检出数，括号内的数字为其占比，按以下公式计算：占比＝（检出数/词汇总数）×100%。为简明起见，一律省略"%"。

（续表）

	会话	小说	论述文	四级	八级
动词	55,621 (17.0)	493,706 (19.4)	609,100 (21.7)	16,620 (20.5)	20,618 (21.0)
形容词	9,473 (2.9)	54,543 (2.1)	50,645 (1.8)	2,458 (3.0)	2,476 (2.5)
形容动词	5,371 (1.6)	37,563 (1.5)	49,421 (1.8)	1,618 (2.0)	2,741 (2.8)
连体词	3,625 (1.1)	26,085 (1.0)	35,866 (1.3)	857 (1.1)	1,155 (1.2)
副词	11,339 (3.5)	63,244 (2.5)	60,620 (2.2)	2861 (3.5)	2,460 (2.5)
接续词	1,048 (0.3)	7,092 (0.3)	15,794 (0.6)	527 (0.6)	675 (0.7)
感叹词	7,774 (2.4)	9,083 (0.4)	2,827 (0.1)	87 (0.1)	63 (0.1)
助动词	49,677 (15.2)	329,989 (13.0)	290,955 (10.3)	8,581 (10.6)	8,728 (8.9)
格助词	38,011 (11.6)	471,386 (18.5)	557,277 (19.8)	14,669 (18.1)	19,312 (19.7)
接续助词	17,687 (5.4)	141,385 (5.6)	148,576 (5.3)	4,643 (5.7)	5,116 (5.2)
係助词	12,649 (3.9)	136,756 (5.4)	149,090 (5.3)	5,771 (7.1)	6,208 (6.3)
副助词	8,687 (2.7)	47,057 (1.9)	46,592 (1.7)	1,363 (1.7)	2,120 (2.2)
准体助词	8,648 (2.6)	40,188 (1.6)	35,165 (1.3)	642 (0.8)	565 (0.6)
终助词	21,062 (6.5)	44,933 (1.8)	13,414 (0.5)	400 (0.5)	352 (0.4)
句长	6.6	17.6	26.4	13.6	16.3

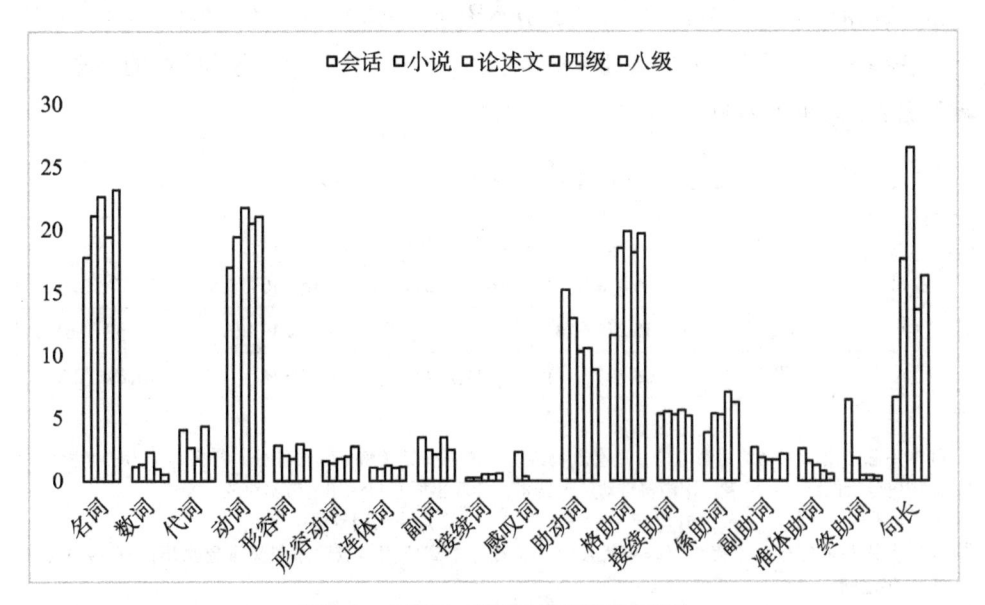

图2-1　本族语、学习者语料词汇占比图

第二章　中国日语学习者产出的总体特征分析　19

由以上图表可知，在不同类型的本族语语料中，各类词汇的占比差异明显。除了形容动词、连体词、接续词、接续助词和系助词以外，小说的各项指标均介于口语和书面语之间。这基本上印证了毛文伟（2012a）的调查结果①。作为典型的书面语素材，议论文中的词类占比具有较为显著的特征，具体表现为名词、数词、动词、形容动词、连体词、接续词、格助词占比高，代词、形容词、副词、感叹词、助动词、接续助词、副助词、准体助词和终助词占比低，平均句长更长。这些特点与其文体特征具有较为密切的联系。首先，相较于会话或小说，议论文更加倾向于客观陈述，表述较为简洁，这导致名词、动词的使用频率偏高，形容词、副词、副助词等主观性修饰词汇则使用偏少。其次，议论文注重表达的准确性。这导致数词使用较多，而代词、准体助词等指代性词汇使用较少。再次，议论文交互性较低，这导致感叹词、助动词和终助词等出现频率较低。最后，议论文强调逻辑性，结构较为复杂。因此，连体词、接续词使用较为频繁，句子也更长。而作为较为典型的口语文本，会话的文体特征则恰好相反。各类本族语语料中词汇占比的相对数量关系详见表2-4。

表2-4　本族语语料词汇占比对比表

	名词	数词	代词	动词	形容词	形容动词	连体词	副词	接续词
会话	低	低	高	低	高	中	中	高	中
小说	中	中	中	中	中	低	低	中	低
议论文	高	高	低	高	低	高	高	低	高

	感叹词	助动词	格助词	接续助词	系助词	副助词	准体助词	终助词	句长
会话	高	高	低	中	低	高	高	高	低
小说	中	中	中	高	高	中	中	中	中
议论文	低	低	高	低	中	低	低	低	高

通过与学习者语料的统计结果对比可知，无论是四级还是八级语料，其词汇构成与任何一种类型的本族语语料都存在着较为显著的差异。总体而言，在学习者的产出中，名词、代词、动词、形容词、形容动词、副词等具有实质性意义的词汇使用频率较高，与句子语气有关的感叹词、终助词、助动词等的使用频率偏低，甚

————————————
① 毛文伟（2012a）运用大型本族语语料库，统计了小说、会话以及议论文等日语原创素材的词汇构成等，并归纳了其特征。

至远远低于本族语语料中的议论文。这显示，学习者的产出缺乏必要的交互性，近似于自言自语。係助词使用频率过高，显示学习者对「は」、「も」、「こそ」有使用过剩倾向。而准体助词使用偏少以及句长偏短则都显示学习者产出的句子结构较为简单，很少出现定语从句、状语从句等较为复杂的结构。这些都印证了毛文伟（2013）的结论[①]。对比四、八级语料可以发现，相对于四级语料，八级语料中的名词、动词、形容动词、连体词、接续词、格助词占比更高，代词、形容词、副词、助动词、接续助词、准体助词和终助词占比更低，平均句长更长。因此，更加接近本族语语料中的议论文。而四级作文则更加接近于会话，表现出更为明显的口语化倾向。在八级语料中，係助词占比下降，显示使用过剩倾向得到一定程度的修正。可见，随着学习时间的增加，学习者的表达显示出向本族语使用者接近的趋势，但在很多方面，两者之间尚存在着较大差异。

4. 词目覆盖率统计及对比

本节重点讨论学习者与本族语使用者在词汇量以及高频词使用方面的差异。为了更加全面、准确地考察学习者使用的词汇总量以及高频词汇，笔者将研究对象扩展为2007年至2009年三年的四、八级作文。语料的具体组成情况详见下表。

表2-5　各类语料构成一览[②]

	本族语语料			学习者语料					
	会话	小说	议论文	2007-4	2007-8	2008-4	2008-8	2009-4	2009-8
篇数	25	50	50	400	400	400	400	400	400
单词数	326,420	2,543,043	2,812,959	87,004	107,943	81,258	98,161	82,338	105,245

经过SPSS归并和手工校对后，获得了各类语料的词目数（表2-6）。除了2007年四级作文所含词目数偏多以外[③]，八级作文的词目数（均值3,952）普遍多于四级作文

---

① 学习者语料中的数词使用频率偏低，则可能由作文命题引起。2008年四、八级作文的题目分别为「私の悩み」（我的烦恼）和「情報化社会」（信息化社会），均不易出现大量的数量表达。

② 为简明起见，作文语料的年份和级别以"年份-级别"形式表述。例如，2007年四级作文语料简称为"2007-4"，以下同。

③ 2007年四级作文题为「感動を覚えた一冊の本」（令人感动的一本书），相比其他命题可能更容易发挥。而2007年八级作文题为「私の人生設計」（我的人生规划），命题较为抽象，在一定程度上限制了学生的产出。

（均值3,406）。这从一个侧面显示，高年级学习者的表达较低年级更为丰富[1]。但是，与本族语语料相比，差距都非常大。四级语料所含词目数的均值仅为本族语会话的约1/4，不到本族语书面语的1/10。即便是八级语料，其词目数均值也不到本族语会话的1/3和本族语书面语的1/8。这一方面是受到了命题作文题材的制约。但是，结合其他学习者产出研究以及教学实践可以发现，学习者能够熟练运用的词目较少是一个不争的事实。

表2-6 各类语料词目数一览

	本族语语料			学习者语料					
	会话	小说	议论文	2007-4	2007-8	2008-4	2008-8	2009-4	2009-8
词目数	13,485	34,108	35,271	3,887	3,711	3,107	3,939	3,224	4,206

各个语料库中词目覆盖率与词目数的对应关系如表2-7所示（词目按出现频次高低降序排列）。例如，在本族语会话语料中，前28位高频词目的覆盖率为45%，而在小说语料中，前20位高频词目的覆盖率就达到了这个比例。

由表2-7可知，在词目覆盖率达到40%之前，各类语料中的高频词目数量相差不大。之后，本族语语料的词目数迅速增加，学习者语料的增长则相对缓慢。此外，学习者语料中的词目数量普遍较少，高频词目使用频率则偏高。例如，在本族语小说或是议论文中，出现频次前1,000位的高频词目的覆盖率不过80%左右，而在学习者语料中，前1,000位高频词目的覆盖率普遍达到了93%以上（表2-8）。

表2-7 词目覆盖率与词目数对应表[2]

覆盖率 \ 类型	会话	小说	议论文	四级			八级		
				2007	2008	2009	2007	2008	2009
5%	1	1	0	0	1	0	0	1	0
10%	2	2	2	1	2	2	2	2	1
15%	4	3	3	3	3	3	3	3	3
20%	6	4	5	4	4	4	4	4	4
25%	9	6	6	5	6	5	5	5	5

[1] 日语专业四八级考试作文的篇幅不同，四级要求 350—400 字，八级要求 450—500 字。这对于学习者产出的丰富程度也有一定影响。

[2] 表中首列数字显示了覆盖率区间，例如"5%"表示"0%—5%"的区间。由于使用频率最高的词目占比有时会超过 5%，所以，部分语料的该区间统计数字为 0。

（续表）

类型 覆盖率	会话	小说	议论文	四级			八级		
				2007	2008	2009	2007	2008	2009
30%	12	7	8	7	8	7	7	7	7
35%	16	10	11	9	10	9	10	10	9
40%	22	14	15	12	13	11	13	12	12
45%	28	20	21	16	16	15	17	16	15
50%	37	32	33	22	21	20	22	21	20
55%	51	52	56	31	29	28	30	29	27
60%	73	87	99	45	39	40	42	41	39
65%	109	154	185	67	55	56	59	59	58
70%	165	284	344	101	79	79	85	87	87
75%	260	521	593	151	114	115	126	128	137
80%	437	930	995	235	172	170	187	192	220
85%	783	1,662	1,695	380	264	267	294	307	362
90%	1,520	3,075	3,057	646	440	463	495	540	619
95%	3,559	6,631	6,451	1,279	860	912	987	1,118	1,246
100%	13,485	34,108	35,271	3,887	3,107	3,224	3,711	3,939	4,206

表2-8 词目覆盖率一览表

类型 词目数	会话	小说	议论文	四级			八级		
				2007	2008	2009	2007	2008	2009
100	63.92	61.18	60.06	69.84	73.14	73.14	71.95	71.72	71.48
300	76.47	70.42	68.80	82.59	86.34	86.11	85.17	84.69	83.11
500	81.16	74.65	73.38	87.65	91.11	90.63	90.08	89.27	88.09
1000	86.93	80.62	80.04	93.36	95.83	95.53	95.07	94.25	93.64
1500	89.89	84.13	83.88	95.96	97.63	97.49	97.09	96.43	96.02
2000	91.80	86.55	86.47	97.42	98.67	98.51	98.21	97.68	97.41
2500	93.13	88.38	88.38	98.41	99.27	99.12	98.88	98.50	98.36
3000	94.12	89.81	89.85	98.98	99.87	99.73	99.34	98.99	98.85

根据表2-8的数据，笔者制作了词目覆盖率曲线对比图（图2-2）①，以便更加直观地显示各类语料中词目数量与覆盖率的相互关系。由图2-2可见，本族语小说和议论文的词目覆盖率曲线基本重合，随着覆盖率的上升，词目数量增长迅速。尤其在95%至100%区间，集中了28,000多个词目，占所有词目的80%以上。其中有大量词目的出现频次仅为1或2。这说明，这两类文本题材广泛，表达富于变化，因此出现了大量低频词汇。相比之下，本族语会话中的词汇就不那么丰富。词目覆盖率的曲线变化也相对平缓。而学习者使用的词目数量更少。尽管其中存在着受制于作文题材等因素，但仍在一定程度上说明，中国日语学习者书面语产出中出现的词汇量非常有限。同时，存在着对部分高频词汇使用过度的现象。

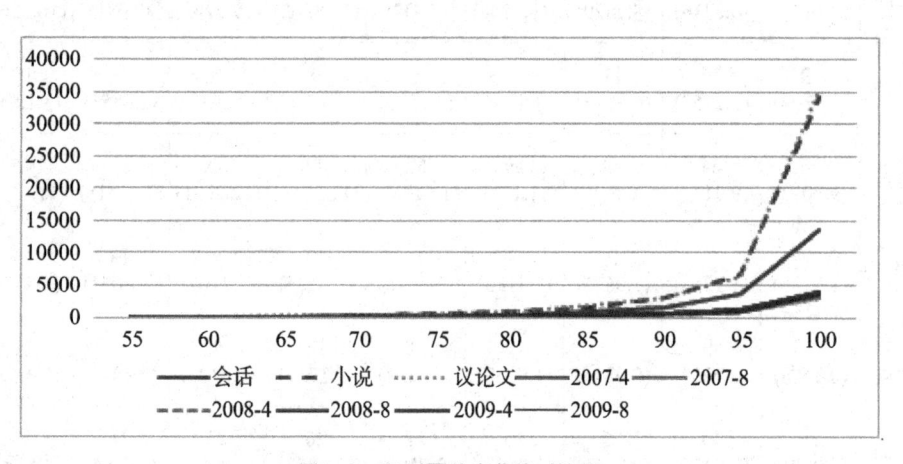

图2-2　词目覆盖率曲线对比图

那么，应该如何确定学习者需要掌握的词汇总量呢？尽管迄今为止，学者们尚未达成共识，但仍然有迹可循。Nation & Waring（1997）指出，完成阅读理解任务需要的基本词汇量为3,000—5,000个高频词，完成口语与写作任务需要的基本词汇量大约为2,000—3,000个高频词。Bonk（2000）则推断，对于日本学习者来说，掌握的单词覆盖至少需要达到95%，才能成功地进行口语交际。其他基于书面语的研究结论则多将单词覆盖率设定在95%至99%之间。如果我们将目标定为95%，那么由表2-7可知，为了较为成功地完成口语交际任务，学习者至少需要掌握3,559个单词，而要顺利完成书面语交际任务，则词汇量须达到6,451个以上。

————————————

① 在词汇覆盖率达到50%以上后，各类语料词目数量的差距才显著起来，故笔者取该部分数据制成图2-2。

5. 高频词目对比分析

以下，笔者将对比各类语料中位居前300位的高频词目，并着重探讨它们之间的异同。

首先，观察高频词目中的实词[①]数量和词目覆盖率（表2-9）。为了更加直观地考察各类语料中高频词目分布的差异，笔者根据表2-9制作了图2-3、2-4。

表2-9 前300个高频词目中实词分布一览表[②]

	会话	小说	议论文	2007-4	2008-4	2009-4	2007-8	2008-8	2009-8
名词	88 (7.4137)	98 (6.8416)	119 (8.7520)	121 (16.1744)	111 (17.4119)	121 (17.8862)	127 (19.5289)	120 (20.0315)	127 (16.3069)
代名词	19 (3.7104)	16 (2.2758)	11 (1.3722)	8 (3.4758)	8 (4.1571)	9 (4.1718)	8 (3.3258)	8 (2.0853)	10 (3.1270)
动词	56 (9.7073)	64 (9.9172)	49 (10.5481)	59 (11.1271)	52 (12.1440)	47 (11.5013)	53 (12.2631)	53 (11.7518)	45 (11.4140)
形容词	5 (1.8235)	7 (1.1253)	9 (1.0675)	14 (1.4183)	17 (2.3076)	17 (2.0136)	7 (1.1107)	13 (1.9057)	13 (1.8579)
形容动词	5 (0.3684)	1 (0.0269)	1 (0.0346)	10 (1.0138)	10 (0.9224)	13 (2.1751)	9 (0.8125)	9 (0.8478)	11 (1.4520)
副词	16 (2.0901)	14 (1.0476)	16 (0.8265)	16 (1.4541)	27 (2.7098)	20 (2.1058)	22 (1.8790)	21 (1.6705)	24 (1.8141)
感叹词	14 (1.7925)	4 (0.1573)	0 (0)	1 (0.0862)	0 (0)	1 (0.0632)	0 (0)	0 (0)	1 (0.0618)
接续词	3 (0.2268)	3 (0.1929)	5 (0.3893)	3 (0.3839)	3 (0.5312)	3 (0.3546)	4 (0.4613)	6 (0.5745)	4 (0.5083)
连体词	7 (0.9340)	7 (0.8742)	7 (1.0845)	6 (1.8470)	7 (0.9081)	5 (0.7250)	5 (0.9394)	7 (1.0037)	6 (1.2381)

---

① 在日语中，通常将名词、动词等具有较为实在的词汇意义的词称为「自立語」（自立词），将助词、助动词、机能辞等称为「付属語」（附属词）。为保持与汉语语言学研究术语的一致性，本书统一将前者称为"实词"，将后者称为"虚词"。

② 每个单元格的上方数据为该类词目数量，括号中为该词类的覆盖率数据。以下同。此外，在 MeCab 的解析结果中，数词被归入了名词类。

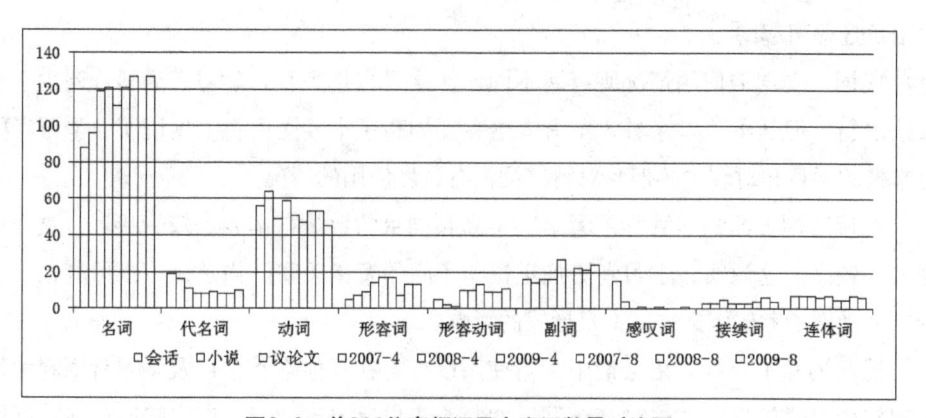

图2-3　前300位高频词目中实词数量对比图

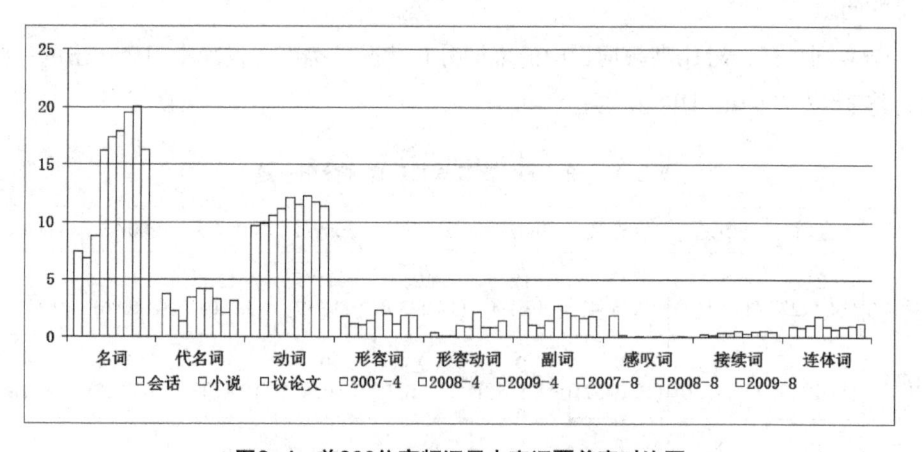

图2-4　前300位高频词目中实词覆盖率对比图

由表2-9和图2-3、2-4可知，在前300位高频词目中，除了连体词以外，中国日语学习者与母语使用者在词汇使用上均存在着一定差异，主要表现为对部分词汇的过度使用。

相比本族语语料，学习者语料中的高频名词、形容词、形容动词、副词不仅数量明显偏多，而且覆盖率也相对更高。尤其是名词，不仅词目数量较大，覆盖率的差距更为显著，体现出学习者对部分名词存在着过度使用的趋势。

毛文伟（2012a）考察了学习者产出的总体文本特征。与其结论相似，从本次考察所获数据中也可以发现，学习者对于高频形容词、形容动词存在着过度使用的倾向。这可能是由于与动词相比，形容词、形容动词等使用相对简单、不易出错，在教学过程中导入也较早。因此，学习者对其更加熟悉。副词使用较多则可能部分由

母语负迁移引起的[1]。

代词、动词的使用情况则有所不同。从词目数量来看，学习者语料普遍少于本族语语料。但从覆盖率来看，学习者语料却均高于本族语语料。这说明，学习者熟练掌握的词目相对较少，但是对特定词汇有过度使用的情况。

在接续词方面，尽管学习者语料中高频词目的数量与本族语较为接近，覆盖率却普遍较高。这说明，学习者更加重视句子间的意义关联。当然，这也可能在一定程度上受到了考试作文这一特定形式的影响。

感叹词除了在本族语会话中大量使用以外，在其他本族语以及学习者语料中均出现较少。这体现了文体对高频词目的影响，也反映出学习者产出普遍存在交互性不足的问题。

与实词一样，对比高频词目中的虚词分布状况，也可以发现学习者产出的一些显著特征[2]（表2-10、图2-5、2-6）。

表2-10　前300位高频词目中虚词分布一览

	会话	小说	议论文	2007-4	2008-4	2009-4	2007-8	2008-8	2009-8
助动词	21 (14.4422)	16 (12.6153)	13 (9.7564)	12 (11.6190)	12 (10.2236)	11 (9.9359)	12 (9.9804)	12 (8.4096)	12 (9.4524)
格助词	10 (11.1916)	9 (17.8730)	9 (19.0482)	9 (18.5578)	9 (17.5582)	9 (19.6543)	9 (19.4102)	9 (18.8525)	9 (19.6266)
接续助词	10 (5.1590)	8 (5.5350)	8 (5.0365)	8 (4.4734)	8 (5.5568)	8 (4.6818)	8 (5.3446)	7 (4.9499)	7 (4.8564)
係助词	2 (3.6676)	2 (5.1423)	3 (5.0997)	3 (6.8250)	2 (6.8955)	3 (6.5826)	3 (5.3074)	3 (6.0520)	3 (6.2474)
副助词	11 (2.4410)	13 (1.6374)	11 (1.4908)	8 (1.0987)	9 (1.5230)	9 (1.6991)	7 (1.2683)	8 (1.9389)	9 (1.8842)
准体助词	1 (2.4906)	1 (1.5351)	1 (1.2022)	1 (0.5161)	1 (0.7848)	1 (0.6826)	1 (0.7550)	1 (0.5491)	1 (0.7706)
终助词	11 (5.9208)	7 (1.6214)	4 (0.4180)	2 (0.1540)	4 (0.4427)	3 (0.2344)	1 (0.2603)	1 (0.2809)	1 (0.2822)

---

[1] 汉语中常常在形容词前添加"很""非常"等表示程度的副词，这导致在学习者语料中，「とても」、「なかなか」、「一番」等副词的使用频率偏高。关于母语负迁移，参见何淑琴（2010）等研究。

[2] 严格来说，接头辞和接尾辞属于构词成分，不属于词类。但是，两者也是考察学习者词汇使用能力的重要内容。因此，笔者以 MeCab 的解析结果为准，未作特别调整。

（续表）

	会话	小说	议论文	2007-4	2008-4	2009-4	2007-8	2008-8	2009-8
复合辞[①]	2 (0.1085)	1 (0.0666)	4 (0.1996)	2 (0.1253)	2 (0.3015)	3 (0.3522)	3 (0.3567)	3 (0.3239)	3 (0.3374)
接头辞	2 (0.9078)	3 (0.3415)	5 (0.2844)	3 (0.3712)	1 (0.1328)	3 (0.1724)	2 (0.1992)	4 (0.1824)	2 (0.1397)
接尾辞	17 (2.1662)	26 (1.6518)	25 (2.1863)	14 (1.8700)	17 (1.8256)	14 (1.0276)	19 (1.9659)	15 (3.2821)	12 (1.7342)

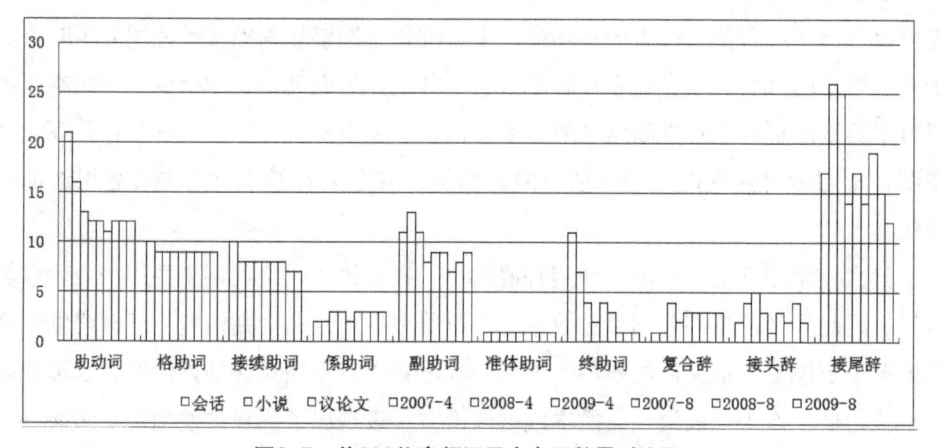

图2-5　前300位高频词目中虚词数量对比图

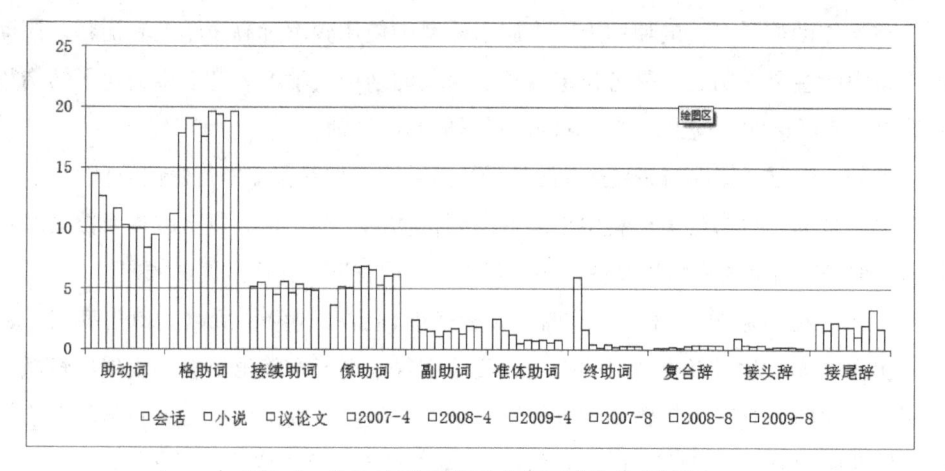

图2-6　前300位高频词目中虚词覆盖率对比图

---

① 为了更加全面、准确地反映其总体性质，笔者将其命名为「機能辞」（机能辞）。详见本书第十一章的相关论述。不过，在本节，为与 MeCab 的解析结果保持一致，笔者沿用了"复合辞"这一用语。

28　基于语料库的中国日语学习者认知研究

　　由以上图表可知，中国日语学习者与母语使用者在接续助词的使用方面较为接近，但在其他虚词的使用方面则存在着一定差异。与实词相同，可以分为使用不足和使用过度两类。

　　首先，在各类本族语语料的高频词中，助动词的词目数量均远多于学习者语料。除议论文以外，覆盖率也较学习者语料更高。究其原因，一方面是由于文体的关系，本族语会话中出现了大量口语化助动词，如「じゃ」、「てく」、「てる」[①]等。在其他类型的本族语素材中，它们的出现频率有所降低。考试作文作为书面语，自然较少使用这些助动词。另一方面，从这些高频助动词的具体使用情况也可以看出学习者使用能力的不均衡。学习者普遍能够较为熟练地使用表示时态、语态、否定的「た」、「（ら）れる」、「ない」等助动词，却很少使用在本族语语料中频繁出现的表示推断语气的「そうだ」、「みたいだ」、「らしい」等。这说明，学习者对这些助动词的使用能力偏弱，有必要在教学过程中有意识地加以强化。

　　其次，学习者对于终助词使用普遍较少。在日语中，终助词主要用来表示各类语气。因此，无论是高频词目的数量还是覆盖率，本族语会话语料中所含终助词都远远多于小说等其他文体的语料。不过，学习者语料中高频终助词的数量和覆盖率甚至普遍低于作为书面语代表的本族语议论文，表现出了明显的使用不足倾向，也由此导致学习者产出不够生动，缺乏交互性，比较接近于"自言自语"。

　　在准体助词「の」的使用上，本族语语料的使用频率远高于学习者语料。该助词在句中的主要作用之一是将长定语转换为名词结构。学习者产出中的句子结构相对简单，使用该助词较少，与本族语语料形成明显区别。

　　此外，学习者使用的高频接头辞的词目数较多，但是覆盖率普遍偏低。

　　另一方面，尽管各类语料中出现的高频格助词、系助词和复合辞词目数量基本相同，但是结合覆盖率可以发现，还是存在着不同程度的使用过度的倾向。

　　首先，在本族语口语中，出现了大量格助词省略现象，所以其覆盖率明显偏低。相比之下，学习者语料中的格助词覆盖率普遍高于本族语语料，表现出轻微的使用过度倾向。其次，在系助词方面，尽管词目数量区别不大，但是在学习者语料中，系助词的覆盖率明显高于本族语语料（表2-11）。这主要是由于学习者对「は」存在着难以完全纠正的过度使用问题。尤其是在四级作文中，该助词的覆盖率位列

———————————

① 由于语法立场不同，部分研究者并不将这些表达形式归入助动词，本文以 MeCab 依据的理论体系为准。

高频词榜首，与本族语语料差异显著。之所以出现这一现象，是由于「は」在日语教学中导入最早，使用也最频繁，导致了滥用现象的出现。相对而言，在八级语料中，「は」的排名和覆盖率都有所下降，呈现出向本族语接近的趋势。除此之外，「こそ」也使用偏多，这一点在大多数先行研究中均未被提及，值得进一步深入探讨。

表2-11　各类语料中係助词使用情况一览

	谈话			小说			议论文		
	排名	检出数	覆盖率	排名	检出数	覆盖率	排名	检出数	覆盖率
は	7	7,440	2.1942	5	103,645	3.6195	4	106,916	3.6582
も	11	4,996	1.4734	12	43,607	1.5228	12	41,283	1.4125
こそ	×			×			286	848	0.0290

	2007-4			2008-4			2009-4		
	排名	检出数	覆盖率	排名	检出数	覆盖率	排名	检出数	覆盖率
は	1	4,617	5.3067	1	4,162	4.9790	2	3,971	4.8228
も	13	1,286	1.4781	12	1,602	1.9165	12	1,423	1.7282
こそ	266	35	0.0402	×			294	26	0.0316

	2007-8			2008-8			2009-8		
	排名	检出数	覆盖率	排名	检出数	覆盖率	排名	检出数	覆盖率
は	4	4,276	3.9613	3	4,174	4.0711	3	4,687	4.4534
も	14	1,408	1.3044	12	1,987	1.9380	12	1,843	1.7512
こそ	256	45	0.0417	247	44	0.0429	245	45	0.0428

　　学习者对副助词和接尾辞的使用状况具有一定的共通之处。从词目数量上看，本族语语料普遍多于学习者语料。从覆盖率来看，两者差距却不大。可见，学习者熟悉的副助词或接尾辞数量较少，但是对其使用偏多，存在着对部分词汇过度使用的倾向。

　　最后，在学习者语料中，复合辞的使用频率明显高于本族语语料。这一点在本书第十一章的相关统计中也得到了印证。这可以归因于训练迁移。复合辞不仅是日语教学的重要内容，也是日本语能力测试等各类考试的主要考察对象之一。因此，

学习者对其非常熟悉，使用自然也就更加频繁。

6. 结语

本章从词汇占比、词汇覆盖率以及高频词目三个视角出发，在各类本族语语料和学习者语料之间进行了对比和分析，探究了中国日语学习者在词汇使用方面的总体状况和特点。

总体而言，在学习者的产出中，名词、代词、动词、形容词、形容动词、副词等具有实质性意义的词汇使用频率较高，感叹词、终助词、助动词等的使用频率偏低，甚至远远低于本族语语料中的议论文。这显示，学习者的产出缺乏必要的交互性，近似于自言自语。学习者对「は」、「も」、「こそ」等系助词有使用过剩倾向。产出的句子较短，结构较为简单，较少出现定语重句等较为复杂的结构。相对于四级语料，八级语料中的名词、动词、形容动词、连体词、接续词、格助词占比更高，代词、形容词、副词、助动词、接续助词、准体助词和终助词占比更低，平均句长更长，更加接近本族语语料中的议论文。而四级作文则更加接近于会话，表现出较为明显的口语化倾向。八级语料中系助词占比下降，使用过剩倾向得到一定程度的修正。可见，随着学习时间的增加，学习者的表达显示出向本族语接近的趋势。但在很多方面，尚存在着较大差异和改善的空间。

词目覆盖率的统计结果表明，为了成功地完成口语交际任务，学习者至少需要掌握3,559个单词，而要顺利地完成书面语交际任务，词汇量须达到6,451个以上。尽管本次分析的学习者产出形式为作文，属于书面语范畴，但是通过统计我们发现，即便是四年级的日语学习者，他们能够较为熟练运用的词汇数量仍远未达到较为理想的水平。

高频词目的构成分析则揭示了如下情况。在学习者语料的高频词目中，名词、形容词、形容动词、副词等实词以及虚词中的复合辞不仅词目数量较多，而且覆盖率高，表现出明显的过度使用趋势。接续词、格助词、系助词尽管词目数量相差不大，在学习者语料中的覆盖率却较高。学生能够熟练应用的代词、动词和副助词总体词目偏少，覆盖率却差距不大，都表现出对特定词汇的过度使用倾向。

另一方面，学习者对部分日语助动词、准体助词以及终助词的使用能力明显不足。总体而言，学习者对于意义明确、构成句子主干的单词使用偏多，对于表达各类语气的词汇运用偏少，导致表达较为单调、缺乏交互性。这也印证了本章在考察学习者词汇的总体构成后得到的结论。因此，教师有必要在教学过程中有针对性

地进行强化训练。同时，适当抑制容易出现使用过度情况的词类，增加代词、动词、副助词的导入，丰富学生的表达内容，帮助学习者内部的语言体系顺利地向本族语靠拢。

参考文献

[1] Bonk, W. J. 2000. Second language lexical knowledge and listening comprehension [J]. International Journal of Listening (14).

[2] Nation, P. & Waring, R. 1997. Vocabulary size, text coverage and word lists [A]. Schmitt, N. & McCarthy, M. ed. Vocabulary: Description, Acquisition and Pedagogy [C]. Cambridge: Cambridge University Press.

[3] Selinker, L. 1972. Interlanguage [J]. International Review of Applied Linguistics (10).

[4] 樺島忠夫, 寿岳章子. 1965. 文体の科学[M]. 京都：総芸舎.

[5] 山本忠雄. 1940.文体論——方法と問題[M]. 東京：賢文館.

[6] 工藤拓, 山本薫, 松本裕治. 2004. Conditional Random Fields を用いた日本語形態素解析[J]. IPSJ SIG Notes (47).

[7] 高见,戴曼纯.2009.英语学习者主题结构的习得研究[J]. 解放军外国语学院学报（1）.

[8] 马刚,吕晓娟.2007.基于中国学习者英语语料库的情态动词研究[J]. 外语电化教学（3）.

[9] 毛文伟.2007.论语料库信息自动筛选技术的实现及排错——以对接尾词"み"的考察为例[J]. 外语电化教学（1）.

[10] 毛文伟.2009.语料库在历时语言学研究领域的应用——以对机能辞「とたん（に）」的考察为例[J]. 外语电化教学（1）.

[11] 毛文伟.2012a.日语学习者产出文本特征的量化分析[J].解放军外国语学院学报（1）.

[12] 毛文伟.2012b.日语自动词性赋码器的信度研究[J]. 外语电化教学（3）.

[13] 毛文伟.2013.中国日语学习者作文词汇量及高频词目研究[J]. 外语电化教学（4）.

[14] 孙海燕.2008.中国EFL学习者搭配能力的发展特征探析[J]. 外语研究（2）.

[15] 王春艳.2009.基于语料库的中国学习者英语近义词区分探讨[J]. 外语与外语教学（6）.

[16] 王立非,张岩.2007.大学生英语议论文中高频动词使用的语料库研究[J]. 外语教学与研究（2）.

[17] 文秋芳,丁言仁,王文宇.2003.中国大学生英语书面语中的口语化倾向——高水平英语学习者语料对比分析[J]. 外语教学与研究（4）.

[18] 文秋芳.2009.学习者英语语体特征变化的研究[J]. 外国语（4）.

[19] 张萍.2007.不同二语学习者词汇复杂度的语料库对比研究[J]. 中国外语（3）.

[20] 张雪梅,杨滢滢.2009.英语专业学习者的时态习得现状——一项基于中国英语专业写作语料库的研究[J]. 外国语文（3）.

[21] 甄凤超.2005.中国学习者英语口语词汇量及常用词汇研究——基于英语口语语料库的词目研究[J]. 解放军外国语学院学报（5）.

第三章　学习者表达失误的类型及分布

1. 引言

从研究范式来看，基于学习者语料库的二语习得研究大致可以分为两大类型，即中介语对比研究和学习者表达失误研究。前者着眼于对学习者产出进行整体分析，并与本族语语料开展对比，探讨两者之间的异同。后者则聚焦学习者产出中的表达失误，着重考察具体的错误现象，分析引发这些表达失误的原因。为了全面、准确地掌握学习者表达失误出现的整体状况，我们必须充分汲取语言学以及二语习得研究领域的相关研究成果，对学习者表达失误的类型进行系统、科学的梳理和规划，确保分类标准的客观性和准确性。在此基础上，采用科学、系统、规范的赋码标准，对语料中出现的所有表达失误现象进行统一标识和修改，充分发挥语料库检索方便、快捷的优势，全面、客观地掌握学习者表达失误分布的具体状况，为系统考察学习者习得状况，探究二语习得客观规律奠定坚实基础。

本章将结合中国日语学习者语料库中收录的实际语料，探讨学习者表达失误的体系设定、类型编制，全面梳理学习者表达失误的出现状况，以便对中国日语学习者表达失误的体系构成和分布情况取得较为全面、清晰、准确的总体认识。

2. 现有学习者语料库的表达失误类型设计

迄今为止，已建成的学习者语料库主要有寺村语料库、国研语料库和大曾语料库。这些语料库都凝结着建设者的大量心血，为推动日语本体研究、二语习得研究以及日语教育研究做出了巨大的贡献。但是，必须指出的是，由于起步较早，它们在学习者表达失误赋码的体系规划方面都存在着一些不够完善之处。

国研语料库的前身是"日中作文语料库"[1]。该语料库共设定了「表記」（书

---

[1] 国研语料库中收录的各类语料也进行了标注。但是，该语料库的建设者认为，在失误编码的标注中存在着个人因素掺杂较多、标准难以统一等问题，所以标注中记录的并不是失误类型，而是标注者对该处表达形式的个人意见。

写）、「文体」（文体）等8类学习者表达失误，详见例1（宇佐美洋、鑪水兼貴2006）。分析这些表达失误类型可以发现，它们并不属于同一层面。例如，「a表記」（书写）、「b文体」（文体）、「c語彙」（词汇）、「d文法」（语法）、「e敬語」（敬语）属于表达失误的具体类型，「h表現」（表达）指不可取的表达形式，而「f文化、習慣」（文化、习惯）、「g母語の干渉」（母语干扰）则属于造成表达失误的原因。由于这些表达失误赋码分属不同的层次，因此，在具体标注过程中，对于某些表达失误的具体归类可能出现仁者见仁、智者见智的情况。例如，例2中的「講座」一词的表达失误既可以归入「c語彙」（词汇）类，也可以归入「g母語の干渉」（母语干扰）类。这必将导致不同赋码者甚至同一赋码者对同一类表达失误作出的判断迥异，由此对赋码结果的一致性和赋码质量造成不利影响。

（1）＜添削コード一覧＞「a」表記，「b」文体，「c」語彙，「d」文法，「e」敬語，「f」文化、習慣，「g」母語の干渉，「h」表現（間違いではないが、日本語らしくないもの）

（2）ひところ前、日本に名高[く，い，d]、国立国語研究所の学者の中野洋先生が上海に来られて、うちの大学で[講座，講演，c]を[作って差しあげました，なさいました，d]。「中国流行歌の変化―日中流行歌の対照研究―」というテーマをめぐって、先生は流行歌の三つの特■を取り出して[私たちに，h]説明してくださいました。

大曽语料库在参考寺村语料库赋码体系的基础上，设置了12种表达失误类型，详见例3（杉浦正利等1997）。

（3）助詞（格助詞・取り立て詞・接続助詞・終助詞）、複合動詞（動詞連用形＋動詞）、動詞（なる・する・活用形（形態的誤用）・lexical item）、形容詞、形容動詞、ダ、名詞、副詞、連用修飾、連体詞、句、発音

大曽语料库设立的这些表达失误类型都是学习者在具体表达过程中可能出现的错误，因此，从所属层面来看，大体一致。但是，其中缺少了「表記」（书写）、「接頭辞、接尾辞」（接辞）以及「テンス」（时态）、「アスペクト」（时相）、「ヴォイス」（态）等重要的表达失误类型。因此，在体系上不够完整。

为了更加准确地反映学习者产出中存在的各类错误，提高数据生成和检索、统计的效率，更加有效地为研究服务，我们必须在数据结构、数据库设计、存储模

34　基于语料库的中国日语学习者认知研究

式以及数据在不同功能模块之间的流转和衔接等各个层面反复推敲，不断完善。同时，由于语料库标注是一项庞大的系统工程，需要多人协同工作，为了确保赋码的准确性和一致性，必须在赋码工作开始之初就制定统一的原则，所有参与人员均须遵照执行。以下，笔者拟从表达失误编码的体系设置以及赋码的基本原则两个角度加以论述。

3. 学习者表达失误的类型设定

除了上述已建成的学习者语料库之外，部分学者（如市川保子1997等）也对学习者表达失误的分类提出了各自的方案。这些方案通常基于两项原则。一是通过实际批注，从学习者语料中提取各种错误类型，并建立起相应的学习者表达失误体系。二是根据已有的语言学研究成果，构建相关体系。前者的优势在于类型设置较为贴合学习者表达失误的实际情况，能够方便地、有针对性地进行设定和标识。后者则有利于提高学习者表达失误类型设置的体系性，便于运用统一标准对不同母语学习者的产出进行分析和比较。

参考先行研究，并汲取试验性标注过程中取得的一些经验，笔者采取基于日语语法体系，结合实际标注情况，兼顾对未来研究需求的预测的方针，将学习者表达失误分为「表記」（书写）、「語彙」（词汇）、「文法」（语法）和「表現」（表达）四大类型，分别针对语言的四个不同层面。在各大类型之下，根据实际情况，设置了数量不等的具体错误类型。由于语法类表达失误类型众多，考虑到系统显示及操作上的方便，又下设了「自立語」（实词）、「助詞」（助词）、「助動詞及び関連問題」（助动词及相关问题）和「構文」（句式）四个子类，详见下图。

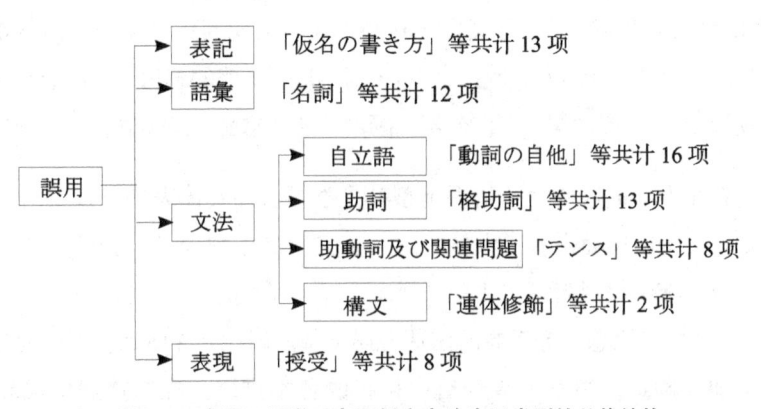

图3-1　中国日语学习者语料库表达失误类型的总体结构

各子类中具体的表达失误类型设置如下。

3.1 书写类表达失误

本子类反映了学习者在书写、语音方面出现的各类表达失误[①]。其中包括「仮名の書き方」（假名书写）、「仮名の使用」（假名使用）、「仮名の欠落」（假名缺失）、「漢字の書き方」（汉字书写）、「漢字の使用」（汉字使用）、「漢字の回避」（回避汉字）、「送り仮名」（送假名）、「長音」（长音）、「短音」（短音）、「促音」（促音）、「語順」（字序）、「句読点」（标点符号）以及「意味不明」（意义不明），共计13项。其中，在学习者的产出中出现的所有日语JIS编码体系中不能正确输入、显示的汉字（包括使用中文汉字或书写错误等）、假名均归入「漢字の書き方」（汉字书写）或「仮名の書き方」（假名书写）类。而在日语系统中能够输入、显示的汉字、假名错误（包括清浊音等）则归入「漢字の使用」（汉字使用）（例4）或「仮名の使用」（假名使用）类（例5）。「送り仮名」（送假名）指在送假名书写上出现的错误（例6），「語順」（字序）指的则是汉字或假名的顺序发生错乱的情况（例7）。

（4）さっと氛{4, 氛, 表記-漢字の使用, 雰}囲気が高潮に上げられる。
  　（CJLC）

（5）日頃に箱のしたに置かなげ{1, げ, 表記-仮名の使用, け}ればならない。
  　（CJLC）

（6）この話し{1, 話し, 表記-送り仮名, 話}はある身体障害者の書いた本の中で最も心を打たれた話だ。 （CJLC）

（7）心の長成{27, 長成, 表記-語順, 成長} （CJLC）

3.2 词汇类表达失误

词汇类表达失误指在学习者产出中出现的词汇意义方面的使用不当，需要替换成其他词汇。主要表现形式为在母语干扰或是目标语知识缺失等因素影响下，学习者自造了部分词语（例8），或是在形近、近义词汇的选择使用方面发生了错误（例9—12）。本类表达失误的类型划分基本上参照日语学校语法的体系进行，分为「名詞」（名词）、「数詞」（数词）、「代名詞」（代词）、「動詞」（动词）、

[①] 部分学习者表达失误由多种误用复合而成。为简明起见，本书示例中的标注仅针对特定的错误类型。

「形容詞」（形容词）、「形容動詞」（形容动词）、「連体詞」（连体词）、「副詞」（副词）、「接続詞」（接续词）、「感動詞」（感叹词）、「接頭辞」（接头辞）和「接尾辞」（接尾辞），共计12项。

（8）砂鍋{2, 砂鍋，語彙－名詞，土鍋}はもともと炊具の一つだった。(CJLC)

（9）蓋を掲げ{5, 掲げ，語彙－動詞，開け}て、お湯が沸いている。(CJLC)

（10）留学の費用が多い{2, 多い，語彙－形容詞，高い}ですから。(CJLC)

（11）いろいろな{8, いろいろな，語彙－形容動詞，多くの}先輩(CJLC)

3.3 语法类表达失误

3.3.1 实词表达失误

与词汇类表达失误的分类相似，在「自立語」（实词）子类中也设有「形容詞」（形容词）、「形容動詞」（形容动词）等类型，但是着眼点有所不同。词汇类表达失误着重于反映词汇意义方面的使用不当，而语法类表达失误则体现为对特定语法规则的违反。例如在例10中，学习者将「費用が高い」误作「費用が多い」，属于近义词误用，应归入词汇范畴。而例12中，学习者误以「多い」直接修饰名词，反映出对形容词「多い」的语法属性掌握不准确，违反了日语中「多い」、「少ない」、「近い」、「遠い」等表示相对状态的词通常不能单独修饰名词的语法规则，因此属于语法范畴的表达失误。

本子类中的表达失误类型包括「名詞」（名词）、「数詞」（数词）、「代名詞」（代词）、「形式名詞」（形式名词）（例13）、「動詞の活用」（动词活用）（例14）、「動詞の自他」（动词的自他）（例15）、「形容詞」（形容词）（例12）、「形容詞の活用」（形容词活用）、「形容動詞」（形容动词）、「形容動詞の活用」（形容动词活用）、「連体詞」（连体词）、「副詞」（副词）、「感動詞」（感叹词）、「接頭辞」（接头辞）、「接尾辞」（接尾辞）、「品詞の混同」（词性混淆）（例16），共计16项。需要指出的是，用言（即动词、形容词和形容动词）在接续方面的错误通常归入相应词类的活用失误（例14）。

（12）人間はなぜそんなに多い{34, 多い，文法－自立語－形容詞，多くの}悩みがある。(CJLC)

（13）どんなに勉強して好きな大学に入るの{3, の，文法－自立語－形式名詞，こと}ができるのと思った。(CJLC)

第三章 学习者表达失误的类型及分布 37

（14）雰囲気はぱっと高潮に押しされ {5, 押しされ，文法 - 自立語 - 動詞の
活用，押され} ます。 (CJLC)

（15）火を最大限に鍋の下に集まっ {4, 集まっ，文法 - 自立語 - 動詞の自他，
集め} て、中の料理を味が出るまでゆっくりと煮ることができる。
(CJLC)

（16）温かい {1, 温かい，文法 - 語彙 - 品詞の混同，温かさ} を持続するの
は一番よい点です。 (CJLC)

3.3.2 助词表达失误

由于汉语中缺乏明确对应的语言形式，中国日语学习者在学习和运用各类助词
时普遍会遭遇困难。观察学习者语料可以发现，本类表达失误主要包括助词使用错
误（例17）、助词缺失（例18）以及助词使用过剩（例19）三种。据此，笔者将本
类表达失误分为3个小类，即使用错误类、缺失类和使用过剩类。

使用错误类表达失误共计4项，包括「格助詞」（格助词使用错误）（例17）、
「副助詞」（副助词使用错误）、「接続助詞」（接续助词使用错误）和「終助
詞」（终助词使用错误）。缺失类表达失误共计4项，包括「格助詞の欠落」（格助
词缺失）（例18）、「副助詞の欠落」（副助词缺失）、「接続助詞の欠落」（接
续助词缺失）、「終助詞の欠落」（终助词缺失）。使用过剩类表达失误也是4项，
包括「格助詞の過剰使用」（格助词使用过剩）、「副助詞の過剰使用」（副助词
使用过剩）（例19）、「接続助詞の過剰使用」（接续助词使用过剩）和「終助詞
の過剰使用」（终助词使用过剩）。

（17）けっこうな容量が {1, が，文法 - 助詞 - 格助詞，を} 持っているので、
何でも入れます。 (CJLC)

（18）パソコン {18, ，文法 - 助詞 - 格助詞の欠落，を}、処分すべきだ。(CJLC)

（19）何回も {1, も，文法 - 助詞 - 副助詞の過剰使用， } 読んでも飽めない
ほどです。 (CJLC)

此外，日语中还存在着一类在先行研究中被称为「複合辞」（复合辞）、「複
合助詞」（复合助词）、「後置詞」（后置词）或「機能辞」（机能辞）的表现形

38　基于语料库的中国日语学习者认知研究

式①。虽然从词源上看，这些机能辞可能由多个单词的组合演变而来，但是在现代日语中通常作为一个整体使用，起着相当于传统意义上的助词、助动词的作用，如「せいで」（例20）、「にしたがって」（例21）等。在先行研究中，尽管具体命名有所不同，但研究者通常都将其作为一个整体加以把握，并默认辞是由这些机能辞和传统意义上的助词、助动词构成的（田野村忠温2002）。这些机能辞在现代日语中起着不可或缺的作用，功能难以用传统意义上的助词、助动词完全替代，是日语教学的重要内容之一。因此，有必要将其视作语言基本单位，并对学习者在使用过程中出现的相关表达失误加以标注。

（20）情報化の氾濫の<u>くせに｛7，くせに，文法－助詞－機能辞，せいで｝</u>、どちらかただしいかわからなくなりますし、困まることがいっぱいです。（CJLC）

（21）コンピューターとイントネットの発展する<u>こと｛4，こと，表現－表現の過剰，｝</u>にしたがって、メッセージを手に入れることがとても便利だ。（CJLC）

　　从语法功能来看，机能辞基本上可以分为两大类。部分机能辞在句中起着类似助词的作用，主要用来标记单词或是从句间的相互关系（如例20、21）。另有部分机能辞起着类似助动词的作用，在句中主要表示判断、劝告、意志等各种说话者的主观语气（如例22、23）。为便于系统考察，笔者将其统一归入「助詞－機能辞」（助词－机能辞）类。

（22）しょうにき、<u>驚いて仕方がない｛8，て仕方がない，文法－助詞－機能辞，本当に～た｝</u>。（CJLC）

（23）今までの私に対して、確かによく考え<u>なられればならなかった｛8，なれればならなかった，文法－助詞－機能辞，なければならない｝</u>。（CJLC）

3.3.3 助动词及相关问题类表达失误

　　助动词及相关问题是学习者表达失误较为集中的类型。这是因为，日语以助动词黏着在动词、形容词、形容动词等词汇后表达时态、时相、使役、被动等（有时需配合特定句式）。而汉语中没有对应的语法形式，这造成学习者习得困难，并导

---

① 为了更加全面、准确地反映其总体性质，笔者将其命名为「機能辞」（机能辞）。详见本书第十一章的相关论述。

致表达失误频发。

本子类表达失误共8项，包括「テンス」（时态）（例24）、「アスペクト」（时相）（例25）、「受身」（被动）（例26）、「使役」（使役）、「可能」（可能）、「モダリティ」（语气）、「打消し」（否定）、「助動詞の活用」（助动词的活用）。如上所述，对于「だろう」、「かもしれない」、「しかない」等形态较为固定，在句中起着类似助动词的作用，表示判断、劝告、意志等各种说话者主观语气的机能辞，笔者将其统一归入「助詞‐機能辞」（助词‐机能辞）一类（例27）。

（24）ハリー・ポーターと一緒に現実の世界に<u>戻る</u>｛5, 戻る，文法‐助動詞及び関連問題‐テンス，戻った｝。（CJLC）

（25）蓋を<u>開けている</u>｛3, 開けている，文法‐助動詞及び関連問題‐アスペクト，開ける｝と同時に、鍋の中の湯気もうきうき沸いています。（CJLC）

（26）ごみを<u>分別されて</u>｛1, されて，文法‐助動詞及び関連問題‐受身，して｝できるだけ再利用する。（CJLC）

（27）私は留年する<u>かも知らない</u>｛47, かも知らない，文法‐助詞‐機能辞，かもしれない｝。（CJLC）

3.3.4　构句类表达失误

本子类主要涉及句式方面的各类表达失误，主要包括「連体修飾」（连体修饰）（例28）、「順序」（语序）2项，数量较少。

（28）つまり<u>人と交流の</u>｛27, 人と交流の，文法‐構文‐連体修飾，人との交流｝は重要だ。（CJLC）

3.4 表达类表达失误

表达类表达失误共8项，包括「授受」（授受关系）（例29）、「敬語」（敬语）（例30）、「文体」（文体）、「不適切な表現」（不适当的表达）、「表現の欠落」（表达缺失）、「表現の過剰」（表达过剩）和「数詞の過剰使用」（数词使用过剩）。其中，既有一些属于<u>绝对性表达失误</u>①，也有一些属于不恰当的表达形式

---

① 关于绝对性失误和不可取的表达形式这两种学习者表达失误的定义，详见下节。

等。笔者将那些出现部分缺失（例31）或是过剩（例32）的表达形式分别归入「表現の欠落」（表达缺失）或「表現の過剰」（表达过剩），而将其他虽然从语法、词汇运用方面没有明显错误，却显得较为别扭，或是在产出过程中因采取回避策略而导致语句不符合目标语表达习惯的形式归入「不適切な表現」（不适当的表达）类（如例33）。

（29）クラスメートから日本語のいい勉強方法を教えられた {4, られた，表現－授受，てくれた}。 （CJLC）

（30）するお母さんが鍋に出ていただいて {3, に出ていただいて，表現－敬語，を出して}。 （CJLC）

（31）だんだんよくできた {23, できた，表現－表現の欠落，できるようになった}。 （CJLC）

（32）最近この頃 {2, この頃，表現－表現の過剰，　}、私は大変嫌なことをしなければならない。 （CJLC）

（33）たとえば人間関係や故郷の懐しい {18, 故郷の懐しい，表現－不適切な表現，ホームシック} などがある。 （CJLC）

4. 学习者表达失误的认定原则

观察实际语料可以发现，学习者的表达失误可能出现在书写、词汇、语法以及句式、句间等不同层面。Ellis & Barkhuizen（2005）指出，有些表达失误非常明显，容易识别，属于绝对性失误（absolute errors），也有一些错误并不明显，却也会使人觉得别扭，属于不可取的表达形式（dispreferred forms）。动词（例34）、格助词（例35）等词汇、语法方面的使用错误通常属于前者，标注较为方便，也容易在标注者之间取得一致。而后者往往属于表达层面的问题，在赋码过程中，更多地依赖标注者的主观判断。是否标注，如何归类，不同标注者做出的判断往往也不尽相同。例如，在例36中，除了存在着各种词汇、语法错误以外，从句式上看也较为冗长、紊乱。通过分句，可能将会取得更好的表达效果（如例37）。但是，即便不进行句子切分，只要在句间接续方式上稍作修改，也会变得较为自然（如例38）。可见，此类标注修改有多种方案可选，并无唯一答案，具有很高的难度。正因为如此，迄今为止建成的各类学习者语料库通常都只针对绝对性失误进行标注。

（34）蓋を揭げ {5, 揭げ, 語彙－動詞, 開け} て、お湯が沸いている。 (CJLC)

（35）けっこうな容量が {1, が, 文法－助詞－格助詞, を} 持っているので、何でも入れます。 (CJLC)

（36）これは今の私の悩みからこそ、いずれにしても勉強が大切なことで、コンピューターケームをやめなければならないという思いを持っているので、私は自本のケームをする欲必ずかつに決まっている。 (CJLC)

（37）これは今の私の悩みである。いずれにしても勉強が大切なことなので、コンピューターゲームをやめなければならないという思いを持っているので、私は自分のゲームをする欲望に必ず勝つと決めている。 (作例)

（38）これは今の私の悩みであるが、いずれにしても勉強が大切なことで、コンピューターゲームをやめなければならないという思いを持っているので、私は自分のゲームをする欲望に必ず勝つと決めている。 (作例)

但是，尽管对绝对性表达失误进行标注更具操作性，我们也不应该无视那些不可取的表达形式的存在。实际上，对于教师和学习者尤其是中高级学习者来说，探究那些并非是明显的语言错误，却导致表达别扭、不道地的不可取形式的成因和对策更为重要。因此，笔者在「表現」（表达）类表达失误中设立了「不適切な表現」（不适当的表达）类，用来标注那些并非明显的词汇、语法错误，却不符合日语表达习惯的不可取的表达形式。

此外，在具体表达失误标注过程中，笔者要求标注者严格遵循按产出形式进行分类的原则，即根据学习者的产出而不是修正后的结果判断表达失误类型。例如，在例39中，需要将提示助词「は」改为格助词「が」。这时，应该根据「は」而不是「が」的词性确定表达失误类型。同理，在将例40中的「その」修正为「それ」时，应依据前者的词性将此表达失误判定为词汇类别的连体词使用错误。

（39）自由は {35, は, 文法－助詞－取立助詞, が} なければ、 (CJLC)

（40）その {18, その, 語彙－連体詞, それ} 以外 (CJLC)

但是，在发生表达缺失情况时，则应根据缺失的表达形式的类型决定赋码。在具体操作中，对于接续助词、动词词尾等与先行词联系紧密的词语（例41），或是牵涉到先行词词尾变化的（例42），标识人员统一将先行词作为修改对象。对于动词、副词、接续词等实词（例43）以及词组（例44）等独立性较强的语言单位，则

先插入空格，再将空格作为修改对象。

（41）私は日本語を勉強し始め{22, 始め，文法 – 助詞 – 接続助詞の欠落，始めて}（CJLC）

（42）だんだんよくできた{23, できた，表現 – 表現の欠落，できるようになった}。（CJLC）

（43）私は____{13,____，表現 – 表現の欠落，いろいろ}考えたあげく（CJLC）

（44）これはずっと____{4,____，表現 – 表現の欠落，私を}困らせる問題の一つだ。（CJLC）

最后，某些表达失误可能会有多种修改方式。例如，例45中的「言葉を変わる」这一词语搭配既可被视作格助词使用错误，也可以认为是动词的自他错误。在这种情况下，应该遵循产出者意图原则，即根据上下文推测学习者的使用意图，并在此基础上进行修改。观察例45可以发现，句子原意为"根据情况，改变用词也很重要"。因此可以判定学习者是误将自动词当作他动词使用了，即动词的自他错误。标识结果如例46所示。

（45）場合によって、言葉を変わるというのも大切だ。（CJLC）

（46）場合によって、言葉を変わる{2, 変わる，文法 – 自立語 – 動詞の自他，変える}というのも大切だ。（CJLC）

5. 学习者表达失误的分布状况

如前文所述，在中国日语学习者语料库中，学习者表达失误被分为四大类，即「表記」（书写）、「語彙」（词汇）、「文法」（语法）和「表現」（表达）四大类。以下，笔者逐类分析学习者语料中各种表达失误的分布情况。

表3-1显示了书写类表达失误的统计结果。观察该表可知，学习者在假名、汉字的书写和使用、送假名、标点符号等方面的错误较为频繁。即便到了高年级之后，除送假名使用错误显著减少以外，假名、汉字的书写和使用仍是易错之处。尤其是汉字，由于高年级学习者学习、使用的汉字更多，出错几率反而有增加的趋势，需要教师在授课过程中给予足够的重视。

第三章 学习者表达失误的类型及分布 43

表3-1 书写类表达失误的分布状况[1]

	四级			八级		
	失误数	规模	比例	失误数	规模	比例
仮名の書き方	294	83,078	35.39	243	102,060	23.81
仮名の使用	108	83,078	13.00	130	102,060	12.74
仮名の欠落	30	83,078	3.61	32	102,060	3.14
漢字の書き方	277	83,078	33.34	463	102,060	45.37
漢字の使用	145	83,078	17.45	155	102,060	15.19
漢字の回避	21	83,078	2.53	22	102,060	2.16
送り仮名	127	83,078	15.29	57	102,060	5.58
長音	17	83,078	2.05	305	102,060	29.88
短音	2	83,078	0.24	5	102,060	0.49
促音	48	83,078	5.78	69	102,060	6.76
語順	7	83,078	0.84	7	102,060	0.69
句読点	65	11,552	56.27	37	13,237	27.95
意味不明	55	83,078	6.62	50	102,060	4.90

　　表3-2显示了词汇类表达失误的统计结果。观察该表可知，相对其他类型的表达失误而言，学习者在词汇使用方面出错率较高。二年级学习者的常见表达失误主要集中在名词、动词和接续词上。四年级学习者除了这些词以外，在使用连体词和副词过程中，错误率也有所上升。这可能是由于四年级学习者接触、使用的词汇更多，但并未完全掌握部分词汇的正确用法，导致表达失误出现更加频繁。此外，观察实际语料可知，学习者在写作时往往会使用回避策略，只使用较有把握的词汇。这在一定程度上避免了表达失误的发生，但同时也导致学习者语料中出现的词目偏少，词汇量偏低[2]，表达较为单调。

---

[1] 表中"规模"栏数据显示了该类形式的总体数量，"比例"栏数据则显示了该类误用的每万词出现比例，按以下公式计算：比例＝（误用数／规模）×10000。以下同。

[2] 本书第二章在统计、对比本族语语料和学习者语料的词目数和高频词后指出，中国日语学习者书面语产出中出现的词目数量非常有限。同时，存在着过多使用部分高频词汇的现象。

44　基于语料库的中国日语学习者认知研究

表3-2　词汇类表达失误的分布状况

	四级			八级		
	失误数	规模	比例	失误数	规模	比例
名詞	305	15,756	193.58	441	22,723	194.08
数詞	4	831	48.13	12	567	211.64
代名詞	17	3,574	47.57	19	2,282	83.26
動詞	349	16,620	209.99	484	20,618	234.75
形容詞	28	2,458	113.91	34	2,476	137.32
形容動詞	25	1,618	154.51	36	2,741	131.34
連体詞	10	857	116.69	25	1,155	216.45
副詞	44	2,861	153.79	62	2,460	252.03
接続詞	18	527	341.56	25	675	370.37
感動詞	0	87	0.00	0	63	0.00
接頭辞	1	314	31.85	1	383	26.11
接尾辞	10	1,506	66.40	14	3,716	37.67

　　表3-3显示了语法类表达失误的统计结果。由该表可知，在实词方面，学习者对动词、形容词和形容动词的活用掌握不够理想，表达失误较为频繁。自他动词使用错误虽然占比不算高，但绝对数量较多。在虚词方面，无论是在四级还是八级作文中，各类助词尤其是格助词和终助词的相关表达失误都频繁出现。而且，格助词和终助词的滥用和缺失现象也很常见。八级作文中的部分指标如助词的误用和滥用有所下降，但出现频率仍居高不下。这显示，格助词和终助词始终是中国学习者学习日语的难点。此外，在时态、时体、语气以及助动词活用等方面，也出现了大量表达失误情况。机能辞和可能态方面的表达失误尽管出现频率不算高，但绝对数量较多。这些都必须在教学过程中给予足够的重视。

表3-3　语法类表达失误的分布状况

	四级			八级		
	失误数	规模	比例	失误数	规模	比例
名詞	12	15,002	8.00	4	22,723	1.76
数詞	0	831	0.00	1	567	17.64
代名詞	1	3,574	2.80	2	2,282	8.76

（续表）

	四级			八级		
	失误数	規模	比例	失误数	規模	比例
動詞の活用	259	16,620	155.84	244	20,618	118.34
動詞の自他	84	16,620	50.54	163	20,618	79.06
形容詞	11	2,458	44.75	3	2,476	12.12
形容詞の活用	67	2,458	272.58	66	2,476	266.56
形容動詞	9	1,618	55.62	5	2,741	18.24
形容動詞の活用	31	1,618	191.59	69	2,741	251.73
連体詞	8	857	93.35	10	1,155	86.58
副詞	14	2,861	48.93	10	2,460	40.65
感動詞	0	87	0.00	1	63	158.73
接頭辞	0	314	0.00	3	383	78.33
接尾辞	2	1,506	13.28	17	3,716	45.75
品詞の混同	9	45,189	1.99	59	55,760	10.58
形式名詞	35	15,002	23.33	34	21,989	15.46
副助詞	204	7,134	285.95	375	8,328	450.29
格助詞	981	14,669	668.76	958	19,312	496.06
接続助詞	58	4,643	124.92	73	5,116	142.69
終助詞	26	400	650.00	12	352	340.91
副助詞の過剰使用	11	7,134	15.42	22	8,328	26.42
格助詞の過剰使用	124	14,669	84.53	95	19,312	49.19
接続助詞の過剰使用	4	4,643	8.62	13	5,116	25.41
終助詞の過剰使用	6	400	150.00	3	352	85.23
副助詞の欠落	31	7,134	43.45	61	8,328	73.25
格助詞の欠落	223	14,669	152.02	183	19,312	94.76
接続助詞の欠落	15	4,643	32.31	12	5,116	23.46
終助詞の欠落	18	400	450.00	16	352	454.55
機能辞	43	83,051	5.18	145	83,051	17.46
テンス	243	8,581	283.18	209	8,728	239.46
アスペクト	111	8,581	129.36	118	8,728	135.20
使役	11	8,581	12.82	24	8,728	27.50

（续表）

	四级			八级		
	失误数	规模	比例	失误数	规模	比例
受身	25	8,581	29.13	75	8,728	85.93
可能	57	8,581	66.43	139	8,728	159.26
モダリティ	109	8,581	127.02	85	8,728	97.39
打消し	15	8,581	17.48	17	8,728	19.48
助動詞の活用	712	8,581	829.74	778	8,728	891.38
連体修飾	2	83,051	0.24	8	83,051	0.96
順序	9	83,051	1.08	35	83,051	4.21

　　表3-4显示了表达类表达失误的统计结果。观察该表可知，无论是二年级还是四年级学生，学习者在写作文时出现授受关系、敬语以及文体方面的错误都不多，但在具体的表达方面，无论是表达不当，还是表达过剩或不足都很常见。这显示，学习者的表达能力不足始终是一个亟待解决的重要问题。

表3-4　表达类表达失误的分布状况

	四级			八级		
	失误数	规模	比例	失误数	规模	比例
不適切な表現	780	83,078	93.89	899	102,060	88.09
授受	9	83,078	1.08	3	102,060	0.29
数詞の過剰使用	1	83,078	0.12	0	102,060	0.00
敬語	6	83,078	0.72	2	102,060	0.20
文体	109	83,078	13.12	72	102,060	7.05
表現の欠落	537	83,078	64.64	657	102,060	64.37
表現の過剰	477	83,078	57.42	406	102,060	39.78

6. 结语

　　本章在充分汲取先行研究成果的基础上，探讨了学习者表达失误赋码的体系规划，列举实例，考察了学习者表达失误的类型和具体表现。诚如本书第一章指出的那样，对学习者表达失误进行标注在精度方面存在着难以逾越的极限，很难做到尽善尽美。但是尽可能地按照系统、科学、规范的标准对学习者语料进行赋码，还是

能够在很大程度上全面、准确地揭示中介语中各类表达失误的分布情况，帮助我们更加全面、准确地观察学习者不同阶段的语言习得状况以及第二语言习得发展的客观规律。

具体考察学习者表达失误的分布可以发现以下趋势。

在书写方面，学习者在假名、汉字的书写和使用、送假名、标点符号等方面的错误较为频繁。即便到了高年级，除送假名错误显著减少以外，假名、汉字的书写和使用仍是易错之处。尤其是汉字，由于高年级学习者学习、使用的汉字更多，出错的几率反而有增加的趋势。

在词汇使用方面，二年级学习者的表达失误主要集中在名词、动词和接续词上。四年级学习者除了这些词以外，在使用连体词和副词过程中，错误率也有所提升。总体而言，词汇层面表达失误的出现频次较语法层面更高。

在语法方面，学习者对动词、形容词和形容动词的活用掌握不够理想。自他动词使用错误数量较多。各类助词尤其是格助词和终助词的表达失误频繁出现。格助词和终助词的滥用和缺失现象也很常见。可见，格助词和终助词始终是中国学习者学习日语的难点问题。此外，在时态、时体、语气、助动词活用、机能辞以及可能态等方面，都出现了大量表达失误。

在表达方面，学习者在写作文时出现授受关系、敬语以及文体方面的错误都不多，但在具体表达方面，无论是表达不当，还是表达过剩或缺失的情况都很常见。这显示，学习者表达能力不足始终是一个亟待解决的重大问题。

通过对学习者表达失误分布情况的统计和分析，我们较为全面、准确地观察到了学习者在学习日语过程中遭遇到的各个层面的难点。这有助于我们合理运用认知语言学等研究范式，准确分析引发表达失误的原因，深入探讨应采取的对策，合理改革教材、教法，有效改善教学效果，进一步提高学习者的第二语言习得水平，在最大程度上避免母语干扰、中介语石化等影响习得效果的现象的发生。

参考文献

[1] Ellis, R. & Barkhuizen, G. 2005. Analysing Learner Language [M]. Oxford: Oxford University Press.

[2] Meunier, F. 1998. Computer tools for interlanguage analysis: A critical approach[A]. Granger, S. ed. Learner English on Computer [C]. London and New York: Addison Wesley Longman.

[3] 市川保子. 1997. 日本語誤用例文小辞典[M]. 東京：凡人社.

[4] 宇佐美洋, 鑪水兼貴. 2006. 「XMLによる作文添削情報表示システム」仕様の発展について[A]. 「日本語教育のための言語資源及び学習内容に関する調査研究」報告書[C]. 国立国語研究所

48 基于语料库的中国日语学习者认知研究

[5] 杉浦正利, 大曽美恵子, 市川保子, 奥村学, 小森早江子, 白井英俊, 滝沢直宏, 外池俊幸. 1997. 日本語学習者の作文コーパス：電子化による共有資源化[A]. 言語処理学会第 3 回年次大会論文集 [C].

[6] 田野村忠温. 2002. 辞と複合辞[A]. 日本語学と言語学[C]. 東京：明治書院.

[7] 寺村秀夫. 1990. 外国人学習者の日本語誤用例集[M]. 特別推進研究「日本語の普遍性と個別性に関する理論的及び実証的研究」分担研究「外国人学習者の日本語誤用例の収集、整理及び分析」資料. 大阪大学.

第四章　学习者表达失误的成因分析

1. 引言

中介语（interlanguage）是学习者在二语习得各个阶段使用的语言系统，具有可渗透性、动态性和系统性等特点。自Selinker（1972）提出该概念后，研究者们从宏观（桂诗春、杨惠中2003，王沁2009等）和微观（陈万霞2002、孙海燕2004等）两个层面考察了中国英语学习者使用的中介语系统，统计了其中各类表达错误的分布情况以及出现频率，为探索中介语总体状况、学习者表达失误的出现规律以及形成机制提供了依据。

中国日语学习者语料库（CJLC）是国家社会科学基金项目"中国日语学习者语料库的建设与研究"的建设内容之一。该语料库以反映中国日语学习者的实际情况为目标。素材随机抽取自2007—2009年度全国日语专业四、八级考卷中的作文和中译日卷，覆盖了全国各地的综合性大学、理工类大学、外语院校以及师范院校等，具有良好的信度和效度。与作文不同，翻译试卷的受试者采取回避（avoidance）和替代（replacement）等策略的余地较为有限。因此，通过中译日语料，我们能够更加客观、全面地观察中介语中各类表达失误现象的出现情况，更好地掌握我国日语专业学生的实际语言发展水平。

本章以中国日语学习者语料库（CJLC）中收录的中译日语料为研究对象，对各类常见的表达失误现象进行总体分析和归因，探讨在教学过程中应该采取的对策。

2. 学习者表达失误的成因

如上所述，中介语是第二语言学习者使用的语言系统。随着学习过程的进行，该系统从零起点开始不断向目的语靠近。但是正如已有研究指出的那样，受到学习环境、教学条件等外部因素以及学习能力、学习意愿等各种内部生理、心理因素的制约，只有很少一部分学习者能够完全达到目标语言母语使用者应有的水平。

50 基于语料库的中国日语学习者认知研究

Selinker（1972）将学习者用母语规则认识目标语语言规则，从而生成中介语语言规则的现象称为语言迁移。实际上，语言迁移不仅发生在母语和中介语之间，也发生在目标语和中介语之间。从心理认知过程来看，学习者在接触目标语知识时，常常会借助相关的母语或目标语知识帮助记忆。如果这些知识恰巧与学习对象在生成规律方面较为一致，或两者间的区别相当明显，则学习者构建的规则也较为准确，形成正迁移。否则，就容易造成重构规则似是而非，从而形成负迁移。缺乏充分、真实、自然的语言实践环境以及有针对性的指导将导致错误的重构规则得不到纠正并逐渐固定下来。

当遭遇目标语产出需要时，学习者首先在头脑中对现有知识进行搜索。如果对该目标语组块掌握较为充分，运用现有知识能够顺利地进行匹配或类推，学习者的产出就较为准确、地道。否则，必然会发生表达失误的情况。如果学习者头脑中的目标语体系不能满足语言交际的需要，学习者将被迫借助在意义或形态上与之接近的目标语或母语知识进行强行推导。与学习过程类似，如果这些语言知识恰巧适用，则输出较为准确。否则，学习者的产出就会在不同程度上违反目标语的使用习惯，导致在词汇、语法或语用等层面发生表达失误。

纵观中国日语学习者语料库（CJLC）中收录的中译日语料可以发现，中介语中出现的各类表达失误大致可以分为3类，即单纯的目标语缺陷、语言负迁移以及文化背景差异。以下逐一进行分析。

3. 单纯目标语缺陷引发的表达失误

部分表达失误现象的产生并非由语言负迁移引起，而仅仅是因为学习者对某些目标语知识掌握不充分或重构规则出现错误。从语音层面来看，常常表现为清浊音（例1）、长音或促音等方面的错误。从书写层面来看，常常表现为假名和部分日语汉字的书写错误。从词汇层面来看，则表现为词性混淆（例2）等。

（1）日頃に箱のしたに置かなげ{1, げ, 表記－仮名の使用, け}ればならない。（CJLC）

（2）温かい{1, 温かい, 文法－語彙－品詞の混同, 温かさ}を持続するのは一番よい点です。（CJLC）

不能准确掌握自他动词、助数词等词汇的正确用法也导致了很多表达失误的发

生。例如，在例3中，学习者误将自动词「入る」用作了他动词。在例4中，学习者以数扁平物的「枚」计量细长物体「骨」，显然不妥。实际上，这些问题都可以利用认知语言学的意象图式进行解析和说明。本书将在第八章对此进行深入探讨。

（3）たくさん入っ{5, 入っ，文法−自立語−動詞の自他，入れ}てもぜいたくなくてすこし入っ{6, 入っ，文法−自立語−動詞の自他，入れ}ても貧しくでもなく。（CJLC）

（4）土鍋の内容は一つのキチン、一鍋の肉、何枚の野菜でもいい。あるいは一つの魚の頭、何枚{9, 枚，語彙−数詞，本}の骨、白い玉のような豆腐でもいい。（CJLC）

　　不能准确辨析、使用某些近义词也会造成学习者产出错误。例如，在翻译"炖"（例5）时，部分应试者没有使用「煮る」（例6），而是使用了「茹でる」（例7）。实际上，尽管两词都可以译成"煮"，但「煮る」表示长时间的熬、炖，而「茹でる」则表示短时间的烫、焯（松井荣一2009）。根据题意，显然前者更为恰当。针对此问题，可以运用认知语言学的原型理论，准确分析、归纳这些动词的原型语义，通过对比，加深学习者对这些近义词在意义上的共性及区别的认识。

（5）将锅中的菜不慌不忙地炖出味道来。

（6）鍋の中の具の味をゆっくりと煮出すことができる。

（7）ゆっくり砂鍋の料理を味が出るまで茹でることである。（CJLC）

　　更为常见的是一些语法方面的表达失误。这些问题的发生往往是因为在学习者的母语中缺乏相应的语法范畴，导致他们在学习此类语法形式时遭遇困难。例如，由于汉语中没有助词、动词词尾变化以及及物、非及物动词的形态区别，使得学习者对这些知识点非常不敏感。即使经过近4年的学习，仍然难以避免此类错误（例8—11）。尤其是格助词，由于其功能繁多，部分用法与其他格助词的功能又比较接近，所以即便是在学习日语超过3年的学习者的产出中，仍然出现了大量误用（例8）和漏用现象（例9）。

（8）土鍋が{2, が，文法−助詞−格助詞，を}持っているとはいえ、ふだんには箪笥の奥に置くしかできない。（CJLC）

（9）近所づきあいもあまりなく、正月三が日を一人　{5, 文法−助詞−格助

詞の欠落，で｝過ごす高齢者が数多くいる。（YUK）

（10）ふんいきはぱっと高潮に押しさ {2, 押しさ，文法－自立語－動詞の活用，押さ｝れます。 （CJLC）

（11）燃えている火をその下に集まって {4, 残れる，文法－自立語－動詞の自他，集めて｝（CJLC）

不能准确辨别一些近义机能辞也是造成表达失误的原因之一。例如，在翻译"不得不"（例12）时，绝大多数应试者使用了「なければ」系或「ざるをえない」等形式（表4-1）。但是实际上，日语中对应于"不得不"的表达形式众多，大致可以分为「なければ」系（例13）、「しかない」系（例14）、「ざるをえない」（例15）以及「ないわけにはいかない」（例16）等。观察实例可以发现，它们的侧重各有不同。例如，「なければ」系通常表示从社会常识或事物的性质来看，有必要、有义务主动作某事。「ざるをえない」和「ないわけにはいかない」则分别表示在客观条件限制下或对照社会常识，必须要采取某项行动。「しかない」系表示在某种状况下，除了这样做之外，别无他法（砂川有里子1998）。语义较为消极。根据原文语境可以判断，此处使用「しかない」系的表达形式最为适宜（例17）。

表4-1　语料统计结果一览[①]

句末形式	なければ	ざるをえない	しかない	ないわけにはいかない	其他
检出数	165（53.7%）	94（30.6%）	33（10.7%）	4（1.3%）	11（3.6%）

（12）（家境不太好，所以）平时不得不把它塞在柜子底下。

（13）轮在窑里的不得不跟着老师朗朗地读书。／窯洞の中の授業に当たったクラスは先生について朗々と本を読みあげなければならない。（《插队的故事》史铁生／『遥かなる大地』山口守）[②]

（14）结果还是不得不把她耽误在家里替我洗衣做饭。／結局は家でぶらぶらしながら、飯炊きや洗濯をやってもらうよりしかたがないんだ。（《青春之歌》杨沫／『青春の歌』島田政雄、三好一）

① 在全部语料中，共有93份未翻译此形式，占23.5%。这显示，该内容对部分学习者构成了相当大的困难。此外，括号中的数据为所占比例。以下同。

② 这些实例均抽取自北京日本学研究中心研制的中日对译语料库。该语料库的详情请参见曹大峰（2006）、毛文伟（2009a）。

（15）单是两扇门<u>不得不</u>用了些木料。/扉だけは木材を使わざるをえなかった。（《插队的故事》史铁生／『遥かなる大地』山口守）

（16）燕宁<u>不得不</u>相信了／信じない<u>わけにはいかない</u>。（《轮椅上的梦》张海／『椅子の上の夢』飯塚陽）

（17）普段は戸棚の下に置く<u>しかない</u>。

实际上，近义动词、助词以及机能辞等辨析和习得始终是第二语言习得的难点。为了帮助学习者正确认知、记忆和使用这些目标语言形式，我们应该运用认知语言学关于范畴和原型的基本理论，归纳出这些语言形式的原型意义、功能及其拓展路径。在此基础上，结合学习者产出分析，准确掌握学习者对各项意义、功能的习得情况，深入分析其不足和难点所在，结合教学实践，逐步摸索出具体、有效的解决方案。本书将在第七章就此开展详细探讨。

在学习语法项目的过程中，学习者通过接触例句和有关说明，在内部逐步重构相应规则。这些规则通常应该包括句法功能、接续、先行词性质以及呼应等各方面内容。如果有效输入不足或信息不完整，就容易出现过度归纳的情况，造成语法规则重构方面的缺陷。

例如，很多应试者都用「てたまらない」强调程度很高。但是，部分语料中出现了表达不当的情况（例18、19）。这是由于应试者没有很好地掌握「てたまらない」先行词性质的缘故。出现在该机能辞前的动词必须是[−自制性]和[＋状态性]的（例20、21）。「喜ぶ」和「興奮する」等尽管是[−自制性]动词，表示的却是心理变化，不是[＋状态性]的，因此不能用在「てたまらない」之前。正是该知识的缺失导致了学习者内部语法规则的重构缺陷，并引发了相关表达失误的发生。针对这一问题，我们可以运用认知语言学的语法化理论，从历时语言学视角出发，全面考察这些机能辞的形成历程以及其组成部分在语法化进程中发生的性质变化，归纳其作为一个整体区别与单纯词语组合的显著特点，再通过有针对性的讲解，加深学习者对于这些机能辞意义、用法的认识，避免学习者对其使用规则进行过度归纳，有效地减少表达失误的发生。本书将在第十一章就此进行详细讨论。

（18）その時になると、私は<u>喜んで</u>｛3, 喜んで，語彙−動詞，うれしくて｝たまりません。（CJLC）

（19）こんな時になると、私は<u>興奮してたまらない</u>｛4, 興奮してたまらない，<u>文法−助詞−複合辞</u>，とても興奮した｝。（CJLC）

（20）這うようにして坂道をのぼりながら、彼は腹が立ってたまらなかった にちがいない。（『はなしの名人』池内紀）

（21）首はまあよかったが、背中がまっ平らな板なものだから、ごつごつし てたまらない。（『旅はお肌の曲がり角』岸本葉子）

此外，部分表达失误可能是由训练迁移引起的。例如，不同类型的日语动词后续「ざる」时词尾变化形式各异。其中，以「する」的未然形「せ」最为特殊。各类常用教科书以及课堂教学过程中，通常都将其作为教学重点①。因此，学习者对「せざる」印象最为深刻，并可能进行不当类推，从而导致了错误的发生（例22）。

（22）家中の土鍋、ふだん、戸棚の底に置くせ {3，置くせ，文法－自立語－動詞の活用，置か} ざるを得ない。（CJLC）

4. 母语负迁移引发的表达失误

如上所述，如果学习者在学习或语言交际过程中不恰当地借助了某些语言知识，则在学习者内部重构而成的规则或者其产出必然会在不同程度上违反目标语言的使用规律，导致语言负迁移现象的发生。根据学习者凭借的知识来源不同，语言负迁移可以分为母语负迁移和目标语负迁移两类。由于母语的强大作用，在整个学习过程中，前者的效应都较为明显。但对于中高级日语学习者来说，后者的影响也不容小觑。

在中日两国漫长的文化交流过程中，大量汉字、词汇进入日语并得到广泛应用，成为日语中不可或缺的组成部分。而近代，又有许多日本人创造的汉语词汇（如"经济""半岛"等）回流中国，逐渐融入现代汉语之中。汉字、词汇的相近性给中国学习者带来了很大便利。但同时，也会导致学习者易于忽视中日两国语言在字型、词汇、意义和用法等方面的差异，给正确掌握这些知识带来更大困难。由于汉语与欧美语言之间并不存在这样的相似性，可以认为，这是中国日语学习者特有的问题。

在书写层面，母语负迁移首先表现为学习者对中日两国汉字细微差别的忽视。

---

① 例如，在《新大学日语》的课文和解说中共出现包含该句型的例句 13 句。其中，前接「する」的例句多达 5 句，高于实际的使用比例。

例如，将「鍋」的右半部「咼」写成"呙"或将「器」写成"噐"等。在本次统计中，错误数量居前10位的汉字详见下表。

表4-2　常见汉字书写错误一览

日语汉字	鍋	器	蓋	具	鶏	置	奮	雰	骨	魚
汉语汉字	锅	器	盖	具	鸡	置	奋	氛	骨	鱼
总出现数	3,052	359	223	430	124	309	71	299	364	371
错误数量	1,958	143	109	101	53	27	27	27	24	18
错误率	64.2%	39.8%	48.9%	23.5%	42.7%	8.7%	38.0%	9.0%	6.6%	4.9%

观察表4-2可以发现，错误率较高的汉字可以分为两类。一类与汉语中的汉字区别较为细微，如「鍋」、「器」、「具」等。另一类则是学生接触或书写机会较少的汉字，如「蓋」、「鶏」、「奮」等。学习者接触较多的汉字，如「置」、「骨」、「魚」等，错误率则明显较低。这从一个侧面验证了目标语输入充分与否对学习效果具有较大影响。

不过，尽管「雰」的书写错误并不多，但由于受到「雰囲気」一词对应的汉语词"气氛"的干扰，应试者常将「雰」写作「氛」，造成对汉字的误用（例23）。该错误共检出124例，连同书写错误在内，占出现总数的50.5%，显然也是学习难点之一。表4-3列举了一些常见的汉字使用错误。将这些数据反馈到日常教学中，将有效地改善教学效果。

（23）さっと氛 {4, 氛，表記－漢字の使用，雰} 囲気が高潮に上げられる。
　　　（CJLC）

表4-3　常见汉字误用一览

正确形式	雰囲気	踊る	長所	贅沢	開ける	度量
对应汉语	气氛	舞蹈	长处	奢侈	揭	肚量
错误形式	氛囲気	蹈る	長処	奢沢	揭げる	肚量
错误数	124	12	10	9	8	7

母语负反馈还反映在词汇使用层面。在翻译"把盖子一揭"的"揭"字时，受汉语影响，学习者不仅会犯汉字使用错误，还会出现动词误用。在多达54份（13.5%）的样本中，学习者使用了「揭げる」一词（例24）。实际上，「揭げる」

表示的是"悬，挂；刊登"等意思，与"揭开"相去甚远。与此相似，在翻译"烧一锅肉"的"烧"时，很多应试者使用了「焼く」（例25）。其实，日语中的「焼く」表示的通常并非是"烧"，而是"烤"。

（24）蓋を揭げ{5, 揭げ，語彙－動詞，開け}て、お湯が沸いている。（CJLC）

（25）それで肉を焼いた{2, 焼いた，語彙－動詞，煮込んだ}。（CJLC）

　　一些表达失误还反映出学习者在掌握语块即单词组合方面的不足。关于语块的知识是词汇知识的重要组成部分。培养学习者的词汇搭配能力是语言学习的重要内容。语料库中出现了大量逐字翻译、搭配不地道、表达失误多、产出困难等问题。例如，将"过年"（正月を迎える）译为「年を渡す」（例26）或过剩使用「ことになる」等语块（例27）。这些都反映出学习者在使用语块的能力方面存在着不足。其中，有些表达失误是由汉、日两种语言在隐喻、转喻或是提喻方面存在的差异引起的。由于学习者在学习日语过程中，不可避免地受到了汉语的影响，因此，有时会根据汉语的喻解方式拓展词义，由此造成了一些表达失误的发生。例如，在汉语中原本表示空间移动的"过"可以通过隐喻实现从空间移动向时间移动的映射，由此，拓展出表示"过年""过节"等用法。但是日语中的「渡す」则没有类似映射方式。学习者在母语隐喻映射的影响下产出的「年を渡す」（例26）等表达自然不符合日语表达习惯而成为明显的表达失误。对此，我们应该运用认知语言学关于隐喻、转喻或提喻的理论，深入剖析汉语和日语中各种语言形式的语义拓展路径，通过对比，探究其异同，并有针对性地传授给学习者，提高他们准确理解、运用目标语言的能力。本书将在第九、十章就此展开讨论。

（26）ただ年を渡す{1, 年を渡す，表現－不適切な表現，正月を迎える}時に、母はこれを取り出して、一つペンの鍋を料理する。（CJLC）

（27）母は鍋を出して、肉を煮ることになった{1, 煮ることになった，表現－表現の過剰，煮た}。（CJLC）

　　母语负反馈还表现在数量词的使用过剩上。也许是受到考试特定环境的影响，学习者对于数量词往往采取机械对译的方法。实际上，日语中数量词的使用频率不及汉语。数量词使用过多会造成表达不自然。对比参考译文（例29）和实际语料（例30）可以发现，在学习者的输出中数量词使用更多，翻译腔浓重。而且，类似的表达失误在作文中也频频出现（例31、32）。这实际上也反映出学习者未能很好

地掌握数量词连体、连用用法的特点和区别，缺乏根据表达需要正确选择识解层级的能力。本书将在第六章对此进行详细分析。

（28）砂锅的内容可以是一只鸡、一锅肉、几棵青菜，或一只鱼头、几根肉骨头或白玉似的豆腐。

（29）土鍋の中身はニワトリと肉、何束かの野菜でもいいし、または魚の頭、何本かの肉つきの骨、あるいは玉のような白い豆腐、何でもいい。

（30）なべの中身は<u>一羽の</u>にわとりや<u>一鍋</u>からある肉や何本の青菜などでもいいし、<u>一個の魚の頭</u>や何本の豚骨や白い玉のような豆腐などでもいい。（CJLC）

（31）<u>一枚</u>{1. 一枚，文法 - 自立語 - 数詞，一枚の}手紙は届くのは五日間がかかる。（CJLC）

（32）そのため、私は豚について<u>何冊の本も</u>{7. 何冊の本も，文法 - 自立語 - 数詞，本を何冊も}読んだ。（CJLC）

此外，在句法结构方面，学习者也会受到母语的干扰。例如，在翻译"得"结构（例33）时，很多应试者并没有按照日语的表达习惯调整语序（例34），而是根据汉语语序进行翻译（例35）。结果自然不甚理想。

（33）我都兴奋<u>得手舞足蹈</u>。

（34）私は<u>興奮して躍り上がるほど喜んでいた</u>。

（35）私は<u>楽しくてたまらない。手も足も踊ったりします</u>。（CJLC）

5. 目标语负迁移引发的表达失误

如上所述，在学习和产出过程中，为了帮助记忆或提高效率，学习者除了借助母语知识外，还会主动或被动地参照已有的目标语知识。在目标语输入不足的情况下，被参照的目标语知识可能阻碍或扭曲新知识的形成，从而形成目标语干扰现象。

目标语干扰经常表现为先行导入的知识对后续知识的干扰。例如，在日语现在时简体句中，名词通常后续「である」结句，形容词则应以终止型结句。但是，从2007年中译日语料中共检出以形容词后续「である」形式结句的错误22例（例36），分布于21份语料中，占全部语料的5.3%，具有一定的普遍性。此类表达失误

58   基于语料库的中国日语学习者认知研究

显然是由于在教学过程中首先导入了语法知识1（如例37所示）。随后，在向简体表达过渡的过程中，学习者又接触到语法知识2（如例38所示）。结合两者，学习者进行了语法规则的过度归纳，得出了「です＝である」这一结论，由此导致了例36所示表达失误的发生。

此外，之所以会发生例39所示形容词过去时态的词形错误也是基于类似机理，即先行习得的目标语语言知识（名词句的过去时态形式）对后续知识（形容词的过去时态形式）产生了干扰，导致在学习者内部出现了语法规则的构建错误。

（36）砂鍋は一番よい所は、その保温性は特にいいである。（CJLC）

（37）知识1：在敬体表达中，无论名词还是形容词都后续「です」结句。

（38）知识2：在简体表达中，名词应后续「である」结句。

（39）私の幼い時、うちは貧しいでした。（CJLC）

有时，目标语干扰表现为语法的普遍规律对特殊规律的干扰。例如，在本族语语料库和中国日语学习者语料库中，「最大の」和「最大な」的出现频次存在着显著差异（表4-4）。本族语语料库中检索到的「最大な」的实例仅3例，均出自20世纪40年代前的作品（例40）。可见，在现代日语中，「最大」通常以「最大の」的形式修饰名词。但是，近四分之一的日语学习者使用了「最大な」（例41）。这是由于，日语中大多数表示程度、性质的汉语词汇在充当名词修饰成分时都以「○○な」的形式出现（如例42）。受该普遍规律的干扰，学习者对于「最大の」这一修饰形式掌握情况较差，导致表达失误频繁发生。①

表4-4   本族语语料库与学习者语料库的检索结果对比

语料库	本族语语料库		中国日语学习者语料库	
形式	最大の	最大な	最大の	最大な
检出数（比例）	298（99%）	3（1%）	103（76.9%）	31（23.1%）

（40）人間として持ち得る最大な特権はこの外にはない。（『惜みなく愛は奪う』有島武郎）

（41）温度を長く保つのは砂鍋の最大な長所だ。（CJLC）

---

① 在此次调查中，作为对照数据，笔者使用了一个大规模本族语语料库。该语料库共收录有包括谈话、剧本、小说、论述、新闻报道在内的各种类型素材计 1,100 多篇，时间跨度为 1900 年至 2005 年，规模达到 7,000 多万字。

（42）成功すれば莫大なリターンを生む。（『ダブルプレイ』三上義一）

此外，目标语干扰还会表现为近义语法规则之间的相互影响和错位。例如，日语中的可能表达有「五段動詞＋れる」、「一段動詞＋られる」、「サ変動詞語幹＋できる」、「動詞＋ことができる」等诸多形式。这些形式对于先行动词的类型、活用形和意义等要求各异。但是，由于功能相近，部分学习者的产出中出现了可能表达的错位组合现象（例43—45）。这反映了近义语法规则的相互干扰。

（43）すぐ雰囲気を最高に押しられる。（CJLC）
（44）ぐっと雰囲気をブームに上げできる。（CJLC）
（45）ぴっと雰囲気を高潮に推進られている。（CJLC）

由目标语干扰引起的表达失误往往较为顽固，难以纠正。即便到了本科四年级，仍无法完全杜绝。因此，更须引起我们的重视。我们可以充分运用认知语言学的理论、方法，准确归纳各形式的原型意义，并在教学过程中传授给学生，尽量避免目标语语法规则的相互干扰和混淆。

6. 文化背景知识引发的表达失误

对母语理解不足或缺乏目标语词汇的文化背景知识也是造成学习者表达失误的重要原因。由于母语阅读、理解能力不足，或是受限于考试时间，部分应试者没有透彻领会题意便匆匆下笔，造成了很多误译。例如，例46中的"请"表示的是母亲对砂锅的珍视，并没有"邀请、约请"的意思，译成「取り出す」（取出）即可。但部分同学却将其译成"邀请它出来"，甚至使用了敬语（例47）。这自然会使读者感到莫名其妙。

（46）只有到了过年的时候，母亲才把它请出来，烧一锅肉。
（47）正月の時だけ、お母さんが鍋に出ていただい{2, 出ていただい，語彙－動詞，取り出し}て、鍋で肉料理をしました。（CJLC）

缺乏目标语词汇的文化背景知识导致的表达不当更为常见。例如，近四分之一的应试者将例48中的"柜子"译作「箪笥」（表4-5）。实际上，「箪笥」指的是"衣橱，衣柜"。虽然将炊具放在衣橱下并无不可，但从具体语境看，显然「戸棚」（橱柜）更加恰当。

（48）家里有砂锅，但平时不得不把它塞在<u>柜子</u>底下。

表4-5　常见译词一览

译词	棚	箪笥	箱	戸棚	其他	漏译
检出数（比例）	98 (24.5%)	98 (24.5%)	35 (8.75%)	19 (4.75%)	61 (15.25%)	89 (22.25%)

更加难于处理的是那些文化背景差别过大以致在日语中无法找到对应词汇的内容。例如，中国人常吃骨头火锅。里面的肉骨头不仅使汤更加鲜浓，上面的肉也是食用对象。但是日本人却没有啃骨头的习惯，通常用骨头烹制高汤后便将其尽数抛弃。因此，日语中没有能与"肉骨头"完全对应的词语。如何用日语表达该事物自然就成了难点。从实际语料来看，学习者尝试了各种译法，但很少能够完整传达该词的意义。译成「骨」（骨头）丢失了信息。译成「骨付きの肉」（带骨的肉）似乎肉又过多了些。对比下来，还是「肉付きの骨」或「豚骨」更恰当些（例49、50）。但是，能作出如此处理的应试者寥寥无几。

（49）内容は一匹の鶏、一鍋の肉、何ぱの青菜あるいは魚の頭や、<u>肉付きの骨</u>、白玉のような豆腐などである。（CJLC）

（50）なべ料理の材料がにわとりや、肉や、何枚の野菜や、あるいは魚の頭や、<u>豚骨</u>や、玉みたいな豆腐もできる。（CJLC）

相比之下，"鱼头"对于日本人决不陌生。对应的日语表达「魚の頭」也不难想到。因此，该词翻译的准确率就高得多了。这显示，在有效输入不足的情况下，文化背景差异的大小与学习者产出的困难程度成正比。

7. 结语

本章以中国日语学习者语料库（CJLC）中所收2007年中译日语料为基本研究对象，结合本族语语料库，对学习者产出中出现的各种表达失误现象进行了较为系统的考察、分析和归因，并得到了一些有益的启示。通过分析，我们发现，表达失误现象的成因大致可以归为3类，即单纯的目标语缺陷、语言负迁移以及文化背景差异。之所以会发生这些表达失误，归根结底，都是由于缺乏真实、自然的语言实践环境导致目标语有效输入不足。而很多表达失误的发生都可以用认知语言学的相关理论加以合理的、有效的解释。

因此，为了改善语言教学的效果，我们必须合理引入认知语言学理论，采取各种手段，全面考察学习者的习得过程及不同阶段的习得特点，对学习者与母语使用者在识解模式、词汇的原型意义、意象图式以及对隐喻、转喻、提喻等的理解、运用等方面存在的共性特征和差异取得更加深入、准确的认识，在此基础上，制订出更加符合学习者实际需求、切实高效的对策，提高目标语输入的强度和质量。同时，通过有针对性的分析，从宏观和微观上准确把握学习难点，重视汉、日表达在范畴、意义、语义拓展路径、语境、文化等方面的异同，有的放矢地对教材教辅编写、课堂教学以及作业反馈等各个环节进行改革，不断丰富学习者的知识储备，有效促进学习者的语言发展，及时纠正学习者的表达失误，确保学习者内部目标语言知识得到完整、准确的建构。

参考文献

[1] Granger, S. 2002. A bird's-eye view of learner corpus research [A]. Granger, S. & Hung, J. & Petch-Tyson, S. ed. Computer Learner Corpora, Second Language Acquisition and Foreign Language Teaching [C]. Amsterdam: John Benjamins Publishing Company.

[2] Selinker, L. 1972.Interlanguage [J]. International Review of Applied Linguistics (10).

[3] 砂川有里子 .1998. 日本語文型辞典 [Z]. 東京：くろしお出版 .

[4] 曹大峰 .2006. 汉日平行语料库与翻译研究 [J]. 外语教学与研究（3）.

[5] 陈万霞 .2002. 英语学习者作文中的搭配错误分析 [J]. 解放军外国语学院学报（1）.

[6] 桂诗春，杨惠中 .2003. 中国学习者英语语料库 [M]. 上海外语教育出版社 .

[7] 毛文伟 .2002. 试析复合辞 "～テナラナイ"、"～テショウガナイ"、"～テタマラナイ" 的异同——语料库统计法在语法研究中的应用一例 [J]. 解放军外国语学院学报（3）.

[8] 毛文伟 .2009a. 日语语料库建设的现状综述 [J]. 日语学习与研究（6）.

[9] 毛文伟 .2009b. 语料库在历时语言学研究领域的应用——以对机能辞「とたん（に）」的考察为例 [J]. 外语电化教学（1）.

[10] 毛文伟 .2009c. 整合型学习者语料库平台的规划与实现——以中国日语学习者语料库 CJLC 的构建为例 [J]. 现代教育技术（9）.

[11] 毛文伟 .2010. 基于语料库的历时语言学研究——以对瞬间继起机能辞的考察为例 [J]. 日语学习与研究（4）.

[12] 毛文伟 .2012. 日语学习者产出文本特征的量化分析 [J]. 解放军外国语学院学报（1）.

[13] 松井荣一 .2009. 日本语新词典 [Z]. 上海外语教育出版社 .

[14] 孙海燕 .2004. 基于语料库的学生英语形容词搭配语义特征探究 [J]. 现代外语（4）.

[15] 王沁 .2009. 基于英语语料库（CEM）的母语迁移语料研究 [J]. 现代教育技术（11）.

第五章　认知语言学与二语习得研究的接点

1. 引言

认知语言学是20世纪70年代兴起的一个崭新的语言学流派，其理论根植于六七十年代诞生的现代认知科学，尤其是范畴化研究的相关成果以及格式塔心理学传统。它主要关注人类语言、心智及社会与体验经验之间的关系（尚国文2013）。实际上，认知语言学并不是一套具体的语言学理论，而是一种研究范式。它由一系列基本假设、研究视角和观点总和而成，主要包括莱考夫和约翰逊的隐喻理论（如Lakoff & Johnson 1980）、菲尔墨的框架语义学（如Fillmore 1982）和构式语法（如Fillmore 1988）、兰盖克（如Langacker 1987, Langacker 1991）的认知语法以及福康涅（如Fauconnier 1994）的心理空间理论等。尽管这些假设、视角和观点的研究对象和具体架构各有不同，但均基于同一原则，即"语言现象是人类处理信息的认知过程"（森山新2008）。因此，如果要给认知语言学下一个定义的话，认知语言学就是从人类的认知过程出发，考察各种语言现象形成、使用规律的语言学分支。

认知语言学将语言现象视为人的认知结果，因此它不仅适用于第一语言，即母语的习得和发展规律研究，同样也适用于第二语言习得规律研究。如前章所述，与第一语言不同，在第二语言的习得过程中，学习者始终会受到第一语言即母语的影响。第一语言的识解模式、词汇、语法形式的原型以及范畴等都会对第二语言体系的构建造成影响。这种影响可分为积极和消极两种。对第二语言发展具有积极促进作用的影响称为正迁移，而阻碍、干扰第二语言体系正确形成的则为负迁移。对正、负迁移的研究是二语习得研究的重要内容之一。此外，第一、第二语言在隐喻、转喻、提喻等认知路径方面的差异也会导致学习者与母语使用者的产出出现或大或小的差异。语言负迁移和语际差异都会引发表达失误。运用认知语言学理论，深入分析这些表达失误的形成原因，能够较为有效地解释其产生的深层机理，帮助我们对学习者表达失误的形成机制取得较为准确、深刻的认识。这对于我们深入考

察语言形成、发展的客观规律，提高语言教学的效率和效果，促进学习者第二语言顺利发展等都具有重要意义。

本章首先回顾认知语言学的形成及发展历程，系统梳理其主要研究内容及特点。随后，探讨认知语言学在学习者表达失误乃至二语习得研究中的应用。

2. 认知语言学的形成及发展历程

一方面，正如尚国文（2013）指出的那样，认知语言学所遵循的基本假设都是针对当时语言研究的主流学派生成语法所提出的，旨在与其进行对抗。但另一方面，两者之间实际上还存在着继承、发展的关系。早在20世纪初，就有一些美国的人类学家，如弗朗茨·博厄斯（Franz Boas）、爱德华·萨丕尔（Edward Sapir）等，提出了语言与认知相关的观点。他们在研究北美当地居民语言的过程中发现，当地居民的语言与英语等欧洲语言所依据的语法范畴完全不同，因此，为了理解当地居民的文化，必须探讨不同语言对于事物的具体把握方式。但是，这些研究者的语言观并未能成为当时欧美语言学研究的主流观点。20世纪上半叶，占据主要地位的是结构主义语言学派（structural linguistics），其诞生的标志是1916年索绪尔《普通语言学教程》一书的出版。索绪尔反对对语言现象进行孤立的分析，主张开展系统研究。他提出了一套崭新的理论，为结构主义语言学的诞生奠定了理论基础。结构主义语言学家认为，语言是一个完整的符号系统，具有多层次的形式结构。在描写各个层次的语言结构时，应该特别注重分析各种对立成分。他们回避语义问题，主张一切从形态出发，按照一定标准，对音声、词汇等进行精密分析。同时，他们认为，语言规则具有独立性，独立于其他知识和能力。美国结构主义学派也称美国描写语言学派，代表人物是布龙菲尔德（Bloomfield）。他在德国留学期间深受青年语法学派的影响，回国后于1933年出版了《语言论》（*Language*）一书，提出了结构主义语言学派的基本原则以及描写语言规则的总框架，是美国结构主义学派的纲领性著作。

20世纪50年代末，结构主义语言学的地位被乔姆斯基（Chomsky）提出的生成语法（generative grammar）所取代。生成语法将研究重点从有限的对语言形式的分类上，转移到语言能力和能够生成无数句子的语言规则即普遍语法上。但是，它也继承了索绪尔提倡的严格的二分法原则。生成语法认为，语言并非是一种受激反应，而是依托于人类内部知识的支撑。它还将描述句子结构的数理模型体系化，使

得人们对句子结构的描述更加方便、准确。到了20世纪六七十年代，关于句子结构的理论研究取得很大进步，研究视野得到进一步拓展。但是同时，生成语法的理论局限也日益凸显。研究者们越要详细分析语言的功能，就越要思考人们对这些事物的把握方式。于是，一些关注语言具体意义，否定语言规则独立性的语言学家逐渐独立出来，形成了生成语义学派（generative semantics）。他们的研究对认知语言学的诞生起到了一定促进作用。此外，20世纪70年代后半期语言类型学研究兴起，研究者们着重考察世界上数量众多的不同类型的语言都具有哪些类型和共性。在此过程中，他们必然会深入探讨某种规律形成背后隐含的动机问题。这也给认知语言学带来了较大影响。

20世纪80年代之后，莱考夫、约翰逊、菲尔墨、兰盖克、福康涅等学者相继推出了自己的研究成果，共同构建起认知语言学的理论体系。其中，莱考夫和约翰逊着重研究隐喻和转喻（Lakoff & Johnson 1980）。菲尔墨提出了框架语义学（Fillmore 1982）和构式语法（Fillmore 1988）。兰盖克则构建起认知语法的理论体系（Langacker 1987、Langacker 1991）。他指出，人具有五种一般认知能力，即固化（entrenchment）或自动化（automatization）、抽象化（abstraction）、范畴化（categorization）、组合（composition）和符号化（symbolization）。这五种认知能力与语言现象密切相关，是认知语法研究的出发点。兰盖克认为，认知语法的分析都以识解（construal）为基础。识解是人类对同一场景进行概念化的认知能力。人的语言能力与一般认知能力密不可分。

以上这些研究的共通之处在于，学者们都认为自然语言是人类心智的产物，它的组织原则与其他认知领域中的组织原则没有差别，即否定了语言规则的独立性。语言作为人类认知的一个领域，与其他认知领域密切相关，且语言本身也是心理、文化、社会、生态等因素相互作用的结果和反映。语言结构依赖并反映概念的形成过程，而概念的形成过程又以人类自身的经验为基础（文旭2002）。

尽管认知语言学在日语语言学研究界的影响越来越大，逐渐成为主流的研究范式之一，也产出了一系列优秀的研究成果，但不必讳言，与欧美学界相比，其研究还有待进一步的落地，与日语本身的结合度有待进一步提高。这主要表现在，部分研究尚处于对欧美理论的引进阶段，对日语本身探讨不足。研究者往往倾向于结合日语中的一些语言现象介绍相关理论，甚至列举的部分实例也来自英语，其实质是以日语的语言事实印证欧美学者的理论，对日语自身认知机制的发掘尚不够全面、深入，很多基础性研究亟待加强。这也是当前日语认知语言学研究亟待解决的重大

课题之一。

3. 认知语言学的主要研究内容

语言学研究包括音韵学、词法学、句法学、语义学、语用学等不同领域。研究者聚焦特定研究领域，着重考察其涵盖的语言现象，分析其形式，构建其架构，归纳其规律。但是，这些研究通常不会论及不同领域语言现象之间的相互作用或是共通原理。同时，也很少涉及语言与心理、文化乃至交际等的关系。

而认知语言学则是从人类的认知过程出发，深入考察各种语言现象形成、使用规律的语言学分支。它力图说明语言与心理、文化乃至交际的互动关系，解析不同领域语言现象之间的关系以及相互作用，并从根本上改变传统语言学研究条块分割的做法。由此，可以解决按照传统语言学研究范式难以全面考察、深入研究的诸多课题。

认知语言学认为，语言是人类认知能力和认知机制的反映。在语言的学习和使用过程中，说话者通过亲身体验获取的经验构成重要的基础。作为认知能力的体现，识解模式（construal）和视点（viewpoint）对于语言的具体表达形式起着巨大作用，也是认知语言学的主要研究内容之一。具体而言，识解模式决定了说话者是以旁观者还是参与者的身份进行陈述。这体现了说话者选择特定角度构建主体、客体关系的认知能力。而对事物采用何种视角进行叙述，则体现了说话者在具体场景中聚焦特定对象并将其作为前景加以突显的能力、在整体中聚焦特定部分加以突显的能力、合理选择描述的精细程度的能力以及将多个个体合理编组的能力。正如本书第六章所述，这些认知能力的运用对于语言产出有着重要的影响。

认知语言学还重点关注范畴（category）和原型（prototype）。语法研究离不开对语言单位的定义以及对其意义的详细分析。认知语言学认为，词汇与语法形成一个连续统，所有语法成分都是某种概念输入的结果。无论是具体还是抽象的事物，从意义、形状、特征等方面看，往往都具有或多或少的相似性。人们在认知世界万物的过程中，总是根据既有经验，试图在事物之间找出共同点，并将近似的事物归为一类，从而形成范畴并以此区别于其他类型的事物。Langacker（1987、1991）认为，这种范畴化的能力是人的一般认知能力之一。

认知语言学的另一个重要概念是意象图式。无论是词汇或是语法形式，语言单位通常是多义的，构成一个个以原型意义为中心的多项意义相互关联的网络。意义

之间通常具有相关性。为了准确把握词汇意义及相互的关联性，人们往往会在潜意识中地对这些丰富而具体的语义进行了抽象化、概念化，将其高度概括后获得意象图式（image schemas）。Langacker（1987、1991）认为，意象图式是认知结构形成和认知发展的基础。意象图式反映了"抽象化"这一人类天生具有的认知能力，是心理经验的基础。部分原型意义可能会有天生的基础，但它们通常是由后天的经验积累而成的。将意象图式和原型意义结合在一起，能够较好地说明某些基本语言概念所具有的普遍性和重要性。其中，意象图式为语言形式提供图式描写，而原型意义则用来描写语言形式的典型意义和特征。Johnson（1987）分析了意象图式之间变化的可能性。他指出，像"容器""路径"等意象图式是最基本的意义载体。人们借助这些意象图式，理解和认知更加复杂的概念。

在由词汇的原型意义引申出其他派生意义的过程中，隐喻（metaphor）、转喻（metonymy）和提喻（synecdoche）往往起着较大作用。Lakoff & Johnson（1980）否定了传统修辞学将隐喻、转喻等作为单纯的修辞手段的认识。他们指出，人们据以进行思考、采取行动的概念体系本身就是隐喻性的。显性的隐喻表达不过是其具体反映而已。隐喻、转喻和提喻体现了人类认知事物间的相似性、并发性关系以及以此来描述、传递和重构信息的能力。由此，隐喻、转喻和提喻也成为认知语言学研究的热点问题之一。

此外，语法化（grammaticalization）、百科全书式的意义（encyclopedic meaning）等也是认知语言学研究的重要内容。

4. 认知语言学在二语习得研究中的应用现状

正如王忻（2016）指出的那样，从认知语言学的角度对学习者表达失误进行新的审视和分析，探索新的启示和结论，不仅是必要的、可行的，而且能够加深研究的理论深度，得出更加准确的结论，取得更有价值的成果，具有一定的优越性。

中介语作为学习者内部逐渐构建起来的语言体系，其本身就是学习者接触目标语言，对其形式、结构和使用规则加以认知，并在内部进行重构的产物。学习者表达失误是中介语的一个组成部分，是考察第二语言建构状况和过程的重要窗口。要对表达失误的形成原因加以合理解释，离不开对于学习者认知活动和特点的全面、深入的考察和分析。

其次，与母语学习不同，在第二语言的习得过程中，作为母语的汉语持续发挥

着重要影响。对于中国日语学习者而言，汉、日两种语言在认知模式方面的相似性和特异性在二语习得过程中起着重要作用，是构成语言正、负迁移的根本原因。运用认知语言学理论，开展汉日对比研究，探索两种语言在识解方式、范畴、原型意义、意象图式、隐喻映射、转喻转指以及提喻等方面的异同，并将结论运用于表达失误研究，从而形成基于认知的<对比—表达失误>研究范式，有利于深化我们对于学习者表达失误产生原因的认识，并对其形成合理解释。

迄今为止，在日语语言学研究领域，认知语言学和学习者表达失误研究是两个相对独立的研究方向。两者之间很少发生交叉融合。大多数认知语言学研究者都聚焦日语本体研究，致力于通过对日语各种语言现象的分析，透视其中蕴含的认知机理，并由此形成对语言事实的合理解释。从研究对象来看，涉及日语语言的各个层面。例如，影山太郎（1996），山梨正明（2000），大堀壽夫（2002a），辻幸夫（2003），松本曜（2003），高橋英光（2010），山梨正明（2012），森雄一、高橋英光（2013）等以英语或日语中的各种语言现象为例证，着力构建认知语言学的理论体系。池上嘉彦（1999、2006），大塚正之、岡智之（2016）通过语际对比，分析了日语识解方式的特点。大堀壽夫（2002b），早瀬尚子、堀田優子（2005）等探讨了语言中的范畴和范畴化现象。籽山洋介（1995）、中村渉（2004）等探讨了多义词原型意义的界定、动词他动性等与原型意义的关系等问题。池上嘉彦（1995）、伊藤健人（2008）研究了意象图式及其与日语格的关系等。鍋島弘治朗（2011），鐘勇、井上奈良彦（2013），籽山洋介（2002），森雄一（2001），山泉実（2005）等则分别从认知语言学视角出发，讨论了日语中的隐喻、转喻和提喻。这些探索为日语语言学研究提供了新视角、新方法，也获得了较为丰硕的研究成果。

而学习者表达失误研究领域的学者则通常以语料库或调查问卷为基本素材，运用实证性研究方法，着重观察各类表达失误的表现形式、出现规律和产生原因，并探讨相应对策。从研究对象来看，涵盖了从字形到句法等各个层面。其中，林玉惠（2002）、松本ースタート洋子（2003）考察了字形的误用现象。姚艳玲（2004）、関承（2014）研究了学习者对日语自他动词的习得情况，探讨了常见的表达失误类型。陈曦（2012）、金蘭（2013）分析了学习者在复合动词使用方面容易出现的表达失误。由于汉语中没有格形式，导致中国日语学习者在格助词习得方面遭遇很大困难，出现了大量相关表达失误，包括缺失、使用过剩以及使用不当等。相应的，这也引起了研究者的极大关注，涌现出大量以此为考察对象的研究成

果。例如，于康（2013）研究了格助词缺失现象。蓮池いずみ（2004）考察了格助词「に」的使用过剩现象。内田茂（1998）、迫田久美子（2001）、安田春子（2008）、杉村泰（2010）等则探讨了各类助词误用现象。除此以外，态的误用也是常见的表达失误类型之一。中村祐理子（2002）分析了中级学习者对被动态的误用情况。望月圭子（2009）综合考察了高级日语学习者在态使用方面的常见错误。在该领域中，句法方面的研究相对较少。市川保子（1993）探讨了中级学习者在复句结构方面的常见错误。松田真希子、森篤嗣、金村久美（2006）则观察了来自7个国家的日语学习者在名词句使用方面出现的错误，并通过对比、分析，指出其与母语迁移的关系以及日语在词性分类上存在的问题。

近年来，一些研究者开始尝试将认知语言学与第二语言习得研究有机结合，运用认知语言学理论对学习者的习得状况和规律进行分析、解释。例如，在识解方面，石井佐智子（2008）以表示断定的「た」为切入点，通过问卷调查的形式，对比分析了中国日语学习者和韩国日语学习者对日语主观性时间轴的认知情况。结果表明，在对时间轴的认知上，不仅学习者与母语使用者之间存在显著差异，在不同母语的学习者之间也存在着显著差异。在语言范畴的构建方面，森山新、冉愛玲（2008）对比了日语母语使用者和中韩日语学习者使用的格助词「で」的意义范畴结构，指出无论是哪个阶段的学习者，其内部建立的格助词「で」的意义范畴始终处于不断建构过程中，与母语使用者相比，缺乏体系性。而韩国学习者在此方面的发展快于中国学习者。这是由于韩语中有格助词，而汉语中没有类似语言范畴的缘故。可见，母语中的语言范畴对第二语言习得具有较为显著的影响。原型意义理论对于分析日语词汇、语法形式的习得过程很具说服力。很多研究者运用该理论，考察了学习者对于动词、形容动词以及被动态等的习得状况。其中，菅谷奈津惠（2002）探讨了日语学习者对「いく」、「くる」、「ていく」、「てくる」的习得情况，发现学习者对于「いく」有使用过剩的倾向。随着日语水平的提高，无论是动词还是补助动词的用法都发生了从原型意义（物理性的空间移动）向非原型意义（抽象移动）的扩展。由此证明了原型意义理论的有效性。張蘇（2013）分析了中国日语学习者对于不同类型被动句的习得过程，得出以下结论。日语被动句的习得顺序依次为与"被字句"对应的直接被动句、所有者被动句、间接被动句和无法与"被字句"对应的直接被动句。这是由于，"被字句"是汉语被动句的原型，直接被动句是日语被动句的原型。学习者首先掌握了与"被字句"对应的直接被动句。所有主被动句与被字句能够实现——对应，故学习者也能较为顺利地掌握了这

第五章 认知语言学与二语习得研究的接点 69

一类型。而除了教材中出现的部分动词外，学习者很难产出间接被动句。对于无法与"被字句"对应的直接被动句，学习者在习得过程中也遭遇了很大困难。在隐喻理论的运用方面，张麗虹（2015）在考察中国日语学习者对复合动词「～出す」、「～込む」的习得情况后指出，在移动义的习得过程中观察到了正迁移现象，容器隐喻对非移动意义的产生起着重要作用，也促进了学习者对动词语义的理解。但是汉、日两种语言在意义拓展的概念领域及认知动机方面存在差异，由此引发了负迁移现象。钟勇（2013）则分析了中国日语学习者对于日语隐喻和转喻的理解情况，指出基于母语的概念及比喻认知模式的知识对于中国日语学习者能否理解日语中的比喻起着重要作用。对中国日语学习者来说，基于汉、日共通概念的比喻以及基于转喻的比喻较易理解，而基于汉、日非共通概念的比喻以及基于隐喻的比喻则理解起来较为困难。

尽管研究者们开始致力于将认知语言学理论运用于二语习得研究，并取得了众多研究成果，但将其直接运用于考察学习者表达失误的研究仍不多见。翟東娜（2008）在分析中国日语学习者作文产出中出现的词语搭配错误后指出，学习者在词语搭配选择上出现的错误，不仅与汉语和日语的同形汉字词的干扰有关，归根结底源于对该词语搭配乃至句子所指事物的认识与把握。学习者的母语与目标语言对于所指事物的认识和把握既有相同之处也有不同之处。即使具有相同的认知基础，由于两种语言的词语语义扩展深度和广度不同，在语言产出时，也会出现由母语干扰引起的表达失误。王忻教授在该研究领域作出了巨大的努力和贡献。他提出了"偏误—对比—认知"的研究范式。作为其承担的国家社科基金项目"对中国日语学习者偏误的认知语言学研究"的研究成果，王忻（2010a、2010b、2011a、2011b、2015、2016）以及王忻、何哲（2016）等坚持在认知语言学理论框架下，对学习者表达失误的产生原因进行深入分析和解释，用识解原理解释日语学习者被动态、致使态、可能态使用过剩等有标表达失误，用行为可供性理论解释方位词使用过剩的表达失误，用有界性理论解释格助词「マデ」、「マデニ」的误用，用隐喻理论解释「過ギル」的误用，用原型理论和图式理论解释格助词误用，用构式理论解释惯用语误用，均取得了良好的效果，提出了具有较强说服力的结论。

学习者表达失误是中介语的有机组成部分，也是我们考察学习者内部第二语言形成状况的有力线索。我们应该从观察学习者产出出发，发现其中常见的表达失误。随后，运用认知语言学理论，分析对比汉、日两种语言在该方面的异同。在此基础上，探讨表达失误的发生原因和背后隐含的认知机理。最后，将这些结论反馈

日语教学，制订合理方案，采取有效措施，着力纠正学习者表达失误。由此实现从理论向实践的回归，为教学实践提供切合实际、合理高效的解决方案，为改革教学内容、改进教学方法、改善教学效果提供有益启示。研究者们取得的诸多成果充分证明了这种研究范式的必要性、可行性和优越性。

5. 结语

本章回顾了认知语言学的形成及发展历程，系统梳理了其主要理论及特点。随后，结合研究实例，探讨了认知语言学在学习者表达失误乃至二语习得研究中的应用方式。

认知语言学是从人类的认知过程出发，深入考察各种语言现象形成、使用规律的语言学分支。它所遵循的基本假设都是针对生成语法所提出的。两者之间既存在着对抗，又存在着继承和发展。认知语言学并不是一套具体的语言学理论，而是一种研究范式。它由包括隐喻理论、框架语义学、构式语法、认知语法以及心理空间理论等在内的一系列基本假设、研究视角和观点总和而成。这些假设、视角和观点均基于同一原则，即"语言现象是人类处理信息的认知过程"。研究者力图从不同视角出发，深入解析在人类语言活动中反映出的人类的认知规律，说明语言与心理、文化乃至交际的互动关系，对不同领域语言现象之间的关系以及相互作用加以解析，并从根本上改变传统语言学研究条块分割的做法。

经过不懈努力，国内外研究者在认知语言学、第二语言习得以及学习者表达失误研究等领域均取得了丰硕成果。但是，必须指出的是，认知语言学和学习者表达失误研究尚处于相对独立的状态。两者之间很少发生交叉融合。大多数认知语言学研究者都聚焦日语本体研究，致力于通过对日语各种语言现象的分析透视其中蕴含的认知机理，由此形成对语言事实的合理解释。学习者表达失误研究者则着重观察各类表达失误的表现形式、出现规律和产生原因，探讨相应对策。近年来，一些研究者开始尝试运用认知语言学理论对学习者的习得状况和规律进行分析、解释，但将其直接运用于学习者表达失误研究仍不多见。实际上，学习者表达失误是中介语的一个组成部分，也是我们考察学习者内部第二语言形成状况的有力线索。将认知语言学和学习者表达失误研究有机结合，在发现常见表达失误的基础上，运用认知语言学理论，从识解方式、范畴、原型意义、意象图式、隐喻映射、转喻、转指以及提喻等视角出发，结合汉日对比，探讨表达失误的发生原因和背后隐含的认知机理，并最终反馈教学，具有非常重要的理论和实践价值。

参考文献

[1] Fauconnier, G. 1994. Mental Spaces: Aspects of Meaning Construction in Natural Language[M]. Cambridge: Cambridge University Press.

[2] Fillmore, C. 1982. Frame Semantics [A]. Linguistic Society of Korea ed. Linguistics in the morning calm [C]. Seoul: Hanshin Publishing.

[3] Fillmore, C. 1988.The mechanisms of "Construction Grammar" [J]. Berkeley Linguistics Society (14).

[4] Johnson, M. 1987. The Body in the Mind: The Bodily Basis of Meaning, Imagination and Reason [M]. Chicago: University of Chicago Press.

[5] Lakoff, G. & Johnson, M. 1980. Metaphors We Live By [M]. Chicago: University of Chicago Press.

[6] Langacker, R. W. 1987. Foundations of Cognitive Grammar, Volume I: Theoretical Prerequisites [M]. Stanford: Stanford University Press.

[7] Langacker, R. W. 1991. Foundations of Cognitive Grammar, Volume II: Descriptive Application [M]. Stanford: Stanford University Press.

[8] 池上嘉彦 .1995. 言語の意味分析における〈イメージスキーマ〉[J]. 日本語学（10）.

[9] 池上嘉彦 .1999. 日本語らしさの中の〈主観性〉[J]. 言語（1）.

[10] 池上嘉彦 .2006.〈主観的把握〉とは何か [J]. 言語（5）.

[11] 石井佐智子 .2008. 日本語における主観性の習得：言い切りの「た」を通して [A]. 大学院教育改革支援プログラム「日本文化研究の国際的情報伝達スキルの育成」活動報告書 [C]. お茶の水女子大学 .

[12] 市川保子 .1993. 中級レベル学習者の誤用とその分析——複文構造の習得を中心に [J]. 日本語教育（81）.

[13] 伊藤健人 .2008. イメージ・スキーマに基づく格パターン構文 [M]. 東京：ひつじ書房 .

[14] 于康 .2013. 中国語母語話者の日本語学習者の「格助詞」不使用について [J]. 言語と文化（16）.

[15] 内田茂 .1998. 留学生の日本語作文に見られる助詞の誤用について [J]. 教育研究所紀要（34）.

[16] 大塚正之，岡智之 .2016. 場の観点から認知を捉える——主観的把握と客観的把握再考 [A]. 日本認知言語学会論文集（16）[C]. 日本認知言語学会 .

[17] 大堀壽夫 .2002a. 認知言語学 [M]. 東京：東京大学出版会 .

[18] 大堀壽夫 .2002b. 認知言語学Ⅱ：カテゴリー化 [C]. 東京：東京大学出版会 .

[19] 影山太郎 .1996. 動詞意味論：言語と認知の接点 [M]. 東京：くろしお出版 .

[20] 関承 .2014. 中国語母語話者における日本語自・他動詞の習得研究 [D]. 広島大学 .

[21] 金蘭 .2013. 中国人日本語学習者における語彙的統語的複合動詞の習得 [J]. 国際文化学（26）.

[22] 鐘勇，井上奈良彦 .2013. 日本語における上下メタファーの体系構成及びその特徴に関する一考察 [J]. Studies in Languages and Cultures（30）.

[23] 鐘勇 .2013. 中国人日本語学習者のメタファー表現理解に影響する要因 [J]. 比較社会文化研究（34）.

[24] 菅谷奈津恵 2002. 日本語学習者によるイク / クル、テイク / テクルの習得：プロトタイプ理論の観点から [J]. 言語文化と日本語教育（23）.

72　基于语料库的中国日语学习者认知研究

[25] 杉村泰 .2010. コーパスから見た中国人日本語学習者の格助詞に関する問題点について [J]. 言語文化研究叢書（9）.

[26] 迫田久美子 .2001. 学習者の誤用を生み出す言語処理のストラテジー（1）——場所を表す「に」と「で」の場合 [J]. 広島大学日本語教育研究（11）.

[27] 高橋英光 .2010. 言葉のしくみ——認知言語学のはなし [M]. 札幌：北海道大学出版会 .

[28] 張蘇 .2013. 中国語母語話者による日本語受動文の習得：プロトタイプ理論を援用して [J]. 国際文化研究（19）. 東北大学国際文化学会 .

[29] 張麗虹 .2015. 中国人日本語学習者の複合動詞習得に関する認知的考察 [J]. 応用言語学研究論集（8）.

[30] 陳曦 .2012. 日本語学習者における複合動詞の誤用分析 [J]. ことばの科学（25）.

[31] 辻幸夫 .2003. 認知言語学への招待 [M]. 東京：大修館書店 .

[32] 翟東娜 .2008. 事態認識と把握に関わる誤用について [J]. 応用言語学研究論集（2）.

[33] 中村祐理子 .2002. 中級学習者の受け身使用における誤用例の考察 [J]. 北海道大学留学生センター紀要（6）.

[34] 中村渉 .2004. 他動性と構文：プロトタイプ・拡張・スキーマ [A]. 認知文法論 2[C]. 東京：大修館書店 .

[35] 鍋島弘治朗 .2011. 日本語のメタファー [M]. 東京：くろしお出版 .

[36] 蓮池いずみ .2004. 場所を示す格助詞「に」の過剰使用に関する一考察 [J]. 日本語教育（122）.

[37] 早瀬尚子，堀田優子 .2005. 認知文法の新展開——カテゴリー化と用法基盤モデル [M]. 東京：研究社 .

[38] 松田真希子，森篤嗣，金村久美 .2006. 日本語学習者の名詞句の誤用と言語転移 [J]. 留学生教育（11）.

[39] 松本ースタート洋子 .2003. 日本語学習者によるワープロ文書の誤用漢字は「同音漢字の誤変換」なのか [J]. 日本語教育（118）.

[40] 松本曜 .2003. 認知意味論 [M]. 東京：大修館書店 .

[41] 望月圭子 .2009. 中国語を母語とする上級日本語学習者によるヴォイスの誤用分析 [J]. 東京外国語大学論集（78）.

[42] 籾山洋介 .1995. 多義語のプロトタイプ的意味の認定の方法と実際——意味転用の一方向性：空間から時間へ [J]. 東京大学言語論集（14）.

[43] 籾山洋介 .2002. 換喩をめぐって——認知言語学からのアプローチ [J]. 表現研究（76）.

[44] 森山新，冉愛玲 .2008. 日本語母語話者と中韓日本語学習者の持つ格助詞デのカテゴリー構造比較 [J]. お茶の水女子大学人文科学研究（4）.

[45] 森山新 .2008. 認知言語学から見た日本語格助詞の意味構造と習得 [M]. 東京：ひつじ書房 .

[46] 森雄一，高橋英光 .2013. 認知言語学　基礎から最前線へ [M]. 東京：くろしお出版 .

[47] 森雄一 .2001a. 提喩および「全体-部分」「部分-全体」の換喩における非対称性について [A]. 日本認知言語学会論文集（1）[C]. 日本認知言語学会 .

[48] 安田春子 .2008. 格助詞「に」「で」の誤用研究——タイ中国の日本語学習者を対象に [J]. 鳴

門教育大学実技教育研究（18）.

[49] 山泉実 .2005. シネクドキの認知意味論に向けて：類によるシネクドキ再考 [A]. 認知言語学論考（4）[C]. 東京：ひつじ書房 .

[50] 山梨正明 .2000. 認知言語学原理 [M]. 東京：くろしお出版 .

[51] 山梨正明 .2012. 認知意味論研究 [M]. 東京：研究社 .

[52] 姚艶玲 .2004. 中国語母語話者の日本語自他動詞の使用実態——作文と KY コーパスの分析を通して [J]. 東アジア日本語教育・日本文化研究（7）.

[53] 林玉惠 .2002. 字形の誤用からみた日中同型語の干渉及びその対策 [J]. 日本語教育（112）.

[54] 尚国文 .2013. 认知语言学研究方法述评 [J], 外国语文研究（2）.

[55] 王忻 .2010a. 从中国学习者偏误看日语接续表达形式 [J]. 杭州师范大学学报（1）.

[56] 王忻 .2010b. "行为可供性"原理视阈下的汉日方位词隐现规则——从中国日语学习者"の中"等多余使用偏误说起 [J]. 日语学习与研究（5）.

[57] 王忻 .2011a. 认知语言学方法论对中国日语学习者偏误研究的启示 [J]. 外语与外语教学（1）.

[58] 王忻 .2011b. 识解与中国日语学习者"态"范畴偏误 [J]. 日语学习与研究（4）.

[59] 王忻 .2015. 中国日语学习者惯用语偏误与构式语法 [J]. 杭州师范大学学报（社会科学版）（3）.

[60] 王忻 .2016. 偏误—对比—认知语言研究范式的新尝试——以"对中国日语学习者偏误的认知语言学研究"为例 [J]. 外国语（4）.

[61] 王忻，何哲 .2016. 界理论视阈下的日语助词マデ、マデニ考察及其偏误分析 [J]. 浙江大学学报（6）.

[62] 文旭 .2002. 认知语言学的研究目标、原则和方法 [J]. 外语教学与研究（2）.

第六章　识解方式与二语习得研究

1. 引言

要实现对客体的正确认知，认知主体必须具备足够的识解能力，能够主动选择正确的客体把握方式。通常情况下，人们不会对感觉器官感知到的所有信息都赋予同样程度的关注，而是根据需要，从某一场景中剥离出特定对象，将其作为图像加以突显，或是聚焦整体中的某一部分加以突显。同时，人们也具备合理选择描述的精细程度以及将多个个体合理编组的能力。这些能力具体表现为主体对客体的不同识解方式，对于说话者合理认识外部世界，准确完成语言产出任务至关重要。通常，母语使用者都会约定俗成地采取同一识解方式对客体进行聚焦或重构，从而保证言语交际得以顺利完成。但是，学习者在识解方式的选择能力方面会有所欠缺，或是受其母语类似场景下识解方式的影响，其选择的识解方式与母语使用者有所不同，导致识解方式选取不当。在这种情况下，尽管学习者已经掌握了足够的词汇、语法知识，却依然无法避免表达失误的发生。

例如，日语数量词在句中可以充当连用修饰或连体修饰成分，分别以「名詞+格助詞+数量詞」（例1）和「数量詞+の+名詞」（例2）的形式出现。

（1）エマは指を二本立て、Vサインを作りながら「バッチリよ」と言った。
（『無伴奏』小池真理子）
（2）ファインダーの中を見ると、笙子の顔は円形の中心に瞳があり、二本の指を上げてポーズをとっていた。　（『ハマヒルガオ』丹地甫）

这两种形式在意义上并无显著差别，且在现代日语书面语均衡语料库（BCCWJ）中均检出大量实例。这说明，它们在语法上都是正确的。但是，通常情况下，日语母语使用者会觉得例3不够自然，而选用例4的说法。只有在特定场景下，才会使用如例3的表达方式。而在学习者的产出中，则频繁出现了此类表达（例5、

6）。可见，学习者对日语数量词用法与母语使用者迥异，其习得情况并不理想。

（3）5個のリンゴがほしいんですが。（加藤重広 1997，例 88a）

（4）リンゴが 5 個ほしいんですが。（加藤重広 1997，例 88b）

（5）一枚｛1，一枚，文法 - 自立語 - 数詞，一枚の｝手紙は届くのは五日間が かかる。（CJLC）

（6）そのため、私は豚について何冊の本も｛7，何冊の本も，文法 - 自立語 - 数詞，本を何冊も｝読んだ。（CJLC）

　　之所以出现这种情况，是由于学习者尚未完全掌握数量词连体、连用修饰用法的特点和区别，缺乏根据表达需要正确选择识解层级的能力。迄今为止，研究者从各种角度就此问题进行了对比、分析，但均未彻底解决问题。本章将运用认知语言学关于识解的相关理论对其展开讨论，结合具体语境，深入探究两者在识解方式上的差异。

2. 图形与背景

　　首先，我们简单梳理一下认知语言学关于识解方式的一些基本观点。

　　认知语言学关于识解方式的研究是从人的视觉开始的。在观察外部世界时，我们并非毫无目标地将所有映入眼帘的事物都真正地"尽收眼底"。通常，我们会从所看到的场景中勾勒出物体的轮廓，将其作为一个独立对象加以认知。如图6-1中的小女孩那样，认知对象具有"有界性"，会以明确的轮廓呈现出来。我们在认知过程中首先关注的对象称为"图像"（figure）。而图中的草原则通常被认知为"背景"（ground），而不会在认知过程中得以突显。一般来说，图像具有以下一个或多个性质，包括清晰度较高，具有较为特殊的信息以及在场景所示空间中具有运动的可能性，较容易与认知主体头脑中的既有形象相契合，即拥有特殊信息以及较高的清晰度、可运动性和契合度，因此，容易在场景中被突显出来。而背景则正好相反。就如图6-1中的草原那样，成为背景的部分通常相对模糊，不拥有特殊信息，清晰度、可运动性和契合度较低。在人的认知活动中，不必对这些部分加以重点认知，因此，不易被作为图像

图 6-1　草原上的小女孩①

突显。

　　〈图像—背景〉的分化是认知过程中注意力分配的基本模式。〈图像—背景〉的分化方式并非一成不变。它是认知主体主观选择的结果。尤其当认知主体需要从场景所含的多个客体中找出需要聚焦的对象时，更需要积极发挥自身的认知能力。清晰度、信息量、运动性和契合度是影响〈图像—背景〉分化的关键性因素。而且，四者的强弱都是相对的。一旦原本被认知为图像的客体拥有的一项或多项关键性因素被削弱，就有可能被淹没在场景中，而另一个一项或多项关键性因素有所增强的客体，甚至是原本被认知为背景的客体就会突显出来成为图像。例如，当图6-1中的小女孩变小，即清晰度、信息量降低时，她就不再突显为图像。取而代之的是，整个草原成为图像（图6-2）。而原本作为图像一部分的帽子一旦出现尺寸上的异常，构成特殊信息（如图6-3），或是可运动性加强（如图6-4），都会因获得认知主体的特别关注而突显出来成为图像。此时，图像的其他组成部分就相应地隐入背后成为背景的一部分。

图 6-2　草原上的小女孩②

图 6-3　戴帽子的小男孩

图 6-4　草原上的小女孩③

图6-5　鹰与富士山

第六章 识解方式与二语习得研究 77

此外，当场景中的几个组成部分在清晰度、信息量、可运动性和契合度方面相差不大时，常常会由于认知主体注意力焦点的转移，而发生〈图像—背景〉的相互转换。以图6-5为例，当我们聚焦图中的白色部分时，该部分突显出来成为图像。于是，在我们眼前显现出鹰的形象。但如果我们将白色及其下面被半包围的灰色部分作为一个整体加以认知的话，该部分会成为图像。此时，我们的眼中由此出现了富士山的形象。无论是鹰还是富士山，都是主体从视觉信息中主观选择出部分信息并加以突显而成的，并非是一开始就固定下来、一成不变的。

图像与背景的分化在语言结构中也有所体现。图像通常构成主语，场所则构成背景。如果违反这一原则，就会导致表达失误的出现。

（7）自転車が 12 号館のそばにある。（大堀壽夫 2002：13，例1）
（8）??12 号館が自転車のそばにある。（大堀壽夫 2002：13，例2）[①]

正如大堀壽夫（2002）指出的那样，例8之所以听上去较为古怪，是因为「自転車」是交通工具，体积较小，且具有运动性，容易得到突显。而「12号館」是建筑，体积较大，又不具有运动性，因此不易被突显。相比较而言，显然前者更容易被认知为图像，并在句中充当主语。只有在相当特殊的语境下，如对方不知道「12号館」在哪里时，说话者才会将其作为主语进行突显，而将「自転車」作为参照物呈现。此时，例8的说法才会具有一定的合理性。

人物的地位也会对其可运动性产生较大影响。在日语中，通常地位越高，可运动性越低，越不适于作为图像突显。例如，在「米倉」较「尾崎会長」地位低的情况下，一般情况下，「米倉」宜主动采取行动，因此其可行动性更强，更适宜被作为图像突显（例9）。如果没有特别的原因，人们通常不会把地位较高，因此可运动性较低的「尾崎会長」作为图像加以聚焦，故例10的表达是不恰当的。

（9）後日、米倉は尾崎会長に会いに行きます。（Yahoo!『知恵袋』）
（10）? 後日、尾崎会長は米倉に会いに行きます。（作例）[②]

当两个客体在地位、运动性等方面相差无几甚至是对等时，两者都有可能得到突显而成为图像，并在句中充当主语（例11、12）。此时起作用的，就是说话者拥

————————————

① 本书中将错误、非常不自然、不自然的表达分别标注为"＊""？？"和"？"。此外，很难理解为目标意义的句子标注为"＃"。正确的句子则标注为"〇"。以下同。
② 该例句为笔者自作，简称"作例"。以下同。

有的背景知识以及表达意图等因素了。

（11）彼に会いたい気持ちと逃げだしたい気持ち、どちらも強烈だった。（『仕組まれた再会』井上京子）

（12）彼は何で私に会いたいのか？（『マーク・トウェインコレクション』金谷良夫訳）

不仅在单句中存在着〈图像—背景〉的分化问题，在复句中同样如此。例如，状语从句通常表示背景，主句则表示受到突显的图像。在例13和14中，「わたしがいた」和「みなの休日が合わない」分别表示时间及原因，是主句所述事件的背景。而「誰もビートルズって知らなかった」、「しばらく会っていない」等主句所述事项则得到突显，成为说者、听者认知场景中的图像。

（13）わたしがいたころは、近所でも学校でも誰もビートルズって知らなかったよ。（『翼はいつまでも』川上健一）

（14）みなの休日が合わないため、しばらく会っていない。（『花川戸へ』樋口修吉／高橋昌己）

受到信息量、可运动性和契合度等因素影响，单句中的客体在能否得到突显方面有难易之分。同样，重句中出现的多个事项也因一些因素的影响，而在突显的难易度方面存在差异。时间状语重句在这方面表现出的差异较为明显。例如，例13中的从句所述事项在时间长度上较主句长，所以更容易被认知为背景。互换之后，就会显得不自然（例15）。而由于例16中主句、从句所述事项的时间跨度一致，因此可以较为顺利地实现〈图像—背景〉的互换（例17）。相对而言，由于在原因状语重句的主句、重句所述事项之间存在着因果关系，基本都无法实现〈图像—背景〉的互换（例14、18）。

（15）？近所でも学校でも誰もビートルズって知らなかったころ、わたしがいた。（作例）

（16）私がアメリカの大学で講師をしていたころ、よく呼んだり呼ばれたりした。（『つき合い方人間学』竹村健一）

（17）○よく呼んだり呼ばれたりしたころ、私がアメリカの大学で講師をしていた。（作例）

（18）＊しばらく会っていないため、みなの休日が合わない。（作例）

第六章 识解方式与二语习得研究 79

可见，无论是认知客体之间存在的是空间位置关系、时间关系还是因果关系，认知主体都会将其中之一突显为图像加以重点认知，而将其他客体作为背景加以较为简略的把握。〈图像—背景〉的分化是人类认知活动以及语句生成过程中的基本环节之一。

3. 基体与侧面

在发生〈图像—背景〉的分化时，认知主体处理的对象是其感知的图像所包含的两个或两个以上的客体。还有一种突显则发生在对单一对象的认知过程中。认知主体聚焦该对象中的某一部分加以突显。由此得到突显的部分称为"侧面"（profile），成为背景的整体则称为"基体"（base）。例如，在定义一个圆弧时，首先就要把一个圆作为基体，然后聚焦其中的一个部分，才能得到一段圆弧。此时，圆就是基体，弧则是侧面（图6-6）。

从基体中突显侧面这种认知方式，在我们认知一些概念时是不可或缺的。例如，要理解「中学校」、「高校」、「大学」这些词的意义，我们就必须首先准确掌握「学校」所代表的由众多不同类别学校构成的整体概念，并以此为基体，聚焦特定对象加以突显，才能得到正确的侧面，即特定类型学校的概念。

从基体中选择、突显侧面是一项可以反复进行的操作。由某一基体抽取出的侧面可以构成新的基体，并经过再次聚焦，获得更小的新的侧面。例如，在从「学校」中获得「大学」这一概念后，还

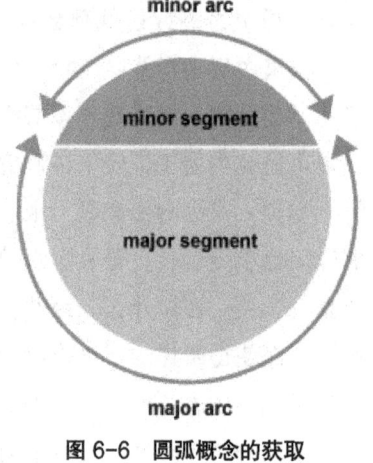

图 6-6　圆弧概念的获取

可以把「大学」作为基体进行进一步聚焦，获得「短期大学」、「学部」、「大学院」等概念。这对于我们准确把握一些复杂概念的含义具有非常重要的意义。

在进行认知活动过程中，认知主体可以按照需要，从同一基体中提取出不同的侧面加以聚焦。该能力进一步发展，就使得人们具备了从理想化认知模型（ICMs）[1]中提取出特定组成部分加以突显的能力。由此形成的整体与部分或是不

---

[1] Lakoff（1987）指出，理想化认知模型框架（idealized cognitive models，简称ICMs）是在特定文化背景下的认知主体对某一领域内的经验和知识作出的抽象的、统一的、理想化的理解，是一种具有格式塔性质的复杂认知模型。理想化认知模型框架是转喻等认知活动得以顺利进行的基础。详见本书第十章的相关内容。

80　基于语料库的中国日语学习者认知研究

同组成部分之间的转指就是转喻。例如，以「学校」为基体，可以提取出教师（例19）、课程（例20），甚至是校园（例21）等不同的侧面。这些侧面与基体之间的转指构成了不同的转喻方式。这种在基体上移动焦点，突显不同侧面的能力能够帮助我们重新分析曾经体验过的世界万物，并根据实际需求提取出所需组成部分加以突显，是人类认知能力的重要组成部分。

（19）登校拒否や引きこもりなどについて、学校は明らかに教えようとしてこなかったし。（『「ストレス知らず」の処方箋』斎藤茂太）

（20）うん…。君も学校があるだろ。（『我が愛しのファウスト』赤川次郎）

（21）ＮＰＯの講座等のために学校を開放することも多く、学校は住宅地における地域活動の交差点ともいえる存在である。（『防災白書』）

此外，如同远眺一幅佳作和拿着放大镜近距离观察给人带来的感受完全不同一样，从场景中突显图像或是从基体中提取侧面，都有一个选择适当的认知层级的问题。层级过高或过低都会导致表达不自然，甚至引发表达失误。例如，在例22中，公寓中规定不能养宠物。因此，「ペット」是一个合适的层级。换成高于该层级的「哺乳類」或是低于该层级的「猫」等词都是不自然的。在学习者的产出中也经常可见此类由于识解层级设置不当而导致的表达失误。例如，在例23中，学习者将「学長」作为图像突显出来。但是，正如池上嘉彦、守屋三千代（2009）指出的那样，由于「学長」是大家很熟悉的对象，在此场景下，不必特别聚焦。大家关心的是「学長」在做什么。因此，应该通过形式体言「の」将动作对象扩展到整个动作，从而使得聚焦的层级得以适当提高，才能符合认知和表达的需要（例24）。相反，在例25中，「助ける」的对象应该是人而不是整个动作或场景，所以说话者应该将聚焦的层级降低，使突显对象的范围缩小到具体的人身上，才能实现对场景的正确描述（例26）。

（22）一応ペット／??哺乳類／?猫は飼わないという規約でしたので、注意しておきました。（『悪魔の圏内』森村誠一）

（23）それから、学生と話している学長も見かけた。（池上嘉彦、守屋三千代 2009：115，会話 2 部分）

（24）それから、学長が学生と話しているのを見かけた。（作例）

（25）子供が川で溺れているのを助けた人の話が新聞に出てたよ。（池上嘉彦、

守屋三千代 2009:115，会話 3 部分）

（26）川で溺れている<u>子供</u>を助けた人の話が新聞に出てたよ。（作例）

4. 实例分析：数量词连体、连用修饰用法对比分析及学习者习得状况研究

如上所述，认知语言学的特点在于重视人类的认知过程，并将其置于研究的核心地位。许多近义表达形式的差别以及表达失误的发生可以通过分析说话者的认知过程得到合理的解释。以下，笔者以数量词的连体、连用用法的对比分析为例，探讨这两种用法中包含的认知方式的不同。正如本章引言所述，这两种用法的区别较为微妙，学习者对其掌握不佳，由此产生了很多相关表达失误（例27、28）。

（27）<u>一枚 {1，一枚，文法 - 自立語 - 数詞，一枚の}</u> 手紙は届くのは五日間がかかる。（CJLC）

（28）そのため、私は豚について<u>何冊の本も {7，何冊の本も，文法 - 自立語 - 数詞，本を何冊も}</u> 読んだ。（CJLC）

加藤重広（1997）在分析实例后指出，当数量词充当连体修饰[①]时，反映的是说话者将客体作为既定单位加以把握的认知方式，即「規定的単位による認知」（作为既定单位的认知）。而当数量词充当连用修饰时，反映的是说话者将客体作为不存在有机关联的复数个体加以把握的认知方式，即「離散的認知」（离散式认知）。加藤重広（1997）从认知方式出发，探讨了数量词充当连体修饰和连用修饰的区别，较之前的研究有了很大进展。但是，该研究没有从识解的层级角度出发，分析数量词连体、连用修饰用法，也没有完整归纳出认知主体采取不同识解方式的理由，因此，很难解释为何在例28中不能将「何冊の本」作为既定单位进行认知，而在例29中却可以这样做。

（29）生涯で何冊の本を読みたいと思いますか。（『YAHOO! 知恵袋』）

笔者认为，当数量词作连体修饰时，说话者将客体（无论其是否由复数个体组成）作为一个整体进行把握，并将其突显为图像，以此区别于其他客体。此时，数量词表示的是客体的整体特征。而当数量词作连用修饰时，如果客体是复数的，说

---

① 加藤重広（1997）将数量词充当连体、连用成分的句子分别称为「連体数量詞文」和「遊離数量詞文」。

82　基于语料库的中国日语学习者认知研究

话者会降低识解的层级，并将其分解为多个独立客体加以把握。此时，数量词表示的是客体的具体数量。以下，笔者从此视角出发，重新分析加藤重広（1997）讨论的例句以及学习者产出中的相关表达失误。

（30）5個のリンゴがほしいんですが。（加藤重広 1997，例 88a）

（31）リンゴが 5 個ほしいんですが。（加藤重広 1997，例 88b）

　　对于日语母语使用者来说，例31是正常的说法，例30听上去很不自然。这是因为，在此语境中，说话者表示想要5个苹果。这5个苹果是随机抽取的，并非作为一个整体而拥有区别于其他苹果的某种特征。说话者必须聚焦到单个苹果上，将其作为独立个体加以把握，才能获得具体的数量概念。因此，选用例31的说法是适当的。只有当水果店将苹果按2个或是5个分组出售时，例30的说法才会成为可能。此时，语境满足了5个苹果作为一个整体拥有区别于其他苹果的特征的条件（例32）。于是，说话者就可以将其作为一个整体加以把握了。此时，数量词表示的是该组苹果区别于其他苹果的特征。

（32）【設定：青果店に行くと、「リンゴ 2 個 300 円」「リンゴ 5 個 600 円」のようにパックされてリンゴが売られている】5個のリンゴがほしいんですが。（加藤重広 1997，例 91）

　　正如加藤重広（1997）指出的那样，例33有些生硬，例34比较自然。这是因为，单从例33之中，得不到将这两条地铁作为一个整体区别于其他地铁的理据。由于后续动词是「乗り継ぐ」，显然，乘客必须从一条线路的地铁上下来才能换乘另一条线路的地铁。换言之，每条线都是一个独立的个体。因此，更适合采用将其分别认知的把握方式（例34）。

（33）「池袋から日本橋に行くのは大変かな？」「?? 大変じゃないよ。二本の地下鉄を乗り継げば行けるよ」（加藤重広 1997，例 89a）

（34）「池袋から日本橋に行くのは大変かな？」「大変じゃないよ。地下鉄を二本乗り継げば行けるよ」（加藤重広 1997，例 89b）

　　但是，当如果说话者将先后乘坐两条线路的地铁作为一种特定的换乘方式，如「丸の内線から東西線」或是「有楽町線から銀座線」，就是将其作为一个整体方案来把握了。此时，应该用数量词的连体修饰形式，即「二本の地下鉄」（例

第六章　识解方式与二语习得研究　83

35），而不能使用连用修饰形式（例36）。

（35）「池袋から日本橋に行くのは大変かな？」「大変じゃないよ。二本の
　　　　地下鉄を乗り継げば行けるよ。丸の内線から東西線か、有楽町線から
　　　　銀座線か、どっちかね…」（加藤重広 1997，例96a）

（36）「池袋から日本橋に行くのは大変かな？」「＊大変じゃないよ。地下
　　　　鉄を二本乗り継げば行けるよ。丸の内線から東西線か、有楽町線から
　　　　銀座線か、どっちかね…」（作例）

　　此外，要将复数个体作为一个既定单位进行认知，需要事先引入相应根据，否
则，就会显得不自然（加藤重广1997）。例如，在例37中，由于没有此类理据，说
话者缺乏将两本书作为一个整体进行识解的理由，因此，用连体修饰形式是不恰当
的。在此情况下，应该使用数量词的连用形式，将书作为个体进行识解（例38）。
而当句中明示的信息构成了相应理据，如例39中的「前から欲しかった」，说话者
就有理由将其作为一个整体进行把握。此时，就可以使用数量词的连体修饰形式
（例39）。

（37）「昨日、何してた？」「?? 本屋に行って二冊の本を買って、それから
　　　　家でテレビ見ながらごろごろしてた」（加藤重広1997，例101a）

（38）「昨日、何してた？」「本屋に行って本を二冊買って、それから家で
　　　　テレビ見ながらごろごろしてた」（加藤重広 1997，例101b）

（39）「昨日、何してた？」「本屋に行って、前から欲しかった二冊の本を買って、
　　　　それから家でテレビ見ながらごろごろしてた」（加藤重広1997，例
　　　　101c）

　　不过，在此情况下，有时也可以使用数量词的连用形式（例40）。加藤重広
（1997）的解释是，说话者认为有根据可以将客体作为一个整体进行把握，但对方
可能认为依据不充分，因此，使用数量词的连用形式，将书作为个体进行把握也是
可行的。但是，在类似的条件下，也存在只能进行整体认知，不能进行个体认知的
情况（例41、42）。加藤重広（1997）对此的解释是，这是因为在说话者的长期记
忆中，存在着作为共有知识而进行整体认知的根据。

（40）「昨日、何してた？」「本屋に行って、前から欲しかった本を二冊買って、

それから家でテレビ見ながらごろごろしてた」（加藤重広 1997，例101d）

（41）「昨日、何してた？」「本屋に行って、君が教えてくれた、あの<u>二冊の本</u>を買って、それから家でテレビ見ながらごろごろしてた」（加藤重広 1997，例102a）

（42）「昨日、何してた？」「＊本屋に行って、君が教えてくれた、あの<u>本を二冊</u>買って、それから家でテレビ見ながらごろごろしてた」（加藤重広 1997，例102b）

但是，如此一来，句中是否存在足以使说话者进行整体认知的根据就成为一个非常主观的因素。这显然不利于我们对数量词连用、连体修饰用法的区别形成客观、正确的认识。实际上，之所以例39自然，而例42不自然，是由于「前から欲しかった」不包含数量信息，而「あの」通常修饰单数。当使用数量词的连体修饰形式时，无论是几本书都被作为一个整体进行认知，因此，可以用「あの」修饰。而当使用数量词的连用修饰形式时，书被作为个体认知，即同一本书买了2本。这不符合人们的通常做法。因此，就会感觉不自然。一旦书能够以复数的概念出现（例43），或是对同一种书可以进行多次操作（例44），使用数量词连用修饰进行个体认知也就成为可能。

（43）前からほしいと思っていた先生の<u>本</u>を、先日、<u>三冊</u>も買うことができました（『紅茶を注文する方法』土屋賢二）

（44）同じ<u>本</u>を<u>三冊</u>購入し会員のところへまわし、親子で読んで例会にのぞみます。（『小学校低学年の読書教育』石田敏枝）

此外，「一＋助数词＋の」作连体修饰成分时，往往会起到突出强调数量的作用（例45），有时，也用来突显其数量之少（例46）。当然，当名词后续断定助动词充当谓语时，只能用数量词充当连体修饰成分，而不会出现连用修饰的用法（例47）。

（45）現場には，<u>一人の老人</u>が改札口の前で眠り込んでいた。（『警察白書昭和 54 年版』）

（46）この方式によると、<u>一枚の紙</u>ですむので、宛名を別途印刷したり書いたりする手間がなくなる。（『パソコン「超」仕事法』野口悠紀雄）

第六章 识解方式与二语习得研究 85

（47）取り上げてみると、<u>一枚の名刺</u>であった。（『人間の証明』森村誠一）

回到对学习者产出的分析，之所以例48要用数量词的连体修饰形式，是因为说话者的本意在于突出信的数量。而在例49中，由于书的具体数量未定，因此，无法将其视作一个整体。此外，书通常是一本一本读。因此，更适合使用数量词的连用修饰形式，将每本书视为独立个体加以把握。

（48）<u>一枚</u>｛1, 一枚，文法 - 自立語 - 数詞，一枚の｝手紙は届くのは五日間がかかる。（CJLC）

（49）そのため、私は豚について<u>何冊の本も</u>｛7, 何冊の本も，文法 - 自立語 - 数詞，本を何冊も｝読んだ。（CJLC）

5. 结语

本章系统梳理了认知语言学关于识解方式的基本理论。对于感知到的场景，认知主体并非对其每个组成部分都给予同等关注，而是根据具体表达需要，结合突显的难易程度，聚焦其中一些具备信息较为特殊、可运动性强、契合度高等特征的客体，将其作为图像突显，其余部分则被视作背景。即便是对于单一客体，认知主体也不会对其所有组成部分一视同仁，同样会将其作为基体，聚焦、突显其中的某一部分，以获取所需侧面。合理设定识解的层级是人类顺利完成认知和语言表达任务的重要一步。图像、侧面的选取规律以及层级的决定方式，构成了识解方式的各个环节。

在实例分析部分，笔者运用识解理论，对数量词的连体、连用修饰用法进行了对比研究。结果发现，日语数量词的连用、连体用法在对象把握的层级方面存在着显著差异。当数量词作连体修饰时，说话者将客体（无论是单数还是复数）作为一个整体进行把握，并将其突显为图像，以此区别于其他客体。此时，数量词表示的是客体的整体特征。而当数量词作连用修饰时，如果客体是复数的，说话者就会降低识解的层级，将其分解为多个独立客体加以把握。此时，数量词表示的是客体的具体数量。识解层级上的不同导致两种修饰用法不仅表达效果不同，而且在很多情况下不可互换。一旦学习者不能准确设置识解的层级，就会导致表达失误的发生。

可见，深入分析母语使用者常用的识解方式，对于探究该语言的生成机制具有重要意义。我们应该在对比分析汉、日两种语言识解方式异同的基础上，通过有针对性的讲解、训练和纠错，帮助学习者建立选择恰当识解方式的能力，确保其产出

合乎母语使用者的习惯，从而减少相关表达失误的发生。

参考文献

[1] Langacker, R. W. 1990. Concept, Image and Symbol: The Cognitive Basis of Grammar [M]. Berlin: Mouton de Gruyter.

[2] Langacker, R. W. 1999. Grammar and Conceptualization [M]. Berlin: Mouton de Gruyter.

[3] Talmy, L. 1988. The relation of grammar to cognition [A]. Topics in cognitive linguistics [C]. Amsterdam: John Benjamins Publishing Company.

[4] Talmy, L. 2000a. Toward a Cognitive Semantics 1: Concept Structuring Systems [M]. Cambridge, MA: MIT Press.

[5] Talmy, L. 2000b. Toward a Cognitive Semantics 2: Typology and Process in Concept Structuring [M]. Cambridge, MA: MIT Press.

[6] 池上嘉彦, 守屋三千代. 2009. 自然な日本語を教えるために [M]. 東京：ひつじ書房.

[7] 大堀壽夫. 2002. 認知言語学 [M]. 東京：東京大学出版会.

[8] 加藤重広. 1997. 日本語の連体数量詞と遊離数量詞の分析 [J]. 富山大学人文学部紀要（26）.

[9] 守一雄. 1995. 認知心理学 [M]. 東京：岩波書店.

[10] 森雄一, 高橋英光. 2013. 認知言語学——基礎から最前線へ [M]. 東京：くろしお出版.

第七章　范畴、原型与二语习得研究

1. 引言

范畴（category）和原型（prototype）是认知语言学的重要基石。认知语言学认为，在认知来自外部世界的信息时，人们无时无刻不在对认知对象做着划分和归类。通过寻找事物的共性及相似性，人们将认识对象逐级分类，并有机地组织起来，形成一个个有意义、有序的信息体系，即范畴。这种分类、定位的过程就是范畴化。范畴化是人类最基本的高级认知活动。它帮助我们在头脑中顺利地建构起知识体系，并以此为基础，准确把握事物间的联系与区别。作为范畴化过程中的基准点，认知主体会在头脑中主观地合成一个具备该范畴中最典型特征的成员，即原型。原型往往是一个抽象的、并不实际存在的概念。但是，范畴化和原型能够帮助我们以最小的认知代价去获取、记忆以及再现尽可能多的信息。因此，对于人类的认知活动来说，具有非常重要的意义。

尤其是在学习第二语言过程中，学习者会接触到大量的多义实词和虚词。查看辞典等工具书可以发现，有些词的义项多达几十个。不加整理就强行记忆的话，无疑会极大地增加学习者的负担，而且容易发生遗漏、错误或遗忘等情况。如果教师、学习者能够恰当地运用原型理论，归纳出该词的词汇意义或语法功能的原型，了解其从原型意义、功能向其他意义、功能派生的路径和动因，将使该词的众多意义、功能在学习者内部形成一个有序的知识体系，便于记忆和运用。而通过构建目标语言词汇的范畴体系，也有助于学习者准确理解词汇的实际意义，辨析近义词的异同。

实际上，多义实词、虚词的学习一直是二语习得的难点问题之一。以日语格助词「で」为例，该助词在句中可以用来指示场所、场、工具、样态、原因以及时间等。由于功能繁多，部分用法与其他格助词的功能又比较接近，所以即便是在学习日语超过3年的学习者的作文中，仍然出现了一定数量的误用（例1）和漏用情况

88　基于语料库的中国日语学习者认知研究

（例2）。

（1）外〈格助詞／で→へ〉働きに行きたくても、家事で時間や体力の余裕が
　　ないというケースはやはり多い。（YUK[①]）

（2）近所づきあいもあまりなく、正月三が日を一人〈格助詞／不使用／○→
　　で〉過ごす高齢者が数多くいる。（YUK）

　　可见，学习者对该助词的习得情况并不理想。在本章中，笔者首先梳理认知语
言学关于范畴和原型的基本理论。在此基础上，结合实例，归纳、分析日语格助词
「で」语法功能的原型和拓展路径，分析学习者对各项功能的掌握情况，了解其缺
陷和习得难点，并探讨具体的解决方案。

2. 范畴和原型

　　认知主体在从事各项活动中，无时无刻不在对周围的人或事物进行着分类判
断，如某一物体是工具还是食物，某一车辆是公交车还是救护车，面前的人是老板
还是员工，某项行为是善意的还是恶意的等等。由此得到的分类就是范畴，对认知
对象进行归类、定位的过程就是范畴化。支持范畴化的依据是认知主体掌握的关于
范畴的基础知识。世界是丰富多彩的，不存在完全相同的个体。即便我们认为是完
全相同的个体，如工厂的同一型号、同一批次产品，实际上也或多或少地存在着差
异。通过范畴化，认知主体寻找到个体之间的相同或相似之处，将其归入同一范
畴，并据此区别于其他范畴的成员。在此过程中，抽象化和范畴化这两种认知主体
的认知能力起着重要作用。范畴化与认知活动密切相关，是认知主体认识外界的重
要方法，尤其在人类记忆和学习过程中起着极其重要的意义。Lakoff（1987）指出，
范畴化是我们根据经验赋予客体意义的主要方法，对于构建、激活知识体系，减轻
记忆负担具有重要作用。

　　范畴是认知主体根据事物的本质特征概括而成的。在将认知对象范畴化的过程
中，人们往往只关注对象的一些主要特征，而忽略一些次要特征。以狗为例，在判

---

①本章使用的学习者语料来自「YUK タグ付き中国語母語話者日本語学習者作文コンコーダンサー
　2015」（Ver.3），文中简称"YUK"。该语料库由「誤用研究とタグ付き学習者コーパス研究会」建
　设而成，数据规模大，来源广泛，类型众多，标注科学。为明确问题所在，与笔者对引自中国日语学
　习者语料库的例句的处理方法相同，在文中只呈现与所述内容相关的部分表达失误，而略去其他错误
　信息。错误信息用尖括号标记，格式为"＜词性／错误形式→正确形式＞"。

别某种动物是否属于该范畴时，人们通常会有意无意地忽略体型、毛色、尾巴长短等诸多次要特征，而重点关注它是否被驯化、叫声和牙齿如何、是否会摇尾巴等。这些受到关注的特征往往也是狗区别于相近范畴的动物，如狼（是否驯化）、猫（叫声、牙齿和尾巴）或是其他家禽、家畜的典型特征。此外，体型、毛色、尾巴长短等特征既非范畴内部全体成员的共同特征，也无法构成狗区别于其他范畴动物的典型特征。因此，在构建"狗"这一范畴的过程中被认知主体所忽略。

此类认知活动充满了弹性。当人们接触到新事物，发现应将其归入某一原有范畴，但新事物又在一定程度上不符合该范畴所规定的共同特征时，就会对原有经验进行调整，以便将新事物涵盖进去。例如，当人们看到藏獒时，往往会惊骇于其体型之庞大，性情之凶猛，觉得与一般概念中的"狗"的典型形象相去甚远。但是随后，人们会能动地调整原有经验中"狗"的范畴特征，并将藏獒也纳入该范畴。

范畴化的对象不限于有形的事物。各种抽象概念，包括思维、感情、属性、空间关系、社会关系等，均能构成一个范畴，并通过范畴化被人们所认知。例如，思维包括动作思维、形象思维、创造性思维、发散思维、聚合思维、创新思维、系统化思维等。感情包括喜、怒、哀、乐、忧、恐、惊等。语法和词汇也是范畴化的产物。名词、动词、形容词等无不是将无数具体或是抽象的事物、动作或性状等进行归纳后得到的。以「かわいい」为例，孩子的「かわいさ」和小狗的「かわいさ」显然不同。但是，人们通常会忽略这些差异，而是从该词修饰的客体概念中提炼出共同特征，即「外見・しぐさ・性格・行動様式などがほほえましく、愛情を感じさせるさま」，从而构建起「かわいい」这一属性范畴。同理，主语、重句、语气等语法范畴的成立也是范畴化的结果。

传统的范畴理论认为，范畴是客观存在的严密体系，界限明确。因此，我们应该坚持严格的逐级分类方法，用一系列充分必要条件来定义范畴。范畴内的所有成员都具有共同属性。任何事物是否属于某范畴体系是明确的，是非此即彼的，不存在模糊性。

然而，这并不符合我们的实际体验。例如，在定义"狗"这一范畴时，可以设定"驯养""动物""会叫""会摇尾""听觉、嗅觉敏锐"等一系列标准。但是，也有个别品种并不全部符合这些条件，但仍被归入"狗"这一范畴。可见，这些衡量标准并非决定某个体归属该范畴与否的充分必要条件。

为了解决这些传统范畴理论无法完美解答的问题，认知心理学家Rosch（1973、1974、1975、1977、1978）从探讨焦点颜色的心理学背景出发，对不同文化的范畴

形成进行了比较。她指出，判断某物体是否归入某范畴，不是看它是否具备该范畴成员所有的共有特性，而是看它与该范畴的典型代表之间是否具有足够的相似性。辻幸夫（1991）认为，「カテゴリーは、認知の標準点となるような典型性の高い事例を中心として、周辺にいくにつれて典型性が低くなるような構造を持ち、境界に至ってはさらにカテゴリーへの帰属性が曖昧になる」（范畴的结构以能够成为认知基准点的具有很高典型性的事例为中心，越向周边发展，典型性越低，以至于处于边界的事物是否归属于该范畴也不明确）。以"酒"为例，人们会毫不犹豫地把酒精度较高的白酒、伏特加、白兰地等归入该范畴。酒精度稍低的葡萄酒、啤酒、清酒等无疑也是该范畴的成员。但是对于酒精度更低的酒酿、Rio是否算酒，人们就众说纷纭了。可见，成员对于范畴的从属度并不一致，存在着一个程度问题。这就是所谓的"原型效应"（prototype effect）。

Wittgenstein（1953）指出，如果在某范畴内，不存在所有成员共通的属性，那么这些成员就有可能是通过"家族相似性"相互联系，形成一个整体的。所谓"家族相似性"，指的是如同一个家族中的成员那样，尽管面目各异，但是个体在体型、面部特征、肤色等方面分别具有一些相似性。例如，爸爸、妈妈具有相同的兴趣爱好。大儿子的脸型像妈妈，小儿子的眉毛像爸爸，两个孩子的个头和说话语气又很接近等。而爸爸和爷爷、奶奶，或者妈妈和外公、外婆也具有一些相似性。正是通过这样由多种相似性组成的复杂网状结构相互联系，众多家庭成员才得以构成一个统一的范畴，即"家族"。Wittgenstein（1953）以"比赛"为例说明了这点。他指出，这就好比给"比赛"下定义一样。人们都知道比赛是什么，但没人能精确定义它。因为比赛的方式永远在变化之中。有的有输赢，有的只是为了娱乐，没有输赢。有的需要运气，有的需要技巧，有的则兼而有之。因此，比赛的范畴成员之间并不存在普遍的共通特征，而是通过多种方式的相似性即"家族相似性"联系在一起的。而且，范畴也没有固定而明确的边际。范畴有可能随新事物的出现而扩大。例如，随着电子竞技等新的比赛形式的出现，"比赛"的范畴不断扩大。范畴也有可能随旧事物的消失而缩小，甚至消亡。例如，随着物质生活不断丰富，我国的商品不再凭票供应，所以"票证"这一范畴所包含的"粮票""布票""油票""鸡蛋票"等成员逐渐消失，"票证"这一范畴也随之缩小，乃至最终消亡了。

Rosch提到的"典型代表"和辻幸夫定义的"能够成为认知基准点的具有很高典型性的事例"就是认知语言学的重要概念之一——原型。

3. 基于原型的范畴结构

传统的范畴理论和认知语言学都同意，通过逐级划分、不断细化，可以将较大的范畴划分成不同层级的子范畴。不过，传统的范畴理论认为，较大的范畴与其包含的子范畴之间只存在着抽象度的差异，在地位上是对等的。但是，认知语言学指出，在通过对范畴逐层细化而构成的网状结构中，某些子范畴拥有较为特殊的地位，是认知主体在提及该范畴时最容易被唤起的，被称为基本层次范畴（basic-level categories）。在基本层次范畴之上，有更抽象、概括性更高的高层次范畴（superordinate categories）。在基本层次范畴之下，有更具体、概括性较低的低层次范畴（subordinate categories）。例如，"狗"就是一个基本层次范畴，在它之上有高层次范畴"哺乳动物"，在它之下有众多低层次范畴，如"柴犬""贵宾犬""牧羊犬"等。这些子范畴还可以进一步细分。如"贵宾犬"可分为"标准型贵宾犬""迷你型贵宾犬"和"玩具型贵宾犬"等。"牧羊犬"则可分为"苏格兰牧羊犬""德国牧羊犬"和"喜乐蒂牧羊犬"等。

高层次范畴、基本层次范畴和低层次范畴构成了范畴的层级结构。其中，最重要的范畴就是基本层次范畴，它们代表了"人们眼中自然界自划范畴的关节处"（MacCormac 1990），是认知主体在提及该范畴时最容易被唤起的层级。例如，正如森雄一、高桥英光（2013）指出的那样，在通常语境下，例3中选用"犬"最为自然。只有对狗特别熟悉、特别感兴趣的人在谈起这一话题时，才会用到「プードル（贵宾犬）」甚至是「トイプードル」（玩具型贵宾犬）这些更低层次的范畴。而如果说话者用了「生物」（生物）、「動物」（动物）等更高层次范畴，则会使会话内容聚焦不够，让对方摸不着头脑。基于同样理由，在例4的a、b两句中，a显然更符合我们的表达习惯。可见，在一般情况下，说话者会在不同层级的众多范畴中选择使用"狗""猫"这些基本层次范畴。使用高层次范畴或是低层次范畴都需要特殊语境的支持，否则就会显得不够自然。

（3）田中さんの家の {生物・動物・犬・プードル・トイプードル} が逃げ出したんだって。（森雄一、高橋英光 2013:32，例 3）

（4）a. 犬と猫とどっちが好き？

b. 柴犬と三毛猫とどっちが好き？（森雄一、高橋英光 2013:32，例 4）

基本层次范畴之所以具有较为特殊的地位，是由于该层次及更高层次范畴概

念间的差异都很大，而其下属子范畴概念间的差异要小得多，因此更容易被认知。例如，"动物"和"植物"差异明显。在"动物"下属的"单细胞动物"和"多细胞动物"等子范畴概念之间，或是在"多细胞动物"下属的"爬行动物"和"哺乳动物"等子范畴概念之间，乃至在"哺乳动物"下属的"狗""猫""牛"等子范畴概念之间，均存在着明显差异。但是，"狗"下属的"柴犬""贵宾犬""牧羊犬"等子范畴概念或是"猫"下属的"波斯猫""缅因猫""狮子猫"等子范畴概念间的差异就小得多。对大多数人来说，除非他们精通此道，否则，这些子范畴概念所指的"狗"或"猫"非常相似，甚至难以分辨。正是由于基本层次范畴处于同层次范畴概念间的差异由大到小的转折点，因此成为最容易被范畴化的层次。人类的绝大部分知识都是以基本层次范畴为核心建立的。

对于语言来说也是如此。以词性为例，根据学校语法的规定，词汇首先包括"实词"和"虚词"两大范畴。"虚词"分为"助词"和"助动词"。"助词"进一步分为"格助词""接续助词""副助词"和"终助词"。在这四个子范畴下，还各自拥有众多的助词成员。对比各层次范畴概念间的差异可知，"格助词""接续助词""副助词"和"终助词"正处于同层次范畴概念间的差异由大到小的转折点，因此成为最容易被范畴化的对象，即构成了基本层次范畴。事实上，无论是在标注词性或是讲解用法时，该层次的范畴使用最为频繁，也是日语教学的重点内容之一。

如上所述，范畴可以分为高层次范畴、基本层次范畴和低层次范畴三大类，构成了从大到小的有机整体。关于范畴内部成员间的分布方式，Lakoff（1987）提出了放射状范畴（radial category）的构想。词汇的多个意义通常被视为语义扩展的结果。所谓放射状范畴就是指，作为范畴的成员，某一词汇的多个意义围绕着原型意义，在多个方向上呈放射状向外扩张。在原型意义周围，围绕着一些原型效应较高的非原型意义。在这些非原型意义的外层，还围绕着一些原型效应更低的非原型意义。Lakoff认为，"理想化认知模型"（idealized cognitive models，简称ICMs）在范畴化过程中起着重要作用。在认知过程中，认知主体结合文化、习俗、社会制度等背景知识，对客体所含信息进行取舍，提炼出其中容易被认知的部分内容，并将其理想化，构成理想化认知模型。某概念与该模型契合程度越高，就越接近该范畴的核心，否则，就远离核心而成为该范畴的外围成员。该模型对于多义词等的学习尤为重要。

以「母」一词为例，该词的理想化认知模型中包含了"生育""哺育""养

育""遗传""已婚""长辈"等多项特征。符合所有特征的用法自然位于该范畴的核心位置，且形态也最简练（例5）。而其他只符合部分特征的用法，如「生母」（例6）、「継母」、「養母」、「伯母」、「代理母」、「乳母」（例7）等词中的「母」自然就只能位于核心用法的外围。进而，在隐喻、转喻等的作用下，词汇意义继续向外延伸。例如，由"生育"义扩展到"来源"义，如「母校」（例8）、「母体」等，再进一步扩展到"源头"义，如「発見の母」（例9）等。同样，由"养育"义可以扩展到"照顾"义，如「寮母」（例10）等，再进一步扩展到"提供保障"义，如「母港」（例11）、「母艦」等。与核心用法不同，除「発見の母」等直接通过隐喻或转喻产生的用法之外，这些扩展用法通常都需要得到其他词的修饰、限制。

（5）母が、ぼくを抱きしめながら、しきりとぶつぶつとお祈りをしていたのを覚えている。（『小暗い森』加賀乙彦）

（6）だが幼くして生母に捨てられるという悲運を背負う天才的発明家は喜びの酒席で急逝してしまった。（『トヨタ成長のカギ』細川幹夫）

（7）昔なら乳母が母親代わりをすることも、めずらしくなかった。（『はじめてのジェンダー・スタディーズ』三杉圭子）

（8）この高校は実在し、私の母校でもある。（『人妻小雪奮戦記』浅黄斑）

（9）ひらめきは発明や発見の母であり、世界を変革して、私たちすべてに豊かさを与えてくれるのです。（『幸せな人生は右脳が開く』七田眞）

（10）看護婦や寮母をしている学友は、ごく自然に受けとめてくれた。（『忘れても、しあわせ』小菅もと子）

（11）あそこの関根の浜に母港を建設すると、隣の漁港がどうなるのか。（『国会会議録』）

4. 实例分析：格助词「で」的功能扩展及学习者习得状况研究

正如引言中所述，日语格助词「で」可以用来指示场所、场、工具、样态、原因以及时间等。因其功能繁多，如果不对其用法进行深入分析和系统整理的话，将给学习者的学习带来很大困难。

迄今为止，很多研究者都对格助词「で」的功能进行了探索。其中，有些研究着重分析「で」的意义和用法（如国立国语研究所1951等），有些研究聚焦该助

动词与其他格助词的功能比较（如冈部宽2000等），也有些研究重点考察该词与其他格助词的习得顺序（如井内麻矢子1993等）。而作为认知语言学视角下的研究，山梨正明（1993）指出，过去认为，格关系是独立且稳定的，但实际上，根据实际语境，对该格助词的意义、功能存在着多种可能的解释。菅井三实（1997）试图概括出格助词「で」的总体特征。他指出，「で」的功能是指示充当前景的主格、对格的背景。冈智之（2007）将「で」的用法分为标志场所和标志物体两种，认为表"场所"和"道具"分别是其核心用法。从前者派生出表示时间、原因和样态等用法。从后者派生出表示材料、手段等用法。在本节，笔者将运用认知语言学的范畴理论，重新审视格助词「で」的诸多用法，归纳其原型意义，探讨其各项功能的形成机制，描绘其范畴结构。随后，运用实证性研究方法，考察学习者对各用法的使用情况，找出问题所在，并探讨相应对策。

先行研究对于「で」的功能分类不尽相同。森山新（2008）将其归纳为以下5个大类：

（12）〈道具〉：道具、手段、材料、媒体、構成要素

〈原因〉：原因、理由、根拠、動機

〈場所〉：場所、場、範囲、動作主

〈様態〉：動作主・対象の様態、作用・できごとの様態、数量限定

〈時間〉：時間、期間、時限定

Langacker（1990、1991）指出，作为认知主体的人通常将周围的世界视作由众多参与者按各种关系组成的网络，聚焦其中的一个行为链（action chain），将其一部分切割出来，作为叙述的对象。这也是认知主体从整个基体中提取侧面的过程。一般情况下，在由此抽取出的行为链中，位于起点的参与者会得到最大程度的突显，在句中以主格形式出现。位于终点的参与者会得到第二位的突显，以对格出现。前者称为射体（trajector，简称tr），后者称为界标（landmark，简称lm）。在一个完整的行为链中，通常由格助词「が」标记射体，「を」或「に」标记界标。而「で」标记的则是作为背景的参与者。

森山新（2008）将「で」的用法分为提示「空間的背景」（空间性背景）和「役割的背景」（作用性背景）两大类，认为前者以<場所>[①]（场所）为原型意义，

---

① 在本节，笔者用"<>"符号标识范畴。

第七章 范畴、原型与二语习得研究 95

包括<場所>（场所）、<時間>（时间）等下位范畴，后者以<道具>（工具）为原型意义，包含<道具>（工具）、<原因>（原因）、<様態>（样态）等下位范畴。在此基础上，探讨了从原型意义向各扩展意义的派生机制。

森山新（2008）运用认知语言学研究方法，系统梳理了「で」的各项用法，对其形成机制和认知特点进行了探讨，具有很好的启示作用。但在对该助词具体用法的定位以及形成机制的探讨方面，该研究尚有一些可商榷之处。例如，森山新（2008）将<原因>、<様態>等归为<道具>的下位范畴，显得有些牵强。此外，他一方面指出，<構成要素>由<手段>扩展而来，另一方面，又认为其是表<原因>用法的派生，存在着定位不清的问题。以下，笔者结合实例，对「で」的诸多用法进行重新定位，探讨其原型意义和派生路径。

笔者认为，根据行为链的具体构成情况分析，在例12所示「で」的各项用法中，<道具>子范畴下的<道具>、<手段>、<材料>、<媒体>、<構成要素>等范畴成员与<場所>、<原因>、<様態>、<時間>等子范畴成员用法差异较大。前者是行为的直接参与者，后者则是行为链发生的时空背景。因此，前者在获得突显后能够充当句子的主语（例13、14），后者则无此可能（例15、16）。

（13）わたしは手にしたナイフで兄の頸動脈を切り裂いた。（作例）〈道具〉

（14）手にしたナイフは、兄の頸動脈を切り裂いていました。（『柘榴館』山崎洋子）

（15）女が公園でひとり新聞を読んでいる（略）（『光とゼラチンのライプチッヒ』多和田葉子）〈場所〉

（16）＊公園はひとり新聞を読んでいる。（作例）

因此，笔者认为，在对格助词「で」的用法进行分类时，首先应该根据其指示的事物是否是行为链的直接参与者，将其分为<道具>和<背景>两大子范畴。其原型意义分别为「道具」和「背景」。

在<道具>范畴下，通过隐喻，形成了表示「手段」（例17）、「媒体」（例18）和「根拠」（例19）的用法。如果「道具」内化为最终产品的全部或组成部分，就形成了指示「材料」的用法（例20）。通过进一步的隐喻，还会由「材料」产生指示「構成要素」的用法（例21）。

（17）安津子は地下鉄でまっすぐに帰ればよい。（『Vの悲劇』阿刀田高）

〈手段〉

（18）五月は鏡子の変屍体が発見されたニュースをテレビで知った。（『弓形の月』泡坂妻夫）〈媒体〉

（19）各自の報酬額は監査役の協議で決めることとされている。（『会社法』弥永真生）〈根拠〉

（20）この人が手長ザルを木でつくった。（『だれでもわかる特許出願法』豊沢豊雄）〈材料〉

（21）自分に身近なテーマで取材をしたいと思ったんです。（『戦争と憲法 危機の時代に政治をあきらめない』松本侑子／福島瑞穂）〈構成要素〉

而在<背景>范畴下，通过隐喻，进一步分化出<場所>即事项发生的场所背景（例15）、<時間>即事项发生的时间背景（例22）、<様態>即事项参与者的背景（例23）和<原因·理由>即事项发生的因果背景（例24）。

（22）富一は車に乗り込んだあとで、事情を話した。（『水の盛装』大城立裕）〈時間〉

（23）小さな女の子が母と二人で、よくもここまで頑張ってこられたものだと思います。（『川の流れのように』美空ひばり）〈様態〉

（24）彼が俺の前から消えて間もなくのこと、交通事故で両親が同時に亡くなった。（『漆黒の薔薇にくちづけを』斑鳩サハラ）〈原因·理由〉

随后，在隐喻的作用下，由具体的指示「場所」的用法映射到抽象的指示「場」的用法（例25）。在转喻作用下，由指示「場所」扩展出指示「動作主」用法（例26）。通过突显背景的时空边际，由指示「場所」演化出指示「範囲」的用法（例27），由指示「時間」演化出指示「期間」的用法（例28），由指示「様態」演化出表示「数量限定」的用法（例29）。再通过突显终点，由指示「期間」进一步扩展出指示「時限定」的用法（例30）。

（25）こうした上司のもとでは部下も過労死に巻き込まれかねない。（『「うつ」から元気になれる本』斎藤茂太）〈場〉

（26）そんなものがあれば警察で調べて指紋をとったはずです。（『ルパンの大失敗』南洋一郎）〈動作主〉

（27）猿害問題は下北半島だけの問題ではなく、日本全国で起きている。（『同

時代を撃つ』立花隆）〈範囲〉

（28）その後一年間<u>で</u>会員数は一万一千人、年商三億円に急成長した。（『フォーカスな人たち』井田真木子）〈期間〉

（29）経理の女性を含め、3人<u>で</u>十分だった。（『アジア日本人群像』大住昭）〈数量限定〉

（30）私はこの三月末<u>で</u>退職し、一切の役職から離れます。（『梶の如く』沙羅利満）〈時限定〉

由以上分析可知，在隐喻、转喻等认知活动的作用下，「で」的用法由原型意义不断向外拓展，最终构成了如下的放射状网络。

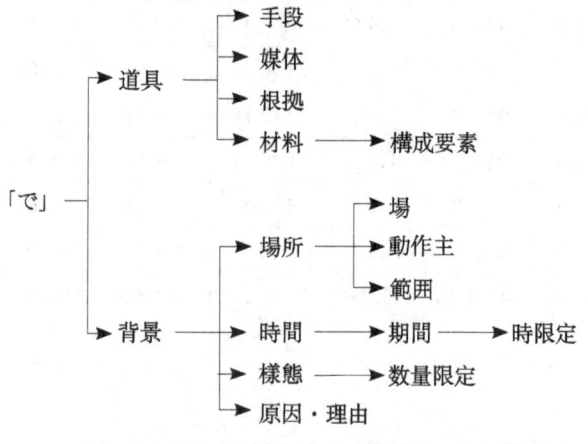

图7-1　格助词「で」的范畴结构图

那么学习者对于该格助词的习得情况又如何呢？笔者从「YUKタグ付き中国語母語話者日本語学習者作文コンコーダンサー2015」（Ver.3）中抽取出所有「X→で」类的用例，即本来应该使用格助词「で」，学习者却误用了其他格助词或发生格助词缺失的例句（例31—34）。随后，按照错误类型和学习年限对其分布情况进行了统计。

（31）そして国際経済学を<u>第二専門</u>〈格助詞／に→で〉勉強しました。（YUK）

（32）おいしい食べ物が好きですから、いつも宛さんと一緒に<u>外</u>〈格助詞／へ→で〉食事をしています。（YUK）

（33）先生は今年60歳以上ですが、<u>彼一人</u>〈格助詞／が→で〉中国に来ました。（YUK）

98　基于语料库的中国日语学习者认知研究

（34）危機にあった後、松下株式会社はいつも松のように再び生命力と<u>活力</u>
　　　<格助詞／を→で>いっぱいになった。（YUK）

　　经统计，获得表7-1。为了能够更加直观地观察各类表达失误的分布情况，笔者根据该表数据制作了图7-2。

表7-1　格助词「で」相关表达失误分布一览表

	1年未満	1年	2年	3年	4年	5年	6年	6年以上
に→で	92 (57.9)	85 (60.7)	76 (58.5)	125 (52.1)	68 (58.6)	12 (52.2)	47 (54.7)	12 (33.3)
〇→で	24 (15.1)	34 (24.3)	30 (23.1)	79 (32.9)	39 (33.6)	8 (34.8)	24 (27.9)	14 (38.9)
を→で	14 (8.8)	10 (7.1)	8 (6.2)	10 (4.2)	1 (0.9)	1 (4.3)	5 (5.8)	0 (0.0)
が→で	12 (7.5)	9 (6.4)	6 (4.6)	19 (7.9)	4 (3.4)	1 (4.3)	7 (8.1)	5 (13.9)
へ→で	11 (6.9)	1 (0.7)	2 (1.5)	1 (0.4)	2 (1.7)	0 (0.0)	0 (0.0)	0 (0.0)
から→で	4 (2.5)	0 (0.0)	4 (3.1)	5 (2.1)	1 (0.9)	0 (0.0)	2 (2.3)	3 (8.3)
て→で	1 (0.6)	0 (0.0)	0 (0.0)	0 (0.0)	0 (0.0)	1 (4.3)	0 (0.0)	0 (0.0)
と→で	1 (0.6)	1 (0.7)	1 (0.8)	1 (0.4)	1 (0.9)	0 (0.0)	1 (1.2)	1 (2.8)
まで→で	0 (0.0)	0 (0.0)	3 (2.3)	0 (0.0)	0 (0.0)	0 (0.0)	0 (0.0)	1 (2.8)
合計	159 (100)	140 (100)	130 (100)	240 (100)	116 (100)	23 (100)	86 (100)	36 (100)

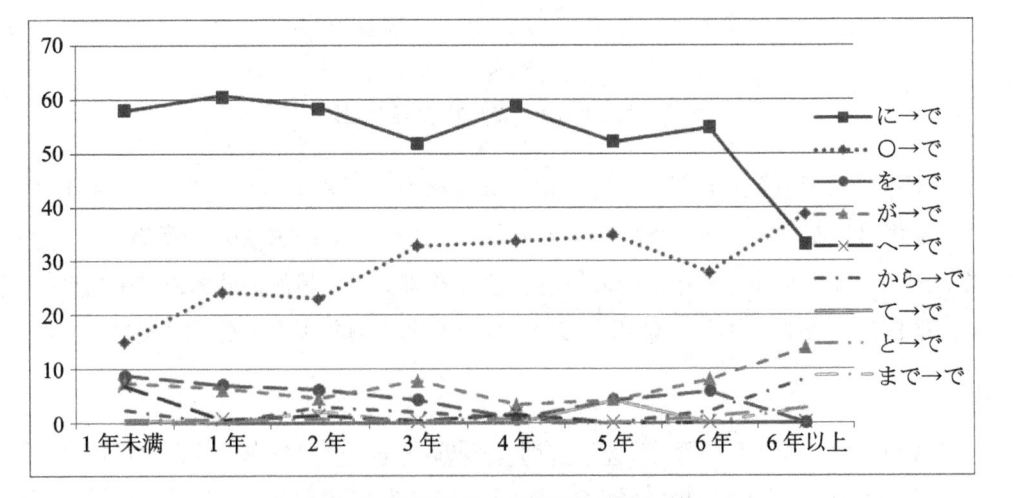

图7-2　格助词「で」相关表达失误分布图

　　由表7-1和图7-2可知，根据出现的可能性，可以将表达失误分为以下三类：

　　（1）发生可能性很低的表达失误。如将格助词「で」误作「の」、「て」、「と」或

「まで」的情况。在语料库中未检出实例，或实例数极少。

（2）随着学习逐步消失的表达失误。如将格助词「で」误作「を」、「から」或「へ」的情况。在初学者的产出中检出部分实例，但随着学习时间的增加，此类误用逐步得到改正。

（3）较难纠正的表达失误。如将格助词「で」误作「に」、「が」或发生缺失的情况。尽管此类错误是日语教学的重点内容之一，但始终较难得到纠正。

尤其是由格助词「で」缺失引起的表达失误，随着学习时间的增加，所占比例反而逐渐增大，在学习日语超过6年的学习者的产出中，甚至超过了将「で」误用作「に」的情况，成为出现最为频繁的表达失误。因此，为了全面掌握学习者对格助词「で」的习得情况，除了要深入分析其与其他格助词混淆的情况之外，还需着重考察因该格助词缺失而引发的表达失误及成因。

那么，学习者对于格助词「で」的诸多功能的掌握情况又如何呢？之所以发生了助词误用，往往是由于学习者没能准确掌握具有近义用法的助词之间的区别。而发生助词缺失，则说明学习者对该助词的相应用法不熟悉。因此，笔者聚焦由缺失格助词「で」而引发的表达失误，根据功能分类统计后，获得表7-2，并以此表数据制作了图7-3。笔者以此为突破口，观察学习者对哪些用法不能熟练运用。

表7-2　格助词「で」缺失现象统计表（按功能划分）

	1年未满	1年	2年	3年	4年	5年	6年	6年以上
場	5 (20.8)	15 (44.1)	9 (30.0)	35 (44.3)	9 (23.1)	2 (25.0)	4 (16.7)	4 (28.6)
範囲	1 (4.2)	9 (26.5)	8 (26.7)	11 (13.9)	4 (10.3)	0 (0.0)	5 (20.8)	1 (7.1)
場所	5 (20.8)	0 (0.0)	3 (10.0)	10 (12.7)	6 (15.4)	1 (12.5)	6 (25.0)	1 (7.1)
動作主・対象の様態	2 (8.3)	2 (5.9)	3 (10.0)	5 (6.3)	11 (28.2)	1 (12.5)	2 (8.3)	3 (21.4)
動作主	1 (4.2)	1 (2.9)	0 (0.0)	4 (5.1)	6 (15.4)	0 (0.0)	2 (8.3)	3 (21.4)
期間	4 (16.7)	0 (0.0)	2 (6.7)	7 (8.9)	1 (2.6)	1 (12.5)	1 (4.2)	1 (7.1)
時限定	1 (4.2)	1 (2.9)	0 (0.0)	3 (3.8)	0 (0.0)	1 (12.5)	0 (0.0)	1 (7.1)
手段	1 (4.2)	1 (2.9)	0 (0.0)	4 (5.1)	1 (2.6)	0 (0.0)	0 (0.0)	0 (0.0)
時間	1 (4.2)	1 (2.9)	2 (6.7)	0 (0.0)	1 (2.6)	0 (0.0)	1 (4.2)	0 (0.0)
原因	1 (4.2)	3 (8.8)	0 (0.0)	0 (0.0)	0 (0.0)	0 (0.0)	0 (0.0)	0 (0.0)
数量限定	2 (8.3)	0 (0.0)	0 (0.0)	0 (0.0)	0 (0.0)	0 (0.0)	1 (4.2)	0 (0.0)
構成要素	0 (0.0)	1 (2.9)	1 (3.3)	0 (0.0)	0 (0.0)	0 (0.0)	0 (0.0)	0 (0.0)
作用・できごとの様態	0 (0.0)	0 (0.0)	0 (0.0)	0 (0.0)	0 (0.0)	0 (0.0)	2 (8.3)	0 (0.0)

（续表）

	1年未満	1年	2年	3年	4年	5年	6年	6年以上
材料	0 (0.0)	0 (0.0)	1 (3.3)	0 (0.0)	0 (0.0)	0 (0.0)	0 (0.0)	0 (0.0)
道具	0 (0.0)	0 (0.0)	1 (3.3)	0 (0.0)	0 (0.0)	0 (0.0)	0 (0.0)	0 (0.0)
根拠	0 (0.0)	0 (0.0)	0 (0.0)	0 (0.0)	0 (0.0)	1 (12.5)	0 (0.0)	0 (0.0)
理由	0 (0.0)	0 (0.0)	0 (0.0)	0 (0.0)	0 (0.0)	1 (12.5)	0 (0.0)	0 (0.0)
合计	24 (100)	34 (100)	30 (100)	79 (100)	39 (100)	8 (100)	24 (100)	14 (100)

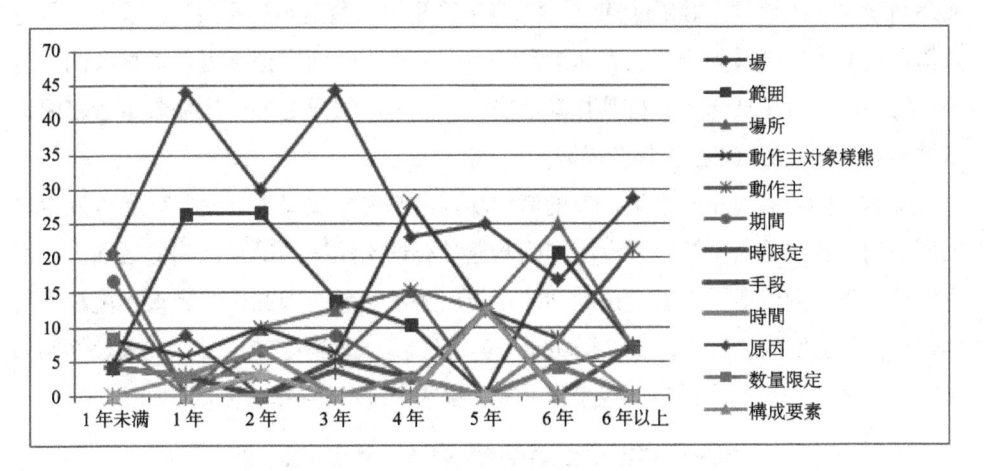

图7-3　格助词「で」缺失现象分布图（按功能划分）

观察表7-2和图7-3可以发现，学习者对于<道具>范畴下的各用法掌握情况较好，而对于标志「場」（例35）、「範囲」（例36）、「場所」（例37）、「動作主」（例38）、「期間」（例39）和「動作主・対象の様態」（例40）的用法掌握情况不佳。对照图7-1可以发现，这些用法大部分都是在「場所」这一原型意义上通过隐喻、转喻或是边界突显而形成的。尤其是「場」、「範囲」的用法，无论是在哪个阶段学生的产出中，均发现较多缺失现象。可见，这两个用法对于学习者具有较高难度。而表示「場所」用法的缺失现象在一年级之后迅速减少，则显示学生对此用法已经比较熟悉了。由于本调查所用语料库不能提供语言现象得到正确使用的具体数据，因此，不能排除有学习者由于对部分用法不熟悉而采取回避策略，因而没有在统计数据上得到反映。但显性的缺失还是告诉我们，在教学过程中，要注意提高输入质量和输入强度，聚焦那些在原型意义上通过隐喻、转喻或是边界突显而得到的扩展意义，重点说明其与原型意义的关联以及派生原理，并结合实例，与其他格助词的近义用法

进行比较，辅以适当形式的练习，帮助学习者加深印象，提高习得的效率和效果。

（35）日常生活の中〈格助詞○→で〉、女性の言葉はますます中性化にしている。（YUK）〈場〉

（36）その中〈格助詞○→で〉、一番印象深いのは「竹取物語」です。（YUK）〈範囲〉

（37）中国〈格助詞○→で〉は2008年四川省大震災が起きました。（YUK）〈場所〉

（38）なぜ今でもあの先生を覚えているか、自分〈格助詞○→で〉もよく分からない。（YUK）〈動作主〉

（39）家から母の実家までそんなに遠くなかったから、バスで十五分ぐらい〈格助詞○→で〉行けた。（YUK）〈期間〉

（40）先週の土曜日、私のクラスは皆〈格助詞○→で〉パーティーをしました。（YUK）〈動作主・対象の様態〉

5. 结语

本章系统梳理了认知语言学关于范畴和原型的理论框架。人类在认知外部世界时，无时无刻不在对客体进行着范畴化。范畴化就是认知主体在事物间进行对比，找寻共同特征或家族相似性，并据此逐步构建起符合外部世界客观规律的范畴体系的过程。作为范畴化过程中的基准点，认知主体会主观合成一个具备该范畴中最为典型特征的成员，即原型。范畴化和原型能够帮助我们以最小的认知代价获取、记忆以及再现尽可能多的信息。因此，对于人的认知活动，特别是语言习得来说，具有重要意义。

高层次范畴、基本层次范畴和低层次范畴构成了范畴的基本层级结构。其中，最重要的是基本层次范畴，它正处于同层次范畴间差异由大到小的转折点，是认知主体在提及该范畴时最容易被唤起的层级。梳理教学内容，明确导入所学知识的范畴结构以及基本层次范畴，将有助于凝练教学内容，完善知识体系，聚焦重点项目，提高教学效果。

在实例分析部分，笔者发现，日语格助词「で」的功能可以分为两个大的子范畴，其原型意义分别为「道具」和「背景」。两者的区别在于，前者是行为链的直

接参与者，后者则不是。在隐喻、内化等的作用下，从「道具」这一原型意义扩展出表示「手段」、「媒体」和「根拠」的用法。从「背景」这一原型意义中则进一步分化出表示场所背景的「場所」、时间背景的「時間」、参与者背景的「様態」和因果背景的「原因・理由」等用法。随后，在隐喻、转喻、边界突显等的作用下，从各用法中再次扩展出表示「場」、「動作主」、「範囲」、「期間」、「数量限定」、「時限定」等的用法。

统计学习者的产出可知，将格助词「で」误作「に」、「が」或发生缺失是最常见的表达失误。在「場所」这一原型意义基础上通过隐喻、转喻或是边界突显而形成的「場」、「範囲」、「動作主」、「期間」和「動作主・対象の様態」等用法是该格助词的习得难点。教师有必要提高输入的质量和强度，重点说明其与原型意义的关联以及派生原理，并开展对比分析，辅以适当形式的练习，有意识地增加这些难点知识的输入和训练强度，以便获得更好的教学效果。

参考文献

[1] Lakoff, G. 1987. Women, Fire and Dangerous Things: What Categories Reveal about Mind [M]. Chicago: University of Chicago Press.

[2] Rosch，E. 1973. Natural categories [J]. Cognitive Psychology (4).

[3] Rosch，E. 1974. Linguistic relativity [A]. Silverstein ed. Human Communication [C]. New York：Halsted Press.

[4] Rosch，E. 1975. Cognitive reference points [J]. Cognitive Psychology (7).

[5] Rosch，E. 1977. Human categorization [A]. Warren ed. Advances in Cross Cultural Psychology [C]. London：Academic Press.

[6] Rosch，E. 1978. Principles of categorization [A]. Rosch&Lloyd ed. Cognition and Categorization [C]. Hillsdale，NJ：Lawrence Erlbaum.

[7] Wittgenstein, L. 1953. Philosophische Untersuchungen [M]. Oxford: Blackwell.

[8] Mac Cormac, E. R. 1990. A Cognitive Theory of Metaphor [M]. Cambridge, MA: MIT Press.

[9] Langacker, R. W. 1990. Concept, Image and Symbol: the Cognitive Basis of Grammar [M]. Berlin: Mouton de Gruyter.

[10] Langacker, R. W. 1991. Foundations of Cognitive Grammar, Volume II: Descriptive Application [M]. Stanford: Stanford University Press.

[11] 井内麻矢子. 1993. 初級日本語学習者を対象として助詞の縦断的習得研究[D]. お茶の水女子大学.

[12] 岡智之. 2007. 日本語教育への認知言語学の応用——多義語、特に格助詞を中心に[J]. 東京学芸大学紀要総合教育科学系（58）.

[13] 岡部寛. 2000. 格助詞の使い分け[J]. 京都橘女子大学研究紀要（26）. 京都橘女子大学.

[14] 国立国語研究所. 1951. 現代語の助詞・助動詞：用法と実例[M]. 東京：秀光出版.

[15] 菅井三実. 1997. 格助詞「で」の意味特性に関する一考察[J]. 名古屋大学大学部研究論集（127）.

[16] 辻幸夫. 1991. カテゴリー化の能力と言語[J]. 言語（20-10）.

[17] 森山新. 2008. 認知言語学から見た日本語格助詞の意味構造と習得[M]. 東京：ひつじ書房.

[18] 森雄一, 高橋英光. 2013. 認知言語学　基礎から最前線へ[M]. 東京：くろしお出版.

[19] 山梨正明. 1993. 格の複合スキーマモデル：格解釈のゆらぎと認知のメカニズム[A]. 仁田義雄編. 日本語の格をめぐって[C]. 東京：くろしお出版.

第八章　意象图示与二语习得研究

1. 引言

　　作为认知语言学重要的理论支柱之一，意象图示（image schema）由Johnson（1987）和Lakoff（1987）引入认知语言学研究领域，并首先在认知语义学研究中得到发展，在语义扩展、介词（英语）、格助词（日语）等研究方面获得了广泛应用，其有效性已经得到反复证明，并因此受到语言学研究者的高度关注。此外，意象图示的广泛应用还给认知发展心理学等相关学科的发展带来了重大影响。

　　森雄一、高橋英光（2013）认为，意象图示是「日常生活の中で繰り返されるさまざまな身体的な経験をもとに形成されたイメージが、より高次に抽象化・構造化、即ちスキーマ化したものである」（以日常生活中反复经历的体验为基础，经由抽象化、结构化等图示化过程获得的产物）。Johnson（1987）指出，认知主体与外部世界互动获得的具体感觉、知觉经验通过概念系统升华为意象图示。这些身体运动、对物体的操作以及知觉的相互作用都具有较为固定、不断反复的模式。否则，我们的经验就会陷入混沌、不可理解的状态。意象图示是将这些经验的各个组成部分有机结合，形成统一整体的格式塔（gestalt）结构。意象图示的存在使我们从外界获得的经验出现了秩序，使得认知成为可能。在我们试图把握或是推导这种秩序的过程中，意象图示起着核心作用。

　　意象图示帮助我们归纳、保存我们的感觉和知觉经验，形成较为固定的模式，从而更加有效地开展认知活动。同时，还能通过隐喻等，从具体的物质领域投射到抽象的概念领域，帮助我们更好地理解外部世界，并对未知的知识、概念进行推测。因此，在认知过程中，意象图示具有非常重要的意义。

　　在语言研究和教学过程中，意象图示同样能够起到非常重要的作用。运用意象图示理论，我们可以合理解析句式、词汇的基本意义，形象地呈现其在不同认知域下的语义特征，准确地归纳其形成路径和机理，在此基础上，深入剖析多义词众多

义项之间的联系，帮助学习者更加全面、牢固地掌握多义词汇、句式的表层和深层含义。此外，我们还可以将其运用于篇章分析，培养学习者的阅读理解能力，帮助其从文中出现事物的原型意象出发，探讨这些事物的形象转换和映射对于揭示作品主题、塑造人物形象以及营造特定气氛等起到的作用，促使学习者对目标语文本实现深度理解。

本章将首先梳理认知语言学关于意象图示的基本理论。随后，结合实例，分析日语助数词「本」的使用规律。该助数词的计数对象通常应为笔、树枝等细长之物（例1）。但在实际使用中，许多原始意象图示并不符合细长特征的事物，如球类的空间移动、药物等也常用「本」来计数（例2）。这给学习者的理解和习得带来了一定困难，也导致了表达失误的频繁发生（例3—5）。笔者将借助意象图示理论，探讨「本」的原型意义，具体分析可以用该助数词计数的事物的原始意象图示，深入探讨其意象图示的变化路径和其中蕴含的认知机制，最终对助数词「本」的使用方式形成一个统一、合理的解释。

（1）手頃な木の枝を二本切り落とした。（『蒙古襲来』山田智彦）

（2）ペニシリン、とは誰も初めて聞く薬名だが、その効力は著しいものがあり、一本か二本、これを打てば高熱はただちに下るそうであった。（『仁淀川』宮尾登美子）

（3）普通は、一つ {3，一つ，語彙－数詞，一本} 映画はななじゅう分ぐらいの間である。（CJLC）

（4）今ならば、一つ {7，一つ，語彙－数詞，一本} 電話で、あらゆる電報で伝えてできる。（CJLC）

（5）高校時代、私は一本 {1，本，語彙－数詞，冊} 真実なストーリの本を読みました。（CJLC）

2. 意象图示的典型类型

山梨正明（1995）指出，「イメージ・スキーマは、外部世界を理解していく際に、トップダウン的に適用される認知枠の一種とみなすことができる」（可以将意象图示视作认知主体理解外部世界时自上至下运用的一种认知框架）。也就是说，意象图示以认知主体的实际体验为基础。但它并非是具体的实际场景，而是认知主体从实际体验中概括出来的抽象的认知框架。

Johnson（1987）探讨了"容器"（CONTAINMENT）、"力"（FORCE）、"平衡"（BALANCE）等33种具体的意象图示。在此基础上，Lakoff（1987）重点讨论了部分意象图示的特点和意象图示之间的转换。

迄今为止，研究者主要围绕以下15种典型的意象图示开展研究。

首先，是"空间"类意象图示，包括<容器>（CONTAINMENT）（例6）、<前/后>（FRONT/BACK）（例7）、<上/下>（UP/DOWN）（例8）、<近/远>（NEAR/FAR）（例9）、<中心/外围>（CENTER/ PERIPHERY）（例10）、<整体/部分>（WHOLE/PART）（例11）等。

（6）実は…今、病院にいる。（『磁場の果実』清野美智子）〈容器〉

（7）ゲイブは顔をしかめて窓辺を離れ、彼女の後ろに立った。（『プリンセスにお手上げ』新井ひろみ）〈前/後〉

（8）親父が黙って台所に下がった。（『秘剣雪割り』佐伯泰英）〈上/下〉

（9）棒を振る音はさらに近づいた。（『チェーンレター』折原一）〈近/遠〉

（10）一方、権力の中枢から遠くに位置する者や野党の側はどうか。（『永田町権力者たちの情報戦争』伊藤惇夫）〈中心/外围〉

（11）アイディア製造システムは、二つの要素からなっている。（『「超」整理法』野口悠紀雄）〈整体/部分〉

其次，是"运动"类意象图示，包括<起点—路径—终点>（SOURCE-PATH-GOAL）（例12）、<融合>（MERGING）（例13）等。

（12）父だけを家に残し、長いトンネルをくぐり、山沿いの防空壕まで走り続けた。（『記憶の一ページめ』徳永名知子）〈起点—路径—终点〉

（13）水中に振り落とされた白い粉末は、たちまち水に溶けていった。（『夢のかたみ』小池真理子）〈融合〉

再次，是"力"类意象图示，包括：<力>（FORCE）（例14）、<链接>（LINK）（例15）、<吸引>（ATTRACTION）（例16）等。

（14）吉住は大きく息をつき、エレベーターのボタンを押した。（『パラサイト・イヴ』瀬名秀明）〈力〉

（15）いすはチェーンで床とつながっています。（『深海底 7500 メートルの世界へ』温水千穂）〈链接〉

（16）その生命力が周囲の人々を引き付ける。（『中年なじみ』野田正彰）〈吸引〉

最后，是"平衡"类意象图示，即<平衡>（BALANCE）（例17）。

（17）浅見は努めて平静を装って、訊いた。（『斎王の葬列』内田康夫）〈平衡〉

意象图示之间的相互转换主要包括：<路径—复数个体>（PATH TO OBJECT MASS）（例18）、<移动物体—线性路径>（LINEAR PATH FROM MOVING OBJECT）（例19）、<路径—终点>（PATH TO ENDPOINT）（例20）、<轨迹—延长>（EXTENDED TRAJECTOR）（例21）等。

（18）あれが、あなたの電流の流れです。どうです、流れがあちこちで滞っているでしょう。（『電脳セッション』東野司）〈路径—复数个体〉

（19）高速道路が通行止めになっているため、車はすべて一般道に流れて、すごい渋滞である。（『白血病からの生還』大谷貴子）〈移动物体—线性路径〉

（20）半分ほど飛び出した目に高江洲先生の指が触れました。（『犬と話ができる！』小原田泰久）〈路径—终点〉

（21）その十字路では、東の駅から西の森へ向う通と、南から北へ走る通とが交差している。（『吉里吉里人』井上ひさし）〈轨迹—延长〉

在实际认知过程中，在隐喻等的作用下，意象图示所含对象会发生扩展，由此引发语言形式的语义或概念结构扩张，但意象图示本身保持不变。以意象图示<容器>为例，山梨正明（1995）指出，「このスキーマは、われわれをとりまく世界の一部を一種の入れ物として外部の空間から限定して理解することを可能とする認知枠の一種として機能している」（作为一种认知框架，该意象图示的作用是使我们能够将周围世界的一部分当作一种器皿与外部空间区别开来进行理解）。观察实例可以发现，无论构成"容器"的名词表示的是物理空间（例22），还是社会空间（例23），亦或心理空间（例24），该意象图示的认知结构都不发生变化，均表示

作为内容物的人或物存在于某种具体或抽象的空间之中。

（22）実は…今、<u>病院にいる。</u>（『磁場の果実』清野美智子）

（23）父の友人が、<u>航空会社にいる。</u>（『風聞』笹沢左保）

（24）子どもたち自身も自分のことがわからず、大きな<u>戸惑いの中にいる</u>ことを、親はわかってほしい。（『「要領」のいい生き方を教えなさい』和田秀樹）

3. 意象图示的相互转换

在研究意象图示过程中，尤其值得注意的是Lakoff（1987）提出的意象图示的相互转换。这揭示了在不同意象图示之间发生单向或双向转化的可能性。以下，笔者结合实例，探讨<路径—复数个体>、<移动物体—线性路径>、<路径—终点>和<轨迹—延长>等意象图示的转换现象。

首先，考察<路径—复数个体>转换。在特定情况下，表示路径的语言形式会被认为是复数个体的组合。例如，按常识，只要存在电流，就应该构成一个连续的回路，但是，在例25中，电流被分割为多个部分，在一些地方受到了阻碍。而且，相反方向的转化也是成立的，表示复数个体组合的语言形式也会被认知为路径。如例26中「人の流れ」表述的那样，多个个体的移动被视为如同水流一般，形成了人移动的路径。

（25）あれが、あなたの電流の流れです。どうです、<u>流れがあちこちで滞っている</u>でしょう。（『電脳セッション』東野司）

（26）行先を決めず歩き出すと、<u>人の流れ</u>に逆らってしまった。（『ナポリ魔の風』高樹のぶ子）

<移动物体—线性路径>转换更为常见。如例27所示，流星实际上是在天上快速飞行，属于空间移动，但在句中用了「流れる」一词，显示说话者聚焦其运动轨迹，将移动物体视为连续的线性路径。另一方面，在例28中，铁路自然是线性路径，但句中用「走っていた」作谓语显然是将线性路径这一意象图示转换成了空间移动的意象图示。

（27）不意に<u>星が流れた</u>のを見たとき、悲しみが胸を襲った。（『項羽と劉邦』司馬遼太郎）

（28）その岩壁の中ほどを切り開いて森林鉄道が走っていた。(『はせだきの恋』村岡耕治)

　　＜路径—终点＞转换通常是单方向的，即由＜路径＞转换成＜终点＞。＜起点—路径—终点＞意象图示中的"终点"有时会获得聚焦。例如，在例29中，「廊下」是路径，「表」是终点。动作主体经过走廊，猛地跑到了建筑的正面，完成了空间移动。在这种情况下，即便在句中起点或是路径被省略，读者仍能顺利补出。例如，例30中的起点可能是「正門」、「病室」等，路径可能是「廊下」、「通路」等。这些都构成了＜起点—路径—终点＞意象图示。但是，经过＜路径—终点＞所示的由路径到终点的意象图示转换，只有终点获得突显，路径已不再存在于认知框架中而无法补出。动词的意义也由此发生了变化。例如，例31中的「飛び出した」表示的不是"猛然跑出、突然出现"，而是"凸出"。此时，动词表示的不是空间移动，自然也就不存在起点或是路径了。

（29）廊下を走って、通用口から表に飛び出した。（『うたう警官』佐々木譲）
（30）信子は一気に受付まで走った。（『理由』宮部みゆき）
（31）半分ほど飛び出した目に高江洲先生の指が触れました。（『犬と話ができる！』小原田泰久）

　　最后，观察一下＜轨迹—延长＞转换。与＜路径—终点＞相同，该转换也是单方向的，即只可能由＜轨迹＞向＜延长＞转换，而不可能出现由＜延长＞向＜轨迹＞的转换。这是由人的认知习惯决定的。如上文所述，＜移动物体＞可以转换为＜线性路径＞。如例32所含意象图示是前者，即电车在空间中移动。例33所含意象图示则是后者，即铁路铺设的路径。＜线性路径＞可以进一步转换为＜轨迹＞。例如，例34中的闪电在空中划出的是亮光经过的轨迹，而不是实际存在的线性路径。最终，当认知主体看到这些轨迹后，在脑海中自然而然地将其延伸，指向该轨迹实际上不一定会到达的地方，由此完成了＜轨迹—延长＞的转换。例35就是一个很好的例子。十字路口的两条道路中，一条从东站向西边的森林延伸，但不一定真的会通到森林之中，也不能理解成某物体移动的轨迹。另一条道路由南向北延伸，此处的北指示的肯定也只是道路延伸的方向，而并非具体的物体运动轨迹。

（32）電車はテンポよく走っていた。（『火曜日に落ちる雨たちへ』浜本龍蔵）
（33）国中平野に入るちょうどその境目をＪＲ桜井線が走っている。（『時

110　基于语料库的中国日语学习者认知研究

のしずく』中井久夫)

（34）稲妻が横に走った。（『方舟さくら丸』安部公房)

（35）その十字路では、東の駅から西の森へ向う通と、南から北へ走る通と
　　　が交差している。（『吉里吉里人』井上ひさし)

4. 实例分析：助数词「本」计数对象的意象图示分析及学习者习得状况研究

　　正如本章引言所述，日语助数词「本」的计数对象本应为笔、树枝等细长之物。但在实际使用中，能用该数量词计数的物品种类要庞杂得多。飯田朝子（2004）将这些物品分为以下11个大类，并逐一分析、归纳了这些类别所属名词的特点（表8-1）。显然，在「本」的计数对象中，既有树木等在物理上具有细长特征的物品（例36），也有本垒打（例37）或者电话（例38）等原始意象图示明显不符合该特征的事物。

表8-1　助数词「本」的意义及用法分类表

	特徴	具体例
1	細長い物	鉛筆、缶ビール、高層ビル、トンネル、カセットテープ
2	相手との交信数	電話、葉書
3	乗り物の運行	電車、バス
4	スポーツのプレー	ホームラン、シュート、サーブ
5	作品や出し物	出し物、文芸作品、論文、映画、ラジオ番組
6	広告数	新聞・雑誌の広告
7	項目	新聞・雑誌の記事、番組でのニュースや話題の項目
8	商品	コンピューターやゲームのソフトウェア
9	努力を要する課題	ノルマ、企画や計画
10	懸賞の当籤数	福引や抽選などでの当籤数（例：一等10本)
11	慣用的表現	一本立ち、仕事一本

（36）庭に、九重ざくらの木が一本あった。（『京都・金沢殺人事件』山村美紗)

（37）それまでの日本記録より二十一本も多い四十六本のホームランを打っ
　　　た。（『読売新聞』)

（38）遅れるなら、電話の一本くらいよこしゃいいのに。（『女外科医有森冴子』
　　　井沢満)

第八章　意象图示与二语习得研究　111

显然，逐一列举、讲解或是记忆如此数量繁多、特征各异的事物是困难且低效的。学习者的理解和习得因此遭遇到一定困难，并导致了相关表达失误的发生（例39、40）。在本节中，笔者将借助意象图示理论，具体分析这些可以用「本」计数的事物、事件的原始意象图示、意象图示的变化路径和认知机制，以期对助数词「本」的使用规律形成一个统一、合理的解释，帮助学习者更好地掌握该助数词的用法。

（39）普通は、<u>一つ{3，一つ，語彙－数詞，一本}映画</u>はななじゅう分ぐらいの間である。　（CJLC）

（40）今ならば、<u>一つ{7，一つ，語彙－数詞，一本}電話</u>で、あらゆる電報で伝えてできる。　（CJLC）

4.1 「本」的原型意义

『大辞林』指出，助数词「本」的功能是「細長い物の数を数えるのに用いる」（计算细长物品的数量）。因此，能用「本」计数的物品的意象图示都应具备"细长"的特征，如笔、树枝、丝线等。但是，仅具有该特征，并不能保证物品一定能够用「本」计数。以鱼为例，NHK放送文化研究所的网页①对鱼的数法做了如下说明：

> 魚の数え方にはいろいろありますが、最も一般的なのは「匹」で、これは魚が生きていても水揚げされたあとでも使います。魚が水揚げされて食材として扱われると、その形や性質によって、さまざまな数え方が現れます。ブリやサンマ、カツオ、マグロなど見た目が比較的細長い魚には「本」、ヒラメやカレイなど形が平らな魚には「枚」が使われます。（鱼的数法有很多。最普通的量词是「匹」。无论是在鱼活着的时候，还是被捕捞之后，都可以用该量词来计数。当鱼被捕捞出水成为食材之后，根据其形状和性质，就会出现各种数法。像鰤鱼、秋刀鱼、鲣鱼、金枪鱼这样看上去比较细长的鱼用「本」来数，像比目鱼或鲽这样扁平的鱼则用「枚」作为计量单位。）

可见，当鱼被看作动物时，无论死活，人们都用「匹」来计数。只有当鱼被视作食材时，人们才会根据其形状，以「本」或「枚」作为计量单位。因此，用「本」计数的物品除了"细长"外，还应具备"无意志物"这一特征。在本书中，

---

① 详见：http://www.nhk.or.jp/bunken/research/kotoba/20160301_2.html (2018 年 3 月 2 日)。

笔者将"细长的无意志物"作为「本」的原型意义①。

毋庸赘言，计数对象的意象图示必须符合该原型意义的特征，才能以该助数词来计数。「鉛筆」（例41）、「缶ビール」（例42）等物品天然具备这一物理特征，因此，都可以用「本」来计数。而之所以「トンネル」也被认知为具有"细长"特征，靠的是认知主体从众多事物构成的情景中主动选择图形的能力。因为从物理特征上看，隧道本身实际并非一个实际存在的物体。只有将隧道所在的山或是河床看做背景，将挖掘出来的空间作为图形突显出来，人才会产生"隧道"的概念。构成隧道的空间是细长的，隧道也就因此具有了"细长"的属性（例43）。

（41）鉛筆を <u>8本</u>持っています。（『「新」勉強の常識』ストロング宮迫 / タイガー山中）

（42）僕たちは煙草を吸い、二人で<u>1本</u>の缶ビールを飲んだ。（『ラジオ・エチオピア』蓮見圭一）

（43）戦争中に山腹に掘りこまれた<u>六本</u>のトンネルがある。（『日本地震列島』尾池和夫）

4.2 与运动相关的意象图示转换

除了这些本身具备"细长"特征的物品之外，许多原始意象图示明显不符合该条件的事物也可以用「本」来计数。这说明，在认知过程中，这些事物的意象图示发生了转变，从而在认知主体的脑海里形成了"细长"的特征。以下，通过实例分析，逐一进行考察。

首先，正如本章第3节所述，Lakoff（1987）提出<移动物体—线性路径>转换表明，移动物体和线性路径之间会发生相互转换，因为两者的意象图示具有相似性。

图8-1　<移动物体—线性路径>意象图示转换示意图

---

① 之所以此处用"无意志物"而不是"无生物"，是因为「本」可以用来计量生物体的细长部分，如「指」、「足」等（例a、例b）。

(a) キューをやや立てて、中指、薬指、小指の<u>三本</u>で支え、親指の角度で調整するブリッジです。（『ビリヤード入門』若松和夫）

(b) 恐竜の先祖は、このころから<u>四本足</u>または<u>二本足</u>の動物だったわけですね。（『恐竜の世界をたずねて』井尻正二，後藤仁敏）

通常，对于处于静止状态的电车或公共汽车，我们用「両」或「台」而不是「本」来计数（例44、45）。这是因为在人们的认知中，处于静止状态的这些交通工具并不具备"细长"的特征。只有当它们开始运动之后，才形成了<移动物体—线性路径>意象图示转换，使得向特定方向移动的电车、公共汽车等交通工具的意象图示由原本的运动物体转变为线性路径，并因此具有了"细长"的特性。也只有在这种情况下，我们才可以将「本」而不是「両」作为其计量单位（例46、47）。需要注意的是，此时计量的对象是车次，即车辆的运动，而不是车辆本身。因此，尽管电车等通常由数辆车厢组成，但在计数时，仍计为单数，即「一本」。此外，正如同橡皮筋的计量单位也是「本」那样，在环线上运行的公共交通工具也用「本」而不是「両」来计数（例48）。此时，端点被忽略了。

（44）鎌倉教会とその幼稚園の所にやはり電車一両／＊一本分ほどの空き地があった。（『地図で歩く路面電車の街』今尾恵介）

（45）駅前はロータリーになっていて、バスが一台／＊一本と、何台かのタクシーが列をつくっている。（『ウリエルの娘』大迫純一）

（46）会社までは、電車を二本／＊二両乗りついで、一時間弱ほどかかる。（『龍宮』川上弘美）

（47）そこでさらに十五分待ち、一時間に一本／＊一台しかないバスで岡山へ出た。（『情事』志水辰夫）

（48）二十分サイクルの環状線に快速が乗り入れる場合は、1時間に1本／＊1両しか走らせることができない。（『全国鉄道事情大研究』川島令三）

基于相同的转换机制，在计数棒球比赛中的安打或全垒打时，飞行中的球体的意象图示也由物体运动转换为线性路径，由此成为「本」的计数对象。不过，并非所有飞行的球体都可以用「本」来计数。正如橋本永貢子（2014）指出的那样，只有在球等物体的移动导致得分的情况下，如篮球比赛中的投篮或罚球、排球比赛中的发球、棒球比赛中的安打或全垒打，甚至是剑道比赛中击打有效部位，球或竹剑的运动才能用「本」来计数（例49、50、51）。其他不能导致得分的球的运动，如棒球比赛中的界外球、地滚球、触击等，都不用「本」而是「回」或「～つ」来计数（例52）。这是因为，只有得了分，人们才会关注该球的具体运动路径，否则只要计算次数就行了。

（49）投手は、一本のヒット、ひとつのエラーでガタガタになる。（『プロ
　　　　野球を20倍楽しく見る方法』江本孟紀）

（50）相手に与えられるフリースローには1本〜3本の3種類がある。（『バ
　　　　スケットボール』佐古賢一）

（51）剣術とは、人を斬るものではないのだ。きれいに一本取ればいいのだ。
　　　　（『剣鬼・仏生寺弥助』峰隆一郎）

（52）1人のプレイヤーがファウルを5回おかすと退場になり、そのあとゲー
　　　　ムに出られない。（『バスケットボール』笠原成元）

　　　正如Lakoff（1987）提出的<路径—终点>转换所示，在对路径的认知过程中，有时我们的注意力会完全聚焦在终点上。此时，路径本身不被作为图像而得以突显，而是隐去成为背景的一部分。由此，完成了意象图示由路径向终点的转换。在该机制的作用下，认知主体会忽略路径或过程，而只关注结果，即得分。因此，即便不存在明显物体运动的柔道，也将「一本」作为最高得分的标志。尽管此时的「一本」是一个固有名词，而非数量词（例53）。

（53）夢は「投げる柔道、一本がとれる柔道」で世界一になること。（『時
　　　　事問題の基礎知識』ダイヤモンド社）

　　　那么，对于用「本」来计算「電話」的次数的用法，又该怎么解释呢？一种解释方式是电话线是细长的，认知主体通过转喻，以"电话线"替代"由电话线传输的电话"，就如同我们可以用「小瓶」替代「小瓶に入ったお酒」（例54）或是用「福沢諭吉」替代「福沢諭吉の肖像画が印刷された一万円札」（例55）一样。电话由此带有了电话线细长的属性。

（54）コーヒーの代わりにビールを注文した。小瓶しかなかった。（『部長漂流』
　　　　江波戸哲夫）

（55）福沢諭吉がそのままだが、五千円札の新渡戸稲造と千円札の夏目漱石
　　　　がそれぞれ樋口一葉と野口英世にバトンタッチする。（『西日本新聞』
　　　　西日本新聞社）

　　　但是，这无法解释为何当动作主体打了电话但没打通时，就不能用「本」，而只能用「回」来计量（例56）。相反，当电话打通后，就只能用「本」，而不能用「回」了（例57）。

（56）コンビニ前の公衆電話から報道部に電話を入れる。何回／＊何本かけ
　　　てもつながらない。（『安心報道』林英夫）

（57）クルマを路肩に寄せて、電話を一本／＊一回入れる。(『週刊ダイヤモンド』
　　　ダイヤモンド社)

　　可见，电话线转喻的思路并不符合语言事实。而如果我们将通过电话传递的信
息视为一种抽象存在的话，一切就豁然开朗了。如果电话打通了，信息通过电话线
传递到对方处，那么信息的移动就成立了。与球的移动类似，经过<移动物体—线
性路径>意象图示转换，电话就带有了<线性路径>所具备的"细长"属性，可以用
「本」来计数。否则，信息的移动就不成立，就不会发生<移动物体—线性路径>
转换。打电话就只能被认知为一个动作，只能用「回」或「度」来计数了（例56、
58）。

（58）雨宮さんは、私が不在の時にかかってきた電話を何度か受けたことが
　　　あったのです。（『水曜の朝、午前三時』蓮見圭一）

4.3 对书信、论文及其他物品的意象图示分析

　　本来，书信、明信片、论文等物品都有各自对应的助数词。但在特定情况下，
人们还是会以「本」来计数（例59）。检索现代日本语书面语均衡语料库可知，用
「本」来数信或是明信片的实例很少，且语感简慢。因此，在使用上受到较大限
制，不能用在比较正式的场合（例60），或是与需要尊敬的人有关的信件或是明信
片上（例61）。此外，在使用「本」计数时，修饰的只能是「出す」、「送る」、
「寄越す」等表示传递的动词。如果修饰的是「書く」、「見せる」等与内容有关
的动词时，就只能用「通」了（例62）。

（59）それを一つの大封筒の中に詰め込み、手紙を一本／一通同封して、千
　　　鶴子のもとへ送ったのである（『貞子ウィルス』大野和雄）。

（60）希望に応じて、くぼみ入り通常葉書を1人につき二十枚／＊二十本贈
　　　呈している。（『障害者白書』内閣府）

（61）ハリスさんからのその一通、一通／＊一本、一本の手紙はいつしか私
　　　の励みにもなっていました。（『ヒロコ生きて愛』田坂博子）

（62）それでも龍馬は二百通／＊二百本ちかくの手紙を書いたといわれている。
　　　（『ニッポン靴物語』山川暁）

可见，在用「本」计数书信、明信片时，说话者还是将其认知为移动的物体，通过<移动物体—线性路径>这一意象图式的转换，使之具有了"细长"的特征。这一点与前文所述电话的认知机制相似。

不过，有时认知主体也会舍弃物体的具体形态和内容，将其统一认知为"可卷成细长状的扁平物体"。例如，在计数论文时，由于在内容、篇幅等方面差异很大，缺少共性特征，难以用某个助数词统一计量。只有将其认知为"可卷成细长状的扁平物体"时，认知主体才有可能在数量众多、内容各异的论文中找到相似性，并将其作为同质个体进行计量。因此，当涉及论文的具体内容等时，通常用「編」来计数（例63）。而当统计业绩时，由于只需要计算绝对数量，不涉及论文的具体内容、篇幅等，一般就用「本」来计数了（例64）。实际上，在计数「手拭い」、「タオル」等时也可观察到类似现象。诸如擦手巾、毛巾之类的扁平物品通常应该用「枚」来计量（例65）。但在舍弃外形特征之后，人们改用「本」作为其计数单位（例66、67）。在百货商店或是超市的收银台，所有商品都不再用本来的助数词，而是统一用「点」来计数，也是基于同样的原理。

（63）最後に、人生論ないし宗教論のジャンルに関する小論文二編を取り上げたい。（『「こころの教育」への提言』高橋弘通）

（64）共著相手の第1位は東京大学の二千八百四十七本であり、外国大学ではマサチューセッツ工科大学が百八十七本で二十六位になっているのが最高である。（『アメリカの産学連携』宮田由紀夫）

（65）急須と湯呑みに巻いてある手拭いを一枚とって、瀬戸物は、その隙間へ詰め込むことにした。（『雪の夜のあと』北原亞以子）

（66）たかが手拭一本のことだが、妙に気になり出した。（『はやぶさ新八御用旅』平岩弓枝）

（67）用意するものはタオルが1本。（『糖尿病に良い献立』宮川高一）

同样，剧本、在报刊上刊登的新闻以及广告、计划等事物在物理形态、具体内容等方面可谓千差万别。为了便于统一把握这些认知对象，人们同样运用了以上认知模式，将这些事物的形象统一投射为"可卷成细长状的扁平物体"（例68、69）。而通过隐喻，即便是没有物理形态的文艺表演、电影、电视节目、广告以及软件等也可以被投射为相同的意象图示，从而具备了"细长"的特征（例70、71）。

第八章　意象图示与二语习得研究　117

（68）記事本数も<u>五十本</u>を超えたが。（『追及・北海道警「裏金」疑惑』北海道新聞取材班）

（69）たまたま<u>百本</u>めということで、いろんな企画をいただいたなかで、この一本だけ異色だったんです。（『橋田寿賀子と素敵な 24 人』橋田寿賀子）

（70）コマーシャルが<u>何本</u>かつづいて、再び番組となった。（『メイン・テーマ』片岡義男）

（71）もちろん、買ったのは本体だけで、ソフトは<u>一本</u>も無い。（『マイコン少年さわやか漂流記』クーロン黒沢）

除隐喻之外，主体对认知对象的识解在计数部分物品的过程中起着关键作用。无论是例72中的「砂糖」（白糖），还是例73中的「注射」（药水），其本身都没有固定形状，难以用助数词进行计数。因此，在句中，认知主体根据实际场景，依据"装在纸管里的糖""装在注射器里的药水"这样的背景知识，运用容器转喻，以容器替代内容物，通过聚焦容器形状，使得原本没有固定形状的"糖"和"药水"有了"细长"的形态特征，从而能够用「本」进行计数。如果是本身具有特定形状的方糖或是片剂，认知主体必然聚焦其自身形状，而不是容器的形状。此时，如上的识解、转喻过程自然就不可行。因此，也就无法用「本」来计数了（例74）。

（72）庄野は窓の外を気にしながら、コーヒーに<u>砂糖</u>を<u>三本</u>入れた。（『銀の檻を溶かして』高里椎奈）

（73）それが分かってからは、先生が<u>7本</u>も<u>8本</u>も<u>注射</u>を打ち、みんなで様子を見守りました。（『ゾウが泣いた日』坂本小百合）

（74）白い錠剤が<u>三粒</u>／＊<u>三本</u>、瓶の中からころころと転がり落ちた。（『鎮火報』日明恩）

如果教师在讲授助数词「本」的用法时，能够借助意象图示理论，结合实例，详细分析那些能够用该助数词计数的事物的意象图示特征，形象地解释其意象图示的变化路径以及其中蕴含的认知机理，将能够帮助学习者准确、全面地掌握该助数词的繁复用法，有效地避免相关表达失误的发生。例如，在例75中，信息通过电话的传递构成了<移动物体—线性路径>意象图示转换，因此，应该用「本」来计数。

在例76的语境中，说话人通常不关注电影的类型、内容等具体属性，而是单纯谈及其数量，因此，也应该用「本」来计数。而在例77中，由于搭配使用的动词是「読む」，突显了书籍的内容，而不是形式，因此，不能用「本」，而应该用「冊」来计数。

（75）今ならば、<u>一つ｛7，一つ，語彙－数詞，一本｝</u>電話で、あらゆる電報で伝えてできる。 （CJLC）

（76）普通は、<u>一つ｛3，一つ，語彙－数詞，一本｝</u>映画はななじゅう分ぐらいの間である。 （CJLC）

（77）高校時代、私は<u>一本｛1，本，語彙－数詞，冊｝</u>真実なストーリの<u>本</u>を読みました。 （CJLC）

5. 结语

本章系统梳理了认知语言学关于意象图示的基本理论。意象图示是以认知主体的实际体验为基础，从实际体验中概括出来的抽象的认知框架，由认知主体与外部世界互动获得的具体感觉、知觉经验通过概念系统归纳而得，是认知语言学重要的理论支柱之一。在人们认知外部事物的过程中，意象图示起着核心作用。

意象图示可以分为"空间""运动""力"等多种类型，覆盖了我们认知外部世界的各个领域。在实际认知过程中，在隐喻等的作用下，意象图示所指对象会发生扩展，由此引发语言形式的语义或概念结构扩张，但意象图示本身保持不变。

正如Lakoff（1987）指出的那样，在部分意象图示之间会发生单向或双向转化。这有效地帮助我们拓展了认知的深度和广度，也有利于我们通过已知的认知框架理解未知的事物。

在实例分析部分，笔者运用意象图示理论，考察了日语助数词「本」的使用规律。"细长的无意志物"是该助数词的原型意义，能用「本」计数的物品的意象图示都应符合这一特征。但是，在实际使用过程中，许多原始意象图示明显不符合该条件的事物也可以用「本」来计数。这是因为，在认知过程中，这些事物的意象图示发生了转变，从而在认知主体的脑海里形成了"细长"的特征。笔者结合实例分析，详细分析了这些事物的原始意象图示、变化路径以及其中蕴含的认知机理，对助数词「本」的使用规律形成了较为统一、合理的解释。

参考文献

[1] Johnson, M. 1987. The Body in the Mind: The Bodily Basis of Meaning, Imagination and Reason [M]. Chicago: University of Chicago Press.

[2] Lakoff, G. 1987. Women, Fire and Dangerous Things: What Categories Reveal About Mind [M]. Chicago: University of Chicago Press.

[3] 飯田朝子. 2004. 数え方の辞典[Z]. 東京：小学館.

[4] 池上嘉彦. 1995. 言語の意味分析における〈イメージスキーマ〉[J]. 日本語学（10）.

[5] 橋本永貢子. 2014. 中国語の量詞"条"と日本語の助数詞「本」の多義的ネットワーク[J]. 日中語彙研究（4）. 愛知大学中日大辞典編纂所.

[6] 濱野寛子, 李在鎬. 2007. 助数詞「本」のカテゴリー化をめぐる一考察[A]. 言語学と日本語教育[C]. 東京：くろしお出版.

[7] 森雄一, 高橋英光. 2013. 認知言語学 基礎から最前線へ[M]. 東京：くろしお出版.

[8] 山梨正明. 1995. 認知文法論[M]. 東京：ひつじ書房.

第九章　隐喻与二语习得研究

1. 引言

　　传统的修辞学理论将隐喻（metaphor）视为一种修辞方式，与明喻（simile）、转喻（metonymy）等同属比喻方法，其特点是将喻体直接说成本体。例如，在例1中，作者用「3本の矢」映射安倍经济学的三项主要举措，由此构成了隐喻。但是，认知语言学认为，从本质上说，隐喻并不仅仅是一个语言范畴的概念，而是一种普遍的认知模式，是人类理解抽象概念、进行抽象思维的主要途径之一。正如Lakoff & Johnson（1980）指出的那样，人类认知体系本身就是一个隐喻性结构系统。在日常语言生活中出现的各种隐喻表达不过是隐喻概念系统的表层形式。作为一种基本的认知模式，隐喻通过将源域（source domain）的框架投射到目标域（target domain）之上，帮助认知主体根据内容相对熟悉、形式相对具体、结构相对清晰的概念去理解那些内容相对陌生、形式相对抽象、结构相对模糊的概念。同时，人们还可以借助已知概念的部分性质推导出新概念的相应性质。

　　例如，在例1中，作者用「3本の矢」比喻安倍经济学的三项主要举措。对于普通民众来说，这些为推动经济发展而采取的措施过于专业、抽象而难以理解，但「3本の矢」的典故大家都很熟悉①。通过将「3本の矢」这一具体、明确的形象投射到日本政府为振兴经济而采取的政策举措上，就能帮助受众对其产生初步的认识。

> （1）安倍晋三首相は24日の記者会見で「アベノミクスは第2ステージに移る」
> 　　と宣言し、経済成長の推進力として新たな「3本の矢」を発表した。こ
> 　　れまでの3本の矢のうち市場や企業が最も期待した「成長戦略」が、な
> 　　お道半ばと評されるなか、放たれる新しい矢とはどんなものだろうか。
> 　　（http://www.nikkei.com/article /DGXZZO92034300U5A920C1000000,
> 　　2017年7月21日）

---

① 该典故源自以下传说：毛利元就曾对自己的三个孩子说，"一支箭用一个人的力量就能折断，但要是三支箭的话就很难折断。因此，你们三个人一定要齐心协力"，以此强调团结的重要性。

隐喻对于第二语言习得也具有重要作用。隐喻是词汇多义性形成的一项重要认知机制，在词义拓展中起着非常重要的作用。对隐喻的理解与把握有助于学习者对多义词的义项进行科学划分，有利于增强逻辑扩展能力和话语交际的变化能力，从而逐步构建起多义词的语义网络（杨娜2014）。束定芳、汤本庆（2002）则指出："隐喻理论对语言教学有着积极的指导作用和应用价值。语言教师可以利用隐喻理论来解释语言意义的变化发展过程，解释词汇意义之间的相互关系；同时，还可以利用概念隐喻理论来解释语言中各种不同形式的隐喻之间的系统性和相互关系。"

除了词汇教学以外，隐喻理论还可以运用在阅读教学中。Littlemore & Low（2006）提出，所谓的隐喻能力，是指对隐喻的意识及理解、掌握运用隐喻的策略。培养隐喻能力对发展语法能力、语篇能力、言外能力、社会语言能力及策略能力大有裨益。陈朗（2010）指出："对隐喻的正确理解和把握与否乎提高阅读能力、理解作品的程度及意境等诸多问题。培养学习者的隐喻能力，运用隐喻思维可以促进学习者更高效地阅读，可以使学生对众多纷繁复杂的表达进行有效的归类和总结，省去了逐步分析推理的中间环节而采取跳跃式的形式，直接对认知对象的本质属性和关键特征进行高度抽象概括并达到对事物的整体把握。"可见，提高隐喻理解能力有助于提高学习者对目标语文本的理解深度，帮助他们更加充分地认识到隐喻暗含的深刻寓意以及体现的文化差异。这对于第二语言的学习者来说是至关重要的。

在二语习得研究中引入隐喻理论，对二语习得研究本身也具有重要意义。隐喻理论的直接贡献是通过学习隐喻性表达培养词义逻辑扩展能力和话语交际的变化能力。然而更重要的，是通过研究概念性隐喻的处理机制与二语习得机制的关系，寻求一个解释性更大的二语习得理论（蔡龙权2003）。

正如王忻（2011）指出的那样，学习者在学习第二语言时，已经熟知的母语会作为重要的经验而发生作用。由于隐喻与母语关联紧密，母语中的概念隐喻既可能成为促进学习的助力，也可能成为引发表达失误的原因。例如，汉、日两种语言在"上/下"隐喻方面既有共同点，也有差异。部分学习者在学习相关日语表达时，会自觉不自觉地套用汉语中"上/下"的隐喻框架。这不可避免地导致了表达失误的发生（例2—5）。

（2）そして、下学期｛6, 下学期, 語彙-名詞, 来学期｝私は三年生になる。(CJLC)

（3）私の人生設計は下｛4, 下, 語彙-名詞, 次｝の通りである。 (CJLC)

（4）それに世界上 {4，上，語彙－名詞，中} のどこへ行っても、インターネットがあれば、連絡ができる。 （CJLC）

（5）私も自分の犬があるが、家を離れて大学に上がる {4，上がる，語彙－動詞，行く} ため犬の具合を見るチャンスが少なくてちょっと寂しいと思う。
　　（CJLC）

本章首先梳理认知语言学关于隐喻的基本理论。随后，结合实例，系统考察汉、日两种语言在"上/下"隐喻方面的映射方式，对比、分析两种语言在"上/下"隐喻方面的相同之处以及差异所在。在此基础上，观察学习者对相关表达的实际使用情况，探讨容易发生表达失误的隐喻映射，归纳其产生原因及相应对策。

2. 隐喻的性质及类型

正如上节所述，Lakoff & Johnson（1980）突破了传统的隐喻理论的局限，主张从认知的层面来关注和研究隐喻。他们反对将隐喻仅仅视为一种修辞手段，而是将其看作是人类认知系统的基本方式。Lakoff & Johnson（1980）将隐喻提升到概念层面，认为构成我们思考和行动基础的概念系统在本质上就是隐喻性的。我们在表层语言中看到的隐喻不过是其反映而已。作为概念系统的隐喻称为"概念隐喻"，是人们思维、行动和表达思想的一种系统的认知方式。在日常生活中，人们经常通过隐喻，参照熟知的、有形的、具体的概念来认识一些陌生的、无形的、抽象的概念，并由此形成了不同概念之间相互关联的认知方式。

那么，概念体系又是如何形成的呢？Lakoff & Johnson（1980）指出，认知主体根据自身经验，对如何把握外界事物形成了自己的主观解释。以这些主观解释为基础，认知主体发现了在两个概念之间存在着某种联系或相似之处，由此形成隐喻。因此，隐喻依据的不是客观的类似性，而是认知主体在本体和喻体之间找到的主观上的相关性。这种认知活动显然会受到认知主体所拥有的经验知识的影响和制约。

以"多就是高"这一最为经典的隐喻为例，往杯子里加水，水量的增加总会伴随着水面高度的升高。往桌上堆放物品，物品数量的增加也会导致高度的提高。于是，在主体经验中，数量增加与高度增加之间形成了相关性。这种相关性就是产生"多就是高"这一隐喻的基础（Lakoff & Johnson 1980）。这种主观经验上的相关性导致两个看似毫无关系的概念在概念层面产生联系，进而形成两个概念之间的投射，最终形成隐喻。

第九章　隐喻与二语习得研究　123

　　Lakoff（1993）指出，隐喻是两个概念域之间的映射（mapping）。这两个概念域分别称为源域和目标域。隐喻的本质就是主体通过类比将一个概念域映射到另一个概念域，并根据较为熟悉、具体、易懂的源域概念理解较为陌生、抽象、难以把握的目标域概念。

　　认知语言学认为，隐喻具有以下重要特征：首先，隐喻概念系统的运行是自动的、无知无觉的、经常的，不易被人们察觉；第二，大部分的新鲜隐喻都是约定俗成的隐喻的延展，具有与后者一样的特性，受同样的原则约束；第三，有些隐喻概念具有广泛的普遍性，例如"时间即空间"隐喻，另外一些隐喻则表现出更多的文化特征（蓝纯1999）。

　　Lakoff & Johnson（1980）详细论述了隐喻的三种基本类型，即结构隐喻（structural metaphor）、存在隐喻（ontological metaphor）和方位隐喻（orientational metaphor）。其中，结构隐喻基于源域概念与目标域概念在结构上的相似性。例如，在谈论恋爱关系时，可以使用描述旅行的表达方式。这是由于，在认知主体的概念系统中存在这样一个隐喻"恋爱是旅行"（love is a journey），即人们把"旅行"这一概念投射到了"爱情"这一概念上。Lakoff & Johnson（2003）列举了13句例句，作为该隐喻的佐证（如例6、9、12、15、18）。实际上，在日语和汉语中，也存在着相同的隐喻（如例7、10、13、16、20及例8、11、14、17、19）。"恋爱是旅行"这一隐喻之所以能够成立，是因为认知主体根据自身经验对"恋爱"和"旅行"这两个客观上完全不同的概念进行了主观解读，在它们之间发现了相似的结构。"旅行"拥有"起点""中途"和"目的地"，属于"运动"类意象图示<起点—路径—终点>。"恋爱"则拥有"开始""过程""结果"这三个与"起点""路径""终点"相类似的标志性组成部分，从而构成与<起点—路径—终点>类似的意象图示。在两个概念域之间存在的这种意象图示的对应关系称为"映射"。正是由于意象图示的相似性引发了跨域映射，"恋爱是旅行"这一隐喻才得以成立。由此形成的隐喻也因此被称为"结构隐喻"。当然，在结构上具有相似性并不意味着两者完全相同。"旅行"的主体人数不限，但"恋爱"的主体通常是两人，且一男一女。而且，"旅行"通常拥有明确的"起点"，"恋爱"则不一定。

　　尽管存在着细节上的差异，但这两个概念域之间的映射仍然由于其结构上存在的相似性而得以成立。例如，无论是在英语、日语还是汉语中，都可以用"旅行"的"路途"映射"恋爱"的"过程"（例6、7、8），或是用"各走各路"映射"分手"（例9、10、11）。在表示"陷入困境时"，都用了"dead-end street"、「袋

小路」和"死胡同"这些意义相同的喻体（例12、13、14）。可见，无论是哪种语言，认知主体都通过隐喻，将关于"旅行"的知识映射到"恋爱"的各个阶段上，形成了对这一抽象概念所包含的各个阶段的具体、生动的诠释。

（6）Look how far we've come.

（7）ひとりで生きようが、二人で歩こうが、とがめるものはありません。（『魔界都市ブルース』菊地秀行）

（8）从今天起，你我将牵手走过无数个春夏秋冬。（《翁同龢》刘学慧）

（9）We'll just have to go our separate ways.

（10）幸子は泣き崩れた。二人はそれぞれの道を歩くことにした。（『あなたを忘れきれない男たち』高毛礼誠）

（11）双方本无分手之意，只是为了逞一时的口舌之快便分道扬镳了。（《最新社交礼仪一本通》志刚）

（12）This relationship is a dead-end street.

（13）結局この恋愛は、争いと和解を繰り返したのち、勝負なしの袋小路にはまってしまう。（『現代芸術のエポック・エロイク』金関寿夫）

（14）或者相反，把婚姻和爱情对立起来看，认为一旦结婚，爱情就走进"死胡同"，从而对婚后生活产生不切实际的焦虑。（《读懂婚姻》袁丽萍）

当然，尽管在这三种语言中都有"恋爱是旅行"这一隐喻，但在具体的映射对象方面，也并非完全相同。例如，在映射"需要作出抉择的时候"这一目标域概念时，汉、英语的源域概念是相同的，即"a crossroads"和"十字路口"（例15、17），但在日语中却不用「四つ辻」或「十字路」，而是用「岐路」，即"岔路"（例16）。而当表示"爱情碰到极大困难而破灭"时，英语和汉语分别用了"on the rocks"和"触礁"这两个相似喻体（例18、19）。在现代日语书面语均衡语料库中却未检出类似实例。在日语中，也有一些较为特殊的表达方式。例如，「峠」一词表示从上坡向下坡的转折点。在例20中，该词喻指恋情由盛转衰的节点。由于汉、英语中不存在相同意义的喻体，故这种隐喻映射是日语所独有的。

（15）We're at a crossroads.

（16）一緒に暮らすべきか、それとも幸子と別れて仕事に徹するかの岐路に立たされた。（『あなたを忘れきれない男たち』高毛礼誠）

（17）站在爱情十字路口，进亦难，退亦难。中途变节，是懦夫；执迷不悟，却是匹夫。（《可恶的爱情》黄擎天）

（18）Our marriage is on the rocks.

（19）这一次爱情触礁，完全由自己的荒唐而起。（《暗潮》许之远）

（20）恋はどこかで、ひとつの峠にさしかかる。初めは互いに知りそめ、気が合い、やがて一気に近づき結ばれる。その過程は当人同士でも信じられぬほど順風満帆で、この世に怖いものはひとつもないと思うほどの燃えあがりようである。だがそうしてのぼり詰め、頂に達したと思った瞬間、ふと行く手に谷が見えて戸惑うときがある。（『失楽園』渡辺淳一）

　　第二种概念隐喻称为存在隐喻，是认知主体将抽象的状态（如「問題」）、行为（如「計画の策定」）、情感（如「怒り」）以及思想等概念映射为具体事物的隐喻（例21—23）。

（21）しかし実に多くの人たちが、さまざまな問題を抱え、悩みつつ生きている。（『喜びの大地』村椿嘉信）

（22）「地域活性化重点化枠」を設けたことも、計画の策定を後押しした形だ。（『新潟日報』）

（23）新助の怒りが爆発する。（『イヌの仇討』井上ひさし）

　　这些隐喻之所以能够成立，是因为存在着"状态、行为、思想、情感等抽象概念是物品"这样一个隐喻。在此隐喻的作用下，形成了由具体的物品概念向抽象的状态、行为、思想、情感等抽象概念的映射。于是，尽管「抱える」、「後押しする」和「爆発する」这些动词所表示动作的对象或主体通常应该是具体的物体，如「荷物」、「扉」、「爆弾」等（例24—26），但在这种映射的作用下，无论是「問題」这种抽象的状态，还是「計画の策定」这种抽象的行为，或是「怒り」这种抽象的情感均被视为具体的物体，用来充当这些动词的对象或是主体（例21—23）。

（24）若妻について、夫が荷物を抱えてつきそっている。（『手毬』瀬戸内寂聴）

（25）ぎくしゃく開く扉を靴の裏で後押ししながら、前途しかない新人たちに手をふった。（『メタルバード』若木未生）

（26）お歳暮をよそおった小包爆弾が爆発したらしい。（『鵬の歌』杉山新吉/庄子茂）

存在隐喻中的源域和目标域的概念都具有一定的相似性。例如，「抱える」原本的动作对象通常都是中性或消极的，如「荷物」、「子供」等。在存在隐喻作用下，其所映射的与该动词搭配使用的目标域概念通常也带有中性或消极的属性，如「問題」、「悩み」、「不安」、「赤字」等。类似「黒字」、「喜び」等具有积极意义的词汇则很少或根本不能与之构成词组。而之所以能够通过存在隐喻使「怒り」成为「爆発する」的主体，并不是因为它被映射成了「爆弾」，而是在"（心中的）愤怒"和"（容器内的）液体"之间建立了跨域映射。在此起到重要作用的是"容器"这个非常重要的意象图示。每天都会有很多空气、食物、水等物质进入我们的身体，也会有许多废物排出，因此，在人的主观世界中，身体被认知为一种"容器"。容器内的"液体"在增多或温度升高时会发生膨胀或是出现液面上升。心中的"愤怒"在蓄积过程中也会有类似感觉。认知主体的这种经验使得"（心中的）愤怒"和"（容器内的）液体"之间形成了相似性，从而构成了从"（容器内的）液体"这一源域概念向"（心中的）愤怒"这一目标域概念的跨域映射，并由此产生了很多隐喻用法（如例27、28）。同理，当容器中的液体量太多，造成压力过大时，就会引起容器爆炸。在以上映射的作用下，就形成了「怒りが爆発する」这样的表达形式（例23）。

（27）怒りが膨らみ、必ず復讐してやると内なる声が囁く。（『刹那の囁き』新井ひろみ）

（28）涙が止まると怒りがこみ上げてきた。（『蛇にピアス』金原ひとみ）

最后一种概念隐喻是方位隐喻，由认知主体参照方位与抽象现象的关联性在两个概念域之间形成映射而形成。大部分方位隐喻都与空间方位相关。空间方位主要包括<上—下>、<内—外>、<前—后>等。这些方位概念源于认知主体自身的经验，是人们赖以生存的最基本概念。人们通过方位隐喻，将这些具体的方位概念映射到情绪、时间、数量、地位等抽象概念上，而更加清晰、准确地把握这些抽象概念的具体内容。由于人们对心理体验的描绘远没有对身体体验的描绘那么清晰，所以认知主体会试图根据自身从空间感知能力中得到的概念来理解这些抽象概念（Lakoff & Johnson1980）。

以最常见的基于<上—下>空间方位的隐喻为例，例29、30基于「楽しみは上、悲しみは下（"高兴"是"上"，"悲伤"是"下"）」这一方位隐喻，例31、32则是基于「増えることは上、減ることは下」（"数量增多"是"上"，"数量减少"是"下"）这一方位隐喻。认知主体通过这两个方位隐喻将"上""下"这样较为清晰的空间方位概念投射到较为抽象的"情绪"和"数量"概念上，参照前者对后者加以认知。需要注意的是，与结构隐喻和存在隐喻不同，方位隐喻依据的不是源域和目标域在意象图示的结构或是自身性质方面的相似性，而是基于认知主体对两个现象同时发生的经验，如水量增加伴随着水面升高等。关于这一点，笔者将在下节作进一步详细分析。

（29）突然気持ちが高ぶって、興奮状態に陥るのである。（『5分で人を見抜く』武田哲男）

（30）得意の時は一時のこととして、舞い上がることがないのです。逆に失意の時も極端に落ち込んだり、失望することはありません。（『茶の湯からの発信』鈴木皓詞）

（31）この頃の国債の利回りは五％から六％へ急上昇中でした。（『誰にも知られずに大経済オンチが治る』三輪芳朗）

（32）農業粗収益が17％落ち込んだことから、農業所得は4割程度低下している。（『農業白書』）

3. 隐喻的成立基础

由于认知语言学不再如传统隐喻理论那样，将隐喻作为一种修辞方法，而是将其视为一种系统的认知方式，因此，单纯基于本体与喻体相似性的传统隐喻理论不再适用。

首先，传统理论认为，隐喻基于本体与喻体的相似性。认知语言学则认为，这种相似性并非都是客观存在的，而是在认知主体基于自身经验，对源域和目标域概念进行审视的过程中主观创造出来的。例如，"比赛是战争"这一结构隐喻之所以成立，并不是由于"比赛"和"战争"具有客观上的相似性。实际上，两者在参加主体、具体形式、进行过程抑或最终结果方面都大相径庭。但是，由于认知主体在源域"战争"与目标域"比赛"的组成结构上找到了一些相似性，例如，两者都有二方或多方参加（例33），参与方都会运用力量或智慧，抑制或打击对方，确保己

128　基于语料库的中国日语学习者认知研究

方比对方更好地完成任务（例34），过程都很激烈（例35），最终，总有一方获得胜利，而另一方则承受失败（例36、37）。由于这些主观相似性的成立，使得"战争"这一源域概念能够映射到"比赛"这一目标域概念上。隐喻也由此得以成立（例33—38）。

（33）粟津と対戦して勝った者は昇段が認められるとラジオが宣伝し、新聞は数日前から試合の話題で持ちきりだった。（『世界にかけた七色の帯』吉田郁子）

（34）スポーツや格闘技の試合において勝つための基本は、相手の弱点を攻めることである。（『学び心』舛添要一）

（35）翌日の紅白試合は熱戦が続いたが、正午にはすべての勝負が終った。（『お吉の茶碗』平岩弓枝）

（36）後半に中越が打ち込み、5-2で勝った。（『甲子園に賭ける』鈴木春祥）

（37）他校との試合に勝てば凱旋歌、負ければ敗戦歌など、ほとんど強制的に歌わされたものです。（『小泉首相が注目した「米百俵」の精神』原山建郎）

（38）1週間後に、スポーツの試合で遠征に行くのですが、大丈夫でしょうか？（Yahoo！知恵袋）

　　同样，存在隐喻的成立也是基于我们的日常体验。以"时间是有价值的物品"为例，时间与物品在物理属性方面相去甚远。但是两者都是有限的、有价值的，都可以被利用来做某事（例39），也可以向他人索要或提供给他人供其使用（例40、41），甚至可以通过某种方法使其失去价值（例42）。这种主观上的相似性使源域和目标域概念之间的映射得以成立。

（39）この可処分時間をどのように使っているであろうか。（『信頼される病院職員の実務ポイント80』滝沢壮治）

（40）しばらく時間を下さい。考へさせていただかないと。（『女ざかり』丸谷才一）

（41）もっと自由時間を与えてください。（『国別・外人接待法』樋口修吉）

（42）改札を出たあと、構内にある喫茶店で時間をつぶした。（『隅田川小景』増田みず子）

第九章　隐喻与二语习得研究　129

　　可见，结构隐喻、存在隐喻都是建立在认知主体对源域概念与目标域概念相似性的主观认知基础上的。

　　但是，方位隐喻的成立过程及其依据的经验基础却有所不同。以上一节讨论的「楽しみは上、悲しみは下」（高兴为上，悲伤为下）这一方位隐喻为例，"高兴"与"上"或是"悲伤"与"下"之间，并不存在着结构或是性质上的相似性。该隐喻之所以成立，是因为人类在喜悦时都会不自觉地觉得扬眉吐气，身体向上挺拔，在悲哀时则不由自主地垂头丧气，身体向下蜷缩（图9-1）。于是，在主体经验中，情绪的<高兴—悲伤>与空间方位的<上—下>就形成了相关性。「楽しみは上、悲しみは下」（高兴为上，悲伤为下）这一隐喻正是基于这样的经验基础。同样，方位隐喻「増えることは上、減ることは下」（数量增多为上，数量减少为下）之所以成立，也是由于人类都有以下这样的经验，往杯子里加水，伴随着水的增加，水面也会同时升高（图9-2）。往桌上堆放物品，物品数量的增加也会带来高度的增加。由此，在主体经验中，数量的<增多—减少>与空间方位的<上—下>就形成了相关性。可见，与结构隐喻和存在隐喻不同，方位隐喻并不是建立在源域和目标域概念在结构或是性质的相似性上，而是建立在认知主体对这两个概念所代表的现象同时发生的经验基础上。由于人类的身体体验具有较高的相似性，所以各国语言在方位隐喻方面有许多相通之处。例如，在表示"愉快"时，英、日、汉三种语言普遍使用了与"上"有关的表达（例43—45）。

图9-1　情绪与身体动作的联系

130 基于语料库的中国日语学习者认知研究

图9-2 数量与高度的联系

（43）I'm feeling up.（Lakoff & Johnson1980）

（44）父は上機嫌で、母も嬉しそうだった。（『母のいる場所』久田恵）

（45）几个伤愈的战士，兴高采烈地抱着一捧鲜花走过去。（《刘白羽文集》刘白羽）

　　需要注意的是，隐喻映射通常是单向的。例如，只能从"旅行"映射"爱情"，或是从"（消极意义的）物品"映射"问题"，而不能进行逆向映射，如用"爱情"来概念化"旅行"。这是由源域和目标域概念在主体熟悉程度、抽象度等方面的不均衡性决定的。

　　此外，对于同一目标域，可能有来自不同源域的映射，构成不同类型的隐喻。例如，当人们聚焦"讨论"的具体过程时，会基于"讨论是旅程"这一结构隐喻，形成从"旅程"向"讨论"的映射（例46、47）。人们甚至还可以基于该隐喻，将源域概念改变为某种交通工具，如飞机等，形成从"飞机"向"讨论"的映射。由此，后者也可以像前者那样发生"空中解体"的现象（例48）。当人们聚焦的不是"讨论"的具体过程，而是"讨论"本身时，又会基于"讨论是物品"这一主体隐喻，形成由"物品"向"讨论"的映射。于是，"讨论"就成为能够借用或是整理的对象（例49、50）。最后，当人们关注"讨论"的状态时，就会通过"数量增加为上，数量减少为下"及"透彻为深，模糊为浅"等方位隐喻，将其状态与方位联系起来，形成从方位概念向状态概念的映射（例51、52）。

（46）こうした議論を経て、子どもは究極粒子の存在を前提とし、物質の状態を説明しはじめた。（『子どもの感性がつくる理科授業』森本信也）

第九章　隐喻与二语习得研究　131

（47）歴史的経緯について、共通の認識を得た上で、議論を<u>進めて</u>いくこと
　　　が望ましい。（『護憲・改憲史論』岡部史信・竹前栄治）

（48）議論が<u>空中分解した</u>典型例が、二〇〇二年に大論争を巻き起こした「道
　　　路公団の民営化」である。（『反常識の日本経済再生論』益田安良）

（49）後者も前者の議論を「<u>拝借する</u>」のに躊躇しませんでした。（『宗教
　　　と権力の政治』佐々木毅）

（50）本節では，54年度中の国債をめぐる環境の変化を概観するとともに，
　　　国債管理のあり方をめぐる議論を<u>整理して</u>みよう。（『経済白書』）

（51）金融情勢の変化の中で，国債の市場価格が暴落し，国債管理のあり方
　　　をめぐる議論が<u>高まった</u>のも一つの特徴であった。（『経済白書』）

（52）憲法についての議論を<u>深めて</u>、あらためて検討することのできる課題
　　　です。（『鎖国してはならない』大江健三郎）

　　尽管各国语言中的方位隐喻表现出一定的共性，但受社会、文化等因素的影响，其映射的目标域并非完全一致。例如，日语中的「下」可以映射"预先的、酝酿的"，而汉语中的"下"则没有类似的映射方式，所以学习者在看到「下書き」（例53）或「下相談」（例54）时，往往会无法将其正确理解为"草稿"或"预先商量"，而是可能根据中文"下"的映射方式，将「下書き」理解为"写得不好"或是"下策"，或是将「下相談」理解为"卑劣的谈话"或"糟糕的谈话"等（鐘勇2013）。可见，不同语言中存在的方位隐喻的差异会引起学习者的理解错误，并进而导致表达失误的发生。因此，我们应该在教学过程中给予其足够的重视，通过对比、讲解和针对性训练，提高学习者的理解能力，纠正理解错误，并减少由此引发的表达失误。

（53）私は午後いっぱい、塹壕に潜る兵士のように縮まったまま、記事の<u>下
　　　書き</u>をした。（『誰か』宮部みゆき）

（54）防衛庁は先ほど申し上げたとおり、現在<u>下相談</u>をしております。（『国
　　　会会議録』）

4. 实例分析：汉日"上/下"隐喻的对比分析及学习者习得状况研究

　　认知语言学认为，隐喻是认知主体通过跨域映射，以较为具体、清晰、熟悉的概念解读较为抽象、模糊、陌生的概念，从而准确认识这些概念的一种重要认知方

式。正如王忻（2011）指出的那样，学习者在学习第二语言时，已经熟知的母语会作为重要的经验而发生作用。由于隐喻与母语关联紧密，故母语概念隐喻可能成为表达失误的诱因。例如，汉、日两种语言在"上/下"这一方位隐喻方面既有共同点，也有差异。部分学习者在学习相关日语表达时，套用了汉语的"上/下"隐喻的映射方式。这不可避免地导致了表达失误的发生。以下，笔者将逐一梳理日汉两种语言"上/下"隐喻的主要映射方式。通过对比分析，找出其间的异同。在此基础上，分析学习者的相关表达失误，探究其形成机制，提出相应对策。

为确保结论准确、客观，笔者运用实证性研究方法，从大规模本族语语料库中抽取出大量例句作为研究素材。其中，日语例句采集自现代日语书面语均衡语料库。汉语例句选自语料库在线（http://www.cncorpus.org/）、北京大学中国语言学研究中心现代汉语语料库（http://ccl.pku.edu.cn:8080/ccl_corpus/）、谷歌图书（https://books.google.com/）以及中日对译语料库。笔者将全面观察"上/下"隐喻中映射的目标域对象，详细分析其映射特点，系统考察汉、日两种语言中"上/下"隐喻的映射方式，准确归纳其间的异同。

4.1 汉、日语"上/下"隐喻共通的映射对象

通过观察实例，笔者发现，汉、日语空间隐喻"上/下"映射的目标域都可以分为六大类型，即"状态""数量程度""等级""行为现象""方位"和"时间"。很多映射的目标域概念都是相同或相似的。这体现了人类心理体验和主观认知的共性。以下逐一进行分析。

4.1.1 状态类

[1]"好为上，坏为下"

在按照成绩将姓名顺序写在纸上时，人们通常会先写成绩好的，后写成绩差的。如果纸是水平放置的，就形成了成绩的<好—坏>与空间方位<前—后>的相关性。这反映在语言中，就形成了"好的为前，坏的为后"的隐喻。如果将纸悬挂起来，就构成了成绩的<好—坏>与空间方位<上—下>的相关性，由此形成"好是上，坏是下"的隐喻（例55—58）。

（55）子供の成績が<u>下がった</u>。母親は、もっと勉強すれば成績は<u>上がる</u>、元来、頭の悪い子ではないと考えていた。（『決定版！話す技術』福田健）

（56）それから石炭よりやや品質が<u>落ちる</u>「亜炭」というものがありました。（『証言戦後日本経済』宮崎勇）

（57）那是上乘的好料子，款式虽不时髦倒也大方，你是合算的。（《面对市场的诱惑》欣文）

（58）同是一国的人，道德低下者，对于同类，越近越竞争，道德高尚者，对于同类，越近越退让。（《厚黑学》李宗吾）

［2］"高兴为上，悲伤为下"

正如上节所述，人在喜悦、兴奋时都会觉得扬眉吐气，身体向上挺拔，在悲哀、失望时则垂头丧气，身体向下蜷缩。正是基于这种主观体验，在汉、日两种语言中，情绪的<高兴—悲伤>都与空间方位的<上—下>形成了相关性，并构成了跨域映射（例59—62）。

（59）民話や伝説は、私には気持が高ぶりすぎたときの鎮静剤の役目もする。
（『三浦哲郎自選全集』三浦哲郎）

（60）怒りやイライラ気分、落ち込み気分はどういうわけか伝染しやすい感情だ。（『「NO!」を言うことから始めよう』裴岩奈々）

（61）引发出象征性的含义和美好的联想，得到对方的认同，就能使人情绪高涨起来。（《金牌直销员必备》谢铮岩）

（62）我的心沉了下去，我知道他们失败了。（《凶心》那多）

［3］"兴盛为上，衰落为下"

"好是上，坏是下"这一隐喻进一步拓展，就会形成"兴盛是上，衰落是下"的隐喻（例63—66）。

（63）宴は盛り上がって、二時間近くも続いたろうか。（『「大相撲」砂かぶりへの招待』針ケ谷良一）

（64）一九七九年（昭和五十四）が過ぎると、ブームは下火になり、観客動員数は減少の様子が見えてきた。（『宝塚，わがタカラヅカ』植田紳爾）

（65）教育战线出现了蓬勃向上的景象。（《发扬尊师风尚 提高教师地位》李夫全）

（66）可以是蒸蒸日上，也可以是每况愈下。（《经济新闻写作浅说》张颂甲）

［4］"高尚为上，卑劣为下"

通常，高尚、优雅的行为会被认为是好的，能够得到人们的认可，并获得较高地位。卑劣、粗俗的行为则会被认为是坏的，而遭到否定。由此，行为的<高尚—卑劣>与空间方位的<上—下>就形成了相关性，并构成了跨域映射（例67—70）。

（67）この教科書ではいわゆる「市場マレー語」ではなく、<u>上品</u>すぎも<u>下品</u>
すぎもしない中庸を目指そうという話の前置きである。（『外国語の
水曜日』黒田龍之助）

（68）根拠のない発言をして載垣らに迎合した。実に品性<u>下劣</u>な行為である。
（『西太后』高陽）

（69）人们只看见一个有教养的人举<u>止高雅</u>，却没有看到内在的实质。（《气场
的惊人力量》林伟宸）

（70）每当目睹这些平时里作威作福的上司如此狼狈的<u>下贱</u>相，罗伯特一瞬间
踌躇满志，觉得自己就是上帝。（《健身房里的秘密》高越）

[5]"显性为上，隐性为下"

在自然界中，出现在某物体表面以上的物体自然是显性的、可见的，存在于某
物体表面以下的物体则无疑是隐性的、不可见的。由此，事物的<显性—隐性>与空
间方位的<上—下>就形成了相关性，并构成了跨域映射（例71—74）。

（71）市民生活のあらゆる面で、少なくとも<u>表面上</u>は人種差別がなくなった
からだ。（『アメリカの歴史』槐一男）

（72）抗争が完全に終結したわけではなく、<u>水面下</u>ではさらに根深い対立が
続いていた。（『闇の警視』阿木慎太郎）

（73）这些放不到<u>明面上</u>的事情，他并不告诉景天。（《时间的玫瑰》蓝紫青灰）

（74）最后通过的名单，基本上就是<u>私下</u>酝酿成熟的那些人。（《从泥潭到高峰》
刘宾雁）

前者进而引申出"在某一方面"的意思（例75、76），而后者则引申出"潜意
识"的用法（例77、78）。

（75）<u>仕事上</u>のこだわりとは、自分流の仕事の進め方です。（『自分の「素
敵」を見つけよう』赤羽建美)

（76）他尽管是个理想主义者，但在<u>具体问题上</u>又很现实。（《人生》路遥）

（77）本人がやっていることや本当にやりたいことが<u>意識下</u>になり、本人自
身も、それが意識できなくなってしまう。（『うちの上司はなぜ言う
こととやることが違うのか』齊藤勇著)

第九章　隐喻与二语习得研究　135

（78）她的手下意识地按在隆起的肚子上。（《落红浮生缘》王心丽）

4.1.2 数量程度类

［1］"数量增多为上，数量减少为下"

如上节所述，往杯子里加水，伴随着水的增加，水面也会同时升高；往桌上堆放物品，物品数量的增加也会带来高度的增加。这是人类共通的主观体验。因此，无论是在日语还是汉语中，数量的<增多—减少>与空间方位<上—下>都具有相关性，并构成了跨域映射（例79—82）。

（79）発展途上国でも所得が上がってくると、先に人口転換の理論で説明したように、出生率は下がり、人口の高齢化がはじまる。（『世界経済入門』西川潤）

（80）食料難は日を追って深刻さを増し、うなぎ上りに上昇する物価に、絶望感が漂う。（『永遠の蝶々夫人三浦環』高橋巌夫）

（81）鲜菜价格上涨7.3%，影响价格总水平上涨约0.18个百分点。（《热点与对策》张晓彪）

（82）当丰田汽车在日本国内销售数量下跌时，其房地产业销售量的上升弥补了汽车销售下降的损失。（《创业财务规划》干胜道）

［2］"程度高为上，程度低为下"

作为"数量增多为上，数量减少为下"这一隐喻的引申，程度的<高—低>与空间方位<上—下>也形成了相关性，从而构成了"程度高是上，程度低是下"的隐喻（例83—86）。

（83）中学校三年や高校三年になると、「受験戦争」のための戦闘準備に入ったのと同じで、ぐっと緊張感が高まる。（『中国をどうみるか』金熙徳）

（84）冷戦が終了して安保問題の性格が変わり、ある意味で優先度が下がったということがある。（『新しい日本の構想』横溝雅夫）

（85）购买者信任程度高，购买的人就多，价格就上升，反之则下降。（《交易所是怎么回事》李炜）

（86）从M至左是满意度下降区，顾客满意度随服务时间延长逐渐降低，并回到零点。（《消费者心理学》罗子明）

136　基于语料库的中国日语学习者认知研究

4.1.3 等级类

[1] "支配方为上，被支配方为下"

在人类社会中，有权力、能支配他人的人往往昂首挺立，没权力、被支配的人则要卑躬屈膝，向其表示臣服，由此形成了两者在高度上的差异。于是，<支配—被支配>也与空间方位<上—下>形成了相关性，并构成了跨域映射（例87—90）。

（87）このときまでわたしは、「ご苦労さまでした」が、目上の人が目下の人をねぎらうことばだとは、知らなかったのです。（『人に好かれることばレッスン』杉山美奈子）

（88）実際は、モンゴルの支配下で、ロシアは国家に発展したのである。（『最後の遊牧帝国』宮脇淳子）

（89）临别前，那位曾是下级的上级慢慢地举起了右手，给曾是上级的下级端端正正地敬了一个军礼。（《河北日报》）

（90）这样做，全厂上下皆大欢喜，家长们说：这个包袱放得不轻，可解决实际问题了。（《解放日报》）

[2] "地位高为上，地位低为下"

与本类第一种隐喻"支配方为上，被支配方为下"的产生机制相似，地位、等级的<高—低>也与空间方位<上—下>形成了相关性。这是因为，在人类社会中，权力的大小与地位、等级的高低往往成正比例关系（例91—94）。

（91）このために、景気の落ち込みの心配が薄れて、中産階級から上のグループの財布のひもをゆるませている。（『情報スーパーハイウェイの脅威』江戸雄介）

（92）上流社会の人々は特に半日の散歩を割愛して、平常空気と日光とに欠乏を感じている下層社会の人々のために、自動車遊歩円形広場を提供します。（『慈善デー』佐藤春夫）

（93）后来民间口头上将从事各行各业的人们分为"九流"，根据高低贵贱又具体分为上九流、中九流、下九流三个等级。（《宋慈洗冤录》吴蔚）

（94）上等的中等的旅馆全查过了，最后停止在一个下等旅馆的门前，我们的班长也停止住了。（《初夜》萧军）

4.1.4 行为现象类

［1］"出现为上，消失为下"

在行为现象类隐喻中，认知主体将人的意识视为地平线或海平面。在日常生活中，人们发现，当物体移动到地平线或海平面以上时，它就出现在我们的视野之中。而当它移动到地平线或海平面以下时，它就离开了，消失了。因此，在人的主观体验中，物体的<出现—消失>就与空间方位<上—下>形成了相关性，并构成了跨域映射（例95—98）。

（95）ともあれ彼の証言で、二十四、五歳の一見ＯＬ風の美女が浮かび上がった。（『森村誠一長編推理選集』森村誠一）

（96）パーソナル・スペースに他人が侵入したときには、自分が引き下がることでこれを守ろうとする場合が多い。（『仕事がうまくいく心理学』渋谷昌三）

（97）一股屈辱的感觉涌上了小蓝云的心头，它立刻升高起来，越过高楼向前飘去。（《不受欢迎的春雨》张建平）

（98）上市公司有下列情况之一者，交易所对其上市的证券得报请主管机构核准限制或变更原有交易方式，或予以停牌、下市。（《中国证券百科全书》项怀诚，郭振乾）

［2］"去地位高的地方为上，去地位低的地方为下"

作为"地位高为上，地位低为下"这一隐喻的延伸，主体向与目前置身场所相比层次更高或更低之处移动的行为也与空间方位<上—下>形成了相关性。例如，城市里集中着国家的各级管理部门，乡村则处于其管辖范围之内。因此，由乡村去城市为上，由城市去乡村为下（例99—102）。

（99）深夜の首都高上り線は空いていた。（『秘命捜査人』廣山義慶）

（100）ここに住んだら冬の半年は道が凍って島流しだ、と女房と二人、今きた道を逃げるように里へ下った。（『田舎さがし』宮崎光）

（101）过了年，她来跟我说要上城里去给姑母拜年，得住几天。（《穆时英小说精品》穆时英）

（102）下乡的时候他常常因病请假。（《活动变人形》王蒙）

在此基础上，在隐喻的作用下，进一步发生了从具体的空间移动向抽象的社会

关系变化的扩展，引申出如「昇進」、「天下る」、"上调""下放"等用法（例103—106）。

（103）本省では課長に昇進してはじめて、管理職らしい勤務になる。（『腐蝕帯』清水一行）

（104）東大法学部出身などのエリートは五十歳過ぎで退官し、特殊法人に天下っていく。（『小泉純一郎 vs. 抵抗勢力』大下英治）

（105）这十年里，爸爸妈妈被打下去以后，上调、招工、参军、上大学，多少次机会啊，凭条件我都有份，可硬是给你开了后门、挖了墙脚嘛！（《光明行》张思聪）

（106）后来，顶头上司为把一名亲戚提干，把我下放当了检验工。（《文汇报》）

4.1.5 方位类

"北为上，南为下"

在由空间方位向地理方位映射的过程中，形成了<北—南>和<上—下>的对应关系。由此，产生了「北上」、「南下」等词（例107、108）。此外，日语中还有「東下」一词。但该词表示的是从京都去往关东。在古代，京都为繁华的都城，关东则被视为蛮荒之地。因此，该词中的"下"属于"去地位高的地方为上，去地位低的地方为下"这一隐喻用法（例109）。此处的「東」表示的是关东，而不是方向或方位。而汉语中的"东"或"西"则没有与空间方位词构成对应关系（例110）。

（107）以上、アジア人の南下説と北上説という二つのシナリオを紹介した。（『日本人の誕生』埴原和郎）

（108）这个大部落，冬南夏北，冬季南下到阿刺伯中部，夏季北上到叙利亚沙漠北部。(《沙漠中朋友》盛成）

（109）関所を急造し、東下する諸大名を説得している。（『家康の天下取り』加来耕三）

（110）就在这种群情不满，怨声载道情形下，庄宗率军东进，进至汜水虎牢关，在此扼险，以阻李嗣源西进。（《中国后妃列传》童煦）

4.1.6 时间类

［1］"早为上，晚为下"

作为由空间方位向时间概念的映射，在汉、日两种语言中都存在着绝对时间概

念<早—晚>与空间方位<上—下>的对应关系（例111—114）。

（111）自分の人生を過去にさかのぼってけしゴムでけすわけにいかないのは
もちろんです。（『ぼくって何だろう？』ヒサクニヒコ』）

（112）そして時代が下がると遊女は罪深いものとなった。(『描かれた女たち』
塩川京子)

（113）我国对伦理思想的研究和阐释，也可以上溯到殷商时代。(《伦理学概说》
马传宜）

（114）你们是承上启下，继往开来的一辈，是国之中坚、希望和未来。(《中
国青年报》）

［2］"前半为上，后半为下"

作为由空间方位向时间概念的映射，在汉、日两种语言中，还存在着相对时间
概念<前半—后半>与空间方位<上—下>的对应关系，如「上旬—下旬」、「上半
期—下半期」、"上半夜—下半夜""上半年—下半年""上半辈子—下半辈子"
等。但日语中此类映射并不多见（例115—118）。

（115）産卵期は四月下旬から六月上旬で、青白色の卵を三、四個産む。（『黒
豹ダブルダウン』門田泰明）

（116）その結果、一九八七年下半期以後、地下鉄の自殺が激減した。（『中
年期とこころの危機』高橋祥友）

（117）去年我省工业生产上半年基数低，下半年略有好转。(《河北日报》）

（118）慧芳这下半辈子该可以过点好日子了！(《归宿》顾尔镡）

4.2 汉、日语"上—下"隐喻映射对象差异及表达失误分析

观察实例可以发现，与日语相同，汉语空间隐喻"上/下"的映射域也可以为六
大类型，即"状态""数量程度""等级""现象动作""方位"和"时间"。但
各类隐喻的具体映射对象与日语既有相同之处，也或多或少存在着差异。以下逐一
进行分析。

4.2.1 日语特有的映射对象

［1］"表面为上，内部为下"

作为由空间方位向相对方位的映射之一，在日语中还形成了相对方位<表面—
内部>和空间方位<上—下>的对应关系，因此，出现了「上着」、「下着」、「下

地」、「下塗り」等词语（例119、120）。汉语中通常用<外—里>表述这种方位关系（例121）。但是，由此引发的表达失误并不多见。

（119）彼女は上着の<u>下</u>にマドラス・チェックの半袖のシャツを着ていた。(『ノルウェイの森』村上春樹)

（120）インクがよく乾かないうちに何度も重ねてしまうと、<u>下</u>に塗ったインクがはがれてしまう可能性がある。（『HOBBY　JAPAN』大越友恵)

（121）蝲蝲<u>外面</u>穿一件短马褂，<u>里面</u>是丝织长袍子。(《非洲魔术师》冯振文)

［2］"预备为下"

从源域到目标域概念的映射不一定是对称的。例如，日语中的「下」可以映射"预先的、酝酿的"，因此，产生了「下書き」、「下相談」等词汇（例122、123）。而「上」则没有对应的映射。汉语中的"上""下"也没有类似的映射方式，所以，当中国日语学习者看到这些词汇时，可能会发生理解上的错误。

（122）死後発見された遺書の<u>下書き</u>には、脳溢血による即死までも予言していたのには呆然とさせられた。（『本多勝一集』本多勝一)

（123）防衛庁は先ほど申し上げたとおり、現在<u>下相談</u>をしております。（『国会会議録』）

4.2.2 汉语特有的映射对象

［1］"前为上，后为下"

作为时间类隐喻之一，汉语中的时间概念与空间方位的<上—下>构成相关性。正如蓝纯（1999）指出的那样，汉语用来构造时间概念的主要模型是直线性时间。根据这一模型，时间为一直线型运动的物体。这一模型可分为两种情况，即"时间沿横向坐标运动"和"时间沿纵向坐标运动"。在汉语中，这两种情况都存在。在将时间视作沿横向坐标运动时，时间概念与空间方位的<前—后>构成跨域映射，反映在语言中，就出现了诸如"前一天—后一天""之前—之后""前生—后世"等词汇（例124）。在将时间视作沿纵向坐标运动时，时间概念就与空间方位的<上—下>构成跨域映射，于是，出现了诸如"上个月—下个月""上学期—下学期""上一代—下一代"等词汇（例125）。

（124）临退伍的<u>前一天</u>，他还手握冲锋枪站在哨位上。(《中国青年报》）

（125）我今年六十九岁了，还要演唱，还要培养<u>下一代</u>。(《河北日报》）

但是日语中，通常将时间视作沿横向坐标运动。因此，时间概念一般与空间方位的<前—后>，而不是<上—下>构成跨域映射。于是，大量出现诸如「午前—午後」、「先月—来月」、「先週—来週」、「先学期—来学期」、「前世代—次世代」、「前期—後期」等词汇（例126、127）。在这一点上，汉、日两种语言之间差异显著。这也是导致学生出现表达失误的诱因之一（例128、129）。

（126）生後四カ月ぐらいからは昼寝の時間を<u>午前</u>、<u>午後</u>とだいたい定期的に決めること。（『アメリカの医学教育』赤津晴子）

（127）そもそも教育というのは、<u>次世代</u>の子供を一人前の存在にまで育てあげる行為をいうわけです。（『誰が教育を滅ぼしたか』八木秀次ら）

（128）<u>上週</u>｛2，上週，語彙－名詞，先週｝の週末姉は街に行った時、ある店で気に入るコートを見付った。（CJLC）

（129）そして、<u>下学期</u>｛6，下学期，語彙－名詞，来学期｝私は三年生になる。（CJLC）

［2］"前为上，后为下"①

作为由具体的空间方位向抽象方位的映射之一，在汉语中形成了抽象方位<前—后>和空间方位<上—下>的对应关系，如"以上—以下""上集—下集""上卷—下卷""上联—下联"等（例130、131）。日语中也有「上卷—下卷」、「上記—下記」等词汇（例132）。但可以认为，这些源于汉语的词汇继承了汉语中的隐喻映射模式。通常情况下，日语中指示抽象方位<前—后>时使用「前」、「次」，而不是「上」、「下」（例133）。正是汉、日两种语言在该隐喻映射目标域方面存在的差异导致了一些表达失误的发生（例134）。

（130）国家气象局出版的航海水文气象资料有《太平洋气候图集》<u>上集</u>、<u>下集</u>。（《航海海洋气象学》陈维敏）

（131）<u>上联</u>告诫自己要广泛听取各种不同意见，<u>下联</u>砥砺自己杜绝私欲，做刚正不阿的清官。（《历史的回顾》马模贞）

（132）そこの本だなからこの本の<u>下卷</u>を取りなさい。（『トリシア、ただいま修業中！』南房秀久）

（133）反省ではなくむしろ誇らしげに述懐しているが、その経緯は<u>次の通り</u>

---

① 此处的"前—后"为抽象方位，与之前表示时间概念的"前—后"不同。

だそうである。（『間違いだらけの新聞報道』片岡正巳）

（134）私の人生設計は<u>下 {3, 下, 語彙 – 名詞, 次}</u>の通りである。（CJLC）

　　[3]"在范围内为上，在范围外为下"

　　作为"出现为上，消失为下"这一隐喻的扩展，在汉语中，<在范围内—在范围外>和空间方位<上—下>构成了对应关系，形成了"上榜—下榜""网上—网下""线上—线下"等对应的概念（例135、136）。不过，在表示具体的范围时，通常使用"上"（例137）。由于在日语中，没有相似的映射方式，因此，一旦学习者按照汉语隐喻构建出语言形式，就会因不符合日语的映射习惯而形成表达失误（例138、139）。

（135）去年才刚刚首次<u>上榜</u>的联想集团，又成为今年唯一一家<u>下榜</u>的中国企业。（http://news.xinhuanet.com/tech/2009-07/09/content_11680484.htm, 2017年 8 月 3 日）

（136）信息网站完全可以在<u>网上</u>与<u>网下</u>的交互服务中实现互联网的价值。（《人民日报》）

（137）Google 是<u>世界上</u>最大的互联网公司，也是世界上最具价值的品牌。（《世界因你而不同》李开复）

（138）<u>インタネット上 {5, 上, 表現 – 表現の過剰, }</u>で、私たちは一番新しい世界各地のニュースを早く知る。（CJLC）

（139）父親や母親の愛は<u>世界上 {3, 上, 語彙 – 名詞, で}</u>の一番偉大のものだと思う。（CJLC）

　　[4]"开始为上，结束为下"

　　作为"出现为上，消失为下"这一隐喻的扩展，在汉语中，行为、活动的<开始—结束>和空间方位<上—下>构成了对应关系，形成了"上班—下班""上课—下课""上岗—下岗""上台—下台""上马—下马"等对应的概念（例140、141）。此外，还有一些词汇，如"上大学""上项目""签下""定下""欠下"等，没有与之对应的诸如"下大学""下项目""签上""定上""欠上"等说法（例142、143）。不过，此时的"上"仍然表示"动作开始"。"下"仍然表示"动作结束或结果出现"。尽管出现频次不高，但汉、日两种语言在该类隐喻映射上的差异也会导致表达失误的发生（例144）。

第九章　隐喻与二语习得研究　143

（140）谁能"上岗"，谁要"下岗"，我想每个单位都有具体条件和严格标准。
　　　　（《新民晚报》）

（141）我们不能把"抓住机遇"仅仅理解为上项目、铺摊子。（《人民日报》）

（142）果然，与会客户好评连连，纷纷签下订单。（《人民日报》）

（143）没过几个月，他欠下了七百元的债。（《盲流》鲍昌）

（144）私も自分の犬があるが、家を離れて大学に上がる｛4，上がる，語彙－
　　　　動詞，行く｝ため犬の具合を見るチャンスが少なくてちょっと寂しい
　　　　と思う。　（CJLC）

　　当然，也有部分表达失误的发生源于部分汉、日语同形词汇在词语搭配上的
微妙差异，与隐喻无关。例如，在学习者语料库中检出大量「能力が上がる／下が
る」的例句（例145、146）。这种表达明显是基于汉语中"能力提高／下降"。观
察实例可以发现，汉语中"能力"可与"提高""降低""上升""下降"等词语
搭配使用，显然其强弱与空间方位<上—下>构成了对应关系（例147、148）。日语
中的「能力」也经常与「高い」、「低い」、「向上」、「低下」、「高まる」、
「落ちる」等词语搭配使用，显然其<强—弱>同样与空间方位<上—下>构成了对应
关系（例149、150）。但是，在现代日本语均衡语料库中并未检出「能力」与「上
がる」或「上げる」搭配使用的实例。显然，类似例145、146中的表达失误与汉、
日语"上—下"隐喻的映射方式差异无关，而是源于具体动词的搭配使用习惯，需
要教师在教学过程中有意识地进行分析和讲解。

（145）さらに、ドラマをみながら日本語のせりふを見て、聴解能力もだんだ
　　　　ん上がっ｛7，上がっ，語彙－動詞，高くなっ｝ている。　（CJLC）

（146）実際にする能力がどんどん下がっ｛14，下がっ，語彙－動詞，低くなっ｝
　　　　てきた。　（CJLC）

（147）它标志着人类观察能力提高到了一个崭新阶段。（《论矛盾转化》荣开明）

（148）每一项技术革命都使人们改造世界的能力上升到一个新的水平。（《人
　　　　民日报》）

（149）日本語はほかの言語に比べて色々な点で言語受け入れ能力が高いとい
　　　　うことです。　（『日本語の化学』岩松研吉郎）

（150）古戦場などのフィールドワークができなくなるし、握力が低下したらス
　　　　ポーツ能力が落ち、意志力が減退する。　（『サバイバル・バイブル』
　　　　柘植久慶）

5. 结语

以上，笔者系统梳理了认知语言学关于隐喻的主要观点。认知语言学认为，隐喻是人们思维、行动和表达思想的一种系统的认知方式。认知主体根据自身经验，对如何把握外界事物形成了自己的主观解释。以这些主观解释为基础，认知主体在两个概念之间发现了某种联系或相似之处，并在头脑中形成了跨域映射，隐喻由此成立。人们通过隐喻，参照熟知的、有形的、具体的概念来认识一些陌生的、无形的、抽象的概念，并由此形成了不同概念之间相互关联的认知方式。

隐喻可以分为三种基本类型，即结构隐喻、存在隐喻和方位隐喻。其中，结构隐喻以源域概念喻指与之具有结构相似性的目标域概念。存在隐喻以具体事物喻指状态、行为、思想、情感等抽象概念。方位隐喻以具体的方位概念喻指情绪、时间、数量、地位等抽象概念。其中，结构隐喻、存在隐喻建立在认知主体对源域概念与目标域概念相似性的主观认知基础上，而方位隐喻的成立则是基于认知主体拥有的两个现象同时发生的主观经验。

在实例分析部分，笔者运用实证性研究方法，考察了汉、日语中"上/下"隐喻的具体映射方式。通过分析可以看出，在汉、日两种语言中，空间隐喻"上/下"的映射域都可以分为六大类型，即"状态""数量程度""等级""行为现象""方位"和"时间"。大部分映射的目标域概念都是相同或相似的。这体现了人类心理体验及主观认知的共性。但是，两种语言在部分映射对象方面也存在着差异。例如，相对方位<表面—内部>在日语中与空间方位<上—下>构成对应关系，在汉语中则通常与<外—里>发生跨域映射。日语中的「下」可以映射"预先的、酝酿的"，汉语中的"下"则不能。在空间方位与时间概念构成映射时，汉语有横向和纵向两种模式，日语中却只有横向一种，即<前—后>，而不是<上—下>。在汉语中，<在范围内—在范围外>以及行为、活动的<开始—结束>和空间方位<上—下>都构成了对应关系，而日语中却不存在这种跨越映射。汉、日两种语言间存在的这些差异都会导致理解错误或是表达失误的发生。当然，也有部分表达失误的发生源于部分汉、日语同形词汇在词语搭配上的微妙差异，与隐喻无关，需要教师在教学过程中进行有针对性的分析和讲解。

参考文献

[1] Lakoff, G. & Johnson, M. 1980. Metaphors We Live By [M]. Chicago: University of Chicago Press.

[2] Lakoff, G. 1993. The contemporary theory of metaphor [A]. Dirk, G. ed. Cognitve Linguistics: Basic

Readings [C]. Berlin: Mouton de Gruyter.

[3] Littlemore, J. & Low, G. 2006. Metaphoric Competence, Second Language Learning, and Communicative Language Ability [J]. Applied Linguistics (2).

[4] 左咏梅. 2007.「上」と「下」のメタファーについて [J]. 大学院論文集（4）. 杏林大学大学院国際協力研究科.

[5] 鐘勇，井上奈良彦. 2013. 日本語における上下メタファーの体系構成及びその特徴に関する一考察 [J]. Studies in Languages and Cultures (30).

[6] 鐘勇. 2013. 中国人日本語学習者のメタファー表現理解に影響する要因 [J]. 比較社会文化研究（34）.

[7] 森山新. 2016. 上下のメタファーの観点からみた動詞「あがる」の意味構造分析 [J]. お茶の水女子大学人文科学研究（12）.

[8] 蔡龙权. 2003. 隐喻理论在二语习得中的应用 [J]. 外国语（6）.

[9] 陈朗. 2010. 二语教学中的隐喻能力培养 [J]. 外语学刊（5）.

[10] 姜亚军，张辉. 2003. 国外隐喻与第二语言习得研究述评 [J]. 国外外语教学（2）.

[11] 蓝纯. 1999. 从认知角度看汉语的空间隐喻 [J]. 外语教学与研究（4）.

[12] 李雪. 2012. 概念隐喻、概念转喻与词汇研究 [J]. 外语学刊（4）.

[13] 束定芳，汤本庆. 2002. 隐喻研究中的若干问题与研究课题 [J]. 外语研究（2）.

[14] 王忻. 2011. 认知语言学方法论对中国日语学习者偏误研究的启示 [J]. 外语与外语教学（1）.

[15] 杨娜. 2014. 二语隐喻能力与词汇认知系统的构建 [J]. 外语研究（2）.

第十章 转喻、提喻与二语习得研究

1. 引言

与隐喻一样，传统的修辞学研究将转喻（metonymy）和提喻（synecdoche）视为两种普通的比喻方法。传统修辞学认为，转喻（又称换喻①）就是词语的名称换用，例如用容器「盃」替代容器内容「（盃の中の）酒」（例1），或是用生产者「夏目漱石」代替产品「（夏目漱石の）作品」（例2）。提喻则是指在"类"与"种"，即"大范畴"与"小范畴"的概念之间，发生相互替代的修辞现象，如用"类"概念「花」代替"种"概念「桜」（例3），或是相反，用"种"概念「パン」代替"类"概念「食べ物」（例4）。

（1）一呼吸おき、少しばかり上体をかがめるようにして竹上組長は盃を飲み干した。（『修羅の群れ』大下英治）

（2）二十年振りに夏目漱石を読みかえしたのだが、前に読んだときは気づかなかったことがいろいろあって（略）（『衣食遊住がらくた館』矢野誠一）

（3）花見今も江戸の人も花見といえば桜。（『落語お作法』深澤あかね）

（4）人はパンだけで生きるのではない。神の口から出るすべての言葉によって生きる。（『別れの日まで』尻枝正行）

但是，认知语言学认为，转喻和提喻并不仅仅是单纯的修辞手段，而是人类概念系统的一部分，是认知主体用一个概念去指代、描述另一个概念的方法。Lakoff & Johnson（1980）指出，与隐喻一样，转喻概念建构的不仅是我们的语言，还包括了我们的思想、态度和行为。转喻同样以我们的主观经验为基础。实际上，与隐喻相比，转喻依托的背景经验通常会包含直接的物理或是视觉联系，因此更加直观。

---

① Metonymy 一词在汉语中的译词有"换喻"和"转喻"两种。由于认知语言学认为，它是认知主体在理想化认知模型［idealized cognitive models （ICMs）］框架下，以喻体事物为参照点，转向认识本体事物的一种认知行为，故笔者将其统一称为"转喻"。

董成如（2004）提出，受相互竞争的信息最大化和经济最大化原则制约，语言交际者只能选择具有突显、重要的部分代替整体或整体的其他部分，或用具有完形感知的整体代替部分——即运用转喻进行交际。在日语研究界，籾山洋介（2010），森雄一、高桥英光（2013）等援引Lakoff & Johnson（1980）等研究成果，对日语中的转喻和提喻现象进行了考察和论述。

相对于隐喻和转喻，认知语言学家对提喻论述不多，其定位是一个争议很大的问题。Wales（1989）认为，提喻是转喻的一种特殊类型。Ullmann（1962）、Lipka（1988）等在讨论转喻的邻近性关系及相应分类时，都直接涵盖了提喻。Lakoff & Johnson（1980）也将提喻作为一种特殊的转喻，即以"部分"（如"automobile"，"strong bodies"）指代"整体"（如"the collection of automobiles"，"strong people"）。但是，很显然，例5和例6中本体和喻体的关系并不相同。例5中的"automobile"是车辆的大类，这里指代具体的车辆，是同一范畴下上位概念和下位概念之间的替代。而例6中的"strong bodies"是"strong people"的一个组成部分，两者并非上位范畴和下位范畴的关系。笔者认为，在本体和喻体关系以及认知方式等方面，转喻和提喻差异显著，应在明确其内涵和外延的基础上，分别加以深入考察和分析。

（5）The automobile is clogging our highways. （Lakoff & Johnson 1980:37）

（6）We need a couple of strong bodies for our team. （Lakoff & Johnson 1980:37）

隐喻、转喻和提喻研究对于二语习得研究都具有非常重要的意义。充分熟悉、准确理解目标语言中出现的各种隐喻、转喻和提喻形式不仅有助于提高学习者的阅读、理解能力，还能在很大程度上帮助他们熟练掌握目标语言中的各种固定搭配，逐步提高他们的口语及书面表达的生动性、准确性和流畅程度。以日语中的「目」为例，该词除了具有"眼睛"这一基本语义之外（例7），还通过隐喻、转喻和提喻产生了诸多扩展义。如通过隐喻，形成了"骰子的点数"（例8）、"网眼""台风眼"等意义。通过转喻产生"焦点"（例9）、"视力""视野"等意义，在此基础上，还通过叠加隐喻进一步产生"注意力"（例10）、"判断力""态度""判断力所及范围"的意义。或者通过提喻，指代"感觉器官"（例11）等意义。学习者要想完全准确地理解、掌握该词如此丰富、多元的用法显然具有一定难度。

（7）大きな目が瞬きもしなかった。（『銃口』三浦綾子）

（8）一方、サイコロの目をあてるようなゲームは「開いたシステム」のゲームである。（『孫悟空はどこまで飛んだ？』木下栄蔵）

（9）私は母から父に目を移した。（『異人たちとの夏』山田太一）

（10）ついで寺田の日常生活に目を移すと、地道な実験・実習や計測、講義受講や読書の模様が精細に記録されている。（『内村鑑三と寺田寅彦』影山昇）

（11）五つの放火現場を実際この目で確かめてみたい、と考えたからである。（『窒息地帯』本岡類）

　　而且，与第一语言即母语学习不同，第二语言的学习者必然会自觉、不自觉地受到母语的影响。因此，如果母语与目标语言在转喻、提喻的使用方面有相通之处，学习者就能较为轻松、迅速、准确地掌握这种用法。否则，不仅习得较为困难，而且可能因受到母语的干扰，而导致表达失误的发生。例如，在汉、日两种语言中，"眼"和「目」都可以通过转喻，产生"焦点"的意义（例9、12），也可以通过提喻，指代"感觉器官"（例11、13）。因此，此类表达在学习者产出中的出现频率和准确率就很高（例14、15）。

（12）当我们的经济发展要扩大国内需求时，上上下下都把眼光投向了住房。（《人民日报》）

（13）我们在这里亲眼看到了不同流速的气流对机翼的作用。（《解放军报》）

（14）彼女たちの素直な性格とおもしろい表情に目を引かれた。（CJLC）

（15）お金があったら、一度日本に行って、この目で日本のことを見たい。（CJLC）

　　相反，当「目」和"眼"通过隐喻、转喻或提喻产生的意义不对应或是不一致时，学习者就会受到母语的干扰，产出不符合日语表达习惯的语言形式。例如，汉语中用"瞪眼"这一转喻指代发怒（例16），在日语中则不存在类似的转喻，而要用「目を剥く」、「睨み付ける」等表达相近的意思（例17）。但是，学习者有时会照搬母语中的转喻方式构造出「目が出る」这一错误的词语搭配（例18）。不仅如此，为了满足表达的需要，学习者在未能掌握正确表达形式时，有时还会自行通过隐喻、转喻等，创造出一些"新"的表达。例如，日语中的「目」可以通过转喻指代"焦点"（例10）。学习者有时会在此基础上，通过隐喻试图表达"关注、注

视"的意义（例19）。但实际上，日语中「目の下」除了表示眼睛下面以外，只能表示"视野的下方"（例20），而不能表示"注视下"。而且，汉语中的"眼"也没有类似用法[①]。因此，我们只能认为这是学习者临时运用隐喻创造出来的表达。这些表达都体现了学习者思维的主动性，但由于其并不符合日语的表达习惯，因此也构成了表达失误。

（16）每逢老师一瞪眼，我更胆小。（《没有纽扣的红衬衫》铁凝）

（17）権兵衛の言葉に長兵衛は目を剥いた。（『舫鬼九郎』髙橋克彦）

（18）とうとう先生に目が出る {13，出る，語彙－動詞，飛び出る} ほど叱られた。（CJLC）

（19）公衆の目の下 {4，目の下，表現－不適切な表現，注目する中} で、スターたちはよりよい成績を取ることができる。（CJLC）

（20）間もなく、目の下に見えてくる広い盆地は、上田市から南西に広がる塩田平だ。（『日本列島すぐ蕎麦の旅』富永政美）

在本章，笔者将首先梳理认知语言学关于转喻和提喻的基本理论。随后，结合实例，系统考察汉、日两种语言中"眼"和「目」的意义拓展，对比、分析其相通之处以及差异所在。在此基础上，利用学习者语料库，系统观察学习者对「目」的实际使用情况，归纳容易出现的表达失误，探讨其产生原因及应采取的对策。

2. 转喻的认知机制及类型

Radden & Kovecses（1999）指出，转喻是一个认知过程。转喻并不仅仅是两个实体间的替代，而是将本体和喻体所代表的事物组合成了一个新的、复合的意义。例如，例21中的「盃」这一喻体指代的本体并非是所有的酒，而是特指动作主体所持的杯子里的酒。同样，例22中的「夏目漱石」也不指代一般意义上的文学作品，而是特指夏目漱石的作品。

（21）一呼吸おき、少しばかり上体をかがめるようにして竹上組長は盃を飲み干した。（『修羅の群れ』大下英治）

[①] 汉语中有"眼下""眼皮底下"等形态相近的表达。但前者是通过隐喻，将空间距离映射到时间上；后者是通过隐喻，将具体的空间距离映射到抽象的空间距离，都不表示"关注下"的意义。

（a）眼下，依靠科技、教育振兴农业，已越来越成为人们的共识。（《人民日报》）

（b）陆秉达急了，好不容易找着，再让他们从眼皮底下跑了，那还行。（《比翼鸟螺旋》刘雪屏）

（22）二十年振りに夏目漱石を読みかえしたのだが、前に読んだときは気づかなかったことがいろいろあって（『衣食遊住がらくた館』矢野誠一）

Langacker（1993）、Radden & Kovecses（1999）等都将转喻视为一种认知过程。认知主体通过该过程经由一个概念主体（喻体）访问另一个概念实体（本体）（Langacker 1993，Radden & Kovecses 1999等）。作为喻体的主体充当着"参照点"（Reference Point）的角色，为通向另一个概念实体提供心理通道。可以认为，喻体是通向认知目标的途径或工具，而本体则是认知过程的真正目标。通常，前者是易于或适于直接触及的，后者是不易或不宜直接触及的。此处表现的就是Langacker（1993）提出的"参照点能力"（Reference Point Ability），即人们在难以直接把握认知对象的情况下，将另一个容易把握、已经熟知的主体指定为参照物，并以此为参考对目标事物进行认知的能力。那么，联系本体和喻体的依据是什么呢？

大多数认知语言学家将"邻近性"（contiguity）作为转喻定义的核心。Croft（1993）依据在一个领域或领域矩阵中显示出的百科知识讨论了转喻中本体与喻体的邻近关系。Blank（1999）用框架概念描述这种概念范畴内邻近性的网络。Panther & Linda（1999）则运用脚本概念来讨论这一问题。其中，Lakoff（1987）的论述得到了最为广泛的认可。他指出，理想化认知模型（idealized cognitive models，即ICMs）框架是认知主体组织知识结构的基本依据。所谓理想化认知模型（ICMs），是指在特定文化背景下的认知主体对某一领域内的经验和知识作出的抽象的、统一的、理想化的理解，是一种具有格式塔性质的复杂认知模型。它不仅包括人们掌握的特定领域的百科知识，也包括他们所属组织的文化背景知识。只有当两个概念实体在特定的理想化认知模型（ICMs）中存在着整体与部分或是同属某一整体的关系时，两者间才会产生意义上的关联性。这种关系既可能是客观存在的，也可能只存在于特定文化背景下。例如，例23中的「傘」、「足駄」指的显然是撑伞的人或穿高齿木屐的人，即以所有物替代人。汉语中也有类似的转喻，如用服装替代人（例24）。此时，本体和喻体属于领属者和被领属者的关系，无需特殊的文化背景知识就可以准确理解。但是，如果认知主体不具备日本风俗文化方面的知识，就不能准确理解例25中「お中元」、「お歳暮」所指代的内容。这是因为，「お中元」、「お歳暮」本意为"中元节"和"年底"。要在这两个时间概念与"礼品"之间建

立联系，必然需要文化背景知识的支撑①。只有在包含日本文化知识的理想化认知模型（ICMs）下，两者之间才会形成"邻近性"。由此，转喻才成为可能。可见，转喻是在特定的理想化认知模型（ICMs）作用下，认知主体在两个概念实体之间找到相关性，并通过一个概念去认知另一个概念的活动。在此过程中，特定的理想化认知模型（ICMs）是不可或缺的。

（23）静かな雨の中に、傘が通り、足駄が通る。（『幕末愚連隊』早乙女貢）

（24）他对值班的医生提了一个什么人的名字，就有一个医生来给静秋看脚，而另一个白大褂把老三带到一间诊室去了。（《山楂树之恋》艾米）

（25）下宿の近くの食堂の出前持ち、お中元やお歳暮の配達などをして、資金を貯めた。（『風の祭礼』岳真也）

转喻的修辞性有高低之分。例23、24中的画线部分明显是转喻，修辞性很高。而例25中的「お中元」、「お歳暮」则修辞性很低，不会使人明确意识到有转喻的存在。有一些转喻的修辞性极低。例如，在例26中，旋转的自然是电扇的扇叶，而不是电扇本身。在例27中，学生们摇的也不是船，而是船桨。从喻体和本体的关系来看，这些都属于用整体替代部分的转喻。但是，由于其已经成为习惯用法，修辞性极低，人们通常不会意识到转喻的存在。

（26）冷房をかけると体調をくずすとかで扇風機がまわっている。（『七色の逃げ水』青野聰）

（27）生徒は（中略）毎朝自分で小舟を漕いで学校に集まってくる。（『パタゴニア氷河紀行』中島暢太郎）

认知语言学的研究者们还就隐喻和转喻的区别进行了很多讨论。Jakobson（1960）提出，隐喻和转喻机制的根本区别在于，隐喻根据的是相似性，而转喻根据的是邻近性。Lakoff & Johnson（1980）指出，隐喻与转喻是两种截然不同的认知机制。前者是将一个物体想象为另一个物体，主要作用是促进理解。后者则主要起到指代作用，即用一个实体替代另一个实体。束定芳（2004）进一步指出，隐喻和转喻在运作机制上的区别主要在于，它们利用的是事物之间不同的关系。在隐喻中

---

① 中元节，俗称鬼节，佛教称盂兰盆节。与除夕、清明节、重阳节三节是中国传统的祭祖大节，也是流行于汉字文化圈诸国的传统文化节日。中元节有放河灯、焚纸锭的习俗。但赠送礼品以表谢意，似为日本独有的习俗。

152 基于语料库的中国日语学习者认知研究

有两个概念领域，其中一个概念领域通过向另一个领域的映射而获得理解。转喻则只涉及一个概念领域，两个事物之间的映射或联系存在于同一领域里。

关于转喻的分类，研究者从不同角度提出了各自的见解。野内良三（1998）将日语转喻分为八类，即①整体—部分、②原因—结果、③物产—产地、④主体—属性、⑤作者—作品、⑥容器—内容、⑦所有者—物品、⑧身体—感情。该分类方式具有一定合理性，但在体系性方面尚显不足，且类别有限，未能全面涵盖所有常见的转喻现象。

Radden &Kovecses（1999）和Kovecses（2002）的分类更加细致。该研究将转喻分为两大类，即理想化认知模型的整体与部分之间互换形成的转喻以及理想化认知模型组成部分之间互换形成的转喻。前者可以细分为：①事物与组成部分之间的转喻、②标量转喻、③构成转喻、④事件转喻、⑤范畴与范畴成员之间的转喻、⑥范畴与其特征之间的转喻。后者则可以细分为：①动作转喻、②感知转喻、③因果转喻、④生产转喻、⑤控制转喻、⑥领属转喻、⑦容器转喻、⑧地点转喻。对比以上两种分类方法可以发现，除了具体命名上的差异以外，许多关系都是相同的，如整体与部分、原因与结果、主体与属性、生产者与产品、容器与内容、所有者与物品等。这体现了人类语言在转喻方面的共通性。不过，Radden &Kovecses（1999）和Kovecses（2002）的分类显然更加细致。当然，该分类方式也并非无懈可击。例如，该研究认为，动作ICM中包含了与该动作与动作主体、动作对象、工具、结果、方式、时间等相关参与者的关系，部分参与者与动作可以互相替换并构成转喻（例28）。

（28）a. AGENT FOR ACTION:　　　　to *author* a book; to *butcher* a cow

　　　b. ACTION FOR AGENT:　　　　 *writer; driver*

　　　a. INSTRUMENT FOR ACTION:　 to *ski*; to *hammer*

　　　b. ACTION FOR INSTRUMENT:　 pencil *sharpener*; screw *driver*

　　　a. OBJECT FOR ACTION:　　　　to *blanket* a bed; to *dust* the room

　　　b. ACTION FOR OBJECT　 :　　 to have a *bite*; the *flight* is waiting

　　　a. RESULT FOR ACTION:　　　　to *landscape* the garden

　　　b. ACTION FOR RESULT:　　　　the *production;* the *product*

　　　MANNER FOR ACTION:　　　　 to *tiptoe* into the room

　　　MEANS FOR ACTION:　　　　　 He *sneezed* the tissue off the table.

TIME FOR ACTION:	to *summer* in Paris
DESTINATION FOR MOTION:	to *porch* the newspaper
INSTRUMENT FOR AGENT:	the *pen* for 'writer'

(Radden &Kovecses 1999, 例21—29)

但是，将"工具"与"动作主体"的相互替换也归入动作转喻显然不妥。这是因为，这种转喻与动作主体与生产物、场所之间的相互转喻，乃至拥有者与被拥有者、控制者与被控制者之间的相互转喻具有相似性。归根结底，都是由动作ICM中的动作参与者相互替换形成的。如将"工具"与"动作主体"的转喻纳入动作转喻，那么势必要将导致动作转喻的范围扩展至所有动作ICM中动作参与者之间的转喻。这显然过于宽泛。只有将动作转喻的范围限制在动作参与者与动作本身的相互替换，才能确保分类标准的统一性。其次，通过动词添加"-er"等后缀形成的名词，如"writer""sharpener"等，由于出现了词形变化，而并非直接替代，因此，不宜作为转喻的例证。此外，从本体与喻体的关系以及认知过程等来看，范畴与范畴成员之间的相互替代与其他转喻表达差异明显，将其归入转喻显然不妥①。

野内良三（1998）所称身体与感情的转喻是指那些以人体部位的感受或动作指代某种感情或状态的表达形式，例如以「頭に来る」表示生气（例29），用「胸を痛める」表示担心、伤痛（例30），用「心が弾む」表示期待、高兴（例31），或用「頭を抱える」表示烦恼等。可以认为，这些感受或动作都是相应感情或状态导致的结果。认知主体根据反映情感与体感因果关系的理想化认知模型，由作为喻体的体感转指作为本体的与其对应的情感。因此，笔者将其归入因果转喻之中。

（29）あたし、また頭に来て怒鳴ったわ。（『タン・ナピ・ナピ』平島幹）

（30）海に溺れた子供のニュースをみたら、誰もが胸を痛めるだろう。（『鬼子』新堂冬樹）

（31）そう思うだけで心が弾んできて、わくわくしてしまって止まらない。（『キスの法則』和泉桂）

由于不同的情感可能引发相同的体感或动作，例如，"感动""喜悦"甚至

---

① 笔者认为，转喻是在同一认知加工深度下，理想化认知模型所含实体概念的相互替换。本体与喻体范畴不同。而范畴与范畴成员之间的相互替代反映的是认知加工深度的变化，本体与喻体的范畴保持不变。因此，有必要将两者加以区分。笔者将后者称为"提喻"。关于此问题的讨论详见本章第3节。

"激动"都可能使人感觉心头发热。因此，在由喻体理解本体时，认知主体需要结合上下文，发挥参照点能力，选择正确的理想化认知模型和认知路径，才能准确推知喻体所转指的对象（例32—34）。

（32）感動といえば大げさになるだろうか、忠治は胸が熱くなった。（『どうせなら中産階級』吉川良）

（33）「おまえのために禁酒してたんだ」と後で聞いて、胸が熱くなった。嬉しかった。（『夢はかなう』高橋尚子）

（34）三ノ輪に着いて、地下鉄の階段をのぼって行くうちに私の胸は熱くなった。三ノ輪の交差点がまぶしく現われた時は、三秒間失心してしまった。懐かしかった。（『東京情事』荒木経惟）

尽管本体都是情感或情绪，但此类转喻与存在隐喻有着本质区别。前者的喻体是实际发生的体感或动作，而后者是将抽象概念喻为具体事物，喻体所述事项不可能实际发生。例如，在例35中，怒气不可能真的爆炸。在例36中，作为动作主体的「西条」也不可能真的将"烦恼"抱在怀中。运用这些存在隐喻的目的在于将抽象的情感比喻为具体事物，从而达到便于读者理解和感受的目的。

（35）新助の怒りが爆発する。（『イヌの仇討』井上ひさし）
（36）西条があんなに悩みを抱えていたなんて、おれは思ってもいなかった。（『揺れる夏追憶の橋』鎌田敏夫）

以下，笔者以Radden &Kovecses（1999）和Kovecses（2002）的分类方式为基础，结合实例，逐一分析日语转喻中不同类型本体与喻体替换的可能性，以此验证该分类方式对于日语转喻研究的适用性，并探讨转喻中认知活动的心理路径。由于此处依据的是Radden &Kovecses（1999）的理论框架，故列举的各转喻方式在英语中均有出现，不再赘述。

2.1 ICMs整体与部分之间互换形成的转喻

在理想化认知模型（ICMs）作用下，转喻的本体和喻体可能构成<整体—部分>的关系。此类转喻可以进一步分为5种类型，即整体部分转喻、标量转喻、构成转喻、事件转喻、范畴特征转喻。

［1］整体部分转喻

在此类转喻中，本体和喻体分指特定事物的整体和部分。这种转喻在各种语

言中都很常见。说话者以整体替代部分，或是以部分替代整体。例如，例37中，收拾的对象实际上是「部屋」（の中のもの），而不是「部屋」本身。例38中，说话者用「手」这一人体的一部分，替代「人」这一整体概念。这种转喻非常普遍。有时，说话者或者听话者甚至不会意识到转喻的存在。汉语中也有类似表达，如"整理房间""人手不足"等。

（37）早く<u>部屋</u>を片付けるんだ、早く！（『妻たちの強制連行』林えいだい）

（38）また、<u>手</u>が足りない時は、村役人や大庄屋などが応援した。（『まんだら世界の民話』烏兎沼宏之）

[2] 标量转喻

标量是由标量单位组成的整体概念。在英语中，有时会用标量整体代表标量上限，如用"speed"（速度）表示速度的上限，或是反过来，用标量上限表示标量，如用"old"（老）表示年龄（董成如2004）。但在汉、日两种语言中，常见的是用标量的上限代表整个标量，如用「高さ」（例39）、"高度"指代物体在地面或水面以上的垂直距离，用「深さ」（例40）、"深度"指代物体在地面或水面以下的垂直距离等，而很少出现用整个标量代表上限的情况。有趣的是，无论在英、汉、日哪种语言中，人们通常都不会用下限来代表整个标量。汉语中不存在"浅度"这样的词汇，"低度"表示的是度数很低的意思，并非垂直的标量。而日语中的「低さ」、「軽さ」等词汇不仅使用频率低，而且表示的是低或轻的程度，并不是整个标量（例41、42）。

（39）いつか富士山の<u>高さ</u>を測ってみよう。（『四千万歩の男』井上ひさし）

（40）地下水といっても<u>深さ</u>は１メートルほどしかない。（『ザ・フィリピンパブ嘘』福沢諭）

（41）自らの子どもへの関心の<u>低さ</u>が問題になった。（『父と子のフィールド・ノート』天沼香）

（42）手に持つとその<u>軽さ</u>が鮮明に昔をよみがえらせてくれます。（『心にしみる教科書の歌』川崎洋）

[3] 构成转喻

构成转喻是由物体与构成材料之间相互替代形成的转喻。例如，用「アルコール」替代「（アルコールを含む）飲み物＝お酒」（例43），但这种情况在汉语和

日语中均较为少见。更多的是突显物体本身，转指构成该物体的具体材料。例如，在例44中，融化的实际上是「（容器の）素材」，出现在语言表层的却是「容器」本身。

（43）それに、プールの自動販売機にも<u>アルコール</u>がない。（『捨てれば開ける』黒瀬光章）

（44）電子レンジを使うつもりで、オーブンのスイッチを入れてしまい、<u>容器</u>が溶けたというような誤操作による事故が起こっています。（『商品安全白書』岩崎かつ代）

[4] 事件转喻

一个事件或动作可能是由同时发生或连续发生的子事件、子动作组成的。这类转喻在汉、日等语言中都很常见。说话者可以用整个事件或动作代表其所包含的子事件、子动作，如用「食べる」涵盖「噛み砕く」、「飲み込む」等一系列动作（例45），也可以用子事件、子动作来代表整个事件或整个动作，如用「箸を付ける」替代「食べる」（例46）。

（45）「具」を<u>食べる</u>時は、完全にドロドロになるまで<u>噛み砕いて</u>、口中で液状に溶かしてから<u>飲み込む</u>ようにします。（『診断革命』新城三六）

（46）前菜に<u>箸をつけ</u>ながら、園井はうなずいた。（『にっぽん国恋愛事件』笹倉明）

[5] 范畴特征转喻

人们通常会用某一概念的主要特征来指代该概念，或是用概念代表其主要特征。例如，用「白粉」一词来自「お白い」，显然是以"白色"这一特征指代具备该特征的物品，即"白粉"（例47）。汉语中此类转喻也很常见，如"吃香的，喝辣的"等。在日语中，偶尔会出现相反方向的转喻，如用「やくざ」来指代主体所具有的「役に立たない」、「まともでない」等特征（例48）。相比较而言，汉语中类似转喻更为常见。

（47）<u>白粉</u>のにおいが、むっと<u>鼻</u>をつき息がつまる。（『ギンヤンマ飛ぶ空』北村けんじ）

（48）このやくざな甥は、薄笑いを浮かべた酷薄な表情でいった。（『北斎の娘』塩川治子）

2.2 ICMs组成部分之间互换形成的转喻

在此类转喻中，喻体和本体并不属于<整体—部分>的关系，而是分属理想化认知模型（ICMs）的不同组成部分。认知主体通过理想化认知模型（ICMs）在两者之间找到了某种联系，如工具与使用者、原因与结果、生产者与商品等，因此形成了本体和喻体的“邻近性”。根据具体关系，可以将此类转喻分为8种，即动作转喻、工具转喻、因果转喻、生产转喻、控制转喻、领属转喻、容器转喻和地点转喻。

［1］动作转喻

动作转喻是指由动作ICM中包含的诸要素与动作本身相互替代形成。从理论上讲，包括以动作主体代动作、以动作代动作主体、以动作代动作对象、以动作对象代动作、以工具代动作、以动作代工具、以结果代动作、以动作代结果、以动作代生产物、以生产物代动作以及以方式代动作、以时间代动作等。在英语中，这种转喻往往表现为名词与动词间的转化，如直接将名词作动词使用（例49）。而在日语中，由于除サ变动词词干以外，名词与动词的形态迥异，因此，该类转喻往往以动词连用形形式出现。动词连用形原本表示的是动作本身。但在实际应用中，经常会转换为动作的参与者，如动作主体（例50）、动作对象（例51）、工具（例52）、结果（例53）、生产物（例54）等。汉语中也常有动作转指动作主体、对象、结果或生产物的情况，如“领导”“负担”“减少”“雕刻”等。但转指工具的情况较少。

（49）to author a book；to tiptoe into the room (Radden & Kovecses 1999, 例21、25)

（50）酒瓶を手にした酔っ払いが、ガーデンの花壇を踏み潰しながら現れた。（『闇の貴族』新堂冬樹）

（51）しかしそのあと机の引き出しから空の弁当箱を取り出して返した。（『忘れられた人びと』良永勢伊子）

（52）銀ぶちメガネの男は、爪切りをポケットに入れると、立ち上った。（『ベビーベッドはずる休み』赤川次郎）

（53）さらにそれは国内の反戦運動の高まりと、経済の弱体化を招く結果となった。（『わかりやすいベトナム戦争』）

（54）その日はたたきと塩焼き、つみれ汁を食べました。（『うおつか式生

活哲学入門』魚柄仁之助）

此外，在实际使用过程中，日语中也存在一些以工具代动作（例55）、以方式代动作（例56）以及以时间代动作等形成的转喻（例57），但数量相对较少。

（55）のち、薄く桂むきにしてから、短冊に包丁する。（『先附』遠藤十士夫）

（56）横書きが縦書きと大きく異なっている点について、まとめてみました。
　　　（『ことばの便利帳』佐道輝昭）

（57）お昼、少し早いですけど、『一休庵』でいいですか。（『崇徳伝説殺人事件』
　　　内田康夫）

尤其需要注意的是，正如Radden &Kovecses（1999）指出的那样，在有意识的知觉转喻中，眼睛、耳朵等感觉器官常常会被视为工具，从而形成该器官与动作之间的转喻。例如，用「目」代替"看"（例58），或是用「を耳にする」这一表达形式代替"听"（例59）。

（58）たった一目でその人と魂が結びつくことがあるのです。（『夜明け前
　　　の女たち』童門冬二）

（59）そのころ、真夜中に、言い争う修三と絹子の声をよく耳にした。（『宮
　　　本輝全集』宮本輝）

［2］工具转喻

Radden &Kovecses（1999）将工具与动作主体的转喻归入动作转喻。但这实际上破坏了分类标准的一致性。故而，笔者将其单列为一个子分类。工具转喻是通过突显工具，转指工具使用者的一种转喻。例如，用「白バイ」指代骑白色警用摩托的警察（例60），或者用「ペン」和「剣」分别代表用笔和用剑的人（例61）。但这种转喻在日语中很罕见。汉语中则有"笔杆子""枪杆子"等表达方式。工具转喻通常是单向的，很少出现以动作主体替代工具的情况。

（60）街中で取締りを行う白バイのヘルメットをご覧になったことはありま
　　　すか？（http://carcast.jp/14552, 2017 年 7 月 5 日）

（61）ペンは剣より強いのだ。（http://business.newsln.jp/news/201501121350280000.
　　　html, 2017 年 8 月 5 日）

第十章 转喻、提喻与二语习得研究 159

［3］因果转喻

因果转喻是原因与结果的相互替代，即说话者以原因代表结果，或是以结果代表引发结果的人或物。例如，用「飲みすぎ」这一原因替代醉酒这一结果（例62），或是用「冷や汗をかく」替代「恥ずかしい」、「恐ろしい」等引发出冷汗的心理活动（例63）。因果转喻在汉、日两种语言中均较为常见。

（62）千鶴さん、少し飲みすぎだ。（『薔薇忌』皆川博子）

（63）木はどっと冷や汗をかいていた。（『摘出』霧村悠康）

［4］生产转喻

生产转喻是生产者与产品的相互替代。很多情况下，人们会用生产者指代产品，如用「森鴎外」、「夏目漱石」指代他们的作品（例64），或是用公司名替代其生产的产品，如用「トヨタ」、「ホンダ」指代它们生产的汽车（例65）。此种转喻在汉、日语中均较为常见。但相反方向的替代，如用报纸指代报纸新闻的采编者（例66），即用产品指代生产者的情况则较罕见。

（64）森鴎外が読めない、夏目漱石が読めない。（『国会会議録』）

（65）二人が乗ったのは、トヨタでもホンダでもなく、京成線のスカイライナー号だった。（『AMAN トルコの恋人たち』野中幾美）

（66）『東京毎日新聞』は勇敢に一方に偏し、善と正義の味方をする、ということであった。（『腐蝕の連鎖』広瀬隆）

［5］控制转喻

控制转喻是由控制者和被控制者互相替换形成的一种转喻。常见的是用控制者代表被控制者，如用「ナポレオン」替代拿破仑统帅的法国军队（例67）。而像例68那样，用「パトカー」指代乘坐巡逻车的警察，即用被控制者替代控制者，则较为罕见。

（67）イタリアでは、18世紀末・19世紀初頭にナポレオンの占領・支配をうけた時点で、領主制は廃止された。（『西洋の歴史』大島隆雄）

（68）パトカーが逃げ遅れた護法隊員七、八人を捕まえた。（『鷲』西村寿行）

［6］领属转喻

领属转喻是由领属者和被领属者之间相互替换形成的一种转喻。领属者可以代

160　基于语料库的中国日语学习者认知研究

替被领属者，被领属者也可转指领属者。例如，在例69中，「日本新聞協会」、「日本雑誌協会」分别指代该协会的代表，属于用领属者代替被领属者的转喻。而在夏目漱石的名著『坊ちゃん』中，主人公用「赤シャツ」替代常年穿着红衬衫的副校长，属于用被领属者代替领属者的转喻（例70）。由于被领属物有时又可被视作领属者的特征，例如，例70中的红衬衫可被视为副校长的特征，故此类转喻和<范畴—特征>转喻有相近之处。两者的区别在于，领属转喻的本体是拥有该物品的单个个体，而<范畴—特征>转喻的本体则是具备该特征的一个群体，如「赤帽」指的是戴红帽子在车站从事替旅客搬行李职业的一类人。领属转喻在汉、日语中均有出现。

（69）日本新聞協会は出席を拒否したが、日本雑誌協会は参加した。（『包囲されたメディア』飯室勝彦）

（70）赤シャツは声が気にくわない。（『坊っちゃん』夏目漱石）

［7］容器转喻

容器转喻是容器和所盛装内容物之间相互替代形成的一种转喻。容器可以指代所盛装的内容物。例如，可以用「鍋」指代火锅所盛的菜（例71）。反之亦可。例72中的「牛乳」实际上指的是装牛奶的纸盒或瓶子，即容器中的内容物替代了容器本身。此种转喻在汉、日语中都很常见。

（71）あんたが美味しそうに鍋を食べてるのに、私と娘は昨日の残りのシャケの切り身を食べてるわけだ。（『実録鬼嫁日記』カズマ）

（72）お店には、一年じゅういつでも、たくさんの牛乳がならんでいますね。（『科学なぜどうして』久道健三）

［8］地点转喻

地点常与位于该地点的人、发生在该地点的事或是处于该地点的机构紧密联系，因此地点可转指有关的人、事或机构。如例73中的「霞が関」指的是在霞关工作的政府官员。反过来，机构也可转喻该机构所在地点。例如，例74中的「朝日新聞社」指的并不是报社这一机构，而是转指报社的所在点。地点转喻在汉语中也时有出现，如"北京发出豪言""学校周围"等。

（73）霞が関官僚は一貫して政治家を制御してきた。実質的に霞が関が政治をやってきたといっていい。（『あなたの「想い」を文章に』斎藤忠治）

（74）朝日新聞社の近くに屋台がいっぱい出てるんです。（『＜恋愛＞事件』
山崎哲）

由以上分析可知，在转喻中，理想化认知模型（ICMs）是不可或缺的。无论本体与喻体属于<整体—部分>关系还是<部分—部分>关系，它们之间的联系都是由认知主体参照该模型找到的。因此，这两类转喻在认知机制上并不存在本质差异。同一喻体可以指向很多不同类型的本体。其中，既有属于<整体—部分>关系的，也有属于<部分—部分>关系的。例如，喻体「学校」既可以指代「（学校の）建物」（例75），构成<整体—部分>转喻，也可以指代「（学校の）先生」（例76）或「（学校の）授業」（例77），构成<领属>转喻和<生产>转喻。从认知过程看，这些转喻均是从一个范畴概念向另一个范畴概念的转移，其间并未表现出认知深度上的明显变化。

（75）駅、教会、学校などが崩壊したり、焼けたりしている。（『戦場特派員』
橋田信介）

（76）学校からの勧めに，まず父親が乗り気になり，多少の不安を感じつつ
も母親も同調した。（『臨床心理学の世界』菅佐和子）

（77）うん…。君も学校があるだろ。（『我が愛しのファウスト』赤川次郎）

3. 提喻的认知机制及类型

无论是在传统修辞学研究中，还是在认知语言学研究中，关于提喻的定位都存在着很大争议。Wales（1989）指出，提喻是转喻的一种特殊类型。Ullmann（1962）、Lakoff & Johnson（1980）以及Lipka（1988）等人在讨论转喻分类时直接涵盖了提喻。Ungerer & Schmid（1996）罗列的转喻类型中也包括了提喻。另一方面，也有研究者认为，提喻和转喻是两种不同截然不同的认知方式（如陈善敏、王崇义2008，揭侠2005，伊娜2010等）。转喻和提喻的具体分类方式主要有以下四种（籾山洋介1998）。

（a）认为<邻近>关系、<整体—部分>关系、<类—种>关系分属不同的比喻类型。

（b）将<邻近>关系归入转喻，将<整体—部分>关系、<类—种>关系归入提喻。

162　基于语料库的中国日语学习者认知研究

（c）将<整体—部分>关系归入提喻，未涉及<类—种>关系。

（d）将<整体—部分>关系归入转喻，将<类—种>关系作为提喻。

不言而喻，<整体—部分>关系指的就是在理想化认知模型中分属整体和部分的两个事物之间的关系。而所谓<邻近>关系，指的则是认知主体主体通过理想化认知模型找到"邻近性"的分属该模型两个部分的事物之间的关系。正如本章第2节所述，属于这两种关系的两个事物相互指代形成的都是转喻。

也有部分研究者将整体与部分之间的相互替代视作提喻（陈善敏、王崇义2008，伊娜2010等）。但是，无论是在理想化认知模型（ICMs）中处于<整体—部分>关系的两个事物的相互替代，还是属于理想化认知模型（ICMs）中不同组成部分的两个事物的相互替代，在本质上，其本体和喻体都分属不同范畴，具有不同的客观属性。例如，在例78中，转喻的本体是"扇叶"，喻体则是"电风扇"。后者属于家用电器的范畴，前者显然不是。只有在"电风扇有很多扇叶"这一理想化认知模型（ICMs）中，它们之间才形成了<整体—部分>关系。同样，在例79中，转喻的本体是"歌曲"，喻体则是"ボブ・ディラン（鲍勃・迪伦）"。前者属于艺术范畴，后者属于人物范畴。只有当认知主体内部具备了类似"鲍勃・迪伦创作了很多歌曲"的理想化认知模型（ICMs）时，两者之间才建立起<生产者—作品>关系。由此，认知主体才能够准确理解「ボブ・ディラン」的指代对象。否则，就会难以理解，或是错误地将其解读为"鲍勃・迪伦的演讲"或"鲍勃・迪伦的钢琴曲"等。

（78）冷房をかけると体調をくずすとかで扇風機がまわっている。（『七色の逃げ水』青野聰）

（79）でも君みたいに若い女の子がボブ・ディランを聴くなんて珍しいね。（『世界の終わりとハードボイルド・ワンダーランド』村上春樹）

可见，在例78、79中，认知主体通过参照理想化认知模型（ICMs）在两个不同范畴的事物之间找到联系，并以喻体为参照，实现了对本体的认知。从认知深度来看，不存在显著差异。本体和喻体属于不同范畴。在认知过程中，发生了从一个范畴向另一个范畴的横向转移。

而在由属于<类—种>关系的事物间相互替换而形成的提喻中，认知过程则与转喻迥然不同。所谓<类—种>关系即范畴体系中的上下范畴关系。其中，"类"为较高层次的范畴，"种"为其下属范畴。以"种"替代"类"，即用下位范畴概

念替代上位范畴概念的提喻在汉、日两种语言中都很常见。如用「馬」、"车马（费）"指代交通工具（例80），或是用「ご飯」、"（吃）饭"指代各种饭菜（例81）。显然，喻体范畴层次低，涵盖范围小，本体范畴层次高，涵盖范围大。

（80）ここが嬉しい「馬で来て足駄で帰る後生掛」と謳われるほど効能が高く湯船には灰色に濁った硫黄泉の湯が注がれている。（『北東北』実著者不明）

（81）一回目のデートでは普通にご飯だけ食べて、二回目のデートでは飲みに行って、三回目のデートでは送ってキスをしよう。（『「わがままな女」になろう』秋元康）

相反方向的提喻，即以上位范畴概念替代下位范畴概念的情况也很常见。如用「石」、"石头"替代「結石」（例82）、"结石"，用「ラッパ」、"（吹）号"替代「トランペット」（例83）、"小号"，或是用「匂い」、"（有）味道"指代「臭気」、"臭气"等。与以"种"代"类"的情况相同，在以"类"代"种"构成提喻的过程中，喻体所属范畴保持不变。只不过在这种情况下，喻体的范畴层次高，涵盖范围大，而本体范畴层次低，涵盖范围小。

（82）断続的な痛みが激痛にまでなるのは、石ができて排出されるまでに大体三回くらいあり、その一回目は結石が腎臓を出る時。（『エリート田舎暮らし』恋沼薫）

（83）ラッパの音も「効果音」のCDにあるはずですが、たとえば「軽騎兵序曲」（スッペ作曲）などの音楽を利用することもできるでしょう。（『5-6年生の劇の本』生越嘉治）

可见，无论是以上位概念替代下位概念还是相反，提喻的共同特点在于，喻体不发生范畴上的转换，而是在范畴层级上出现了上升或下降，同时，伴随着涵盖范围的扩大或缩小。这体现了Langacker（1999）指出的人类识解的一个方面，即人们构思、描绘某种情况的精细水平。在一个范畴体系中，上位范畴总是更具概括性，下位范畴则更加实例化、更加详尽。就如同用肉眼观察事物那样，视距与观察的细致程度成反比，与视野成正比。提喻体现的正是这种认知主体主动地调节相对于客体的"视距"，即认知深度的能力。同时，在提喻成立和识解过程中，认知主体依据的是事物范畴方面的知识，而不是理想化认知模型（ICMs）。这是提喻与转喻的

164 基于语料库的中国日语学习者认知研究

本质区别。

例如，在例84中，无论是「ガリレイ」，还是「ニュートン」或「アインシュタイン」，他们在认知主体所拥有的关于"人"的范畴知识中，都包含在「科学者」的范畴之内。通过提喻，认知对象由具体的科学家提升到了范畴层级更高的「科学者」等。其认知路径如图10-1所示。由于喻体所属范畴未变，因此，无论是本体还是喻体都适用同一谓语。此时，无论是「ガリレイ」，还是「ニュートン」，它们与「科学者」之间都不构成同一事物的<整体—部分>的关系，也不属于同一事物的不同组成部分，所以，认知主体无法根据特定的理想化认知模型（ICMs）在两者之间建立意义上的关联，转喻也因此无法成立。可见，在提喻成立和理解过程中，认知主体依据的是关于事物范畴的知识，而不是理想化认知模型（ICMs）。认知对象发生了范畴层级上的变化。

而同样是「アインシュタイン」，在例85中，其与本体的关系就截然不同。由谓语「熟読する」可知，句中「アインシュタイン」指代的是「（アインシュタインの）学術書」。前者是人物，后者是作为其生产物的书籍。两者分属不同范畴。认知主体通过诸如"爱因斯坦写了一些学术书籍"这样的理想化认知模型（ICMs）在两者之间建立起联系，由此形成了生产转喻。其认知路径如图10-2所示。由于认知对象发生了从属于「人間」范畴的「アインシュタイン」向属于「生産物」范畴的「学術書」的转移，故可与「読む」搭配使用。若将该认知过程视作提喻，则其所指的本体应为相同范畴的表示人的词汇，便无法与「読む」等动词搭配使用。即便在此基础上，再通过转喻实现本体的范畴转换，也会因为范畴的涵盖范围扩展太大，而导致语句表达不自然（例85）。由于在该认知过程成立和识解的过程中，并不涉及认知对象范畴层级的问题，故无须运用事物范畴方面的知识。因此，应将其视为转喻而不是提喻。

（84）結局、ガリレイよりもニュートンよりも、アインシュタイン／○科学者よりも、うらぶれた瀕死の中年男のほうが、世界の真実を目の当たりにしていたことになろう。（『「複雑系」とは何か』吉永良正）

（85）科学技術に生涯を捧げている人々たちでさえ、アインシュタイン／＊科学者を胸おどらせて熟読しているとは思えなかった。（『アマゾンの白い酋長』マイク・ティッドウェル）

第十章　转喻、提喻与二语习得研究　165

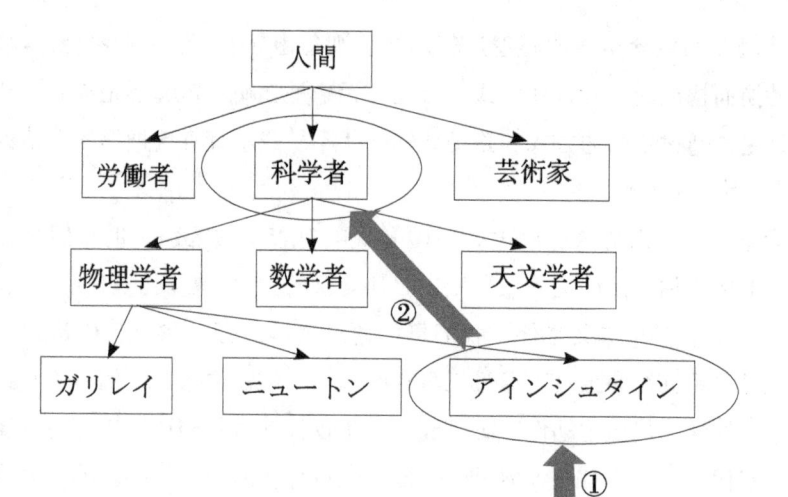

图10-1　提喻中的认知路径示意图

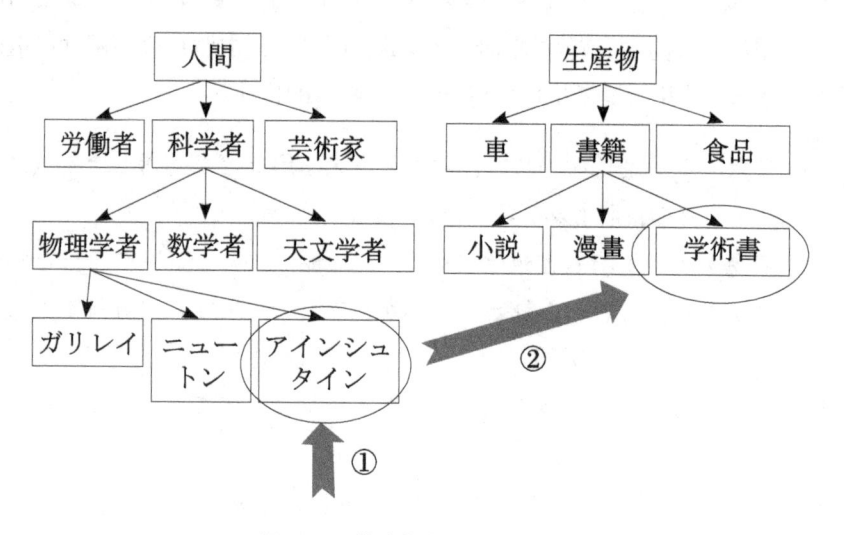

图10-2　转喻中的认知路径示意图

4. 喻解的连锁

　　如上所述，隐喻是通过将源域的框架投射到目标域之上，帮助认知主体根据内容相对熟悉、形式相对具体、结构相对清晰的概念去理解那些内容相对陌生、形式相对抽象、结构相对模糊的概念。转喻是在特定的理想化认知模型（ICMs）作用下，以一个认知主体易于或适于直接触及的概念实体为参照点，认知另一个不易或

不宜直接触及的概念实体的心理过程。提喻则是由属于<类—种>关系的两个事物间相互替换而构成的一种认知模式。可见，无论是隐喻、转喻还是提喻，从本质上讲，都是主体通过不同的方式和路径认知一些不易或不宜直接把握的客体的过程，笔者将其统称为喻解。

　　作为不同的喻解方式，隐喻、转喻和提喻有着本质区别。但它们又往往会连续出现，形成叠加，使词汇的意义发生更加复杂的引申、扩展。以「手」为例，该词本指人的手。在基本义之外，我们可以通过整体部分转喻以其代指"人"（例86），也可以将其视为工具，通过工具转喻代指"动作主体"（例87），还可以进一步通过动作转喻代指"动作"（例88）。不仅如此，我们还可以通过领属转喻，以「手」替代"（手拥有的）力量"，随后通过存在隐喻，将抽象的"力量"比喻为具体的事物，成为可以借贷的对象（例89）。或者在通过事件转喻，以「手を出す」替代"拿、碰"这一动作（例90）的基础上，通过结构隐喻，进一步产生"干预"（例91）或是"勾引"（例92）等意思。例89、91、92中「手」所表示的意义，都并非单纯通过隐喻、转喻或提喻形成的，而是由其中两种或是两种以上的喻解形式在连续起着作用。笔者将这种现象称为"喻解的连锁"。

（86）また、手が足りない時は、村役人や大庄屋などが応援した。（『まんだら世界の民話』烏兎沼宏之）

（87）表現があまりにも客観化されすぎ、「話し手」と「聞き手」とが直接にかかわっていくふれ合いの面が、乏しいのです。（『日本のことばとこころ』山下秀雄）

（88）それとも後世になって、何者かが手を加えたのであろうか。（『レンブラントと和紙』貴田庄）

（89）今日は手を貸してもらうよ。（『至福』曽野綾子）

（90）やめていたタバコに総監は手を出した。（『鷲』西村寿行）

（91）宮嶋はかつて相場に手を出し、妙な才能があって大儲けをした。（『諧調は偽りなり』瀬戸内晴美）

（92）そのくせほかの女には手を出した。（『裂けて海峡』志水辰夫）

　　在词义衍生的过程中，喻解的连锁是常见的现象，值得仔细梳理，深入剖析。尤其是转喻和提喻，由于在本体与喻体的关系方面有相近之处，更容易出现混淆或被忽略的情况。以「ウォークマン」一词为例，森雄一、高桥英光（2013）指出，该

词原为索尼公司注册的商标，但后来被用作"便携式磁带播放机"的总称，即以某商品的商标作为该范畴的总称。森雄一、高桥英光（2013）将其作为提喻的一种。但是，通过具体分析可知，该词的词义转换过程并非如此简单。「ウォークマン」原为商标名称，与"便携式磁带播放机"并不属于同一范畴，因此，不可能由提喻直接形成这种语义扩张。同时，「ウォークマン」又并非所有"便携式磁带播放机"的商标，故不存在直接转喻的可能。实际上，此处的语义扩张过程可分为两个阶段。首先，通过转喻，以「ウォークマン」替代"（具有该商标的）便携式磁带播放机"。随后，再通过提喻，用"（具有该商标的）便携式磁带播放机"这一下位范畴替代所有"便携式磁带播放机"这一上位范畴，完成语义转换的全过程。「サランラップ」、「ホームベーカリー」等均是如此（例93、94）。

（93）「へえ、ラップにもいろいろあるんだ。これはポリエチレン、でもこっちはポリ塩化ビニルみたい」「それは"サランラップ"だろう？サランラップはほんとうはポリ塩化ビニリデンという。もちろん、ポリ塩化ビニルの仲間だよ」（『いま、プラスチックが新しい』盛口襄）

（94）この「ホームベーカリー」は、松下電器が付けた商標である。当時の常識的な普通名称は「家庭用自動製パン機」であったかもしれない。(『すぐ役に立つネーミングの本』星野匡)

因此，在考察词汇的语义演变时，我们必须详细梳理其意义形成的全过程，深入分析其中的认知机制，以便对语义拓展的具体路径和机理，尤其是其中存在的隐喻、转喻或提喻的连锁现象取得更加准确、全面的认识。

5. 实例分析：汉日「目」和"眼"的语义拓展及学习者习得状况研究

如本章第一节所述，隐喻、转喻和提喻研究对于二语习得研究具有非常重要的意义。充分熟悉、准确理解目标语言中出现的各种隐喻、转喻和提喻不仅有助于提高学习者的阅读、理解能力，还能在很大程度上帮助他们熟练掌握目标语言中的各种固定搭配，有效提高他们的口语及书面表达的生动性、准确性和流畅性。以日语中的「目」为例，该词除了具有"眼睛"这一基本语义之外（例95），还通过隐喻、转喻、提喻以及喻解的连锁等产生了诸多扩展义（例96—98）。《明镜国语辞典》就列举了45个有关的固定搭配，而《大辞林》则列举126个。对于学习者来说，

168 基于语料库的中国日语学习者认知研究

要想完全准确地理解、掌握如此丰富、多元的用法，负担显然过于沉重，具有相当大的难度。而如果从认知语言学视角出发，全面分析其语义、不同语义间的关联以及语义的派生路径，并在汉、日两种语言间开展对比，剖析其异同，将能有效地减轻学习者的记忆负担，帮助他们更好地理解和掌握该词的一系列用法。

（95）大きな目が瞬きもしなかった。（『銃口』三浦綾子）

（96）一方、サイコロの目をあてるようなゲームは「開いたシステム」のゲームである。（『孫悟空はどこまで飛んだ？』木下栄蔵）

（97）私は母から父に目を移した。（『異人たちとの夏』山田太一）

（98）五つの放火現場を実際この目で確かめてみたい、と考えたからである。

（『窒息地帯』本岡類）

此外，在学习第二语言过程中，学习者必然会自觉、不自觉地受到母语的影响。如果母语与目标语言在隐喻映射、转喻替代或是提喻等方面有相通之处，学习者就能较为轻松、快速、准确地掌握这种用法。否则，不仅习得较为困难，还可能由于受到母语干扰而导致表达失误的发生。因此，为了提高教学效率，改善教学效果，我们有必要详细梳理目标语言中该语言现象的使用情况，与学习者的习得状况进行比较，并结合汉日对比，找出其间的差异以及导致表达失误发生的症结所在。在此基础上，再有针对性地采取措施，帮助学习者更加快速、准确地重构目标语言体系，获取更好的习得效果。这也将有助于我们深入了解人类语言语义扩展机制的共性和个性，丰富我们对于人类认知机制的认识，同时，提高教学效率，改善习得效果。

有薗智美（2013）分析了「目」、「耳」、「鼻」等表示感官词汇基于行为框架形成的转喻，探讨了其由感觉向更高层次认知行为的意义拓展。但是，「目」的语义扩展所依托的显然并不仅限于转喻。吴琳（2014）通过汉日对比，分析了日语中的「目」和汉语中的"眼"的语义扩展，探讨了它们的异同。但是，该文以有薗智美（2013）为理论依托，研究视野有待进一步拓展，内容有待进一步丰富。而且，在「目」的语义拓展过程中，喻解连锁起到了非常重要的作用。如下文所述，通过隐喻、转喻的叠加，该词的语义发生了多次拓展。而词汇层面和词组层面的语义拓展也具有不同的特点和映射、指代的对象。因此，有必要结合实例，对其进行更加全面、深入的梳理和分析。

在本节中，笔者将通过实例分析，详细梳理日语中的「目」和汉语中的"眼"

第十章 转喻、提喻与二语习得研究 169

的语义扩展路径，通过汉日对比，探究其异同。在此基础上，考察中国日语学习者的习得状况，分析表达失误的发生原因，并探讨相应对策。

5.1「目」和"眼"的语义扩展机制

日语中的「目」和汉语中的"眼"原本指的都是人类感觉器官之一的"眼睛"。在此基本义的基础上，通过隐喻、转喻或是喻解的连锁，又派生出众多意义。其中，日语的「目」不仅自身会发生不同方向的意义拓展（如例99），还能在与动词等构成较为固定的搭配后，作为一个整体发生各种意义拓展（如例100）。后者既是考察「目」的意义的窗口，也是学习者必须牢固掌握的语言知识。而汉语中的"眼"除了单独使用外，更多的是与其他词构成双音节或是多音节词。两种情况下都有可能发生意义拓展。观察实例可知，独立使用的"眼"通常只表示基本义或基于隐喻、提喻的拓展义（如例101）。除了表示"视力"外，基于转喻的拓展义多在双音节或是多音节词中形成（如例102）。以下，笔者将根据意义拓展的具体机制，对「目」[①] 和"眼"的意义形成路径逐一进行梳理，并通过对比，详细探究其间的异同。

（99）パラティーノの丘の北側に広がる低地は、それまでは溝が網の<u>目</u>のように走る湿地帯だった。（『ローマは一日にして成らず』塩野七生)

（100）男はリロイから女に<u>目</u>を移し、低く笑った。（『ラグナロク』安井健太郎)

（101）晋东南地区也是毛主席选定的一个<u>眼</u>，战略地位十分重要。(《人民日报》)

（102）从那冷漠的<u>眼</u>光中，他突然觉得自己仿佛变成了瘟疫，一种强烈的孤独感和被遗弃感紧紧地缠绕着他。（《中国青年报》）

5.1.1 基于隐喻的意义拓展

基于隐喻的「目」和"眼"的意义拓展，基本上都可归入结构隐喻。汉、日两种语言既具有宏观的认知机制方面的共通性，又具有微观的具体表达方面的差异性，因此在隐喻映射的目标域方面，自然会同时呈现出共性和个性。其共性主要表现在以下几个方面：

[1] 映射孔洞状事物

---

① 在日语中，除了和语「目（め）」及包含该词的词语外，还有大量包含「目（もく）」的汉语词，如「目标」、「目的」等。后者通常源于汉语，用法与和语具有一定差异。本节旨在全面、深入地探讨和语「目（め）」的语义扩展路径，故将其排除在外。同理，接尾辞「目（め）」也不在本节的研究范围之内。

该隐喻基于形状的相似性。眼睛通常为圆形，形似孔洞。这一特征经常会被映射到其他形状相似的事物上去，由此扩展出"孔洞"这一意义，如日语中的「台风の目」（例103）、「網（の）目」（例104）、「目ができる」等以及汉语中的"台风眼"（例105）、"网眼"（例106）等。围棋中的"眼"也基于该隐喻。

（103）しかしこのあわただしい日々が一段落したとき、台风の目にも似た一時の静けさが訪れたのだった。（『ブント私史』島成郎）

（104）スズメは五cmの網目でも平気で潜りぬけます。（『カラス』杉田昭栄）

（105）预计台风眼通过后，风雨强度会再增强。（《新华社新闻》新华社）

（106）大家想想看，我用大网眼的渔网能不能抓到小鱼？（《暴雨》倪允琪）

［2］映射具有信息收集功能的人或物

该隐喻基于功能的相似性。眼睛是认为观察外部世界、收集各种信息的主要器官。这一特征也会被映射到其他功能相似的人或物上，由此扩展出"收集信息的人或物"这一意义，如日语中的「警察の目」（例107）、「艦艇の目」（例108）、「心の目」等以及汉语中的"眼线"（例109）、"眼睛"（例110）或是"心灵之眼"等。

（107）これらの仕事は、警察の目が光る中ではいずれも続けにくいものなのである。（『闇の警視』阿木慎太郎）

（108）艦艇の目となり耳となるレーダー、ソナーなどのセンサー類は水上艦、潜水艦にとってきわめて重要な装備である。（『兵器最先端』梅野和夫）

（109）群众就是他们的眼线、耳目，只要有不法分子潜入他们的辖区，结果只有一个——束手就擒。（《人民日报》）

（110）炮瞄雷达是火炮的眼睛。（《中国儿童百科全书》）

不过，在汉、日两种语言中，「目」和"眼"通过隐喻映射的目标域也不尽相同。日语的「目」可以用来表示点状事物，如「さいころの目」（例111）、「目盛り」、「のこぎりの目」（例112）等。汉语的"眼"无此用法。

（111）一方、サイコロの目をあてるようなゲームは「開いたシステム」のゲームである。（『孫悟空はどこまで飛んだ？』木下栄蔵）

（112）ところどころに、なた目ではない、のこぎり目がのこっているのは、昨年測量隊のとおったあとにちがいない。（『大興安嶺探検』森下正明）

第十章 转喻、提喻与二语习得研究 171

另一方面，汉语的"眼"也具有一些独特的隐喻投射，主要包括以下两种。

［1］映射珍贵的人或物

由于眼睛是人类观察世界、收集信息最主要的器官，对于人的生活中起着至关重要的作用，所以，汉语中的"眼"有映射珍贵的人、物的用法（例113、114）。

（113）即使你是个外行，也会一眼看出这些都是龚会长的"眼珠子"。（《人民日报》）

（114）老人常利用这一机会，告诫乡亲要像保护眼睛一样保护石林的每一块石头。（《人民日报》）

［2］映射关键之处或要点

正是由于眼睛对所有者具有重要的意义，所以"眼"也常被用来表示关键之处或是要点，如"节骨眼"（例115）、"字眼"（例116）、"题眼"等。

（115）演习正在节骨眼上，还不能想这个问题！（《突出重围》柳建伟）

（116）善和恶这类字眼放到科学中是不严谨的。（《三体Ⅱ》刘慈欣）

此外，在表示孔洞状事物时，汉语中的"眼"隐喻投射范围更广，如"泉眼"（例117）、"炮眼"等。还有部分表达的字面相同，但实际投射的目标域并不一致。例如，日语中的「針の目」指的是"针脚"（例118），而汉语中的"针眼"指的却是"针鼻儿"或是"被针扎过之后所留下的小孔"（例119）。

（117）两座小山下面，还有几个泉眼。（《风云初记》孙犁）

（118）またその事は旗を縫い合わせる針の目にも、やはり三針、五針、七針というように奇数の縫目でもって"良し"とする習慣が当時にはあった。（『拳眼』土門拳）

（119）接着是很细的声音，像一根线穿过针眼一样穿过了我的耳朵。（《在细雨中呼喊》余华）

除了基于隐喻发生的词汇自身的语义拓展外，「目」还与一些词汇构成固定词组，并通过隐喻，实现对某些感觉、状态的映射。例如，「目に染みる」表示"刺眼"（例120），「目と鼻の先」形容距离极近（例121），「目の上の瘤」形容"眼中钉，肉中刺"（例122），「目をつぶる」形容"无视"（例123）。此时，「目」本身并不发生意义拓展，而是以词语搭配所示事件为源域事件向作为目标域

172　基于语料库的中国日语学习者认知研究

的感觉、状态进行投射。汉语中的很多表达与此类隐喻有相似之处，如"刺眼"（例124）、"眼皮底下"（例125）、"眼中钉"（例126）、"闭眼"（例127）等。

（120）白い雪景色をバックに帽子の赤さだけが<u>目に染みた</u>。（『風雪殺人警報』辻真先）

（121）東京の浜松町にあるそのビルは、岸壁まで<u>目と鼻の先</u>だ。（『経営パワーの危機』三枝匡）

（122）権力の野望に燃えていた藤原北家の人々にとっては<u>目の上のこぶ</u>の一家で、失脚させようと虎視眈々としていた。（『「源氏物語」を旅しよう』瀬戸内寂聴）

（123）市場価値に<u>目をつぶる</u>というのは、それはそれで最悪の選択である。（『グッドキャリア』山本直人）

（124）因为红砖围墙上挂着一块<u>刺眼</u>的牌子："华人与狗不得入内"。（《林巧稚传》马雨农、王武）

（125）看来世界上还有许许多多秘密在人们的<u>眼皮底下</u>藏着呢！（《不要问我从哪里来》缪士）

（126）你是在变着法儿拔<u>眼中钉</u>哇！（《分界线》张抗抗）

（127）反正没晴天大日头的用敞车往家里拉人，就不算是有意犯教规，大家<u>闭闭眼</u>，事情还有过不去的？（《柳屯的》老舍）

　　但是，在汉、日两种语言中，有时同一喻体映射的对象并不相同，而不同喻体也有可能映射同一对象。例如，日语中的「目から火が出る」与汉语中的"（头被打时）眼冒金星"映射的是同一生理现象（例128、129）；而汉语中的"眼中冒（着）火"则表示"极为愤怒"的意思（例130）。

（128）頭打った拍子に<u>目から火が出た</u>わ。（『上方落語』笑福亭松鶴）

（129）他口干舌燥，<u>眼冒金星</u>，喉咙里仿佛冒出烟了。（《失落的梦》殷正渝）

（130）她酸楚地咬啮着嘴唇，<u>眼中冒着火</u>。（《遥远的爱》郁茹）

5.1.2 基于转喻的意义拓展

　　与隐喻相同，日语「目」基于转喻的意义拓展也可分为自身的语义拓展以及固定词组的语义拓展两大类。在转喻方面，日语中的「目」和汉语中的"眼"的语义

拓展同样呈现共性和个性。其共性主要表现为以下几个方面。

[1]转指视力

「目」和"眼"作为物体，可以通过转喻转指该物体所具有的特征、能力、态度等一系列相关对象。首先，基于范畴特征转喻，可以转指其所具有的能力，即"视力"，如「目がいい」、「目が弱い」（例131）、"眼睛好使""眼睛不好"（例132）等。

（131）人間は年を重ねると<u>目が弱く</u>なり耳が遠くなります。（『ありのままの自分を生きる』西原祐治）

（132）这位百岁老人虽然疾病缠身，<u>眼睛不好</u>，但他的神志和头脑却一直非常清醒。（《马寅初传》杨建业）

[2]转指态度

其次，基于范畴特征转喻，「目」和"眼"可以转指由其表现出的主体的态度，如「変な目で見る」（例133）、「目に物言わせる」（例134）、「目の色を変える」、「目は口ほどに物を言う」等。汉语中也有类似用法，如"以目示意"（例135）、"眼光"（例136）、"冷眼""白眼"等。

（133）五人のお兄さんが、<u>変な目で</u>こっちを見ている。（『優しい男』諸井薫）

（134）男性だって「<u>目に物言わせる</u>」時があるはず。（https://allabout.co.jp/gm/gc/195401/all/）

（135）一个对他同伴<u>以目示意</u>，一个便走上前去下命令样的喝道⋯⋯（《红豆》曼陀罗）

（136）从那冷漠的<u>眼光</u>中，他突然觉得自己仿佛变成了瘟疫，一种强烈的孤独感和被遗弃感紧紧地缠绕着他。（《中国青年报》）

[3]转指主体

有一些意义拓展基于整体部分转喻，如用「目」或"眼"指代感官的所有者，即"人"。例如，「目の前」指的是人的前方（例137），「目の下」指的是人的下方（例138），「目が覚める」表示人从睡梦中醒来。由于人醒来后通常会先睁开眼睛，因此在此过程中，眼睛得到突显并构成了明确的参照点。该形式还能通过隐喻表示主体从迷茫中清醒过来。汉语中此类转喻很少，只有"眼前"能表示方位（例139），"眼下"表示的是时间（例140）。此时，发生了由空间范畴向时间范畴的

映射。笔者将在下节作进一步探讨。

（137）鍵をあけ、ドアを開けると、目の前に、ケータイを手にした戸田が立っていた。（『死なないで』赤川次郎）

（138）山をおりてゆくと、目の下にもう海がみえます。（『くまの子ウーフ』神沢利子）

（139）但也因此，虽萧家骥就在眼前，却无从说两句私话。（《红顶商人胡雪岩》高阳）

（140）书中涉及的一些问题，他们过去曾和费正清讨论过，也是眼下他们所关注的。（《林徽因》张清平）

［4］转指动作

眼睛是人类最重要的感觉器官，经常被认知为一种认知工具。基于动作转喻，作为工具的「目」或"眼"可以转指"看"这一动作。尽管受词性所限，这两个词自身很少单独充当谓语，但在句中，出现了「目」或"眼"后，表示动作的「見る」、"看"等动词有可能被省略。例如，例141中，省略了「見る」。例142中，可以认为是省略了"看去"等。这说明，此处的「目」或"眼"隐含了动作意义。该转喻是最主要的转喻路径之一。在此基础上，还可以进一步转指动作的范围、焦点以及动作对象等。笔者将在下节作进一步探讨。

（141）せめて死顔を一目、できるなら遺体を引き取って埋葬したかった。（『幕末愚連隊』早乙女貢）

（142）我一眼发现支架滑轮上有一道异样的痕迹，立刻引起了我的警觉。（《吉原先生》徐筑敏、李柯）

在日语中，除了以上这些由「目」直接形成的转喻外，更多的是以含「目」的固定词组为喻体的。从转指的对象来看，「目」与"眼"有以下共通之处。

［1］转指生理状况

基于因果转喻，与「目」或"眼"有关的动作、状态可以转指引发该动作、状态的生理状况。例如，在日语中，「目が黒いうち」转指主体活着的状态（例143），「目をつぶる」指代死亡（例144）。在汉语中，"闭眼"同样可以指代"死亡"（例145），"眼前一黑"则指代身体虚弱的状况（例146）。

第十章　转喻、提喻与二语习得研究　175

（143）父親が息子のダメなところに、「オレの<u>目が黒いうち</u>に、アイツも気
　　　がついてくれれば…」と嘆息をもらす。（『男の器量は女しだい』榎
　　　本勝起）

（144）そのブタが、じき永久に<u>目をつぶって</u>しまうのだと知っても、子ども
　　　たちの心は、べつにさわがなかったのです。（『牛追いの冬』マリー・
　　　ハムズン）

（145）老友的太太生了不治之症，也死了，就在她<u>闭眼</u>的时分，那钟竟走动起来，
　　　一直走到如今再没停过。（《长恨歌》王安忆）

（146）浑身疼痛，四肢酸麻，伤口一剜一剜地疼痛，<u>眼前一黑</u>，差点儿没有栽倒。
　　　（《烈火金刚》刘流）

［2］转指心理状况或感受

　　基于因果转喻，与「目」或"眼"有关的动作、状态还可以转指引发该动作、
状态的心理状况。例如，在日语中，可以用「目を三角にする」（例147）、「目に
角を立てる」指代愤怒，用「目を疑う」（例148）、「目を丸くする」、「目を
見張る」等指代惊讶等。作为此用法的延伸，还可以通过转喻指代外部事物给主体
带来的心理感受，如用「目も当てられない」表示场景凄惨（例149），用「目も
あや」、「目を奪う」表示容颜、服饰的美丽，用「目にも留まらぬ」表速度极快
等。汉语中也有类似转喻，如用"横眉立目"表示愤怒（例150），用"怀疑自己的
眼睛"表示惊讶（例151），用"眼花缭乱"表示看着复杂纷繁的东西而感到迷乱
（例152）。

（147）帰りがおそければ、市助が<u>目を三角にして</u>叱るだろう。（『お江戸捕
　　　物絵図』多岐川恭）

（148）十一時を過ぎたころ、<u>目を疑う</u>ような光景にぶつかった。（『バンコ
　　　クの罠』日比野宏）

（149）日本のデモやストにおける言語表現の貧しさときたら<u>目も当てられな
　　　い</u>じゃない。（『男ざかりの美学』桐島洋子）

（150）老者见几个卖瓜人个个膀大腰圆，<u>横眉立目</u>，吓得赶紧扔下 5 元钱，逃
　　　之夭夭。（《人民日报》）

（151）翻来覆去地看，企图从中找出一个中国人的名字来，但结果令人失望。
　　　我不再<u>怀疑自己的眼睛</u>了，转而怀疑这些老外是否抱有偏见。（《罗炯

光品书录》罗炯光）

（152）郑明明的服饰让人过目不忘，眼花缭乱。（《修炼魅力女人》张晓梅）

由于转喻是认知主体在某一特定理想化认知模型（ICMs）作用下，以一个概念实体为参照点，去认知另一个概念实体，因此，在不同理想化认知模型（ICMs）的作用下，同一参照点概念可能导向不同的目标概念。同样，不同参照点概念也可能导向同一目标概念。例如，「目をつぶる」既可以通过事件转喻，以部分动作指代整体动作即睡觉（例153），也可以通过因果转喻指代死亡（例154），甚至可以通过结构隐喻表示无视（例155）。

（153）頭をシートの背に戻すと、少し睡気を覚えて、目をつぶった。（『黒白の旅路』夏樹静子）

（154）そのブタが、じき永久に目をつぶってしまうのだと知っても、子どもたちの心は、べつにさわがなかったのです。（『牛追いの冬』マリー・ハムズン）

（155）そうすると核にかこつけてほかのすべての悪にも目をつぶってしまうことになる。（『戦後短篇小説選』開高健）

同样，「目が据わる」通过因果转喻既可以指代醉酒（例156），又可以指代惊讶（例157）。「目を回す」既可以指代昏厥，又可以指代繁忙。「目を白黒させる」既可以指代惊讶，又可以指代痛苦。「目を剥く」既可以指代惊讶，又可以指代愤怒。

（156）さらに酒を好み、酔えば目がすわってときに狂人のようにあばれた。（『木曜島の夜会』司馬遼太郎）

（157）志津夫は何かに取りつかれたような顔になっていた。目がすわっている。（『カムナビ』梅原克文）

汉语中也有类似现象，如"瞪圆了眼睛"既可以表示惊讶（例158），也可以表示气愤（例159）。不过，日语中的「目を丸くする」通常只能指代惊讶（例160）。

（158）而可慧已瞪圆了大眼睛，惊诧得就像她是外星人一般。（《聚散两依依》琼瑶）

第十章　转喻、提喻与二语习得研究　177

（159）这事还能是假的？要不，咱们去找证人？暖暖的**两眼瞪圆**了。（《湖光山色》周大新）

（160）哲也は、驚いたように**目を丸く**し、二人の刑事の目を見くらべた。（『さて、これから…』佐野洋）

5.1.3 基于喻解连锁的意义拓展

如本章第4节所述，对于特定词汇来说，有<u>些</u>意义拓展单纯经由隐喻、转喻或提喻而成，有些则是通过其中两种或是两种以上的喻解形式叠加，形成喻解连锁而产生的。例如，通过结构隐喻，由「目」派生出与其形状相近的"孔状物"的意义，如「台風の目」（例161）。在此基础上，「台風の目」作为一个整体，通过结构隐喻，进一步衍生出"矛盾、冲突最集中的地方"这一语义（例162）。与其相似的还有「網目」（例163）等。汉语中也有相同的语义拓展方式，如"台风眼"（例164）、"网眼"（例165）等。显然，喻解连锁是一种跨语言的共性现象。不过，两种语言中的喻体不尽相同。例如，日语中的「碁盤の目」可以表示多条街道等线条状事物垂直交错的样子（例166）；而在汉语中，则应用"棋盘格"等形式表达（例167）。

（161）しかしこのあわただしい日々が一段落したとき、台風の<u>目</u>にも似た一時の静けさが訪れたのだった。（『ブント私史』島成郎）

（162）ハンガリーはグローバリゼーションの台風の<u>目</u>になることは確かである。（『多文化共生時代のコミュニケーション力』御手洗昭治）

（163）マスクメロン（緑）枝が太く、青く、球形でネットに張りがあり、果皮が傷んでないものを選ぶこと。<u>網目</u>が細かいほど香りも味もよい。（『フルーツカッティング』平野泰三）

（164）所以，到目前为止，李敖还是在"**台风眼**"里逍遥。（《李敖对话录》李敖）

（165）一条黑色的**网眼**方巾围在脖子里，那黑**网眼**上有许多红色和黄色的小花点，像夜空里的星星似的。（《人之窝》陆文夫）

（166）憶えられんのは通りの名前だ。<u>碁盤の目</u>だから考えなくていいと言われても、通りの名前を暗記していないことにはどうにもならんのだから、かえってやっかいだ。（『宙都』柴田よしき）

（167）她就把竹篮子套在手腕上，乱翻起摊子上的布来，选着条纹花的说不好，

选着棋盘格的也说不好。（《山峡中》艾芜）

更多的语义拓展则是建立在转喻基础上的。基于动作转喻，作为工具的「目」或"眼"可以转指"看"这一动作，并在此基础上，转指一系列与动作相关的事物。作为汉、日共通的转喻路径主要包括以下几种：

[1] 视野

基于动作转喻，作为工具的「目」或"眼"可以在转指"看"这一动作的基础上，转指"看"的可及范围，即视野。日语中的「目に入る」（例168）、「目に付く」（例169）、「目に立つ」、「目にも留まらぬ」等词组中的「目」以及汉语中的"眼帘"（例170）、"显眼"（例171）等词中的"眼"均转指视野。

（168）パラパラめくっていたら、こんな文章が目に入った。（『詩人のノート』田村隆一）

（169）ふいに、見慣れない名前が目についた。（『ハイドラの弔鐘』井上雅彦）

（170）我把合着的鞋垫打开，映入我眼帘的是两朵美丽的月月红。（《风吹月季》张事业）

（171）人都会对那套装备产生依赖，行动不便，妨碍视野，而且是个很显眼的靶子。（《士兵突击》兰晓龙）

在"视野"的基础上，通过结构隐喻，还可以进一步衍生出"观察、判断所及范围"这一意义（例172、174）。不仅如此，由此还派生出表示某客体在该范围内的状态的用法，如日语中的「目に余る」（例173）、「目に立つ」以及汉语中的"显眼"（例175）、"起眼"等。

（172）それまでよりも、ずっと多くのことが一度に目に入ってくるのだから、そんなふうになるのも当然である。（『やる気を生みだす気づきの法則』菊入みゆき）

（173）わがままなふるまいが目にあまり、父子ともに討ち果たし、鬱憤をはらした。（『戦国茶闘伝』三宅孝太郎）

（174）平日里不开口的李宁玉竟口若悬河，令顾小梦大开眼界。（《风声》麦家）

（175）人怕出名猪怕壮，一家伙五千元，太显眼啦……（《富了以后》郑业林）

[2] 焦点

「目」和"眼"转指动作焦点的用法更多。在日语中，有「目を移す」（例

176）、「目を奪う」（例177）、「目を向ける」、「目もくれない」、「目を凝らす」、「目を付ける」、「目を盗む」、「目を離す」等。汉语中通常不会单独用"眼"，而是用"眼"的虚拟产物如"眼光"（例178）、"目光"（例179）等表示"看"的焦点。

（176）成本は、星でも仰ぐように空に目を移した。(『殺人山行燕岳』梓林太郎)

（177）バレンチノ、グッチ、アルマーニー高級ブランド専門店のショーウインドーが目を奪う。（『変わる都市』上田勝雄／守時紀典)

（178）大家都无法说服这位资深工程师，于是把眼光转向了我，希望我能够说服他。（《世界因你而不同》李开复)

（179）人们将目光射向警察。（《同船共渡》映泉）

在此基础上，通过结构隐喻，由"焦点"还会进一步衍生出"观察、判断的焦点"这一意义，如日语中的「目を移す」（例180）、「目を奪う」（例181）以及汉语中的"着眼"（例182）、"目光"（例183）、"眼光"等。

（180）ついで寺田の日常生活に目を移すと、地道な実験・実習や計測、講義受講や読書の模様が精細に記録されている。（『内村鑑三と寺田寅彦』影山昇)

（181）新しい豊かな収穫の喜びに目を奪われて、人々は推論の仕方を吟味することにあまりにも無批判であった。(『無限のパラドクス』足立恒雄)

（182）深化国有企业改革，必须着眼于搞好整个国有经济。（《人民日报》)

（183）他不惑于外表，而把目光射向人们的心灵。（《诗人笔下的雕塑家》黄新亚）

［3］判断力

如上节所述，基于范畴特征转喻，「目」和「眼」可以转指其所拥有的能力，即"视力"。在此基础上，通过结构隐喻，还可以进一步引申出"判断力"这一意义，如日语中的「目が高い」（例184）、「目が肥える」（例185）、「目が効く」、「目がない」等以及汉语中的"眼光"（例186）、"眼力"（例187）、"慧眼"等。

（184）田村は、自分を優秀学校と評判の高い滋野小学校に選ぶとは、校長はさすがに目が高いと得意であった。（『異質の光』髙谷清)

180 基于语料库的中国日语学习者认知研究

（185）目が肥えるのは当たり前で、判断力だって増すし、決断力だって相当なものになる。（『男の子は母親次第』宗内数雄）

（186）目前，已有一些眼光敏锐的企业盯住了潜力巨大的农村市场。（《人民日报》）

（187）不过，我的眼力毕竟比不上舅舅您呀。（《李嘉诚家族传》窦应泰）

〔4〕看法

基于结构隐喻，「目」和"眼"还可以由其代表的主体的态度转指其对某一事物的看法。如日语中的「白い目で見る」（例188）、「さめた目で見る」（例189）、「目の色を変える」等。汉语中也有类似的隐喻映射，如用"白眼"（例190）、"目光"（例191）、"媚眼"等。

（188）会社のような組織体では、たびたび周囲から白い目で見られ、仲間から疎外されてしまいます。（『職場のやっかいな人とつき合うコツ』植西聰）

（189）亭主のね、出世をね、そういうさめた目で見て、どうするんだよ？（『ふぞろいの林檎たち』山田太一）

（190）遭白眼，挨骂，有时吃着饭一块砖头飞进来，玻璃窗粉粉碎。（《一百个人的十年》冯骥才）

（191）很长时间里，我都用喜悦的目光去注视他。（《在细雨中呼喊》余华）

尽管在喻解连锁方面，汉、日两种语言中可以观察到大量共性现象，但也不可避免地存在着一些差异。除了具体的喻体不同外，日语的「目」有一种由动作向动作对象扩展的用法，如用「見た目」表示外观（例192）等。在此基础上，还衍生出表示主体体验的用法，如「ひどい目にあう」（例193）、「いい目を見る」（例194）等。这些是日语独有的。

（192）水がきれいかどうかは、見た目では判断できません。（『はじめてのリバー・トレッキング』越谷英雄）

（193）この準備がなかったために、わたしはひどい目にあった。（『逆境に打ち克つ人間学』童門冬二）

（194）なんで奴だけいい目を見るのかと、いまいましくは思っている。（『東京大學殺人事件』佐藤亜有子）

第十章　转喻、提喻与二语习得研究　181

　　汉语中的"眼"也有一种较为独特的映射方式，即由"视野"通过结构隐喻映射"看问题的角度"，如"眼中"（例195）、"眼里"（例196）等。日语的「目」没有类似的隐喻形式，而是用「目から見る」表示相近的意思（例197）。显然，该用法是以词组形式进行隐喻映射，与前者的意义拓展路径截然不同。

　　（195）马云在公众眼中是个有魅力、善言辞并懂得利用媒体的人。（《激荡三十年》吴晓波）

　　（196）孩子在父母亲的眼里当然都是很漂亮的。（《鲁豫有约·开心果》陈鲁豫）

　　（197）同僚の目から見れば、その疑問はもっともだ。（『30歳までに何をするか』山田智彦）

　　此外，还有一些含「目」的固定词组和含"眼"的词语通过整体部分转喻与地点转喻的连锁实现了意义拓展。例如，「目の前」、"眼前"等表达形式中的「目」和"眼"首先以感官转指感官所有者，指代主体的"面前"。在此基础上，还可以通过地点转喻，用地点转指眼前的人或事物（例198、199）。

　　（198）山道をぬけると目の前がひらけ、入江が、鹿島森が、民家が見えてきたんやと。（『吉崎御坊の歴史』朝倉喜祐）

　　（199）对这种只顾眼前、不顾长远的做法，必须加以制止。（《人民日报》）

　　在此基础上，在汉语中，还可以进一步实现由空间范畴向时间范畴的隐喻映射，如用"眼前""眼下"等指代"当前"或是"很近的未来"等时间概念（例200、201）。而笔者在现代日语书面语均衡语料库（BCCWJ）中检索后，共得到「目の前」的例句1673句。分析实例后发现，该形式通常只表示具体或抽象的空间概念。即便是出现在描述时间的语境中，也是通过空间距离的"近"映射时间的"近"。其本身并不表示时间概念（例202、203）。同样，「目の下」也只有表示空间概念的用法（例204），无法实现向时间概念的映射[①]。受此隐喻映射差异的干扰，在学习者产出中出现了较多的相关表达失误。

　　（200）但是，眼前王爷还有些小麻烦，正是黑云压城头，滚雷响顶上的时候。（《努尔哈赤》李文澄）

―――――――――――――

① 日语中的「目下」也表示时间概念。因为该词是汉语词，故不作为本节的研究对象。

　（a）いや、目下、鋭意捜査中です。（『盲目のピアニスト』内田康夫）

182　基于语料库的中国日语学习者认知研究

（201）我认为<u>眼下</u>的日子正是繁华落下归平淡，天真顽童变老夫。（《沉浮》
　　　　陈鲁豫）

（202）もう冬も<u>目の前</u>の十一月、実に六か月余にわたる放浪の末の結論だっ
　　　　た。（『わが人生のシュプール』猪谷千春）

（203）夏休みが<u>目の前</u>に迫っているというのに、由紀はいっこうにたのしく
　　　　なかった。（『トラブルさんこんにちは』山中恒）

（204）父も菊丸も<u>目の下</u>にいた。父の心配そうな目に見上げられていた。（『雪
　　　　より白い鳥』立松和平）

　　　最后，还有个别表达的形成基于提喻。例如，例205中的「目」指的不仅是他
人的眼睛，还包括其他认知手段。例206中的「目」指代的是包括视觉在内的各种
监视手段。这些都可以认为是基于提喻的语义拓展。也有部分意义的最终形成基于
喻解连锁。例如，在「目には目を、歯には歯を」中的「目」、「歯」分别通过动
作转喻，以作为工具的"眼"和"牙"代表"瞪眼"和"用牙咬"这两个动作（例
207）。在此基础上，通过提喻，以个别动作指代"对方使用的手段"这一更大的
动作范畴。汉语中也有类似的表示方式（例208、209）。总体而言，基于提喻的意
义拓展途径较为一致，均为以词汇形式用"眼睛"指代包括眼睛在内的各种认知手
段，未见以词组形式发生的拓展。

（205）あちこちを流れ歩いた末、人口過多の東京にもぐり込み、世間の<u>目</u>を
　　　　ごまかすために定職らしいものについていた。（『煉獄無宿』西村望）

（206）そうおっしゃってもこのようなデリバティブ仕立ての債券の販売には
　　　　最近監督官庁も<u>目</u>を光らせています。（『トップ・レフト』黒木亮）

（207）ともあれ、「<u>目には目を、歯には歯を</u>」というのが、社会的事実として、
　　　　古代の人たちの素朴な正義感情であったこと自体は、疑いないでしょ
　　　　う。（『死刑廃止論』団藤重光）

（208）孙立平的<u>眼睛</u>注视着燕园之外的风雨阴晴。（《人民日报》）

（209）唯其钱与人都留在本城，且留在金融企业圈子内，以牙还牙，<u>以眼还眼</u>
　　　　的机会真是俯拾皆是。（《九重恩怨》梁凤仪）

　　　但需要注意的是，基于提喻与基于隐喻的语义拓展较为接近，容易被混淆。
田中聪子（2002）认为，在如「世界・事態・ものごと・状況をみる」等表达中，
「見る」表示的是认知活动的整体，涵盖了视觉活动以及更高级别认识活动等多种

形式，因此可以将其视为提喻。由于其中也存在部分只能被认为是隐喻的用法，故田中聪子将此类语义拓展方式称为「メタファー・シネクドキー的拡張」，即"隐喻·提喻式扩展"。有蔺智美（2013）沿袭了该观点。但是笔者认为，在表示由"视野"用法延伸而来的"观察、判断所及范围"（例210）、由"焦点"用法延伸而来的"观察、判断的焦点"（例211）、由"视力"用法延伸而来的"判断力"（例212）以及由"态度"用法延伸而来的"看法"（例213）时，相关的认知活动均已脱离了"眼睛"这一具体的视觉器官。此时，认知主体依然能够很好地完成这些更为抽象的认知活动。该项拓展意义的形成依据的主要是具体视觉活动和抽象认识活动在结构上的相似性，而并非以范畴成员替代整个范畴。因此，此类意义拓展都是基于结构隐喻，而非提喻。

（210）わがままなふるまいが目にあまり、父子ともに討ち果たし、鬱憤をはらした。（『戦国茶闘伝』三宅孝太郎）

（211）新しい豊かな収穫の喜びに目を奪われて、人々は推論の仕方を吟味することにあまりにも無批判であった。（『無限のパラドクス』足立恒雄）

（212）目が肥えるのは当たり前で、判断力だって増すし、決断力だって相当なものになる。（『男の子は母親次第』宗内数雄）

（213）会社のような組織体では、たびたび周囲から白い目で見られ、仲間から疎外されてしまいます。（『職場のやっかいな人とつき合うコツ』植西聰）

5.1.4 语义拓展路径的总结与分析

通过以上考察，我们发现，日语的「目」和汉语的"眼"在语义拓展机制方面具有很多共通之处。在此过程中，隐喻、转喻和提喻均发挥了重要作用。日语的「目」的意义拓展可以分为词汇和词组两个层面，汉语虽然无法作此区分，但在映射或转指对象上面具有很高的相似性，这体现了人类在语义认知方面的相似性。同时，两词也分别拥有一些特有的语义拓展方式。其中，既有映射或转指路径方面的不同，也有具体喻体上的差异。

在隐喻方面，「目」和"眼"共有5种基本映射方式。其中，2种是共通的，即"孔状物"和"具有信息收集功能的人或物"。1种是日语独有的，即映射"点状物"。2种是汉语独有的，即映射"珍贵的人或物""关键之处或要点"。此外，在表示孔状物时，汉语中的"眼"隐喻投射范围更广。

184   基于语料库的中国日语学习者认知研究

在转喻方面，「目」和"眼"共有6种基本转指方式。其中，5种是共通的，即转指"视力""态度""主体""视野"和"焦点"等。1种是日语独有的，即表示"外观"。在进一步的语义拓展中，共产生6种意义。其中，4种是共通的，即"判断力""看法""观察、判断所及范围"和"观察、判断的焦点"。1种是汉语独有的，即表示"看问题的角度"。1种是日语独有的，即表示"体验"。

此外，两词还可以通过提喻指代各类认知器官。总体而言，两词的语义拓展路径构成了如图10-3所示的网络结构。

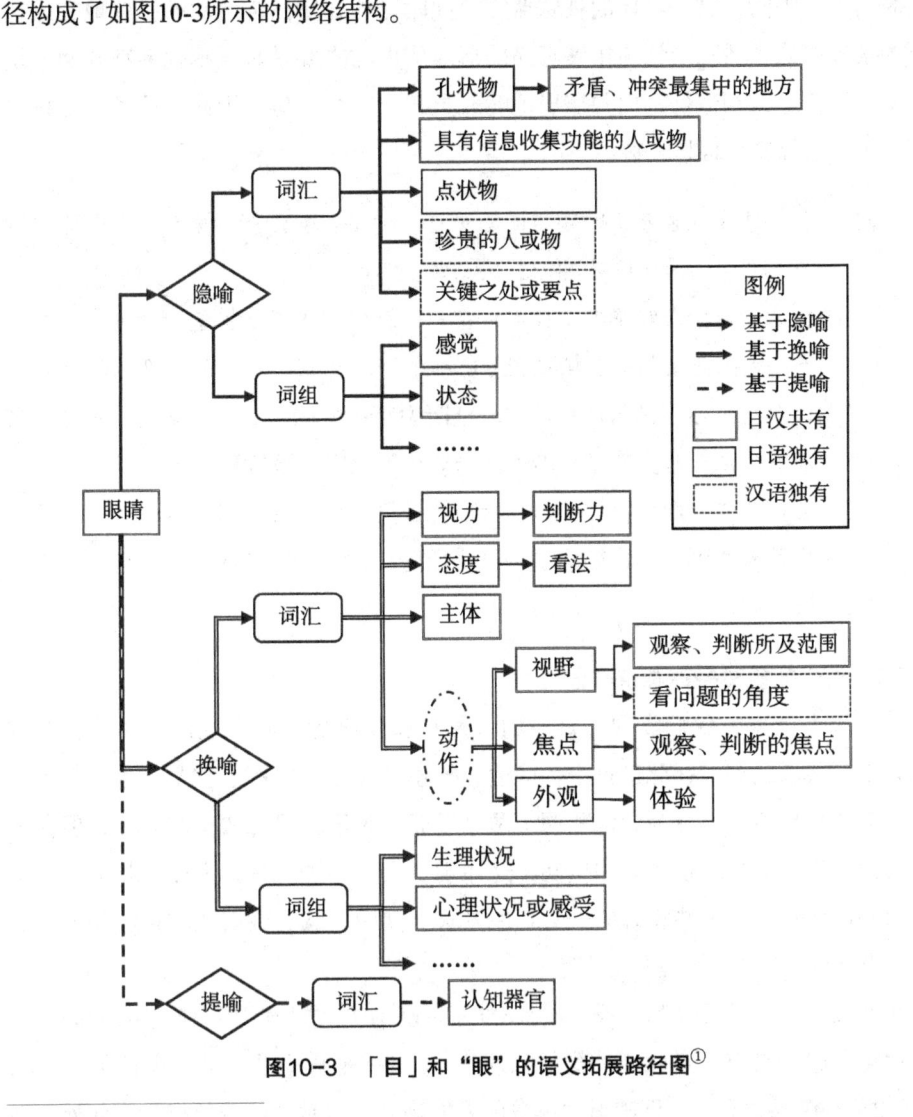

图10-3   「目」和"眼"的语义拓展路径图①

――――――――――

① 受篇幅所限，在此无法逐一罗列以固定词组形式发生的语义拓展，以省略号表示。如上所述，对汉语"眼"的语义拓展分析不做词汇、词组的区分。本图的分类以日语为准。此外，受词性限制，两词在句中均不能直接作为动词使用。这一点与其他用法不同，故以虚实相间的线条表示。

由图可知，汉、日两种语言中的「目」和"眼"具有许多共通的语义拓展路径。这不仅体现了人类对于眼睛这一重要的感觉器官在形状、功能等方面的认知共性，更反映了人类在隐喻映射、转喻转指以及提喻等认知模式方面的共性。结合对实例的具体分析可知，无论是派生路径还是表达形式的数量，在基本的语义拓展过程中，更多依据的是转喻。而在喻解连锁过程中，绝大多数情况下，则是通过隐喻最终实现了从具体事物向抽象事物或概念的映射。可以认为，在人类认知客观世界的过程中，转喻是较为基础的认知行为，而隐喻涉及对外界事物特征的归纳以及对处于不同范畴域的概念之间相似性的认知，是一种更加高级的认知行为。

尽管「目」和"眼"在语义拓展方面具有很多共性，但是如上文所述，汉、日两种语言对于眼睛的认知角度和重点还是存在着一定差异，由此产生了一些不同的派生意义。而且，即便是相同的隐喻映射或转喻转指，具体的喻体也可能有所不同。受其影响，在学习者的产出中不可避免地出现了一些不规范或不符合日语表达习惯的语言形式，即表达失误。下节，笔者将系统梳理中国日语学习者的产出中「目」的使用情况，通过与日语本族语语料进行对比，考察表达失误的具体类型，分析其产生原因，并探究其中的难点和对策。

5.2 中国日语学习者对「目」的使用状况

为了系统掌握中国日语学习者对「目」的使用情况，笔者从中国日语学习者语料库所收2,400份四、八级作文语料中，抽取所有含该汉字的例句，经逐一筛选，排除了含「目（もく）」的汉语词（例214）、含「目（め）」的和语词（例215）、接尾辞用法（例216）以及偶然雷同（例217）等例句①后，最终获得例句209句。

（214）この目標に向かって、一生懸命頑張ってきた。（CJLC）

（215）デメッとというと、一番目立つのは、情報氾濫ということだろう。（CJLC）

（216）今、大学の4年目、人生の22年目に至っていた。（CJLC）

（217）このごろ、夏目漱石によって書かれた「わがはいは猫である」という本を読んだ。（CJLC）

首先，观察一下学习者对本节考察对象的使用情况。表10-1显示了「目」的例

---

① 本节旨在全面、深入地探讨学习者对和语词汇「目（め）」的使用情况，故将含「目（もく）」的汉语词排除在外。同理，接尾辞「目（め）」也不在本节的研究范围之内。

186　基于语料库的中国日语学习者认知研究

句的分类统计结果。在分类过程中，将那些未与其他词汇构成形式、意义较为固定的搭配形式的用例，统一归入「目」类（如例218、219）①。最终，从四级作文中共检出17种固定表达形式，从八级作文中共检出47种固定表达形式。可见，较之二年级学习者，四年级学习者的表达的丰富程度有了较大提高。

（218）帰ると、彼達の目は皆腫れ、桃のように見えた。（CJLC）

（219）お母さんの目に、何よりも私のことが一番大切です。（CJLC）

表10-1　四、八级考试作文中「目」的使用情况一览

	表达形式	四级	八级		表达形式	四级	八级
1	目	16 (23.9)	18 (12.7)	11	目の下	1 (1.5)	1 (0.7)
2	目の前	13 (19.4)	36 (25.4)	12	目が不自由	8 (11.9)	0 (0.0)
3	目に遭う	6 (9.0)	3 (2.1)	13	目が覚める	0 (0.0)	5 (3.5)
4	目が悪い	6 (9.0)	1 (0.7)	14	目が回る	0 (0.0)	2 (1.4)
5	目がない	3 (4.5)	9 (6.3)	15	目にする	0 (0.0)	2 (1.4)
6	目に入る	2 (3.0)	9 (6.3)	16	目に浮かぶ	0 (0.0)	2 (1.4)
7	目で見る	2 (3.0)	8 (5.6)	17	目に映る	0 (0.0)	2 (1.4)
8	目から見る	2 (3.0)	5 (3.5)	18	目を向ける	0 (0.0)	2 (1.4)
9	目に見える	2 (3.0)	2 (1.4)	19	其他②	5 (7.5)	31 (21.8)
10	目を引く	1 (1.5)	4 (2.8)		合计	67 (100)	142 (100)

　　从具体的表达形式来看，在四级作文里出现的高频表达中，「目」不与其他词构成固定搭配的例句占23%以上。此外，除了汉、日表达较为相近的，如「目の前」、「目が悪い」、「目で見る」等以外，大多为通常的教学重点，如「目に遭う」、「目が不自由」、「目がない」等，其他固定搭配形式出现很少。在八级考试作文语料中，不与其他词构成固定搭配的「目」的例句仅占12.7%，较之四级考试作文显著减少。不仅各种固定搭配的使用频率普遍有所提高，还出现了一些包含

---

① 制作本表的目的在于全面掌握学习者对该词的使用情况，因此在统计时，笔者只依据了表达的具体形式，而不考虑其用法正确与否。

② 另有部分惯用形式在四级或八级语料中仅检索到1句例句，因数量过少，且未呈现出在不同层级学生表达中的普遍性，统一归入其他。

第十章　转喻、提喻与二语习得研究　187

「目が回る」（例220）、「目に浮かぶ」（例221）、「目に映る」等的例句。尽管这些例句绝对数量不多，且部分形式的使用尚不规范，但仍显示出高年级日语学习者对词汇搭配的掌握和使用能力有所提高。众所周知，词汇搭配知识是词汇知识的重要组成部分。搭配能力也是语言能力的重要组成部分。提高学习者的词汇搭配能力是语言教学的重要内容。通过以上对比可知，高年级日语学习者的词汇使用能力有了一定提高。但是总体而言，学习者能够熟练使用的固定词组仍然偏少。

（220）来年の六月に卒業予定の私たちにとって、毎日忙しくて<u>目が回ってい</u>
　　　<u>る</u>。（CJLC 八级）

（221）日本の戦国時代についての本を読むたび、武田信玄の偉い姿が<u>目に浮</u>
　　　<u>ぶ</u>。（CJLC 八级）

下面，分析一下作文中出现的「目」所表示的具体意义。根据图10-3显示的该词的语义拓展路径，笔者对所有例句进行分类统计后，获得下表。从中可以发现，四、八级应试者对该词的使用具有一些共性特征。两者均未涵盖其所有用法。尤其是基于隐喻的词汇层面的语义拓展，如表示"孔状物"以及"具有信息收集功能的人或物"等，在四、八级语料中均未检出。学习者对基于转喻的，尤其是由汉、日共通的拓展方式引申出的词汇意义，如"视力"（例222、223）、"主体"（例224、225）、"视野"（例226、227）、"焦点"（例228、229）、"判断力"（例230、231）、"观察、判断的焦点"（例232、233）和"体验"（例234、235）等较为熟悉，使用也较多。对"看法"（例236、237）用法使用极少。但对于汉语独有的表示"角度"的用法，则在四、八级语料中均检出了相应例句（例238、239）。可见，学习者在习得过程中受到了母语的很大影响。母语的语义拓展方式既构成了正迁移，帮助学习者掌握了相关的目标语语言知识，但同时，也构成了负迁移，导致了表达失误的发生。

188 基于语料库的中国日语学习者认知研究

表10-2 学习者语料中出现「目」的意义统计表

	意义	四级	八级		意义	四级	八级
基本义	眼睛	24 (35.8)	16 (11.3)		看法	1 (1.5)	1 (0.7)
隐喻	（词组）	1 (1.5)	5 (3.5)		角度	1 (1.5)	4 (2.8)
	视力	7 (10.4)	2 (1.4)	转喻	观察、判断所及范围	0 (0.0)	4 (2.8)
	态度	0 (0.0)	3 (2.1)		观察、判断的焦点	2 (3.0)	10 (7.0)
	主体	14 (20.9)	42 (29.6)		体验	6 (9.0)	4 (2.8)
转喻	视野	4 (6.0)	15 (10.6)	提喻	认知器官	1 (1.5)	10 (7.0)
	焦点	2 (3.0)	5 (3.5)		意义不明	1 (1.5)	1 (0.7)
	外观	0 (0.0)	1 (0.7)	合计		67 (100)	142 (100)
	判断力	3 (4.5)	19 (13.4)				

（222）私の悩みは目が悪い。 （CJLC 四级）

（223）しかも、いまの子供の目が弱い一方だ。 （CJLC 八级）

（224）散歩しているうちに、目の前の景色はきれいだなと思って、自然を大切にする。 （CJLC 四级）

（225）大学の四年間はすぐに終わり、卒業も目の前に迫っている。（CJLC 八级）

（226）この間、本屋でほんを捜していた時、ある「天使」という本が目に入った。 （CJLC 四级）

（227）新聞は古い情報の源として、だんだん人々の目から消え去って、かえってインタネットは重要な地位を占めているようになった。（CJLC 八级）

（228）ツカちゃんはさっきぼくがいた場所に自転車を寄せ、道路に目をやって、ふうん、と笑った。 （CJLC 四级）

（229）彼女たちの素直な性格とおもしろい表情に目を引かれた。（CJLC 八级）

（230）一方、私は日本語の本が目がないほど好きだ。 （CJLC 四级）

（231）彼らのかっこいい顔やすばらしい歌の声などに目がなかった。 （CJLC 八级）

（232）子供ごろから、私は両親の目の下で生活する。 （CJLC 四级）

（233）親、友人、上司、先輩などの人の目を注意して、生活するはずだ。（CJLC 八级）

（234）ともだちはひとりひとりでひどい目にあう。 （CJLC 四级）

第十章 转喻、提喻与二语习得研究 189

（235）私は大雨に降られて、バスもなかなかこなくて、ひどい目にあった。
　　　（CJLC 八级）

（236）しかし、長い目を見れば、私には苦しくて良い薬だ。（CJLC 四级）

（237）思い存分その良さを利用して、長い目で見るといいことだと私は思っ
　　　ている。（CJLC 八级）

（238）お母さんの目に、何よりも私のことが一番大切です。（CJLC 四级）

（239）私の目では、母は強い女だと思う。（CJLC 八级）

　　另一方面，在四级作文中，「目」的基本义用法占了35.8%，远远高于八级作文。从四级作文语料中，未检出日语独有的表示"外观"以及通过喻解连锁产生的表示"态度"和"观察、判断所及范围"等意义的例句，八级作文中这些用法则均有出现（例240—242）。基于隐喻和提喻的用法也是在八级作文中出现更多（例243、244）。这从一个侧面证明，高年级同学对于「目」的语义掌握更加全面，运用也更加熟练。

（240）アイドルは一般人より見た目もきれで、完璧な人間だと思われやすい
　　　からである。（CJLC 八级）

（241）ファンは一種あらたしい人群私達は怪しい目が見てはいけない。(CJLC
　　　八级)

（242）生活面に様々な情報が毎日私たちの目に入ることは個人の意識で左右
　　　できず、強いて見させたのである。（CJLC 八级）

（243）その切符の値段は目が飛び出るほど高くても先を争って買う。（CJLC
　　　八级)

（244）さらに、機会があると一度日本に行って、異国風情をこの目で味わう
　　　と思っている。（CJLC 八级）

　　综上所述，尽管「目」是一个常用的词汇，且与汉语的"眼"有许多共通的意义拓展路径和派生意义，但学习者对其掌握仍然不尽如人意。这表现为，学习者未能全面掌握该词的所有语义，对基于转喻的，尤其是由汉、日共通的语义拓展方式引申出的意义较为熟悉，但对于基于隐喻，尤其是日语独有的意义使用很少。最为显著的是，尽管在八级作文中有所改善，但学习者对「目」的固定搭配掌握情况普遍不佳，不仅能够使用的形式很少，而且使用频率也很低。这反映出学习者在词汇

190   基于语料库的中国日语学习者认知研究

知识和运用能力方面的不足。

5.3 学习者表达失误的出现情况及原因分析

总体而言，与「目」相关的表达失误大致可以分为以下几种类型。

首先，出现了大量基础表达方面的失误，包括动词搭配、格助词以及词组使用等。例如，在例245中，表示关注对象时应该使用他动词「向ける」，而不是自动词「向かう」。例246中出现了格助词误用，应将「を」改为「で」。而例247中的「目が回る」虽然可以形容繁忙的样子，但表示该意义时一般只能以连用修饰语形式出现（例248）。充当谓语时，该词组通常表示"眩晕"（例249）。

> （245）その中における日本人は，欧米に目を向って {9，向って，文法-自立語-動詞の自他，向けて}，新たな物を追求し，好奇心も出て来る。(CJLC)
>
> （246）しかし、長い目を {7, を，文法-助詞-格助詞，で} 見れば、私には苦しくて良い薬だ。(CJLC)
>
> （247）来年の六月に卒業予定の私たちにとって、毎日忙しくて目が回っている {5，回っている，表現-不適切な表現，回るほどだ}。(CJLC)
>
> （248）私の売店も目が回るほど忙しかったのです。（『資産ゼロから大成功する「魔法の粉」の使い方』田部井昌子）
>
> （249）ところどころ断崖絶壁になっていて、下を蒼々とした清流が、躍るように流れている。下を見ると目が回る。（『会津将軍山川浩』星亮一）

更多表达失误的出现则是由于学习者根据母语经验对「目」的意义、用法进行了不当推导。例如，如上所述，「目」和"眼"都可以通过转喻和隐喻的连锁指代"观察、判断所及范围"（例250）。学习者会将「目」的这一意义理解为抽象的"视野"，并参照汉语的经验（例251），用「狭い」或「広い」等修饰该词（例252、253）。但是，笔者在现代日语书面语均衡语料库（BCCWJ）中并未检出此类表达。可见，表示"观察、判断所及范围"的「目」并不具有边界概念，因此不能用表示"宽""窄"意义的词语形容。要表示"视野"的宽窄，应选用「視野」等词（例254）。

> （250）それまでよりも、ずっと多くのことが一度に目に入ってくるのだから、そんなふうになるのも当然である。（『やる気を生みだす気づきの法則』菊入みゆき）

（251）柳存仁知识渊博，治学谨严，在宗教和社会等问题上视野广阔，立论公允。（《中国道教》卿希泰）

（252）社会が情報化した前、人間の目は狭くて、世界に触れられなかったが。（CJLC）

（253）大都市としての上海は、私の目を広くなった。（CJLC）

（254）会社の鎖を断ち切って視野が広くなった。（『レッドライト』森村誠一）

同样，「目」和"眼"都可以通过转喻指代"焦点"（例255）。但是，学习者会根据汉语的识解方式（例256），将"眼睛"作为主语，构造出类似「目が離れる」的表达形式（例257）。实际上，在日语中，「目」此时通常都是作为宾语出现（例258）。

（255）成本は、星でも仰ぐように空に目を移した。（『殺人山行燕岳』梓林太郎）

（256）她眼睛离开电视屏幕，对我说："你认为你穿着坎肩我就认不出你了。"（《橡皮人》王朔）

（257）時が流れて、ある日突然私は赤西仁という男から目が離れられ{4, が離れられ，語彙－動詞，を離せ}ないということが気づいた。（CJLC）

（258）こうしている今も、私の顔から目を離さない。（『殉教カテリナ車輪』飛鳥部勝則）

汉、日两种语言在隐喻或转喻方面的差异也会引发表达失误。如上所述，在汉语中，可以通过隐喻实现由空间范畴向时间范畴的映射，如用"眼前"等指代"目前"或是"很近的未来"（例259）。但是，在日语中，「目の前」通常只表示具体或空间概念，很少引申为时间概念（例260）。受到汉语的干扰，在学习者产出中出现了大量用「目の前」表示时间的表达失误（例261、262）。

（259）但是，眼前王爷还有些小麻烦，正是黑云压城头，滚雷响顶上的时候。（《努尔哈赤》李文澄）

（260）それでも目の前に母がいることが楽しい。（『雪より白い鳥』立松和平）

（261）今は、四年間経って、卒業、就職は目の前になった。（CJLC）

（262）今から考えば、目の前の目標は有名な日系会社に入れることです。（CJLC）

192 基于语料库的中国日语学习者认知研究

此外，汉语中的"眼"有一种较为独特的映射方式，即由"视野"通过隐喻映射"看问题的角度"，如"眼中"（例263）、"眼里"等。这是「目」所不具备的。但是，在学习者的产出中，出现了一些以「目に」、「目で」等形式表示"看问题的角度"的实例（例264、265）。这显然是受到了母语的干扰。

（263）马云在公众眼中是个有魅力、善言辞并懂得利用媒体的人。（《激荡三十年》吴晓波）

（264）お母さんの目に、何よりも私のことが一番大切です。（CJLC）

（265）私の目では、母は強い女だと思う。（CJLC）

不仅如此，即便学习者掌握了「目」的某项扩展义，但由于对一些常用表达形式不够熟悉，同时，又受到母语的干扰，仍然会形成各种表达失误。例如，学习者会在掌握「目」表达"焦点"用法的基础上，试图用「目の下」表达"（在）关注下、注视下"（例266）。但实际上，「目の下」除了表示眼睛下面以外（例267），只能表示"视野的下方"（例268），而不能表示"注视下"。汉语中的"眼"也没有类似用法。因此，只能认为这是学习者临时运用结构隐喻生成的表达。同样，通过喻解连锁，「目」可以在句中表示"判断力"，但用「目を失った」表示失去判断力显然是错误的（例269）。

（266）公衆の目の下{4，目の下，表現－不適切な表現，注目する中}で、スターたちはよりよい成績を取ることができる。（CJLC）

（267）目の下が黒ずみ、瞳も血走っている。（『スーパー・ゼロ』鳴海章）

（268）目の下には、ゴルフ場の草色のしばが、ひろがっています。（『クレヨン王国森のクリスマス物語』福永令三平）

（269）目を失った{8，目を失った，表現－不適切な表現，盲目的な}愛は実に怖いものだ。（CJLC）

综上所述，除了基础表达方面的错误以外，对「目」的误用多由母语干扰引起。究其原因，可以归结为学习者对「目」的意义、用法进行了不当推导，缺乏对汉、日两种语言在该词隐喻或转喻等方面差异的充分认识以及对于某些词义的不当使用等。这实际上充分反映了学习者在词汇使用能力方面存在不足。由于学习者未能储备足够的目标语言知识，导致其在满足输出需求时，为获取所需目标语言形式，大量依赖母语等已有语言知识进行临时推导。这必然会导致表达失误的频繁发生。

6. 结语

以上，笔者系统梳理了认知语言学关于转喻和提喻的主要观点。转喻和提喻都是人类概念系统的重要组成部分，是认知主体用一个概念去指代、描述另一个概念的方法。

转喻是在特定的理想化认知模型（ICMs）作用下，以一个认知主体易于或适于直接触及的概念实体为参照点，认知另一个不易或不宜直接触及的概念实体的心理过程。转喻并不仅仅是两个实体间的替代，而是将本体和喻体所代表的事物组合成了一个新的、复合的意义。

根据本体和喻体的关系，可以将转喻分为在理想化认知模型（ICMs）整体与所属部分之间互换形成的转喻以及在理想化认知模型（ICMs）组成部分之间互换形成的转喻两大类。前者包括5种类型，即整体部分转喻、标量转喻、构成转喻、事件转喻、范畴特征转喻。后者包括8种类型，即动作转喻、工具转喻、因果转喻、生产转喻、控制转喻、领属转喻、容器转喻和地点转喻。通过列举实例，笔者分析、探讨了日语中这些转喻所含本体与喻体的关系以及相应的特点，并与汉语进行了对比。

提喻是通过属于<类—种>关系的两个事物间相互替换而构成的一种认知模式。其特点在于，与本体相比，喻体不发生范畴的变化，而是在范畴层级上出现了上升或下降。同时，伴随着涵盖范围的扩大或缩小。这体现了认知主体根据表达需要能动地调整认知深度的能力。

随后，笔者着重分析了喻解连锁现象。在词义衍生过程中，隐喻、转喻和提喻往往会连续出现，形成叠加，使词汇的意义发生更加复杂的引申、扩展，由此形成喻解连锁。在考察词汇的语义演变时，喻解连锁是非常重要的研究内容，对于全面、准确地把握语义拓展的具体路径和机理具有重要意义。

在实例分析部分，笔者运用实证性研究方法，详细梳理了日语中的「目」和汉语中的"眼"的语义扩展路径，并通过汉、日对比，探究了其间的异同。笔者发现，在「目」和"眼"的意义拓展过程中，隐喻、转喻和提喻发挥了重要作用。日语的「目」的意义拓展可以分为词汇和词组两个层面，汉语虽然无法作此区分，但在映射或转指对象上具有很高的相似性。这不仅体现了人类对于眼睛这一重要的感觉器官在形状、功能等方面的认知共性，更反映了人类在隐喻映射、转喻转指以及提喻等认知模式方面的共性。同时，两词也各自拥有一些特有的语义拓展方式。其中，既有映射或转指路径方面的不同，也有具体喻体上的差异。

在此基础上，笔者利用中国日语学习者语料库，系统考察了中国日语学习者对「目」这一常用词汇的使用状况。通过分析发现，学习者未能全面掌握该词的语义、用法。学习者对基于转喻的，尤其是由汉、日共通的语义拓展方式引申出的意义较为熟悉，但对于基于隐喻，尤其是日语独有的意义使用很少。尤其显著的是，学习者对「目」的固定搭配掌握情况普遍不佳，不仅能够使用的形式很少，而且使用频率也很低。这放映了学习者词汇知识和运用能力的不足。

在导致表达失误的原因方面，除了基础表达方面的错误以外，学习者对「目」的误用多由母语干扰引起。具体原因包括，对「目」的意义、用法进行了不当推导，缺乏对汉、日两种语言在该词隐喻或转喻等方面差异的充分认识，对于某些词义使用不当等。可以看出，由于学习者未能储备足够的目标语言知识，导致其在满足输出需求时，大量依赖母语等已有语言知识进行临时推导，以便获得所需目标语言表达形式。这必然会导致表达失误频繁发生。因此，教师应该在教学过程中有意识地加强目标语言输入，有针对性地就相关多义形式进行对比、分析和讲解，结合各种形式的练习，不断丰富学习者的知识储备，不断纠正学习者的表达失误，确保学习者内部目标语言知识得到完整、准确的建构。

参考文献

[1] Blank, A. 1999. Co-presence and succession: A cognitive typology of metonymy [A]. Panther & Radden ed. Metonymy in Language and Thought [C]. Amsterdam: John Benjamins Publishing Company.

[2] Croft, W. 1993. The role of domains in the interpretation of metaphors and metonymies [J]. Cognitive linguistics (4).

[3] Jakobson, R. 1960. Closing statement: linguistics and poetics [A]. Sebeok, T. A. ed. Style in language [C]. Cambridge, MA: MIT Press.

[4] Kovecses, Z. 2002. Metaphor :A Practical Introduction [M]. Oxford: Oxford University Press.

[5] Lakoff, G. & Johnson, M. 1980. Metaphors We Live By [M]. Chicago: University of Chicago Press.

[6] Lakoff, G. & Turner, M. 1989. More than Cool Reason: A Field Guide to Poetic Metaphors [M]. Chicago: University of Chicago Press.

[7] Lakoff, G. 1987. Women, Fire and Dangerous Things: What Categories Reveal About Mind [M]. Chicago: University of Chicago Press.

[8] Lakoff, G. & Köovecses, Z.1987.The Cognitive Model of Anger Inherent in American English [A]. Holland, D. & Quinn, N. ed. Cultural Models in Language and Thought [C]. New York : Springer.

[9] Langacker, R. W. 1993. Reference-point constructions [J]. Cognitive linguistics (4).

[10] Langacker, R. W. 1999. Grammar and Conceptualization [M]. Berlin: Mouton de Gruyter.

[11] Lipka, L. 1988. A rose is a rose is a rose: On simple and dual categorization in natural languages [A]. Hüllen & Schulze ed. Understanding the Lexicon: Meaning, Sense and World Knowledge in Lexical Semantics [C]. Tübingen, Germany: Max Niemeyer Verlag.

[12] Panther, K. & Linda, T. 1999. The Potentiality for Actuality Metonymy in English and Hungarian [A]. Panther & Radden ed. Metonymy in Language and Thought [C]. Amsterdam: John Benjamins Publishing Company.

[13] Radden, G. & Kovecses , Z. 1999. Towards a theory of metonymy [A]. Panther & Radden. Metonymy in Language and Thought [C]. Amsterdam: John Benjamins Publishing Company.

[14] Ullmann, S. 1962. Semantics: An Introduction to the Science of Meaning [M]. Oxford: Blackwell.

[15] Ungerer, F. & Schmid, H. J. 1996. An Introduction to Cognitive Linguistics [M]. London: Longman Group UK Ltd.

[16] Wales, K. 1989. A Dictionary of Stylistics [M]. London: Longman Group UK Ltd.

[17] 有薗智美 . 2013. 行為のフレームに基づく「目」，「耳」，「鼻」の意味拡張 [J]. 名古屋学院大学論集（1）.

[18] 呉琳 . 2014. 身体部位詞の多義性とその習得──視覚器官〈目〉の日中対照を通して [J]. 言語文化教育研究（12）.

[19] 田中聡子 . 2002. 視覚表現に見る視覚から高次認識への連続性──視覚の文化モデルー [J]. 言語文化論集（23-2）.

[20] 野内良三 . 1998. レトリック辞典 [Z]. 東京：国書刊行会 .

[21] 籾山洋介 . 1998. 換喩（メトニミー）と提喩（シネクドキー）：諸説の整理・検討 [J]. 名古屋大学日本語・日本文化論集（6）.

[22] 森雄一，高橋英光 . 2013. 認知言語学　基礎から最前線へ [M]. 東京：くろしお出版 .

[23] 陈善敏，王崇义 .2008. 提喻的认知研究 [J]. 外国语言文学（3）.

[24] 陈新仁，蔡一鸣 .2011. 为提喻正名──认知语义学视角下的提喻和转喻 [J]. 语言科学（1）.

[25] 董成如 .2004. 转喻的认知解释 [J]. 解放军外国语学院学报（2）.

[26] 揭侠，齐明皓 .2004. 日语中的换喻 [J]. 外语研究（5）.

[27] 揭侠 .2005. 日语中的提喻 [J]. 外语研究（2）.

[28] 毛峰林，毛贺力 .2009. 日语隐喻、换喻及提喻表达方式的语用探讨──兼与汉语对比 [J]. 日语学习与研究（6）.

[29] 毛帅梅 .2009. 论转喻的分类 [J]. 外语学刊（4）.

[30] 束定芳 .2004. 隐喻和换喻的差别与联系 [J]. 外国语（3）.

[31] 伊娜 .2010. 换喻与提喻差异的认知分析 [J]. 当代教育理论与实践（2）.

第十一章 语法化与二语习得研究

1. 引言

　　语言作为人类约定俗成的沟通交流工具，始终处于变化之中。这种变化体现在音韵、词汇、语法、语用等各个层面。其中，既有现存语言形式的消亡，也有新的语言形式的诞生，还有一些语言形式在不同语法范畴间发生了转换。其中，一些意义实在的词语或构式转化为无实在意义、仅表语法功能的成分，这就是语法化。Hopper & Traugott（2003）认为，具有较实在词汇意义的语言形式原型是名词、动词等。这些词语属于主要范畴，是各种语言中普遍存在的开放性范畴。而只表语法功能的冠词、代词、助动词、助词、前置词、接续词等是封闭性范畴，属于语言中的次要范畴。作为语法化的结果，语言形式发生了词性的降格，即由主要词类变为次要词类, 由开放词类变为封闭词类（沈家煊1994）。大堀壽夫（2005）对语法化作如下定义：「文法化とは、文法の一部ではなかった形が、歴史的変化の中で文法体系（形態論・統語論）に組み込まれるプロセス。」（所谓语法化，就是原不属于语法体系的语言形式在历史变化中被编入语法体系的过程。）而三宅知広（2005）将有实质性意义，能够成为自立要素的词称为「内容語」（内容词），将自立性较差，专门承担语法功能的词称为「機能語」（机能词）。所谓的语法化，就是「内容語だったものが、機能語としての性格を持つものに変化する現象」（原为内容词的语言形式变化为带有机能词性质的形式的现象）。两者的定义看上去似乎很接近，但其实隐含着一定差别。三宅知広（2005）所称的"机能词"指的当然是日语虚词的整体，包括传统意义上的助词、助动词和机能辞①。从定义可以看出，语法化研究的对象是那些变成了"机能词"的"内容词"。但是，除了助词「へ」、

---

① 机能辞指日语中那些形态、功能相对固定，在句中起着相当于辞的作用，但又不属于助词、助动词的构式。这一概念的涵盖范围大致相当于传统意义上的复合辞或复合助词。但考虑到其特征，为提高定义的严谨性，笔者将其称为"机能辞"。相关论述详见下节。

「だけ」、「ばかり」和机能辞「以上」、「とたん」等之外，很多"机能词"并非由单纯的"内容词"，而是由特定构式，即"内容词"与"机能词"的组合演变而来。实际上，三宅知広（2005）所举的「について」、「ところだ」等例（例1）就分别是"格助词＋动词＋接续助词"和"名词＋助动词"结构。而在大堀壽夫（2005）的定义中，由于使用了「文法体系に組み込まれる」（编入语法体系）这一相对宽泛的表达，就不存在这个问题。

（1）今、その問題について議論しているところだ。（转引自三宅知広2005，例1）

日语中的语法化现象十分常见。经由语法化，一些名词演变成了助词。例如，佐藤喜代治（1970）指出，格助词「へ」由名词「辺」转化而来的（例2）。「だけ」则是由名词「丈」转化而来（内尾久美1973）。也有一些助词由动词的语法化转变而来。例如，内尾久美（1973）指出，「ばかり」来自动词「はかる」的连用形（例3）。「さえ」则是由动词「添へ」变化而来（佐藤喜代治1970）。还有一些动词转化为表示时相的形式，如「（て）いる」（例4）、「（て）しまう」等。更多的则是名词、动词等转化而成的机能辞，如名词「以上」转变为充当接续作用的形式（例5），或是由动词「知れる」与其他虚词一起构成表示语气的形式（例6）。

（2）明りを消し、われわれは廊下へ出た。（『暗闇坂の人喰いの木』島田荘司）

（3）その大部分は見知らぬ人たちばかりだった。（『冬の翼』森詠）

（4）食事がすむと弟はじぶんの勉強机の前に座ってなにか熱心に書いている。（『X電車にのって』村田喜代子）

（5）音がするように出来ている以上、音がするのに何の不思議がある。（『芳兵衛』尾崎一雄）

（6）その真相をきわめると責任はかえって学校にあるかもしれない。（『坊っちゃん』夏目漱石）

日语中的助词、助动词语法化程度普遍很高，其词汇意义已消失，属于完全的封闭性范畴，数量较为有限。对于学习者来说，习得的难点在于如何全面、准确地掌握其语法功能。而机能辞的语法化程度相对较低，从语法定位来看，介于实词和助词、助动词之间，且不同机能辞的语法化程度相差很大。尽管其构成要素的原有

词义已发生淡化（bleaching），但仍或多或少地有所残留，与单纯的词语组合的界限较为模糊。这些因素都在一定程度上对学习者的习得造成了影响。总体而言，日语机能辞数量众多，功能繁复且有些较为相似。在接续方面，有些限制比较严格，有些则相对自由，想要准确、全面地掌握其形态和意义特征并非易事。观察实例可知，许多学习者对机能辞的习得状况不够理想，使用方式与母语使用者差异较为显著，出现了许多相关表达失误。例如，对比表11-1、11-2可以发现，从学习者语料中检出「てならない」的先行词与本族语语料库①的检索结果大相径庭。作为该机能辞的先行词，本族语语料库中大量出现的「気がする」、「思える」等表自发的形式在学习者语料中均未检出。另一方面，学习者使用了一些完全不符合「てならない」先行词属性要求的[-状态性]的动词②，如「心配する」、「興奮する」、「喜ぶ」等。这说明，学习者对该机能辞的用法掌握不佳。

表11-1　中国日语学习者语料库中「てならない」的先行词一览

先行词	例句数	先行词	例句数	先行词	例句数
うれしい	4	たい	2	感動する	1
恥ずかしい	4	悲しい	1	楽しい	1
心配する	3	（お腹が）すく	1	悩む	1
興奮する	3	なつかしい	1	沈む	1
喜ぶ	2	残念だ	1	ない	1

表11-2　本族语语料库中「てならない」的先行词前15位

先行词	例句数	先行词	例句数	先行词	例句数
気がする	141	心配だ	21	うれしい	14
思える	80	気になる	20	気がかる	12
思われる	66	感じられる	18	かわいそうだ	11
不思議だ	37	たい	16	嫌だ	10
残念だ	26	気の毒だ	16	恋しい	9

在中国日语学习者语料库中，还发现了如下「てたまらない」例句（例7）。该句中的「てたまらない」表示喜悦的程度很高，但很明显，「喜ぶ」也不符合「てたまらない」对先行词性质的要求。

---

① 该语料库收录有谈话、剧本、小说、论述、新闻报道等各方面素材计1,100余篇，规模达到7,000余万字。
② 毛文伟（2002）指出，「てならない」「てたまらない」的先行词必须是[＋状态性][一自制性]的。

（7）その時になると、私は<u>喜んでたまりません</u>。（CJLC）

可见，学习者对于部分日语机能辞的习得情况并不理想。为了改善习得效果，我们有必要从语法化视角出发，准确归纳日语机能辞的总体特征，以此为依据，在教学过程中，有针对性地提高输入强度，改善输入质量，并通过课堂操练和课后练习等不断加以强化和巩固，以便提高学习者对机能辞形态、意义特征的认知水平和使用能力，取得更好的教学效果。

2. 词汇演变视角下的语法化现象

如上所述，语言的变化涉及音韵、词汇、语法、语用等各个层面。语法化是其中一个重要的组成部分，但并非全部。要深入考察语法化现象，必须对日语中各类语言形式的演变路径进行较为客观、全面的梳理，以便对语法化的现象和特点取得较为准确的认识。

谈到日语的词汇演变，研究者通常将注意力集中在实词内部，如动、名词之间的相互演变等，对于实词与助词、助动词等虚词之间的相互转化很少提及。只有佐藤喜代治（1970）和内尾久美（1973）等在考察助词的发展史时，进行过个案论述。松木正惠（1992）从复合辞产生的角度探讨了实词和虚词的组合向复合辞乃至助词、助动词转化的过程。但是，迄今为止，尚未见到关于日语词辞转化路径的全景式论述。

要讨论词辞转化的路径，就必然涉及所谓的"复合辞"。在日语中，存在着一些语言形式，虽然从构造上看由多个单词复合而成，但是在句中作为一个整体起着类似于助词、助动词的作用，如「からには」（例8）和「かと思うと」（例9）。在先行研究中，尽管命名有所不同，如「複合辞」（复合辞）、「複合助詞」（复合助词）或「後置詞」（后置词）等，但学者们通常都将其作为一个整体加以把握，并默认虚词是由这些"复合辞"和传统意义上的助词、助动词组成的（田野村忠温2002）。

（8）行く<u>からには</u>本場へ行きたいですな。（『ジョージ君の東奔西走』東海林さだお）

（9）ズドンと落ちた<u>かと思うと</u>、すぐまたひゅるひゅるとやって来た。（『連絡員』倉光俊夫）

但是，这种设定并不完善。例如，例10中的「以上」虽然并非多个单词复合而成，但在句中同样起着相当于接续助词的作用。功能与来源于多词组合的「からには」相近。但既然称为复合辞，自然非多词的复合体不可，因此难以将「以上」等归入其中。而本属"复合辞"的「とたんに」在发生助词脱落后，变成「とたん」（例11），也不再是多词复合的形式，从而溢出了"复合辞"的范畴。因此，如果认同"复合辞＋助词、助动词＝虚词"这一构造的话，这些语言形式的语法定位都会成为问题。

（10）音がするように出来ている<u>以上</u>、音がするのに何の不思議がある。（『芳兵衛』 尾崎一雄）

（11）そう言った<u>とたん</u>、洪作はよろめいて前の人の膝の上に倒れた。（『しろばんば』 井上靖）

可见，传统的"复合辞"的定义过于拘泥于"复合"这一属性，实际上妨碍了我们对日语虚词体系进行全面、科学的考察。因此，笔者摈弃"复合"的提法，转为重视其语法功能，将那些形态、功能已经相对固定，在句中起着相当于虚词的作用，但又不属于传统意义上的助词、助动词的构式统称为「機能辞」（机能辞）。日语的虚词就是由机能辞和传统意义上的助词、助动词构成的。

从历时语言学的视角观察日语词汇演变可以发现，在实词、机能辞和助词、助动词之间，不断发生着相互转化。除了语法化以外，还存在着与之处于相反方向的词汇化。所谓词汇化，就是虚词向实词的转化。许多语言学家认为这种情况很少出现，并提出了词汇演化的"单方向性假说"（三宅知広2005等）。但是，观察日语词汇的发展过程可以发现，词汇化也是日语词辞转化的重要路径之一。

语法化和词汇化是跨越实词、虚词界限的语言变化。另一方面，在机能辞和助词、助动词之间也存在着相互转化的可能，同时伴随着语法化程度的升降。但由于这种转化是在虚词内部发生的，因此不属于语法化或是词汇化的范畴。此外，由于受到社会、文化等多种因素的综合影响，语言经常发生新陈代谢现象，从而引起一些语言形式的消亡。这些都是日语词汇演变的重要路径。

以下，笔者将运用实证性研究方法，全面梳理日语词汇的各种演变路径，并进一步探讨语法化现象的涵盖范围。

2.1 语法化

作为词辞转化的重要路径，首先提到的必然是实词的语法化。正如上文所述，所谓语法化指的是实词或包含实词的构式转变为虚词的现象。与实词不同，机能辞在句中作为一个整体起到虚词的作用。因此，虽然与传统的助词、助动词相比，其语法化程度较低，构成要素多少保留着一些原来的性质和意义，但还是属于虚词的范畴。

部分实词或是实词和助词、助动词的组合在使用过程中，语法化程度逐渐提高，出现了意义上的抽象化以及语法性质的变化[①]。当这种变化积累到一定程度，这些语言形式就会转化为机能辞，从而跨越词辞界限，进入虚词的范畴。松木正惠（1992）将这种现象称为「融合」（融合），但这只适用于实词和助词、助动词的组合，如「かと思うと」（例9）、「とともに」（例12）等。而在机能辞中，还存在着许多像「以上」（例10）、「次第」（例13）这样由单一实词转化而来的形式，无法用「融合」这一概念涵盖。本文将这种变化也归入语法化的范畴。

（12）二人の足は夜を迎える<u>とともに</u>、さらに遅くなった。（『孤高の人』新田次郎）

（13）米さんに会い<u>次第</u>、手を挙げるつもりなんだ。（『野火』大岡昇平）

发生了语法化的实词，除了意义出现抽象化以外，也失去了独立充当句子成分的能力。即便其来源是多个单词的组合，但在使用者的意识中，总是作为一个整体加以运用。同时，我们还可以观察到接续上的限制以及对后续表达的引导[②]现象。这些都是语法化现象发生之前不存在的。这些特征因语法化而起，因此可以作为衡量其语法化程度的尺度。笔者将在本章的第3节对其进行详细探讨。

此外，实词直接转化为助词助动词的可能性也不可否定。松木正惠（1990）认为，从来源上看，复合辞（即本文所述机能辞）可以分为以下三种类型：

第1种复合辞——仅仅由助词助动词复合而成的；

第2种复合辞——以实质意义弱化的形式名词为中心复合而成的；

第3种复合辞——以实质意义弱化的用言（形式用言）为中心复合而成的。

---

① 关于这一点，砂川有里子（1987）有较为详尽的论述。

② 所谓对后续表达的引导是指一些机能辞具有提示后续内容或是全句语气的功能。例如，在"おかげで"之后，通常都出现较为理想的情况。而「とたん（に）」只能用在叙述句中。详见本章第4节的相关论述。

202　基于语料库的中国日语学习者认知研究

其实，这不仅仅局限于机能辞，对于助词、助动词也同样适用。例如，「ので」、「のに」就是准体助词「の」与格助词「で」、「に」的组合。而接续助词「けれども」则是文言助动词「けり」与接续助词「ども」的组合（佐藤喜代治1970）。这属于第1种类型。

格助词「へ」是由名词「辺」转化而来（佐藤喜代治1970）。「だけ」则是由「丈」转化而来（内尾久美1973）。这属于第2种类型。

还有一些助词由动词的语法化而来。例如，「ばかり」来自动词「はかる」连用形的形式化（内尾久美1973）。「さえ」则是由动词「添へ」变化而来（佐藤喜代治1970）。这些属于第3种类型。

除了「ので」、「のに」之外，这些助词演化的具体过程尚不清楚，受材料所限，无从考察其是否经历了机能辞的阶段。但无论如何，可以肯定，它们都是实词语法化的结果。

2.2 固定化

随着机能辞作为虚词的性质进一步加强，就会发生固定化现象。所谓固定化是指机能辞向助词、助动词的转化。由于机能辞和助词、助动词同属虚词的范畴，所以机能辞的固定化并没有跨越词辞的界限，无法用语法化这一概念加以涵盖。在通常意义上的助词、助动词中，至少「ので」、「のに」、「など①」、「かしら②」等助词和「ようだ」、「そうだ」等助动词是首先作为机能辞得到运用，随后再通过固定化转变为助词助动词的。

发生固定化现象之后，机能辞完全舍弃了其构成要素的本来意义，在句中成为单纯的语法符号，其构成和意义不可分解。例如，以上列举的助词助动词虽然各有词源，但通常使用者并不会意识到这一点。而机能辞虽说产生了「個々の構成要素の合計以上の独自な意味」（超过各构成要素意义累加的独特的意义）（松木正惠1990），但其构成依然清楚，功能与各个组成要素的原有关系还存在着或多或少的联系。这就是语法化和固定化的根本区别。

从日语助词的发展史来看，固定化现象出现频率很低，与该表达的形态、构成、使用频率和近义表达等都有着密切的关系。很多语言形式在发生语法化后变成了机能辞，但就此止步，即使历经几百年，也没有进入助词、助动词的行列，甚至

---

① 内尾久美（1973）指出，「など」是由「なにと」缩约而成，在平安时代开始出现。
② 三宅知広（2005）指出，终助词「かしら」是由「か知らん」缩约而成。

逐渐消亡了。例如，表示条件的「ものならば」（例14）在中世就已出现（小林賢次2005），表示理由的「によつて」和「をもちて」则从奈良时代起就得到运用（築島裕1959），但至今仍然只被认为是机能辞。另外，如「ないではならない」（例15）类表达形式虽曾一度大量见诸文献，但不久就消亡了。

（14）ここで救急車が来ても、既に死亡している<u>ものならば</u>救急車には乗せない。（『丹沢－尾道殺人迷路』斎藤栄）

（15）おれは今夜居てやら<u>ねへではならねへ</u>。（『南門鼠』田中章夫）

另一方面，在江户时代后期至明治时代，随着「の」的发达，接续助词「に」用法衰退，「のに」取而代之（例16），并在不到100年的时间里，就进入了助词的行列（宮内佐夜香2003）。这与上述「ものならば」、「によつて」等机能辞形成了鲜明对比。

（16）こちらから見える<u>のに</u>、あっちから見えないなんてことがあるんだろうか。（『ある漂流者のはなし』吉岡忍）

2.3 化石化与躯壳化

除了语法化和固定化以外，还存在着相反方向的变化路径，即由助词、助动词向机能辞、实词或是由机能辞向实词转化。根据发生原因，可以将这种变化分为两大类，即由使用的衰退和由频繁使用引起的。

随着使用的衰退，一部分助词、助动词逐渐失去了大部分原有语法功能，仅仅残留在某些特定的实词，如名词、连体词或副词中。例如，在现代日语中，文言连体助词「つ」、「な」、「が」都不再能够自由使用，而仅仅出现在「まつげ」（例17）、「みなもと」（例18）、「わが」等寥寥数个词语之中。同样，表示否定的「ぬ」、「まじ」和表示推量的「む」等文言助动词也已经基本消亡，仅仅在「思わぬ」（例19）、「あるまじき」（例20）和「あらん限り」（例21）等词中尚可一见。

（17）長い<u>まつげ</u>をしばたたき、彼はあたしを見上げる。（『少年宮殿』日野鏡子）

（18）栃木県を流れる川は、<u>みなもと</u>から近いせいか、きれいなことで知られている。（『竹内均の日本の地誌』竹内均）

（19）<u>思わぬ</u>伏兵が、罠の顎を完璧なものにした。（『女か怪物か』小松左京）

（20）中学生としてはあるまじき行為である。（『北の海』井上靖）

（21）彼はあらん限りの念力をふりしぼって、絶えずとんでいなければならなかった。（『異邦人』辻亮一）

　　　这些虚词在实词中的残留都是虚词词汇化的结果和表现。对于现代日语来说，这些虚词就如同化石一般，因此，笔者将这种现象称为"化石化"。在使用者的意识里，发生了化石化的虚词不再是一个独立的语言要素，而仅仅是词汇的一部分。不仅如此，这些虚词与其他构词要素发生融合，有时还会形成一些新的意义。例如，文言助动词「ぬ」和现代日语助动词「ない」一样表示否定。但副词「思わぬ」表示的是"意外、意想不到"，而不是"不想"，因此无法替换为「思わない」等形式（例22）。不过，并非所有发生化石化的虚词都是如此，有一些词汇的意义只不过是虚词和其他构词要素意义的简单累加。例20中的「あるまじき」和例23中的「言わずもがな」等就是如此。发生化石化后，虚词成为实词的一个组成部分。因此可以认为，化石化是词汇化的路径之一。

（22）彼女は火ばちに手をかさしたまま、〇思わず／×思わないでうつ向いた。（『人間の壁』石川達三）

（23）一方、画面だけ見ていて、言わずもがなのことばかりしゃべる弁護士もいた。（『楡家の人びと』北杜夫）

　　　使用衰退除了引发化石化以外，还会引发助词、助动词的躯壳化现象。所谓"躯壳化"，指的是助词、助动词失去了可以自由使用的性质，只能作为机能辞的一部分以固定形式出现的现象。如例24中的文言接续助词「ども」、例25中的文言格助词「が」、例26中的文言助动词「ず」以及例27中的文言助动词「ん」和文言接续助词「に」都发生了躯壳化。在不再能够自由使用而成为其他语言形式的一个组成部分方面，躯壳化与化石化有共通之处。但是，发生化石化的虚词丧失了原有语法功能，使用者甚至不会意识到其存在。而发生躯壳化的助词、助动词原有的接续方式和语法功能都不变，只不过其使用范围受到了较为严格的制约，这是两者的主要区别。例如，例24中的文言接续助词「ども」仍然出现在动词已然形之后表示逆接。但是与一般的接续助词不同，它已经不再能够自由接续在各种动词之后，通

常只能以机能辞「といえども」的形式出现①。因此可以认为「ども」的使用出现了躯壳化现象。发生躯壳化的助词、助动词并没有脱离虚词的范畴，因此不能认为是词汇化的结果。

（24）親<u>といえども</u>容赦はしないのだ。（『人間の壁』石川達三）

（25）けれども貴方を一目見たい<u>がために</u>遥々とやってきた者なのです。（『楡家の人びと』北杜夫）

（26）私も一寸ばかり面喰わ<u>ずには</u>いられなかった。（『光の中に』金史良）

（27）どうだ驚いたかと云わ<u>んばかりに</u>胸をそらせた。（『異邦人』辻亮一）

2.4 扩展化与形式化

另一方面，由于使用活跃而引起虚词向实词转化的情况也不少。这经常发生在接续助词（例28、29）和接续机能辞（例30、31）上②。随着使用的频繁，这些虚词（有时以与助动词「だ」结合的形式出现，如例32、33）在句中得以独立使用，并进入接续词的范畴。笔者将这种跨越了词辞界限的变化③称为虚词的"扩展化"。它与化石化一样，都是虚词词汇化的一个重要路径，只不过成因有所不同。只有将两者同时纳入视野，才能够完整把握虚词向实词转化的全貌。

（28）<u>が</u>、勇はそう賭けた途端、次にはすぐと後悔した。（『海人舟』近藤啓太郎）

（29）<u>で</u>、僕は倉田を出来るだけ脅かすよりしかたがなかった。（『悪い仲間』安岡章太郎）

（30）<u>とすると</u>、場所はビルマのほかにはない。（『ビルマの竪琴』竹山道雄）

（31）<u>にもかかわらず</u>、義一はまたあっさりと花札を手にしていた。（『さぶ』山本周五郎）

（32）<u>だから</u>私は石鹸よりも、このあらいこをもらう事が多い。（『放浪記』

---

① 在语料库中检索到「ども」例句共325句。其中，「といえども」占126句（38.8%），广泛分布于1903—2004各个年代的作品中。而其他出现较多的动词「そうろう」（70句，21.5%）和「行く」（19句，5.8%），则均只见于20世纪70年代之前的文章里。因此可以认为，「ども」目前通常只用于「といえども」这一形式之中。

② 此外，在口语中经常会出现「られる→れる」、「せる→す」等助动词变成动词词尾的现象（例a、b）。由于伴随着词形变化，不能算作是助动词的词汇化。

（a）早く寝なきゃ起きれないわよ。（『限りなく透明に近いブルー』村上龍）

（b）さっそく挨拶に行かして貰いたい。（『夏草冬涛』井上靖）

③ 时枝语法将接续词归于虚词的范畴，但是接续词毕竟在语法性质上与机能辞和助动词、助动词有着显著差异。因此，笔者依照桥本语法的分类，将其归入实词。

林芙美子）

（33）<u>だからといって</u>、野沢の言葉のすべてが真実だったわけではない。（『美談の出発』川村晃）

　　另外，随着使用频率的提高，某些助词、助动词的组合逐渐固定下来，作为机能辞表示某种特定意义。笔者将此种现象称为助词、助动词的"形式化"。以「だけに」（例34）、「ばかりか」（例35）、「からには」（例36）和「とは」（例37）等机能辞为例，它们在句中都以一个整体出现，我们无法通过累加其构成要素的原有语法功能推导出这些机能辞的语法功能。这些机能辞可以归入松木正惠（1990）所述第一种类型。实际上，由多个助词组合而成的机能辞较多，而由助词、助动词组合而成的机能辞很少，常见的有助词与断定助动词「だ」复合而成的「ばかりだ」（例38）、「までだ」等（例39）。

（34）日本人は小さいと信じられている<u>だけに</u>、力士のサイズに驚くこともあります。（『外国人が日本人によく聞く100の質問』秋山宣夫）

（35）二人は黙りこくって、何もいわない<u>ばかりか</u>、ぼくを見ようともしなかった。（『少年の橋』後藤紀一）

（36）遠く長い海を渡って来た<u>からには</u>、その説くことは重大事に違いない。（『国際情報人信長』小和田哲男）

（37）初雪<u>とは</u>、その冬にはじめてふる雪のことです。（『雪国のくらし』市川健夫）

（38）まだビルマ人がいなくなった<u>ばかりだ</u>から、敵はすぐにはやってこないだろう。（『ビルマの竪琴』竹山道雄）

（39）それでもたってと言うなら腹かき切る<u>までだ</u>。（『花埋み』渡辺淳一）

　　助词、助动词的形式化是一个连续的演变过程，其界限较为模糊。因此，设定明确的判定标准尤为重要。由于发生形式化的助词、助动词并没有跨越实词和虚词的界限，因此，形式化只是词汇在虚词内部的转化，并不构成词汇化的一种可能的路径。

2.5 消亡

　　随着语言的发展变化，很多语言形式都消亡了。例如，上文提到的文言格助词「が」、「つ」、接续助词「ども」、「に」以及文言助动词「ぬ」、「まじ

第十一章 语法化与二语习得研究 207

き」等，除了通过躯壳化和化石化成为实词或是机能辞的一部分以外，都已经退出了现代日语。此外，观察机能辞的历史变迁可以发现，在近义机能辞之间也经常出现优胜劣汰现象，处于劣势的一些机能辞使用频率下降，并逐步走向消亡。例如，「ないではならない」类的机能辞（例40）虽然在文化期①得到广泛运用，但在与「なければならない」（例41）的竞争中败下阵来。在明治以后的东京方言和「共通語」（共通语）中，都不见了踪影（田中章夫1977）。作为另一个较为典型的实例，在表示瞬间继起的近义机能辞「とたん（に）」（例42）、「かと思うと」（例43）、「が早いか」（例44）和「やいなや」（例45）之间也曾发生过竞争。现在，「が早いか」已经很少出现了（毛文伟2010）。这些都是语言形式消亡的例子。限于篇幅，在此不再展开。

（40）おれは今夜居てやら<u>ねへ</u>ではなら<u>ねへ</u>。（『南門鼠』田中章夫）

（41）午前 1 時頃から仮眠し、午前 3 時 15 分頃には嫌でも起き<u>なければならない</u>。（『がんばれ！郵便局』荒川恒行）

（42）玄関のドアを開けた<u>とたん</u>、そんな母親の声が聞こえた。（『天使なんかじゃない』下川香苗）

（43）彼はそう叫んだ<u>かと思うと</u>、濡れたズックをぬいで、地面に叩きつけた。（『幻燈畫集』三浦哲郎）

（44）いったんは家へはいって行くが、鞄を置く<u>や否や</u>、すぐ出て来るのである。（『夏草冬涛』井上靖）

（45）膳につく<u>が早いか</u>隆士は一番先に箸をとり、ごはんを口の中にほうるように入れた。（『塩狩峠』三浦綾子）

以上，笔者从词汇演变的视角出发，探讨了日语实词、机能辞和助词、助动词之间相互转化的路径。通过分析、归纳可知，日语中的各类词汇在按照以下途径发生着相互转化（见图11-1）。语法化是其中一个重要组成部分。

---

① 文化期是日本历史上的一个时代，在 1804 年至 1818 年之间。

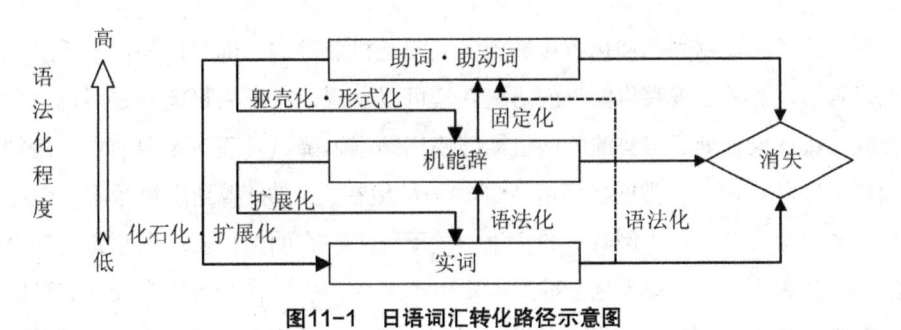

图11-1 日语词汇转化路径示意图

3. 语法化的本质现象及判断依据

Hopper（1991）归纳了语法化的五个本质现象，即Layering（分层）、Divergence（分歧）、Specialization（特化）、Persistence（保持）和De-categorialization（脱范畴化）[1]。这些现象对于界定语法化的发生与否具有重要的参考价值。以下，笔者将以日语机能辞为例，分析其在语法化过程中发生的一系列变化。

首先，分层是指在一个语法域中，持续涌现着新的层即新的语言形式。当新形式出现后，旧的形式并不必然消失。很多旧形式都会继续存在，并与新形式产生互动。例如，在表示继起的接续助词域中，首先出现的是文言接续助词「に」（例46）、「ば」（例47）。随后，在中古时期出现了「と」[2]（例48）。到了近代，又先后出现了「やいなや」、「が早いか」、「かと思うと」、「とたん（に）」和「なり」（例49—53）等机能辞。这些新的语言形式都是通过语法化或是躯壳化形成的，在该语法域中构成了新的层。但是，旧形式并没有马上消失，而是在一定时期内与新形式并存。在现代日语中，一些旧形式如「に」消亡了。「ば」也失去了表示继起的用法。「と」则沿用至今，与诸多新形式构成功能上的互补关系。

（46）火の中にうちくべて焼かせ給ふに、めらめらと焼けぬ。（『竹取物語』）

（47）それを見れば、三寸ばかりなる人、いと美しうて居たり。（『竹取物語』）

（48）母さまを悪う言ふと、たたくぞよ。（『歌舞伎・傾城浅間嶽』）

（49）いったんは家へはいって行くが、鞄を置くや否や、すぐ出て来るのである。（『夏草冬涛』井上靖）

（50）膳につくが早いか隆士は一番先に箸をとり、ごはんを口の中にほうる

---

[1] 沈家煊（1994）参考其他文献，在此基础上增加了滞后、频率、渐变和单向循环。但这些现象实际上适用于绝大多数语言变化，而不仅限于语法化。

[2] 「と」起初表示逆接，在中古后期至近世产生了表示顺接和继起的用法。

ように入れた。（『塩狩峠』三浦綾子）

（51）彼はそう叫んだか<u>と思うと</u>、濡れたズックをぬいで、地面に叩きつけた。（『幻燈畫集』三浦哲郎）

（52）玄関のドアを開けた<u>とたん</u>、そんな母親の声が聞こえた。（『天使なんかじゃない』下川香苗）

（53）敦史は電話に出る<u>なり</u>、どこにいるといった。（『異物』玄月）

　　分歧是指，当一个词汇发生语法化之后，原来的用法并不消失，而是继续作为独立的词汇出现，从而呈现出原用法和新用法并存的情况。这一点在机能辞上表现得尤为显著。例如，当名词「ところ」发生语法化后，它在句中作为接续机能辞表示继起（例54）或是作为机能助动辞表示某一事项刚刚发生（例55）。与此同时，该词仍然保持着实质性名词的用法（例56）。同样，在通过语法化作为构式的一部分融入「かと思うと」、「ものなら」、「わけだ」等诸多机能辞的「思う」（例57、58）、「もの」（例59、60）、「わけ」（例61、62）等词上也可以观察到类似现象。

（54）困っていた<u>ところ</u>、ある親切な日本人が、私のために切符を買ってくれた。（『陳舜臣全集』陳舜臣）

（55）三年たって、やっと今その告白をした<u>ところ</u>だ。（『パリの芝居小屋から』風間研）

（56）日常生活から離れ静かな<u>ところ</u>へ行くと身も心もリフレッシュします。（『定年からの生きがい革命』鈴木啓三）

（57）彼はそう叫んだか<u>と思うと</u>、濡れたズックをぬいで、地面に叩きつけた。（『幻燈畫集』三浦哲郎）

（58）あなたのことを<u>思うと</u>、胸がドキドキしました。（『ほんじょの虫干』本上まなみ）

（59）先生が生徒を殴ろう<u>ものなら</u>、暴力教師として糾弾された。（『ムツゴロウの動物交際術』畑正憲）

（60）会議という<u>もの</u>が、こんなばかげた<u>もの</u>なら、欠席して昼寝でもしているほうがましだ。（『坊っちゃん』夏目漱石）

（61）美人の好みは、時代ごとにちがっているという<u>わけだ</u>。（『おんな学事始』井上章一）

（62）この女の家を訪ねたのには、それなりの_わけ_があった。（『バッドブラッド』山本甲士）

特化是指，在一个语法域中，某一阶段可能有多个在语义上有细微差别的语言形式并存。当语法化发生时，形式的多样性降低，被挑选出来的少数几个形式承担了更加普遍的语法功能。仍以表示瞬间继起的机能辞为例。笔者在一个大规模历时性日语本族语语料库[①]中检索、统计了「やいなや」、「が早いか」、「かと思うと」、「とたん（に）」和「なり」在20世纪文学作品中的使用频率和作家认可度[②]，获得表11-3和表11-4。为了便于观察，笔者根据这些数据制作了图11-2、11-3。由表、图可见，这几个机能辞的使用频率随着时间的迁移发生了较为显著的变化。「が早いか」进入20世纪30年代后，无论在使用频率还是作家认可度方面，都急剧下降，目前处于消亡状态。「やいなや」的使用频率也在同一时期显著降低。50年代之后，稍有恢复。近半个世纪以来，其使用频率始终保持低位。「かと思うと」也显示出相似倾向。尽管其作家认可度在1910年之后一直相对稳定，但使用频率却一直处于下降通道中。直到进入20世纪60年代，才在较低水平上稳定了下来。与之形成鲜明对比的是「とたん（に）」和「なり」。在20世纪初叶，它们的使用频率和作家认可度均处于较低水平。但是，到了30年代之后，它们的使用频率迅速上升，一举超越「が早いか」和「やいなや」。随后，又分别在60年代和70年代超越了「と思うと」，成为该组机能辞中使用最为频繁的两个。可见，随着时间的迁移，在多个并存的近义机能辞中，部分形式消亡了，剩余的若干形式得到了更加广泛的运用，表现出了较为明显的特化现象。

---

① 该语料库共收录了 1900 年至 1999 年公开出版的日本小说 594 篇，计 3,530 万字。具体分布如下表。表中的"1900""1910"分别指 1900 年至 1909 年、1910 年至 1919 年。数据单位分别为部、万字和人。

语料库构成一览表

时　代	1900	1910	1920	1930	1940	1950	1960	1970	1980	1990
作品数	44	82	83	47	31	44	122	55	42	44
字　数	178	366	177	234	128	230	666	677	497	377
作家数	10	18	17	25	24	24	36	49	39	36

② 由于作家在表达上各具特色，导致许多表达形式在不同作家的作品中使用频次相差很大。如果单纯累计例句数量的话，前者必然会对统计结果产生更大影响，甚至有可能导致结论出现偏差。因此，笔者除了统计例句的绝对数量以外，还引入了作家认可度的概念。所谓作家认可度，简单而言，就是在作品中使用该表达形式的作家占该时期全部作家的比例。这间接反映了有多少作家认可了该用法的正确性。

第十一章　语法化与二语习得研究　211

表11-3　「とたん（に）」等机能辞的使用频率一览

	1900	1910	1920	1930	1940	1950	1960	1970	1980	1990
とたん（に）	16.3	5.2	2.8	10.3	29.7	13.5	20.4	15.2	19.3	44.8
かと思うと	60.7	33.1	40.1	24.8	39.1	16.5	13.2	11.4	8.2	9.5
や否や	21.3	30.6	11.9	2.1	1.6	4.7	5	3.7	2	4.5
が早いか	6.2	4.1	33.3	3.4	0	0	0.5	0.7	0.8	1.3
なり	3.4	1.9	22	9	36.7	9.1	7.8	14.8	8.7	17.2

表11-4　「とたん（に）」等机能辞的作家认可度一览

	1900	1910	1920	1930	1940	1950	1960	1970	1980	1990
とたん（に）	50	22.2	23.5	32	41.7	37.5	77.8	59.2	71.8	77.8
かと思うと	90	38.9	52.9	52	45.8	54.2	55.6	42.9	41	36.1
や否や	50	38.9	41.2	16	8.3	29.2	27.8	18.4	20.5	22.2
が早いか	50	22.2	29.4	20	0	0	8.3	8.2	7.7	2.8
なり	10	22.2	35.3	28	41.7	29.2	44.4	46.9	38.5	50

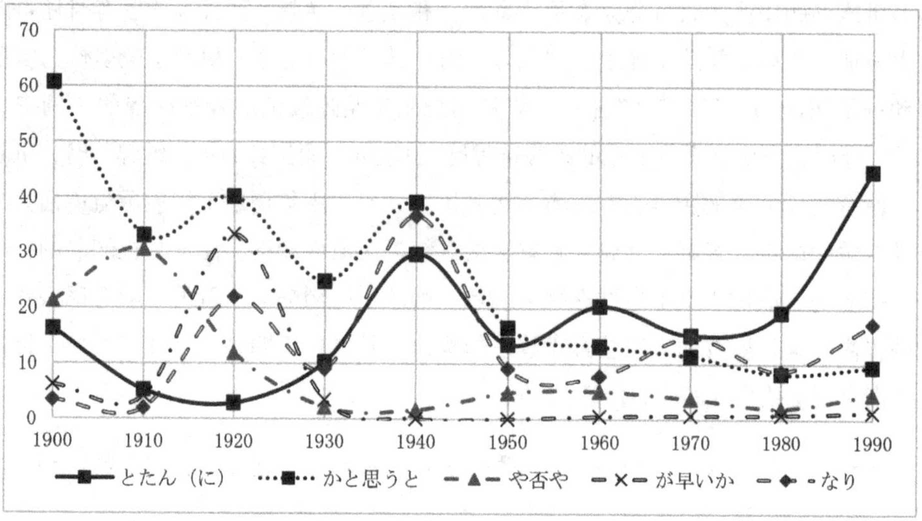

图11-2　各机能辞的使用频率变化图

212　基于语料库的中国日语学习者认知研究

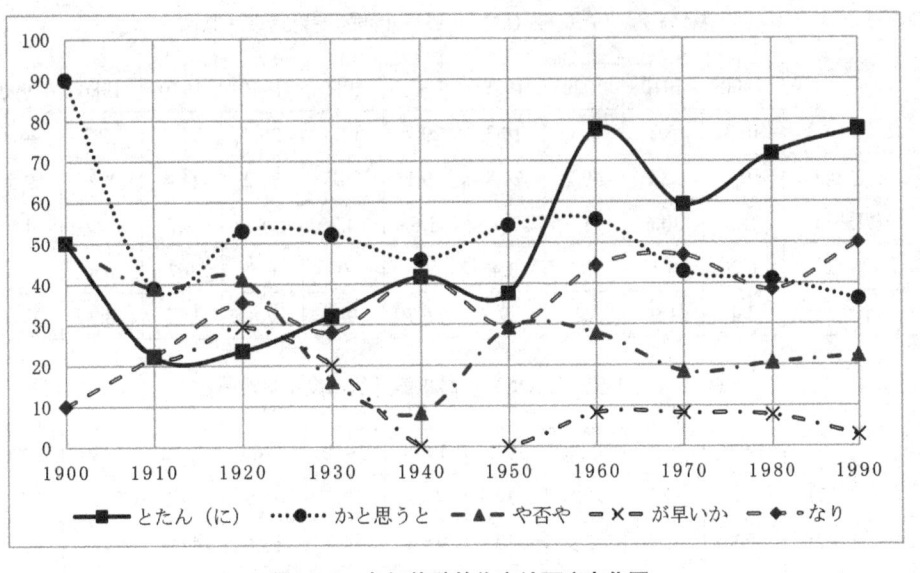

图11-3　各机能辞的作家认可度变化图

　　保持是指，当一个实词发生语法化变为虚词后，功能中仍然会保留有原词的一些特点。这在一些机能辞中能够比较明显地观察到。以「かと思うと」为例，其作为机能辞的用法大致可分为表示"意外"和表示"继起"两种，两者有时还可能发生叠加。当该机能辞单纯表示"意外"时，其中的「思う」保留了较多作为实质性动词使用时的"思考"的含义，与其动词用法是连续的、较难区隔的（例63、64）。此时，「かと思うと」的语法化程度①也较低。而当其表示"继起"时，「思う」原有的词汇意义变得非常淡薄（例65）。此时，主句谓语不能表示与说话人的思维有关的内容。否则，「思う」就会被理解为实质性动词，而不是机能辞的一部分。相应的，该构式也不易被理解为表示"继起"（例66）。可见，随着语法化程度的提高，词汇原有的实质性意义越来越稀薄，越来越不明显。因此，保持可以被视作衡量语法化程度的反向指标。

　　（63）切れ目なくつづいて、もうしまいになる<u>かと思うと</u>、また勢いづいて
　　　　　長く尾をひきます。（『ビルマの竪琴』竹山道雄）
　　（64）下女が出て来て、此方へと云うから、何時もの座敷へ案内する<u>かと思</u>

---

①　在日语中，机能辞与非机能辞的界限是不清晰的，两者往往构成一个连续体。为了衡量某个词汇或构式在多大程度上具备了典型的机能辞的性质，笔者提出了"机能辞度"这一概念。衡量标准详见本章第4节。

うと、其所を通り越して、茶の間へ導びいていった。（『門』夏目漱石）

（65）女の子はそういったかと思うと、両手を大きくひろげて貞行にしがみ
ついた。（『塩狩峠』三浦綾子）

（66）#女の子はそういったかと思うと、ちょっと不思議な気がした。（作例）

脱范畴化则是指发生语法化的语言形式会失去一些形态标记，或失去原有的名词、动词这些范畴所具备的句法特征。正如砂川有里子（1987）指出的那样，随着动词变为复合助词（即本文所述助词性机能辞），它们将不再具备语态、时态、语气以及时体等特征。同时，也失去了一些原有的语法范畴。以「かと思うと」为例，说话人使用该机能辞时，是站在旁观者的立场，对所看到的场景进行客观描写。由于发生了语法化，「思う」失去了原有的承接动作主体的能力。因此，在前项分句的主语位置不能出现表示说话人的相关表达（例67）。同时，不能被形容词、副词等修饰（例68），还失去了时态、时体、语态等实质性动词原有的语法范畴。因此，不能变成过去式（例69），没有了时体变化（例70），也无法构成被动态或使役态等（例71）。这些都是动词脱范畴化的典型表现。

（67）田中君は／*私は頭を垂れたかと思うと、肩を震わしながら啜り泣き
をはじめた。（『黒い雨』井伏鱒二）

（68）*ちょっと／*そばで、田中君は頭を垂れたかと思うと、肩を震わし
ながら啜り泣きをはじめた。（作例）

（69）*田中君は頭を垂れたかと思ったと、肩を震わしながら啜り泣きをは
じめた。（作例）

（70）*田中君は頭を垂れたかと思っている／思い始める／思いつづけると、
肩を震わしながら啜り泣きをはじめた。（作例）

（71）*田中君は頭を垂れたかと思われる／思わせると、肩を震わしながら
啜り泣きをはじめた。（作例）

同样，语法化后的名词也失去了许多原有的句法特征。以「こと」为例，在成为机能辞后，该词失去了充当主语的能力，失去了大多数格范畴，如「を」、「で」、「と」等，也不能后续「の」充当连体修饰成分，只能以「ことから」（例72）、「ことか」（例73）、「こととて」、「ことなく」、「ことだ」（例74）等固定形式出现。至于通过语法化成为助词、助动词的「へ」、「さえ」、

214　基于语料库的中国日语学习者认知研究

「だけ」、「ます」等，更是完全脱离了以前所属的名词、动词范畴，几乎不再具有原有范畴的特征了。

（72）それだけの量を吸収する海外市場が見当たらない<u>ことから</u>、実現は困難である。（『全予測アジア』百本和弘）

（73）夫がいたら、どんなに喜んだ<u>ことか</u>。（『二人で紡いだ物語』米沢富美子）

（74）殺すなら、全員殺す<u>ことだ</u>。ひとりでも残すと、貴様の命とりだぞ。（『北緯50度に消ゆ』高橋義夫）

以上，讨论了语法化的五个本质现象。那么如何判断某一语言形式是否已经发生了语法化呢？大堀壽夫（2005）引用Comrie（1998）的研究成果指出，判断语法化有5个主要依据，即「意味の抽象性」（意义的抽象性）、「範列の成立」（范畴的成立）、「標示の義務性」（标示的义务性）、「形態素の拘束性」（功能的受限性）和「文法内での相互作用」（在语法范畴内部的相互作用）。该研究根据欧美语法化研究的成果对日语中的语法化现象进行了较为深入的分析，具有较高的理论价值。但是，由于其仅仅聚焦于实词向助词、助动词的转化，而未涉及机能辞这一重要的词汇类别，因此在视野上有所不足。相比较而言，欧美和国内语言学家关注到了虚词的各个层面，视野更为宽广。以下，笔者将研究视野从助词、助动词扩展到机能辞，结合实例，逐一探讨这些判断依据的具体表现形式、合理性和可操作性。

首先，是意义的抽象性。发生语法化的词汇的意义变得抽象，不再清晰、容易把握。这一现象普遍发生在通过语法化产生的机能辞上，无论是实词的语法化，还是由实词和虚词构成的构式的语法化。例如，实词「ところ」原表示"场所、区域"，意义很明确（例75）。而当其发生语法化，成为起接续作用的机能辞后，就失去了原有的具体词义，转为表示两件已发生事项在时间上的继起关系（例76）。其意义自然变得抽象、单薄。而当该名词与助动词「だ」组成的构式发生语法化后，前者同样不再表示"场所、区域"，而是与后者构成整体表示某一事项刚刚发生（例77）。同样，在「かと思うと」中，动词「思う」原有的表示"想、思索"的词义变得很淡薄（例78），「が早いか」中的「早い」也不再拥有作为形容词使用时所具有的实质语义（例79）。

（75）日常生活から離れ静かな<u>ところ</u>へ行くと身も心もリフレッシュします。
（『定年からの生きがい革命』鈴木啓三）

第十一章　语法化与二语习得研究　215

（76）困っていた<u>ところ</u>、ある親切な日本人が、私のために切符を買ってくれた。（『陳舜臣全集』陳舜臣）

（77）三年たって、やっと今その告白をした<u>ところ</u>だ。（『パリの芝居小屋から』風間研）

（78）下り坂を少し歩いた<u>かと思うと</u>、またすぐに登り坂になる。（『のほほん行進曲』東海林さだお）

（79）俺は両耳へ手をやる<u>が早いか</u>、一散にそこを逃げ出してしまった。（『夢の蹄』芥川龍之介）

　　　尽管意义的抽象性是语法化的一个特征，但若以此作为语法化的判定依据，必然会遭遇界定较为困难，可操作性不足的问题。这是由于，语法化是一个渐进过程，其间，发生语法化的词汇常常会派生出多个语义。这些意义往往是连续的、渐变的。以「思う」为例，该动词作为实质性动词的用法（例80）、表示"意外"的用法（例81）和表示"继起"的用法（例78）实际上是连续的，其语义的抽象化也是一个渐进的过程。因此，在实际操作中，很难根据语义的抽象程度设定一个明确的界限，并据此判断某词汇或构式是否完成了语法化。

（80）もう逢えないと<u>思う</u>と気が狂いそう。（『湖底のまつり』坂妻夫）

（81）切れ目なくつづいて、もうしまいになる<u>かと思う</u>と、また勢いづいて長く尾をひきます。（『ビルマの竪琴』竹山道雄）

　　　其次，是范畴的成立。大堀壽夫（2005）指出，所谓范畴就是如代名词或格助词那样，表示特定语法功能并互相形成对立关系的由少数语言形式构成的组。作为例证，大堀壽夫（2005）列举了「ます」进入「敬語」（敬语）范畴以及「へ」进入「助詞」（助词）范畴这些实词演化为虚词的现象。当实词或包含实词的构式通过语法化成为机能辞进入虚词领域后，它们在句中起到了相当于助词、助动词的作用，自然也构成了相应的范畴。当然，它们中的绝大多数并没有进一步演化为助词、助动词，因此其构成的是新的独立的范畴，而不是如「ます」或是「へ」那样，进入了原有的「敬語」（敬语）范畴或是「助詞」（助词）范畴。这其实就是Hopper（1991）指出的分层现象。例如，例76中的「ところ」、例78中的「かと思うと」和例79中的「が早いか」在句中都起到接续作用，因此，进入了相应的虚词范畴。但因其与原有的「と」、「たら」等接续助词存在着一定差异，因此构

成了"接续机能辞"这一相对独立的子范畴。同样，在句中起到指示格关系的作用的「について」（例82）、「に対して」构成了"格机能辞"范畴。起提示作用的「にしろ」（例83）、「といい」构成了"副机能辞"范畴。而「ものを」（例84）、「ものか」等起到表示语气的作用的机能辞因没有词尾变化，因此，构成了"终机能辞"范畴。「わけだ」（例85）、「なければならない」等表示语气的机能辞，因具有词尾变化，则与「ところだ」（例77）、「ばかりだ」等表示时体的机能辞一起，构成了"助动机能辞"范畴。由于这些机能辞并未完全通过语法化成为助词、助动词，因此，它们都在原有的助词、助动词范畴之外，构成了新的范畴。该标准较为明确，可以作为语法化的判定依据。

（82）母の身内について、何かご存じですか。（『黄金の呪縛師』ひかわ玲子）

（83）平和の問題にしろ、人権の問題にしろ、どうしてもそこには国際的な側面がかかわってきます。（『国際感覚ってなんだろう』渡部淳）

（84）もっと注意すればいいものを、教室の入り口でころんでしまった。（『おじさんは原始人だった』大原興三郎）

（85）つまり見えない食器の中から、見えない食物をはしでつまみだして口に運ぶわけだ。（『ルビー色の旅』堀内純子）

标示的义务性是指，为了表示某种功能，需要用特定形态进行标示。例如，要表示"继起"关系，就要使用「とたん（に）」、「なり」等机能辞。要表示"既然"，句中就要出现「からには」、「以上」等机能辞。而且，这些机能辞都必须以特定的形态出现，不能随意变化。例如，不能将「も」插入「について」之中，而只能将其接续在该机能辞后（例86）。同样，也不能将机能辞中的助词随意替换，如将「を皮切りに」中的「を」替换成「こそ」等（例87）。对于「かもしれない」、「はずだ」等助动机能辞来说，否定形式只能出现在这些构式之前，而不能对其本身进行否定（例88、89）。否则，都会破坏其形态的特定性，造成错误。这些都是标示的义务性的具体表现，且与Hopper（1991）指出的特化有着密切的关系。由于其具有明显的形态特征，因此，可以作为语法化的判定依据。

（86）彼は、ガルゴについても／＊にもついて、ビオラについても、かなり詳しく知っている。（『黒豹撃戦』門田泰明）

（87）会計ルールが変わることを皮切りに／＊こそ皮切りに、グループ企業、そして全企業を会計改革の波が襲います。（『ニッポンの経営を変え

る会計ビッグバン』田中靖浩)

(88) 作業によっては静止の状態は存在<u>しないかもしれない</u>／*<u>するかもし</u>
<u>れなくない</u>。（『ロボットは人間になれるか』長田正)

(89) 彼自身の将来にとっても、決して損には<u>ならないはずだ</u>／*<u>なるはず</u>
<u>ではない</u>。（『蒼き炎』藤水名子)

功能的受限性指的是，发生语法化的词汇全部或是部分失去了独立运用的能力，必须与其他实词一起使用，或是作为机能辞的一部分出现。这种现象非常普遍，在所有发生语法化的词汇或构式中都能观察到。这与Hopper（1991）提出的脱范畴化密切相关。语法化的发生导致词汇失去了许多句法特征，也因此失去了独立运用的能力。功能的受限性是语法化的显著特征，可以作为判定某语言形式是否发生语法化的重要依据。

在语法范畴内部的相互作用指的是，词汇或是构式在发生语法化后，与句中的其他成分构成了相互影响的关系。大堀壽夫（2005）认为，日语中很少出现明确的语法范畴内部的相互作用。但是实际上，如果将研究视野扩展到机能辞，就会发现很多此类现象，包括对先行词或是后续表达的词义、形态的制约以及与全句语气的关联性等。例如，机能辞「とたん（に）」、「や否や」、「が早いか」以及「なり」的先行词必须是表示动作、变化的动词，而不能是没有时体对立的状态性动词（例90、91)①。而且，这些先行动词的时态通常也是固定的②。这些都体现了机能辞对先行词词义和形态的制约。

(90) 枕に頭をつけた<u>途端</u>／〇<u>つけるや否や</u>／〇<u>つけるが早いか</u>／〇<u>つける</u>
<u>なり</u>、ものすごい鼾をかき出す。（『男はつらいよ　フーテンの寅』
山田洋次)

(91) ベッドに*<u>いたとたんに</u>／*<u>いるや否や</u>／*<u>いるが早いか</u>／*<u>いるな</u>
<u>り</u>、ものすごい鼾をかき出す。（作例)

---

① 在此方面，「かと思うと」略有不同。从语料库中，笔者也检索到一些该机能辞前接状态性动词的实例（例a）。但此时，「かと思うと」表示的不是"继起"，而是"意外"。如上文所述，此时的「思う」保留原词汇意义较多，语法化程度较低。

（a）たったいま京に<u>いた</u>か<u>と思うと</u>、日本海に面した越前の野に舞いおりたかのごとくやってくるのである。（『国盗り物語』司馬遼太郎)

② 在20世纪初，「とたん（に）」的前项动词多以非过去式形式出现。但在30年代之后，已统一为过去式形式。详见毛文伟（2010）。

218　基于语料库的中国日语学习者认知研究

机能辞对于后续表达的词义等有时也会有所制约。例如，「をめぐって」通常要求后续表示讨论、争议等意义的动词（例92）。因此单纯表示单向的听或说的动词就不宜与之搭配使用，而是应该改用「について」、「に関して」等（例93）。

（92）島の支配権をめぐって争っておったのですよ。(『名探偵の掟』東野圭吾)

（93）隊長は重要な件〇について／〇に関して／＊をめぐっては何度も繰り返し訊いた。（『俘虜記』大岡昇平）

此外，机能辞对整句语气也有着较为显著的影响。例如，「とたん（に）」等表示继起的机能辞只能用在单纯描写句中，而不能出现在表示感叹、判断、要求、疑问等语气的句子中（例94）。这些都是语法范畴内部的相互作用的具体表现。因为这些都是语言中的显性现象，因此，可以通过详细观察和分类，将其作为语法化的判定依据。

（94）枕に頭をつけた途端／つけたかと思うと／つけるや否や／つけるが早いか、ものすごい鼾をかき出す∅（单纯描写）／＊かき出すなあ（感叹）／＊かき出すだろう（判断）／＊かき出せ（要求）／＊かき出すか（疑问）。（『男はつらいよ　フーテンの寅』山田洋次）

以上，笔者结合实例，系统分析了Hopper（1991）指出的语法化的五个本质现象和Comrie（1998）提出的五个判断依据。通过讨论我们发现，许多现象和依据都存在着本质上的因果关系或是属于同一现象的两个侧面。其中，范畴的成立与分层、脱范畴化与功能的受限性属于前者。范畴的成立和脱范畴化是因，分层和功能的受限性是果。范畴的成立和脱范畴化的发生引发了分层和功能的受限现象。标示的义务性与特化属于后者，实际上都指向发生语法化的词汇在形态上的特殊化。在这些标准中，功能的受限性是判断语法化的重要指标，范畴的成立、标示的义务性和语法范畴内部的相互作用也具有较为明显的形态特征，可以在细化后充当判断某语言形式语法化程度的依据。

4. 实例分析：机能辞的认知机理及学习者习得状况研究

如本章第2节所述，日语机能辞有3个来源，可由此将其分为三大类。第一类机能辞由实词或实词与虚词组成的构式通过语法化形成。在演化过程中，实词的意义逐渐抽象化，其自身或含有该实词的构式构建起新的语法范畴，形成了特定的标

识和形态，并与句中其他成分建立起相关影响的关系。第二类机能辞由部分文言助词、助动词出现衰退后发生躯壳化而形成。在现代日语中，这些虚词已基本消亡。但在特定机能辞内，其原有功能被保留，但失去了生产性。第三类机能辞通过助词、助动词的形式化形成。随着一些词语搭配使用频率的提高，逐渐形成了一些较为特殊的构式，并进一步演变为机能辞。需要注意的是，在同一机能辞内部可能同时出现语法化和躯壳化现象。例如，在「といえども」中的「ども」在使用上出现了躯壳化，而「いう」则发生了语法化，由实词演变为机能辞的一部分。对于机能辞的认知来说，前者更有可能成为显性标志。

在这些机能辞中，第二类机能辞数量不多，形态上的特征也最为明显，较易辨别。而其他两类机能辞与单纯的词语组合之间存在着连续性，界限较为模糊。可以说，机能辞认知的关键就在于如何判断这两类机能辞。同时，从功能和句法特征来看，近义表达形式的演进程度通常并不相同，有些近似于单纯的词语组合，有些则更接近典型的机能辞。例如，尽管在意义上存在微妙差异，「から考えると」、「からみると」、「からすると」在句中都表示"根据前项作出后续判断"的意思（例95—97）。但是，在使用者的意识中，「から考えると」通常被认为是单纯的词语组合，而「からみると」中的「みる」通过隐喻表示"观察"，失去了"用眼睛观察"这一实质性的词汇意义，即发生了意义的抽象化，因此，较易被认知为由动词语法化形成的机能辞。与之相比，「からすると」中的「する」的意义显然更为抽象，因此，更容易被认为是机能辞①。可见，即便是近义表达形式，其演进程度也存在着较为显著的差异。为了较为准确、客观地衡量某一表达形式在多大程度上具有典型的机能辞的性质，笔者设立了"机能辞度"这一概念。机能辞度越高，该表达形式就越接近典型的机能辞。反之则更加接近单纯的词语组合。如本章第3节所述，在Comrie（1998）设定的判断依据中，意义的抽象性等界定较为困难，范畴的成立、功能的受限性、标示的义务性和语法范畴内部的相互作用则具有较为明显的形态特征，可以通过细化后充当判断语法化程度的依据。通常，我们需要检验的表达形式都在句中承担一定的语法功能，其作用与助词、助动词相似。因此，它们都新建或加入了特定的语法范畴。范畴的成立可以说是这些表达形式的必备条件。无

---

① 先行研究对这些表达形式的认定情况可以构成一个较为有力的佐证。在诸多相关论著和词典中，『日本語表現文型』、『日本語文型辞典』和『現代語の助詞・助動詞』等均将「からみると」和「からすると」视为机能辞，『現代語複合辞用例集』未将前者视为机能辞，而这些文献中均未收录「から考えると」。可见，在多大程度接近一个典型的机能辞方面，这些表达形式确实存在着较为显著的差异。

220　基于语料库的中国日语学习者认知研究

此前提，也就不必进行检验和讨论了。因此，笔者省略该要素，着重从功能的受限性、标示的义务性和语法范畴内部的相互作用这三个方面出发，分析机能辞的认知机制，并进一步探讨机能辞的判定标准。

（95）昼間の行きがかりから考えると、かれらはおそらく鐘の有無について言い争ったであろう。（『白髪鬼』岡本綺堂）

（96）これまでの経過からみると、今後変更の可能性がないとは言い切れない。（『宇宙ステーション入門』冨田信之）

（97）あの口振りからすると、ただの間柄じゃありません。（『死闘』和久峻三）

4.1 机能辞的认知机制

从语法化程度来看，机能辞介于实词和助词、助动词之间。与实词不同，机能辞失去或部分失去了实质性的词汇意义，在句中主要承担标记格关系、接续主从句、表示语气等类似助词、助动词的功能。但另一方面，机能辞与已经完全语法化的助词、助动词也有所不同，还或多或少地保留着一些构成要素原有的语义或句法特征。这就是Hopper（1991）指出的"保持"现象。语言使用者对于区分机能辞和助词、助动词通常不会感到太困难。但是，机能辞在机能辞度方面差异显著。部分机能辞与单纯的词语组合之间的界限较为模糊。而之所以参与语言交际的双方仍然能够将其作为一个整体，而不是单纯的词语组合来认知，就是因为机能辞具备了一些区别于单纯的词语组合的显著特征。

以「といえども」、「のみならず」等源于文言助词、助动词躯壳化的机能辞为例，其中包含的「ども」、「なり」、「ず」等均为文言表达形式（例98、99）。在现代日语中，除了「ず」有时会出现在书面语中以外，「ども」、「なり」都已经衰亡，只能在特定构式内出现。这体现了其虚词功能的受限。而要实现特定的表达效果，通常运用这些机能辞最为恰当，且其形态不可随意改变。这体现了标示的义务性。而且，这些机能辞与句子整体的语气等也构成了较为固定的呼应关系。这体现了语法范畴内部的相互作用。不仅如此，这些已消亡形式的再次出现，也意味着相关表达脱离了现代日语的语法规则。正是由于这些特征的存在和综合作用，使得语言使用者明确认识到其有别于单纯的词语组合，由此实现了对这些机能辞的准确认知。

（98）親といえども容赦はしないのだ。（『人間の壁』石川達三）

（99）時間のみならず、彼は人間関係においても自由を失う。（『働くということ』黒井千次）

对于基于语法化、形式化产生的机能辞来说，脱离正常语法规则的制约往往构成了认知主体判断其是否是机能辞的重要依据。例如，正如仁田義雄、柴谷方良、村木新次郎、矢沢真人（2000）指出的那样，格是表示名词与其他词汇关系的语法范畴。名词通常后续格助词构成句子成分。但是，在「にかかわりなく」、「ことなく」等机能辞中，「かかわり」、「こと」等名词未后续格助词就构成了主语（例100、101）。这显然不符合日语的一般语法规则。同样，日语格助词通常接续在名词之后，而不能与其他格助词叠加。由助词形式化形成的「からには」明显违反了这一规律（例102）。这种脱离正常语法规则制约的现象正是机能辞构成要素脱范畴化的具体表现，也构成了认知主体识别机能辞的重要根据。

（100）人間は病気になると、年齢や身分にかかわりなくみな一様に幼児に戻る。（『がんからの出発』ワット隆子）

（101）この線を後退させることなく、関係法律の改正を急ぐべきだ。（『朝日新聞・社説』朝日新聞社）

（102）公表したからには、やるしかない。（『窓』鷹野つぎ）

也有部分机能辞并不具备以上显著的形态特征。此时，对先行词汇、结构以及后续呼应成分的制约等就构成了主体认知的重要依据。以「だけに」为例，该形式既有机能辞用法，也有非机能辞即助词叠加的用法。在例103中，无论是先行词「町」还是先行结构「この町」都不具备明显的属性含义，「に」也保持着原有的格助词功能显示地点。此时，认知主体通常会将「だけに」视作助词的叠加，而不是机能辞。但是，一旦先行结构表示「町」的属性的话，情况就会有所不同。如果「に」仍然保持原有格助词功能，充当后续谓语的补语，表示"地点""对象"等，则「だけに」仍将被作为助词的叠加（例104）。而要是「に」发生了脱范畴化，不再充当后续谓语的补语成分，「だけに」就将被理解为机能辞，表示"前后事项在程度、性质上是对应的"这一意义（例105）。此外，如果先行词为用言或从句，那么从接续上看，就违反了格助词的通常接续规则，于是，就如同「にかかわりなく」、「ことなく」等机能辞一样，认知主体会明确地将其视为机能辞（例106）。可见，要区别于单纯的词语组合，机能辞必须在先行词汇、结构的意义以及

222 　基于语料库的中国日语学习者认知研究

后续成分等方面表现出特异性。这些实际上都是语法范畴内部的相互作用的具体表现，也是认知主体识别机能辞的重要线索。

（103）だけど不思議なことに、この町だけには地震がなかったのです。（『筒井康隆四千字劇場』筒井康隆)

（104）政府は小さな町だけに気配りをしている。　（作例)

（105）狭い町だけに、事件のことはすでに知れ渡っているようだ。（『名探偵の掟』東野圭吾)

（106）中国人は辛抱強いだけに、爆発するとなるとそのエネルギーはすさまじい。（『中国人のものさし日本人のものさし』村山孚)

　　随着机能辞性的提高，机能辞组成要素的脱范畴化现象越来越明显，机能辞在形态、功能等方面的特化现象以及与其他句子成分的相互作用也越来越显著。这些现象构成了认知主体识别机能辞的重要依据，也是我们判定某一表达形式机能辞度的重要指标。以下，笔者将从这两个方面出发，结合实例，深入分析衡量某表达形式机能辞度的具体标准。该标准的设立将有助于我们更加科学、深入考察机能辞的性质和特征，有效提升我们对于日语词汇体系、词类认知机制以及语法化、词汇化等词汇演变规律的认识水平，具有重要的理论价值。

4.2 形态、功能的特化

　　随着日语实词或构式向机能辞演化，它们在形态、功能方面表现出越来越明显的特化趋势。究其成因，基本上可以将这些特化现象分为两大类，即文言要素的留存和词汇的脱范畴化。从结果来看，这些表达形式突破了现代日语语法规则的制约，产生了超越构成要素意义累加的特殊功能[①]。正是由于形态、功能方面特化现象的发生，使得这些表达形式得以区别于单纯的词汇组合而被人们作为一个独立的语言单位加以认知和使用。因此，可以将文言要素的留存和词汇的脱范畴化作为显性指标，充当判定机能辞度的标准。

　　文言要素的留存可进一步细分为词汇和语法两个层面。在词汇层面，部分文言助词、助动词在发生躯壳化后会作为机能辞的一部分出现，形成了机能辞在形态方面的特化。除了上节提到的「といえども」、「のみならず」以外，「なければな

---

① 这就是永野賢（1953）指出的「単なる構成よそのプラス以上の意味を持っている」或是松木正恵（1992）指出的「構成要素の合計以上の独自な意味が生じている」。

らない」（例107）、「ずにはいられない」（例108）以及「を問わず」等语言形式中都包含「なり」、「ず」等文言助动词。不仅是文言助动词，文言助词的躯壳化也较为常见。例如，文言格助词「が」具有连体修饰功能。该用法在现代日语中已消失，但在「がため」、「がまま」等机能辞中，该用法仍有所保留（例109、110）。此外，「たりとも」、「ずとも」等机能辞中的「とも」是文言接续助词（例111），「くせして」、「にして」等机能辞中的「して」是文言格助词。文言成分的留存都相应提高了这些表达形式的机能辞度。

（107）そして頭をすこし休めなければならない。（『或る少女の死まで』室生犀星）

（108）私も一寸ばかり面喰わずにはいられなかった。（『光の中に』金史良）

（109）生きんがための抵抗である。（『人間の壁（下）』石川達三）

（110）すべては教えの命ずるがままです。（『ビルマの竪琴』竹山道雄）

（111）オーケストラは一瞬たりとも破綻を露呈していない。（『クラシックの巨匠たち』吉井亜彦）

文言词汇的介入对表达形式机能辞度的影响从例112、113的对比中可见一斑。在「んばかりに」（例112）中，因为存在着文言否定助动词「ん（ぬ）」，所以其机能辞度明显高于「ないばかりに」（例113）。

（112）ガンバは、腰をぬかさんばかりに驚いて小さな声をあげました。（『冒険者たち－ガンバと十五匹の仲間－』斉藤淳夫）

（113）弓子は結論が出たと言わないばかりに腕をほどき、もう歩き出している。（『放課後のロックンロール・パーティ』市川陽）

在语法层面，随着时间的流逝，语法规则也在逐渐发生着变化。一些文言语法规则在现代日语中不再适用，却仍然会留存在词汇或机能辞内。这实际上也造成了对现代日语语法规范的突破，并由此构成了形态上的特化，并使得这些表达形式易于被使用者作为一个整体加以认知。例如，在文言中，用言、助动词等无须形式名词即可后续格助词充当补语。推量助动词「～（よ）う」就可以直接修饰名词。但是，这些接续法都不符合现代日语的语法规则。因此，在「ざるをえない」（例114）、「～（よ）うものなら」（例115）等表达形式中，接续方式体现的是文言的语法规则。此外，「とはいえ」（例116）、「～であれ、～であれ」（例117）

中的「いえ」和「あれ」是现代日语中早已消失的动词已然形。它们的出现同样体现着文言的语法规则。这些文言语法规则的留存造成了这些表达形式在形态上的特化，使得其更容易被作为机能辞认知。其机能辞度也相应更高。

（114）そのとき養われる立場に立た<u>ざるを得ない</u>のはいまの青壮年者たちだ。（『高齢化社会』吉田寿三郎）

（115）顔を出<u>そうものなら</u>大変よ。（『杳子』古井由吉）

（116）プロテスタントの家庭に育った<u>とはいえ</u>、私はカトリックの美術をしらぬわけではない。（『白い人』遠藤周作）

（117）暗殺<u>であれ</u>、自然死<u>であれ</u>、彼の死が、とにかく、最大の契機だ。（『流亡記』開高健）

在向机能辞演化的过程中，无论是实词还是虚词，都会发生脱范畴化现象。其中，实词的脱范畴化主要表现为助词脱落、假名书写、格扩展、接续扩展、原有意义或功能的弱化等诸多现象。其中，助词脱落是较为常见的现象。随着表达形式由单纯的词汇组合向机能辞演变，在「にかかわりなく」、「ことなく」等表达形式中发生了格助词脱落现象，导致名词直接后续用言情况的出现（例118、119）。这显然不符合现代日语的语法规则。此外，毛文伟（2009）在考察了20世纪「とたん（に）」的形态变迁后也发现，该表达形式的常用形态历经了「途端に」、「途端」、「とたんに」、「とたん」的变化。当前，无论是使用频率和作家接受度，「とたん」都居绝对优势（例120），「途端に」则很少出现（例121）。这显示，在该机能辞的演变过程中，随着机能辞度的提高，出现了改用假名书写和助词脱落两大显著趋势。实际上，这些都是名词脱范畴化的具体表现。区别在于，助词脱落突破了语法规则，构成了衡量机能辞度的显性指标。而假名书写并未构成特殊的形态标志。因此，只能成为衡量机能辞度的参考指标。

（118）人間は病気になると、年齢や身分に<u>かかわりなく</u>みな一様に幼児に戻る。（『がんからの出発』ワット隆子）

（119）帰る途中でも三人の話は尽きる<u>ことなく</u>、あれやこれやと話が続いた。（『中国の知嚢』村山吉廣）

（120）食用と思った<u>とたん</u>、不気味さが半減した。（『飛ぶ男』安部公房）

（121）電球は床へ落ちる<u>途端に</u>彼女の前髪をかすめたらしかった。（『年末の一日』芥川龍之介）

第十一章　语法化与二语习得研究　225

此外，随着动词的脱范畴化，会出现格扩展现象，即动词具备了承接发生语法化之前不能承接的格的能力。例如，作为实质动词，「とる」通常只能承接「が」格和「を」格名词（例122），但是融入机能辞「にとって」后，该动词承接了「に」格名词（例123）。「つれる」也是如此。实质动词「つれる」通常是承接「が」格和「を」格名词（例124），但是在机能辞「につれて」中，其承接的是「に」格名词（例125）。这种格扩张现象也是对现代日语语法规则的突破，是动词语法化的结果，构成了衡量机能辞度的一个显性指标。

（122）小林さんが二人の手をとって、「よかった、よかった」といって感激の涙を流した。（『おぼけさま』西村美智代）

（123）三百歳になったのは、浦島にとって、決して不幸ではなかったのだ。（『お伽草紙』太宰治）

（124）やがて下村少尉が三名の斥候をつれてやってきた。（『山本五十六自決セリ』大野芳）

（125）自動装置の発達につれて乗組員は冷淡にあつかわれます。（『お茶漬の味』小松左京）

除了实词的脱范畴化，构成机能辞一部分的虚词也会发生脱范畴化。作为其常见表现形式之一，助词会出现接续能力的扩展，从而接续原本无法承接的词汇或结构。这也构成了对现代日语语法规则的突破。如上文所述，「だけに」作为助词组合，通常只能出现在体言之后（例126）。而当其发生形式化成为机能辞后，就可以承接用言（例127）或是从句（例128）。「に」的接续能力扩展还发生在「にしては」、「にせよ」等机能辞上（例129、130）。除了「に」之外，格助词「と」也经常发生类似现象（例131、132）。而「から」、「を」发生接续能力扩展的情况则相对较少（例133、134）。助词接续能力的扩展突破了现代日语语法规则，构成了衡量机能辞度的一个显性指标。

（126）実際に砂漠の道で、骨だけになった牛の死骸を何度も目撃したからである。（『光の国のグランプリ』中部博）

（127）中国人は辛抱強いだけに、爆発するとなるとそのエネルギーはすさまじい。（『中国人のものさし日本人のものさし』村山孚）

（128）政自身、自分の生母が生々しくかかわっているだけに、なんとか真相を知っておきたいという思いが強かった。（『始皇帝』伴野朗）

（129）若いにしては心のしっかりした女だった。（『雨蛙』志賀直哉）

（130）このシステムは五〇州すべてにおいて、多少の条件のちがいはあるにせよ合法的に認められている。（『謝らないアメリカ人すぐ謝る日本人』高木哲也）

（131）いざできないとなるとどうしても子供が欲しくなったのですね。（『夜と霧の隅で』北杜夫）

（132）唾を吐いたのはいけなかったと思うと同時に、右肩を掴まれたのを感じた。（『電車停留場』豊島与志雄）

（133）取材が記事にならないことなど日常茶飯であるからして、気にしない、気にしない。（『背負い水』荻野アンナ）

（134）一連の判決が示しているのは、公務員か民間人かを問わず、食糧費を使う会議や懇談会の出席状況はガラス張りにしなければならないということなのです。（『よくわかる情報公開制度』青山彰久）

　　由脱范畴化引发词汇原有意义或功能的弱化也是一种常见现象。除了上节所述由语法化引起的名词、动词脱范畴化以外，虚词的形式化也会引发脱范畴化。部分助词会由此在不同程度上失去原有功能。例如，「だけに」、「からには」中的格助词「に」不再具有指示对象、目的地等功能（例135、136）。而原本在功能上有着显著区别的表示条件的接续助词「ば」、「と」、「たら」在通过形式化成为机能辞的一部分后，原有特征发生弱化，功能上的区别不再明显。在很多情况下，都可以进行互换①（例137、138）。这些都是虚词脱范畴化的具体表现。当然，并非所有融入机能辞的助词都会发生功能的弱化。例如，「だけに」中的副助词「だけ」仍然保持着表示程度的功能（例135）。「からみると」等机能辞中的格助词「から」也仍然指示着判断的依据（例138）。

（135）が、天才だけに、この人は相当変わっている。（『佐藤雅彦全仕事』中島信也）

（136）公表したからには、やるしかない。（『窓』鷹野つぎ）

（137）日本ですらそうだ〇とすると／〇とすれば／〇としたら、諸外国はさぞかしひどいにちがいない。（『「ゆとり」とは何か』飯田経夫）

---

① 江田すみれ（1999）同样指出了这一点。

（138）日本のばあい、気温の面○からみると／○からみれば／○からみたら、
　　　　夏は熱帯に近い温度になる。（『たべものと日本人』河野友美）

　　功能上的特化也是人们认知机能辞的重要依据。机能辞在功能上的特化现象越
明显，其功能就越无法通过累加其构成要素的功能、意义进行推测或解释，就越容
易被认知为机能辞。例如，仅凭对助词功能的叠加，我们无法推导出「だけに」所
具有的表示前后项程度相称的功能或是「からには」所具有的表示"既然"的功能
（例135、136）。同样，我们也无法以动词命令形的原有功能推导出「にしろ」、
「にせよ」等所具有的表示转折的功能（例139、140）。同时，我们很难解释这些
机能辞的功能与构成要素原有功能之间的关系。这种功能上的不可分析性是机能辞
功能特化的结果，也是衡量机能辞度的重要指标。

（139）どんなにボロボロの家にしろ、未だあれはたしかに俺のものらしい。
　　　　（『村のストア派』牧野信一）
（140）見えすいた当座の言い逃れにせよ、この場合、どんなにか乗れると
　　　　言ってほしかった。（『確証』小谷剛）

　　如上所述，在演变为机能辞之后，这些表达形式在形态和功能上表现出了较为
显著的特化现象。这成为主体判断其是否是机能辞的重要依据。其中，文言要素的
留存和脱离现代日语语法范畴规则的制约等构成了衡量机能辞度的显性指标。后者
主要表现为实词的助词脱落、格扩展以及虚词的接续能力扩张等。功能上的特化则
主要表现为功能的不可分析性。随着机能辞度的提高，还发生了假名书写和构成要
素原有意义、功能弱化等现象。但这些都并非机能辞所独有，故只能构成衡量机能
辞度的参考指标。

4.3 对先行词汇、结构的限制

　　随着机能辞度的提高，机能辞与句中其他成分的相互作用越来越明显。机能
辞经常会从接续形式、词汇意义、时态、时体、结构以及语气等各个方面对先行词
汇、结构或者主句谓语等相关成分构成限制，导致一些接续、搭配以及呼应上的特
化现象的发生。

　　特化首先表现在接续上。如同机能辞的构成要素会随着机能辞度的提高而发生
格扩张、接续扩张等，导致出现形态上的特化一样，构成要素的脱范畴化也会导致
一些机能辞在接续方面突破现代日语的语法规范。例如，「が」、「に」、「と」

228　基于语料库的中国日语学习者认知研究

等格助词通常应该接续在名词之后，但当其成为「が最後」（例141）、「にせよ」（例142）、「にしては」（例143）、「となると」（例144）等机能辞的组成要素之后，由于发生了脱范畴化，就可以直接接在用言或是助动词之后。这些接续方式明显不符合现代日语的语法规范，构成了认知主体识别机能辞的显性指标。

> （141）名古屋の下宿の予定など立てたが最後、北川大学は必ず落ちると思うのである。（『太郎物語大学編』曾野綾子）
>
> （142）多少の地域差はあるにせよ、そこは日本の縮図だ。（『小説田中学校』羽田孜）
>
> （143）若いにしては心のしっかりした女だった。（『雨蛙』志賀直哉）
>
> （144）いざできないとなるとどうしても子供が欲しくなったのですね。（『夜と霧の隅で』北杜夫）

　　此外，部分机能辞还会对先行表达的结构提出一定要求。例如，在「にかかわらず」前出现的常常是如「～すると～ないと」、「あるなし」、「するしない」等"肯定—否定"式的结构（例145、146）。「～につけ、～につけ」的先行词通常由一组反义词构成（例147）。「～うが、～まいが」则要求先行词必须为同一动词，且动作主体必须为同一主体（例148、149）。这些先行表达形式在结构上的特化随着机能辞度的提高而逐渐显著，构成了认知主体识别机能辞的显性指标。

> （145）山本家は、好むと好まないとにかかわらず、朝はパン食である。
> 　　　　（『太郎物語高校編』曾野綾子）
>
> （146）結局、書く書かぬにかかわらず私は話を聞くことになった。（『汽車の罐焚き』中野重治）
>
> （147）志乃がよいにつけ、〇わるい／＊かなしいにつけ、敏感な姉の心は揺れているはずだった。（『忍ぶ川』三浦哲郎）
>
> （148）二人が駆け出そうが、〇駆け出す／＊走り出すまいが、そんなことは自分の知ったことではなかった。（『夏草冬涛』井上靖）
>
> （149）＊二人が駆け出そうが、彼女らが駆け出すまいが、そんなことは自分の知ったことではなかった。（作例）

　　此外，机能辞经常会对先行词的性质、意义、时态、时体等有所限制。例如，表示瞬间继起的「とたん（に）」、「（か）と思うと」、「や否や」和「が早い

か」的先行词通常应该是表示动作、变化的动词（例150），而不能是没有时体对立的状态动词（例151）。同样，表示程度很高的「てならない」、「てしょうがない」、「てたまらない」的先行词必须是「うれしい」、「腹が立つ」等[-自制性]和[+状态性]①的词或词组（例152），而不能是「喜ぶ」、「怒る」那样的[-自制性]和[-状态性]的词（例153）。

（150）○枕に頭をつけた途端／つけたかと思うと／つけるや否や／つけるが早いか、ものすごい鼾をかき出す。（『男はつらいよ　フーテンの寅』山田洋次）

（151）＊ベッドにいたとたんに／いたかと思うと／いるや否や／いるが早いか、ものすごい鼾をかき出す。（作例）

（152）○一夜にしてざざっと傾いた物価に、ひどく鮮烈な驚きもあり、不服でもあり、腹がたってならない／てしょうがない／てたまらない。（『きもの』幸田文）

（153）＊一夜にしてざざっと傾いた物価に、ひどく鮮烈な驚きもあり、不服でもあり、怒ってならない／てしょうがない／てたまらない。（作例）

先行词的时体特征往往也会受到机能辞的制约。例如，表示瞬间继起的「とたん（に）」、「や否や」、「が早いか」和「なり」等机能辞的先行动词必须是[-状态性]的（例154），而不能是「アル」、「ナイ」、「シテイル」等表示状态的词汇或形式（例155）。「からには」对先行词也有相同要求（例156、157）。不过，在此方面，「かと思うと」略有不同。有时，表示状态的词汇或形式也会充当其前项动词。但此时，该机能辞表示的是"意外"，而不是瞬间继起（例158、159）。

（154）○王宮を出たとたんに／出るや否や／出るが早いか／出るなり、ミハイロヴィッチは大きく息を吸いこんだ。（『コンスタンティノープルの陥落』塩野七生）

（155）＊王宮を出ていたとたんに／出ているや否や／出ているが早いか／出ているなり、ミハイロヴィッチは大きく息を吸いこんだ。（作例）

① 久野暲（1973:79）指出，按照表示动作还是表示状态，可以将日语的动词、形容词分为 [-状态性] 和 [+ 状态性] 两大类。

（156）これだけ無理な冒険をあえて〇する／＊しているからには、一応の予
防策くらいは、当然立てているはずだ。（『砂の女』安部公房）

（157）食糧が〇なくなった／＊ないからには下山するより手はないだろう。
（『孤高の人』新田次郎）

（158）〇しばらく東京にいるかと思うとすぐまた講演旅行であった。（『わ
れ山に帰る』高田宏）

（159）〇何度も何度も跳躍しているかと思うと、いつの間にかいなくなって
いる。（『抱かれる』稲葉真弓）

部分机能辞会对先行词的意义有所限制。例如，「を問わず」要求先行词包含
复数要素，如「職業」、「年齢」等（例160），或是含有相反要素，如「男女」、
「東西」等。意义不符合以上要求的词汇通常不能充当该机能辞的先行词（例
161）。同样，「にあたって」的先行词应为「年」、「終結」、「始める」、「迎
える」等表示关键时间节点的名词或动词（例162）。当「壁」等表示实物的词出现
在该表达形式之前时，由于其不符合上述特定的语义特征，认知主体就不会将「に
あたって」作为机能辞来认知，而是将「あたる」视为动词（例163）。

（160）〇優しさと粋を感じさせる銀座結びは職業や年齢を問わず、個性を表
現できる帯結びとして楽しまれています。（『一人でできる着付け』
笹島寿美）

（161）優しさと粋を感じさせる銀座結びは＊先生や＊25才を問わず、個性
を表現できる帯結びとして楽しまれています。（作例）

（162）〇新入生を迎えるにあたって、校内の清掃を徹底し、校内を美化しよ
うというものだった。（『夕焼け学校』嵐山光三郎）

（163）＃破片は身中にとび込み、壁にあたって音をたてた。（『異邦人』辻亮一）

部分机能辞会对先行词的时态、时体有所限制。例如，同为表示瞬间继起的机
能辞，「とたん（に）」、「かと思うと」要求先行动词以过去式形态出现，「や
否や」、「が早いか」和「なり」则要求先行动词为非过去式形态（例164）。而
「にあたって」、「までもない」则只能接续在动词非过去式形态之后（例165）。
而且，部分机能辞的功能与先行词的时态密切相关。例如，当「うえで」接续在动
词非过去式后时，表示的是"在某一方面"（例166），而当其接续在动词过去式后
时，表示的则是"在……前提或基础上"（例167）。

（164）新入生を○迎える／＊迎えたにあたって、校内の清掃を徹底し、校内を美化しようというものだった。（『夕焼け学校』嵐山光三郎）

（165）食料が国民全体の問題であることは○言う／＊言ったまでもない。（『よくわかる食と農のはなし』生源寺眞一）

（166）将軍の権威を自分以上に大きくすることは、社会心理を操作するうえで好もしいことではない。（『国盗り物語』司馬遼太郎）

（167）よく考えたうえで、そうきめたのです。（『未来いそっぷ』星新一）

如上所述，机能辞在接续和先行表达的结构等方面形成特化，这构成了衡量机能辞度的显性指标。同时，机能辞还对先行词汇的特征、意义、时态、时态等有所限制。这些现象都是在机能辞由单纯的词汇组合向一个独立语法成分演化过程中发生的，并随着机能辞度的提高而愈发显著。但是，不仅是机能辞，在许多助词的使用过程中也能观察到类似现象，因此，只能构成衡量机能辞度的参考指标。

4.4 对后续表达形式的影响

除了对先行词汇、构式有所限制以外，机能辞对于与之呼应使用的词汇、构式等后续表达形式（以下简称呼应词和呼应形式）乃至整句语气也具有很强的引导或是限制作用。松木正惠（1992）指出，机能辞具有引导评价的功能，应作为衡量机能辞度的标准之一。该功能正是机能辞对后续表达形式的影响方式之一。观察实例可以发现，机能辞对后续表达的影响不限于此。以下，笔者从引导、语义、时态、时相以及语气等五个方面，详细对此进行考察。

首先，部分机能辞对后续表达的内容、褒贬等具有特定的引导功能。例如，「おかげで」（例168）、「だけあって」之后通常出现较为理想的情况。「せいか」（例169）、「ばかりに」之后将出现较为糟糕的情况。「ものなら」一般后续说话人的意志或是判断（例170）。「ときたら」则后续消极评价（例171）。这些机能辞对后续内容的引导都较为固定、明确，不符合预期的内容不能出现。因此，即便说话人省略了后半句，对方也能够较为准确地理解其要传达的意思（例172）。机能辞对后续内容的引导是其重要的特征之一，可以充当衡量机能辞度的显性指标。

（168）恭司は、父親が覆い被さって庇ってくれたおかげで奇跡的に軽傷で済んだ。（『子どもたちは夜と遊ぶ』辻村深月）

（169）木が多いせいか、高い段にある墓地は下からでは隠れて見えない。（『闇のなかの石』松山巌）

（170）できるものなら、お見せしたいほどですよ。（『欲望の城』星新一）

（171）やつらときたら、○もう人間ではないし猿でも神でもない／＊優しい人間である。（『聖少女』倉橋由美子）

（172）だが、この馬鹿の選ぼうとしている道ときたら…！（『月読見の乙女』前田珠子）

机能辞往往会对呼应词的语义或性质有所限制。例如，「とたん（に）」、「と思う」、「や否や」、「が早いか」、「なり」等机能辞不仅要求先行动词必须是[-状态性]的，对后续动词也有着同样的要求（例173、174）。而同样是指示话题的机能辞，「をめぐって」要求后续动词必须是「争う」、「議論する」、「対立する」等表示争论的动词，「～について」、「～に関して」则无此限制（例175、176）。不过，尽管对呼应词语义的限制是机能辞的一个特征，但该特征并不仅限于机能辞，在部分助词、助动词的使用中也能观察到类似情况，因此，只能构成衡量机能辞性的一个参考指标。

（173）○枕に頭をつけた途端／つけたかと思うと／つけるや否や／つけるが早いか／つけるなり、ものすごい鼾をかき出す。（『男はつらいよフーテンの寅』山田洋次）

（174）＊枕に頭をつけた途端／つけたかと思うと／つけるや否や／つけるが早いか／つけるなり、ものすごい鼾をかき出せる。（作例）

（175）1893年からこの年へかけては、ハワイとの合併の問題○について／○に関して／○をめぐって、アメリカで激しい議論が闘わされた。（『消えた古代王朝の真実』竹内均）

（176）隊長は重要な件○について／○に関して／＊をめぐっては何度も繰り返し訊いた。（『俘虜記』大岡昇平）

除了语义之外，机能辞还对呼应词的时态、时体有所限制。例如，表示原因的「ばかりに」的呼应词必须是过去式形式（例177）。「をものともせず」的呼应词通常以「シタ」或「シテイル」形式出现，很少以非过去式形式出现（例178）。而表示继起的「次第」或提示判断依据的「からには」的呼应词则通常必须采用非过

去式形式（例179、180）。同样，这种对呼应词的时态、时体的限制并非机能辞所独有，所以只能充当参考指标。

（177）たった一日ポツダム宣言の受諾が遅れた<u>ばかりに</u>、市街の七十四パーセントが廃墟と化し、三千人以上の市民が○<u>死傷した</u>／＊<u>死傷する</u>。（『悪魔の飽食』森村誠一）

（178）筑波大が監督不在<u>をものともせずに</u>、福岡大に○<u>快勝した</u>／○<u>快勝している</u>／＊<u>快勝する</u>。（『朝日新聞』朝日新聞社）

（179）わかり<u>次第</u>、○<u>しらせるわ</u>／＊<u>しらせた</u>。（『火の国特急』島田一男）

（180）公表した<u>からには</u>、やるしか○<u>ない</u>／＊<u>なかった</u>。（『窓』鷹野つぎ）

部分机能辞与句子的整体语气关系密切，只能出现在表示特定语气的句子里。这一现象可以在部分助词上观察到。例如，接续助词「と」通常不能出现在表示说话人意愿或诉求语气的句子里。但是，对于机能辞来说，该现象更加显著。例如，「とたん（に）」、「と思う」、「や否や」、「が早いか」、「なり」等机能辞只能出现在单纯现象描写句中，而不能出现在表示说话人意愿、感叹、判断、诉求或是疑问等语气的句子里（例181）。「となると」通常出现在断定或感叹的句中（例182），而「とすると」则对用于表示推测、说明、疑问等语气的句子中（例183）[1]。在从语料库中检出的「からには」的实例中，判断句占了绝大多数，表示意愿的句子少量出现，但极少有表示感叹、判断、诉求或是疑问等其他语气的情况（例184）[2]。这些对句子语气的限制现象也可被视为机能辞与其他句子成分的相互作用，可将其作为衡量机能辞度的参考指标。

（181）枕に頭をつけた<u>途端</u>／<u>つけたかと思うと</u>／<u>つけるや否や</u>／<u>つけるが早いか</u>、ものすごい鼾を○<u>かき出す</u>∅（無標、単純事象描写）／＊<u>かき出すね</u>（情意表出）／＊<u>かき出すなあ</u>（感嘆）／＊<u>かき出すだろう</u>（判断）／＊<u>かき出せ</u>（訴え）／＊<u>かき出すか</u>（疑問）。（『男はつらいよ　フーテンの寅』山田洋次）

（182）○山野さんが絡んでくる<u>となると</u>、やりにくい相手になるなあ。（『ガラスの恋人』森村誠一）

---

[1] 江田すみれ（1992）曾作相关论述。

[2] 详见毛文伟（2004）的相关论述。

（183）〇その犯人たちだが、四人が新潟から上越新幹線に乗ったとすると、東京に来ている可能性があるんだ。（『裏切りの特急サンダーバード』西村京太郎）

（184）入閣したからには、その仕事に全力を〇挙げたい（情意表出）／〇挙げるだろう（判断）／＊挙げた（単純事象描写）／＊挙げるか（疑問）／＊挙げてください（訴え）／＊挙げるなあ（感嘆）。（『朝日新聞』朝日新聞社）

在以上指标中，对后续内容的引导构成了衡量机能辞度的显性指标。对后续表达的语义、时态、时相以及语气等的限制尽管也是机能辞的特征之一，但并非机能辞所独有。因此，只能作为衡量机能辞度的参考指标。

综上所述，随着机能辞度的不断提高，机能辞在形态、功能方面发生了特化，对先行词汇、结构以及后续表达形式的意义、结构、时态、时体乃至句子的语气都产生了明显的影响。其中，文言要素的留存、脱离现代日语语法范畴规则的制约、功能的不可分析性、接续和先行结构的特化以及对后续内容的引导等构成了判定机能辞的显性指标，在认知主体判定机能辞时起着决定性的作用。而假名书写、机能辞构成要素的意义或功能弱化、对先行或后续表达的语义特征、词义、时态、时体等的限制等也是机能辞的特征。但这些特征并非机能辞所独有，因此只能充当认知机能辞的参考指标。为了准确把握日语机能辞的涵盖范围以及相关表达形式的机能辞度，笔者依据以上评价指标，结合语料库实例，对相关表达形式进行了全面梳理，统计它们在这些指标上的得分，筛选出较为典型的机能辞，为研究学习者的习得情况奠定了基础。

4.5 学习者对机能辞的习得状况研究

为了系统考察学习者对于机能辞的习得情况，笔者首先从《日语机能辞评价指标统计表》（详见附录2）中，筛选出所有得分大于0的表达形式。这些表达形式都在至少1个显性指标上表现出了特化现象，因此，可以将其视作较为典型的机能辞。随后，笔者从中国日语学习者语料库所收录的2008年四级、八级作文中抽取出所有包含这些机能辞的例句，并对其词目数和总检出数等进行统计，得到下表。

第十一章　语法化与二语习得研究　235

表11-5　学习者作文中机能辞使用情况统计表[①]

	句子数	字符数	词目数	检出数	句均出现数	调整频率
四级作文	5,962	151,982	126	1,526	0.26	100.40
八级作文	5,987	190,833	155	2,299	0.38	120.47

　　由上表可知，在八级作文中出现的机能辞无论是词目数还是句均出现数、调整频率均明显高于四级作文。可见，随着学习时间的延长，学习者掌握的机能辞不断增加，使用也愈加频繁。这显示，其日语表达能力有所提高。

　　观察检索结果可以发现，机能辞的使用频次差异很大。有些机能辞在四级、八级作文中均得到频繁使用，如「ため」、「なければならない」、「にとって」、「として」等，也有一些使用频率都很低，如「わけがない」、「をぬきに」、「をめぐって」、「にあたって」等。甚至有一些机能辞无论在四级还是八级作文中都未检出，如「がてら」、「とあいまって」、「といわんばかり」、「にさきだって」等。表11-6统计了使用频率较高的机能辞，涵盖了四级语料和八级语料中检出数分列前20位的机能辞。从中不仅可以找到那些使用频率普遍较高的机能辞，还能发现一些在四级作文与八级作文中的使用频率存在较为显著差异的机能辞。其中，部分机能辞在四级作文中出现较多。例如，「あと（で）」在四级作文中出现频率很高，居第11位，但在八级作文中则相对较低，居25位。「一方だ」在四级作文中居第14位，但在八级作文中则居30位。「てたまらない」在四级作文中居第20位，但在八级作文中则仅居70位。另一方面，也有部分机能辞在八级作文中使用更频繁。例如，「だけでなく」在八级作文中居第8位，但在四级作文中仅居19位。「において」在八级作文中居第13位，但在四级作文中仅居58位。「と同時に」在八级作文中居第20位，但在四级作文中仅居73位。尽管机能辞的使用情况与作文题材有着一定关系，但从表11-6的数据中还是可以看出，无论在哪个学习阶段，学习者都较为频繁地使用了「とともに」、「につれて」、「に従って」、「あと（で）」等表示时间关系尤其是伴随关系的机能辞，「なければならない」、「べきだ」等表示"义务"语气，以及「かもしれない」、「にちがいない」、「はずだ」等表示"可能性判断"或"征候性判断"语气的机能辞。在四年级学习者的产

---

① 句均出现数是每句中出现的机能辞的平均值，计算方式如下：检出数／句子总数。调整频率即该表达形式在每百万字语料中的平均使用频率。

出中，更多地出现了「において」、「を通して」、「を通じて」等书面语表达形式。可见，高年级学习者具备了更强的书面语写作能力。

表11-6　学习者产出中的高频机能辞一览表

	四级 检出数	四级 排序	八级 检出数	八级 排序		四级 检出数	四级 排序	八级 检出数	八级 排序
ため	173 (11.3)	1	111 (4.8)	5	といえば	22 (1.4)	15	15 (0.7)	29
なければならない	172 (11.3)	2	125 (5.4)	4	にちがいない	19 (1.2)	16	16 (0.7)	28
にとって	172 (11.3)	3	170 (7.4)	1	というと	18 (1.2)	17	28 (1.2)	21
として	103 (6.7)	4	80 (3.5)	9	はずだ	18 (1.2)	18	12 (0.5)	33
かもしれない	79 (5.2)	5	89 (3.9)	7	だけでなく	16 (1.0)	19	88 (3.8)	8
について	62 (4.1)	6	74 (3.2)	10	てたまらない	16 (1.0)	20	3 (0.1)	70
べきだ	47 (3.1)	7	132 (5.7)	3	とともに	14 (0.9)	22	71 (3.1)	11
によって	44 (2.9)	8	166 (7.2)	2	において	3 (0.2)	58	59 (2.6)	13
につれて	36 (2.4)	9	102 (4.4)	6	を通して	13 (0.9)	25	59 (2.6)	13
ことがある	35 (2.3)	10	43 (1.9)	18	を通じて	10 (0.7)	26	54 (2.3)	15
あと（で）	29 (1.9)	11	24 (1.0)	25	までもない	8 (0.5)	32	46 (2.0)	17
に対して	27 (1.8)	12	64 (2.8)	12	ではないか	5 (0.3)	44	33 (1.4)	19
に従って	26 (1.7)	13	50 (2.2)	16	と同時に	2 (0.1)	73	31 (1.3)	20
一方だ	24 (1.6)	14	14 (0.6)	30					

与母语使用者相比，学习者对机能辞的使用更加频繁。笔者统计了部分常用机能辞在本族语语料库和四级、八级语料中的使用频率（表11-7）。通过对比可知，除了「と同時に」在四级作文中使用稍少以外，学习者产出中的机能辞使用频率普遍高于母语使用者。部分机能辞差距达到数倍甚至数十倍。除了「について」、「なければならない」和「かもしれない」以外，八级作文中出现的机能辞比四级作文更多。这一方面可能与作文题材有关，另一方面也是训练迁移的必然结果。由于日本语能力测试等一系列考试均将机能辞作为重要的考核内容之一，为了应对这些考试，学习者在学习过程中始终将机能辞作为学习的重点，由此导致了机能辞使用频率过高现象的发生。

第十一章 语法化与二语习得研究 237

表11-7 机能辞使用频率对比表

	BCCWJ		四级		八级	
	检出数	调整频率	检出数	调整频率	检出数	调整频率
について	20,642	688.1	62	763.0	74	753.9
に対して	7,876	262.5	27	332.3	64	652.0
につれて	733	24.4	36	443.0	102	1,039.1
と同時に	1,855	61.8	2	24.6	31	315.8
までもなく	1,289	43.0	8	98.5	46	468.6
だけでなく	2,220	74.0	16	196.9	88	896.5
なければならない	7,383	246.1	172	2,116.7	125	1,273.4
かもしれない	11,639	388.0	79	972.2	89	906.7

在学习者使用机能辞过程中，较为频繁地出现了一些误用。如上文所述，随着词汇或构式向机能辞演化，它们在形态、功能方面发生了特化，对先行词汇、结构以及后续表达形式的意义、结构、时态、时体乃至句子的语气也形成了一些限制。学习者往往对这些特化现象或限制掌握不足，导致在语言产出中出现了一些表达失误。这些失误大致可以分为以下几个类型。

[1] 形态方面的错误

在学习者产出中，我们会发现很多机能辞形态方面的错误。有些是简单的词形混淆。学习者会将机能辞的一部分误作形式相近的另一个词汇，如将「ずにはおかない」误作「ずにはいかない」（例185），或是将「はともかく」误作「はともなく」（例186）。更多的误用出现在由语法化形成的机能辞上。有时，学习者会将两个意义、形态相近的形式的各一部分拼合一起，如将「ないといけない」和「なければならない」拼合成「ないとならない」（例187）。显然，学习者并没有将「ないといけない」和「なければならない」作为一个整体进行认知，而是将其分成了「ないと+いけない」和「なければ+ならない」两部分。因此，会出现对后者不做否定（例188），或是前者假定形错误（例189）等各种误用情况。

（185）その結果北京に行かずにはいかない {7, ずにはいかない, 文法－助詞－機能辞, ずにはおかない}。（CJLC 四级）

（186）資料の調べや相手との連絡はともなく {12, はともなく, 文法－助詞－機能辞, はともかく}、昔外へ出なければならない買い物とか、全べ

238　基于语料库的中国日语学习者认知研究

て家にいたまま、パソコンで済ませる。（CJLC 八级）

（187）また、帰国したら、クラスメートに落とさないようにどうすればいい
のかというようなことを考えておかない<u>とならない</u>｛9, ないとならない，文法－助詞－機能辞，なければならない｝。（CJLC 四级）

（188）しかし、私たちはがっばで<u>なければなる</u>｛5, なければなる，文法－助詞－機能辞，なければならない｝。（CJLC 四级）

（189）今までの私に対して、確かによく考え<u>なられればならなかった</u>｛8, なられればならなかった，文法－助詞－機能辞，なければならない｝。（CJLC 四级）

　　如表11-6所示，在四级作文中，包含文言要素的机能辞出现很少，较常见的只有「ざるをえない」（例190）和「ずに」。此类机能辞在八级作文中则相对出现更多，主要有「ずに」（例191）、「であれ」、「であろうと」、「にもかかわらず」和「を問わず」等。观察实例可以发现，形态方面的错误并不常见。学习者多将这些机能辞作为一个整体进行认知，很少会对其结构进行随意改变。常见的表达失误通常是由于学习者未能准确把握其接续方式或功能引起的。

（190）時間の経つにつれて、自分の未来を考え<u>ざるをえない</u>。（CJLC 四级）

（191）首脳会談が開かれるとか、テロ事件が起こったとか、ドアを一歩も踏み出せ<u>ずに</u>｛11, ずに，文法－助詞－機能辞，ずにして｝、世界のことを知る。（CJLC 八级）

　　相对而言，学习者在使用由语法化形成的机能辞时更容易发生形态上的错误。这是由于，一些词汇在发生语法化之后，仍继续保留着原有的实词用法，从而呈现出原用法和新用法并存的情况，即Hopper（1991）指出的"分歧"现象。学习者有时会套用原有的实词用法，而忽视了由实词脱范畴化引起的助词脱落、语法范畴丧失等现象。例如，「ことなく」中的「こと」之后，不必出现格助词或副助词（例192），「に対する」中的「对する」也失去了时体范畴，不能变化成「对している」（例193）。这些都是实词语法化的结果，但为学习者所忽略，并由此引发了表达失误。

（192）足は動す<u>ことはなくて</u>｛5, ことはなくて，文法－助詞－機能辞，ことなく｝、家でネットワークをして、仕事などはできる。（CJLC 八级）

（193）しかし、大学にはいって、私は英語にたいしている {3, にたいしている，文法－助詞－機能辞，にたいする} 興味がだんだん減少した。（CJLC 四级）

总体而言，在四级语料中，形态方面的错误出现较多。在八级语料后，此类表达失误明显有所减少。这体现了学习者语言能力的提高。

［2］功能方面的错误

相对于形态方面发生的错误，更多的学习者表达失误的产生原因是学习者对机能辞的功能掌握不够准确。在一些学习者的产出中，出现了机能辞与近义格助词混淆的现象，如在指示直接动作对象时，未用格助词「を」，而是用了「について」（例194）。在表示所属关系时，误用了指示场所、领域的「における」等（例195）。

（194）プラスの面は人間が情報を得る時、とても早く、情報について {4, について，文法－助詞－機能辞，を} 早く取り扱うことができる。（CJLC 八级）

（195）「パソコン依存症」、「携帯依存症」、「親指族」など以前は聞きもしなかった医学における {4, における，文法－助詞－機能辞，の} 名詞が今はやっている。（CJLC 八级）

另外一些表达失误之所以会发生，是因为部分机能辞在形态上具有相似性，如「について」和「にとって」（例196），或是「うえで」和「うえに」（例197）。此外，还有一些学习者忽略了机能辞形态特化与功能的联系。例如，「によって」和「によると」均由动词「よる」语法化而来，但在形态发生特化的同时，也分别具备了不同功能。前者表示"手段""理由"或"根据"。后者则用来指示信息的来源。但是，一些学习者未能准确辨析两者在功能上的异同，没有注意到动词「よる」发生语法化后不同形态的功能特化，由此造成表达失误（例198）。可以认为，此类表达失误是由目标语干扰引起的。

（196）学生について {4, について，文法－助詞－機能辞，にとって}、成績は本真に大切なので、みんな一生懸命がんばっている。（CJLC 四级）

（197）たぶんインターネットで天気を調べた上に {3, 上に，文法－助詞－機能辞，上で} そうした。（CJLC 八级）

（198）彼の話によって{9, によって，文法 - 助詞 - 機能辞，によると}、今、
　　　　社会の競争はとても激しくて、仕事を捜すのはとても難しい。（CJLC
　　　　四级）

　　此外，母语干扰也会引发表达失误。例如，「にとって」通常表示视角的主
体，「に対して」表示动作行为的对象。两者功能区别明显。但是，由于两者在汉
语中都可以译作"对于"，学习者有时会将两者混淆起来，从而导致了表达失误的
发生（例199）。而在例200中，学习者显然是将「にかかわらず」等同于汉语中的
"无论"。实际上，该机能辞表示的是"与前项无关，不受其影响"（例201），用
在例200中显然是不恰当的。

（199）2001年7月13日は全世界の中国人に対して{2, に対して，文法 - 助詞 -
　　　　機能辞，にとって}、忘れられない日です。（CJLC 四级）
（200）インターネットを通じて、何の情報にかかわらず{9, にかかわらず，
　　　　文法 - 助詞 - 機能辞，でも}、全部知らせてくれる。（CJLC 八级）
（201）私たちは、日常生活の中で、意識、無意識にかかわらず、さまざまな
　　　　動作をします。（『元気な足のつくり方』渡邊英一）

[3] 先行词汇、结构方面的误用
　　如上所述，随着机能辞度的提高，机能辞通常会对先行词汇、结构的接续方
式、词汇意义、时态、时体、结构等方面产生一些制约，形成搭配以及呼应上的特
化。如果学习者未能全面、准确地掌握这些规律，就不可避免地会导致表达失误的
发生。
　　首先，部分学习者对于机能辞在接续方面的特化情况掌握不佳，未能准确认
识由其构成要素脱范畴化引发的接续扩展等现象。例如，在融入机能辞后，格助词
「に」、副助词「しか」等均发生了脱范畴化，可以直接承接用言或是助动词，但
不能出现在接续助词之后。例202、203显然不符合这些机能辞的接续规则，形成了
明显的表达失误。

（202）コンピューターとイントネットの発展すること{4, こと，表現 - 表現の
　　　　過剰，}にしたがって、メッセージを手に入れることがとても便利だ。
　　　　（CJLC 八级）
（203）そして、その人は何もしなかった、コンピーターの前に坐って{7, 坐っ

て，文法－動詞の活用，坐る｝しかなかった。 （CJLC 八级）

其次，受到母语的影响，学习者使用的先行词汇、结构往往与母语使用者差异显著。以表示"伴随发生"的「につれて」为例，在从本族语语料库中检出的前20位高频先行表达中，表示移动、变化的动词占了绝大多数（表11-8）。除动词外，还检出「ていく」、「てくる」、「てゆく」等表示时体的构式。而如表11-9、表11-10所示，在学习者产出中出现的先行表达则迥然不同。在四级作文中，动名词明显较多，且出现了一些在本族语语料库中未检出的名词，如「年」、「年齢」、「時間」等（例204）。这些词汇不含变化意义，实际上并不能充当该机能辞的先行词。在八级作文中，「につれて」的先行词与本族语语料的差异更为显著，动词只出现了「する」、「進む」等寥寥数个，且使用频率不高，绝大多数高频词都是动名词（例205）。而母语使用者通常会将这些汉语词汇作为サ变动词使用（例206）。之所以出现这种情况，是由于学习者受到了汉语的影响。相对于「につれて」通常承接从句，汉语中与之对应的表达"随着"多后续包含"的"的名词结构（例207）。受此表达习惯的影响，在学习者产出中出现了大量名词后续「につれて」的用例。在八级作文中，此种用法甚至占了绝大多数。虽然不能将其完全归入表达失误，但这些表达显然不符合母语使用者的习惯。我们有必要在教学过程中加以适当引导和纠正。

表11-8 本族语语料库中「につれて」的高频先行表达一览

	先行词	检出数	占比		先行词	检出数	占比		先行词	检出数	占比
1	なる	97	13.2%	8	てくる	16	2.2%	15	増える	8	1.1%
2	する	73	10.0%	9	とる	11	1.5%	16	増す	8	1.1%
3	進む	66	9.0%	10	登る	10	1.4%	17	成長	7	1.0%
4	経つ	56	7.6%	11	行く	9	1.2%	18	高まる	7	1.0%
5	それ	45	6.1%	12	てゆく	8	1.1%	19	経る	7	1.0%
6	近づく	42	5.7%	13	れる	8	1.1%	20	上がる	6	0.8%
7	ていく	23	3.1%	14	深まる	8	1.1%				

242 基于语料库的中国日语学习者认知研究

表11-9 四级作文中「につれて」的先行词汇一览①

	先行词	检出数	占比		先行词	检出数	占比		先行词	检出数	占比
1	なる	5	13.9%	4	増える	4	11.1%	7	年	2	5.6%
2	とる	5	13.9%	5	経つ	4	11.1%	8	其他①	10	27.8%
3	成長	4	11.1%	6	する	2	5.6%				

表11-10 八级作文中「につれて」的先行词汇

	先行词	检出数	占比		先行词	检出数	占比		先行词	检出数	占比
1	発展	52	51.0%	4	進む	4	3.9%	7	発達	2	2.0%
2	普及	13	12.7%	5	進歩	4	3.9%	8	情報化	2	2.0%
3	する	9	8.8%	6	それ	3	2.9%	9	其他①	13	12.7%

（204）だから、年 {3, 年，表現－表現の欠落，年を取る} につれて悩みは
多くになってきた。（CJLC 四级）②

（205）近年、科学技術の発展につれて、情報はだんだん広がっている。（CJLC
八级）

（206）変化に富んだ自然環境は、社会経済が発展するにつれて次々と姿を消
していった。（『帰らぬつばさ』林武雄）

（207）以后随着经济的发展和人口生育的减少，可以再制订和调整更合适的就
业制度。（《解决就业问题不能脱离实际》吴俊杰）

　　此外，也有一些学习者对于机能辞的先行词语义或结构特征掌握不够充分。例
如，「てたまらない」、「てしかたがない」等机能辞要求先行词必须是[-自制性]
和[+状态性]的（毛文伟2002）。而「くせに」的从句必须以人为主语（例210）。
但在学习者产出中，检出了很多不符合该要求的用例（例208、209、211）。还有一
些学习者在先行词的时态、时体方面出现了失误。例如，在表示经历时，「ことは
ない」的先行动词应采用过去式。「に従って」则应接续在动词非持续体之后。例
212、213显然都违反了这些规则。

（208）こんな現実の中で、困ってたまらない {5, てたまらない，文法－助詞－
機能辞，非常に～る}。（CJLC 四级）

---

① 包括「のぼる」、「発展」、「進歩」、「年齢」、「時間」等仅检出1例的词汇。
② 包括「崩れ」、「到達」、「到来」、「革新」、「広げる」等仅检出1例的词汇。

第十一章 语法化与二语习得研究 243

（209）しょうにき、驚いて仕方がない {8, て仕方がない, 文法－助詞－機能辞, 本当に～た}。（CJLC 八级）

（210）弱いくせに強いと相手に思ってもらおうとする。（『気が晴れる心理学』加藤諦三）

（211）情報化の氾濫のくせに {7, くせに, 文法－助詞－機能辞, せいで}、どちらかただしいかわからなくなりますし、困まることがいっぱいです。（CJLC 八级）

（212）両親は心配しないために、私は両親と相談する {4, する, 文法－助動詞及び関連問題－テンス, した} ことはない。（CJLC 四级）

（213）科学技術が速く発展している {1, 発展している, 文法－助動詞及び関連問題－アスペクト, 発展する} に従って、今、私達の社会は情報化社会になったといっても過言ではないだろう。（CJLC 八级）

[4] 后续表达形式引导方面的表达失误

除了上述表达失误以外，还有部分表达失误之所以发生，是由于学习者未能准确掌握机能辞的引导功能。如上文所述，机能辞对后续表达的内容、褒贬等具有特定的引导作用。如果后续表达不符合该引导模式，就会导致表达失误的发生。例如，「ばかりに」、「ときたら」等机能辞通常引导的都是消极的事态，但在例214、215中，后续的却是积极、正面的情况，这显然违反了这些机能辞的使用规则，形成了明显的表达失误。

（214）母は厳しい人ばかりに {7, ばかりに, 文法－助詞－機能辞, だけに}、私の成長に高い期待をくれていた、完璧な娘になってほしいだ。(CJLC 四级)

（215）よいことときたら {3, ときたら, 文法－助詞－機能辞, といったら}、私たちの生活は便利になり、世界が一体化する一方で、人間の精神生活が豊富され、経済がすばやく発展している。（CJLC 八级）

此外，部分机能辞对呼应词或是后续句子的语义特征有着较为明确的限制。例如，「とたん（に）」不仅要求后续动词具有[-状态性]，而且该动作对于从句主语来说通常还必须是不可控的、意外的（例216）。例217中的「成長する」虽然满足了前一个要求，却是从句主语自身的变化，不具备任何意外性，因此，不符合「と

たん（に）」的使用要求。例218中的「からといって」也是如此。该机能辞通常表示让步转折，后续否定判断（例218）。而在例219中，前后项内容之间构成的是因果关系，并不符合这一特征，因此构成表达失误。

（216）玄関のドアを開けた<u>とたん</u>、そんな母親の声が<u>聞こえた</u>。（『天使なんかじゃない』下川香苗）

（217）生まれた<u>とたんに</u> {5，たとたんに，文法－助詞－機能辞，てから}、わたしは両親の保護の下に<u>成長した</u>。（CJLC 八级）

（218）飲みにくい<u>からといって</u>、カプセルの中身を出したり、錠剤を細かく砕くようなことを<u>してはいけません</u>。（『家庭の医学』木村辰男）

（219）日本語は今世界中でもとても人気がある専門<u>からといって</u> {8，からといって，文法－助詞－機能辞，で}、でも、今日本語の勉強をする人も<u>増える一方だ</u>。（CJLC 四级）

对于日语学习者来说，语气始终是难点问题之一。正如毛文伟（2013）指出的那样，学习者使用名词、动词、形容词等意义明确、构成句子主干的词汇偏多，使用各类表达语气的词汇则偏少。这导致学习者的产出呈现表达单调、缺乏交互性的特征。同样，部分学习者对于机能辞与句子语气的关系掌握不佳，从而影响了其表达的准确性。例如，表示视角或是判断依据的「から見れば」通常出现在表示判断或评价等语气的句子里（例220）。但在例221中，学习者将其用于疑问句，这显然是不恰当的。此外，正如前文所述，「からには」通常用于判断句，少数情况下用于表示意愿语气的句子，但极少出现在表示感叹、判断、诉求或是疑问等其他语气的句子中（例222）。例223明显违反了这一规律。

（220）しかし朝鮮民族史の立場<u>からみれば</u>、それも外的要因にすぎない。（『朝鮮近代史』姜在彦）

（221）そこ<u>から見れば</u>、情報が安いか、それとも人の間の信用が安くなるなのか。（CJLC 八级）

（222）入閣した<u>からには</u>、その仕事に全力を<u>挙げたい</u>（情意表出）／○<u>挙げるだろう</u>（判断）／＊<u>挙げた</u>（単純事象描写）／＊<u>挙げるか</u>（疑問）／＊<u>挙げてください</u>（訴え）／＊<u>挙げるなあ</u>（感嘆）。（『朝日新聞』朝日新聞社）

（223）しかし、母が、「受け取たからには、最後までやってください」と言いました。（CJLC 四级）

5. 结语

本章，笔者从语法化视角出发，全面梳理了日语词汇的相互转化路径，分析了语法化的本质现象和判定依据，探讨了机能辞的认知机理和判定标准，在此基础上，分析、考察了学习者对机能辞的习得情况以及表达失误的产生原因。

语法化是指一些意义实在的词语或构式转化为无实在意义、仅表语法功能的成分，其结果是原不属于语法体系的语言形式被编入语法体系，从而由主要词类变为次要词类，由开放词类变为封闭词类。

根据形态和句法功能，日语词汇可以分为实词和虚词。后者又包含助词助动词和机能辞两大类。助词助动词的语法化程度普遍很高，词汇意义已彻底消失，属于完全的封闭性范畴，数量较为有限。而机能辞数量众多，语法化程度相对较低，与单纯的词语组合的界限较为模糊，导致学习者的习得情况不佳，表达失误出现频繁。结合实例，深入分析日语词汇演变的诸多路径后可以发现，日语实词、机能辞和助词、助动词之间不断发生着相互转化。语法化是其中的一个重要途径。但其他演变路径也不可忽视。

随后，笔者分析了语法化的本质现象和判定依据。语法化有五个本质现象，即Layering（分层）、Divergence（分歧）、Specialization（特化）、Persistence（保持）和De-categorialization（脱范畴化）。这些现象在日语机能辞的形成过程中有着较为显著的体现。意义的抽象性、范畴的成立、标示的义务性、功能的受限性以及语法范畴内部的相互作用则可以充当判断语法化是否发生的依据。但是，具体到判断某一构式是否已经成为机能辞，这些依据的重要性各有不同。其中，范畴的成立、标示的义务性、功能的受限性和语法范畴内部的相互作用具有较为明显的形态特征，可以在细化后充当判断语法化程度的依据，意义的抽象性则只能充当参考性依据。

相较于实词和助词、助动词，机能辞的范围相对模糊。为了深入考察学习者对机能辞的习得情况，必须首先解决机能辞的认知机理和判定标准问题。之所以参与语言交际的双方将机能辞作为一个整体，而不是单纯的词语组合来认知，是因为其具备了一些区别于单纯的词语组合的显著特征。这些特征主要表现在形态特化、功能特化、先行结构特化以及对后续表达形式的影响等四个方面。其中，形态特化包

括文言要素的留存和脱离现代日语语法范畴规则的制约等。后者主要表现为助词脱落、格扩张、接续能力扩张等。功能特化即机能辞功能的不可分析性。此外，机能辞在接续、先行表达的结构以及对后续内容的引导等方面也形成特化。这些都构成了衡量机能辞度的显性指标。另一方面，假名书写、机能辞构成要素的意义或功能弱化以及对先行或后续表达的语义特征、词义、时态、时体等的限制等也是机能辞的特征。但由于其并非机能辞所独有，只能充当判定机能辞的参考指标。

分析学习者语料后，笔者发现，不同机能辞的使用频率差异很大。有些机能辞在四级、八级作文中均得到频繁使用，有一些机能辞的使用频率则都很低。随着学习时间的延长，学习者掌握的机能辞不断增加，使用频率也逐渐提高。这显示了其语言表达能力尤其是书面语写作能力的提升。而且，学习者对机能辞的使用较母语使用者更为频繁。这可以认为是训练迁移的必然结果。分析相关表达失误可以发现，学习者通常能够将包含文言要素的机能辞作为一个整体加以认知，但对于经由语法化形成的机能辞，则往往会将其视作几个词汇的组合而导致表达失误的发生。这是由于，学习者忽略了机能辞构成要素在脱范畴化后发生了助词脱落、语法范畴丧失等特化现象。更多的学习者表达失误之所以发生，是由于学习者对于机能辞的功能掌握不够准确，缺乏辨别近义语法形式的能力，或是受到了目标语言以及母语的干扰。部分学习者对于机能辞在接续方面的特化情况掌握不佳。其使用的先行词汇、结构与母语使用者差异显著。此外，还有学习者未能准确掌握机能辞对后续表达的内容、褒贬以及语气等具有的特定引导功能。这些都导致学习者对机能辞习得不充分，表达不规范、不准确，有必要在教学过程中有针对性地加以重点讲解和反复练习。迄今为止，与其他领域相比，日语机能辞研究受到的关注较少。相关研究多停留在个案分析阶段，鲜见对机能辞的语法定位、整体特征以及先行、后续表达特化等现象的全面、深入的剖析和研究。这也在一定程度上对教学活动的开展造成了不利影响，有待学界今后进一步的关注和努力。

参考文献

[1] Bernard, C. 1998. Perspectives on Grammaticalization [A]. Toshio, O. ed. Studies in Japanese Grammaticalization: Cognitive and Discourse Perspectives [C]. Tokyo: Kuroshio Publishers.

[2] Hopper & Traugott. 2003. Grammaticalization [M]. Cambridge: Cambridge University Press.

[3] Hopper, Paul J. 1991. On Some Principles of Grammaticalization [A]. Elizabeth Closs Tragugott & Bernd Heine ed. Approaches to Grammaticalization I [C]. Amsterdam: John Benjamins Publishing Company.

[4] 内尾久美 . 1973. 助詞の変遷 [A] . 品詞別日本文法講座　助詞 [C] . 東京：明治書院 .

[5] 江田すみれ . 1999.　条件を表す複合辞「とすると」「とすれば」「としたら」の共通点と相
違点について [J] . 日本語教育（99）.

[6] 大堀壽夫 . 2005. 日本語の文法化研究にあたって [J] . 日本語の研究 . 第 1 巻 3 号 .

[7] 小林賢次 . 2005. 条件表現史にみる文法化の過程 [J] . 日本語の研究 . 第 1 巻 3 号 .

[8] 佐藤喜代治 . 1970. 助詞の史的展開 [J] . 国文学　解釈と鑑賞 . 442 号 .

[9] 砂川有里子 . 1987. 複合助詞について [J] . 日本語教育（62）.

[10] 田中章夫 . 1977. 近代語における複合辞的表現の発達 [A] . 国語学と国語史 [C] . 東京：明
治書院 .

[11] 田野村忠温 . 2002. 辞と複合辞 [A] . 日本語学と言語学 [C] . 東京：明治書院 .

[12] 築島裕 . 1959. 国語学要説 [M] . 東京：創元社 .

[13] 時枝誠記 . 1950. 日本文法口語篇 [M] . 東京：岩波書店 .

[14] 永野賢 . 1953. 表現文法の問題——複合辞の認定について [A] . 金田一博士古稀記念言語民
族論叢 [C] . 東京：三省堂 .

[15] 仁田義雄，柴谷方良，村木新次郎，矢沢真人 . 2000. 文の骨格 [M] . 東京：岩波書店 .

[16] 松木正恵 . 1990. 複合辞の認定基準・尺度設定の試み [J] . 早稲田大学日本語教育センター紀
要（2）.

[17] 松木正恵 . 1992. 複合辞性をどう捉えるか——現代日本語における複合接続助詞を中心に
[A] . 辻村敏樹教授古稀記念論文集　日本語史の諸問題 [C] . 東京：明治書院 .

[18] 宮内佐夜香 . 2003. 江戸後期から明治初期における接続助詞ニ・ノニの消長 [J] . 日本語研究
（23）. 東京都立大学国語学研究室 .

[19] 三宅知広 . 2005. 現代日本語における文法化 [J] . 日本語の研究 . 第 1 巻 3 号 .

[20] 吉井量人 . 1977. 近代東京語因果関係表現の通時的考察——「から」「と」「ので」を中心
として [J] . 国語学（110）. 国語学会 .

[21] 毛文伟 . 2002. 试析复合辞"～テナラナイ"、"～テショウガナイ"、"～テタマラナイ"的异同——
语料库统计法在语法研究中的应用一例 [J] . 解放军外国语学院学报（3）.

[22] 毛文伟 . 2004.「～カラニハ」と「～イジョウ」に関する一考察 [A] . 日本学研究——纪念中
日邦交正常化三十周年 [C]. 上海外语教育出版社 .

[23] 毛文伟 . 2009. 语料库在历时语言学研究领域的应用——以对机能辞「とたん（に）」的考察为
例 [J]. 外语电化教学（1）.

[24] 毛文伟 . 2010. 基于语料库的历时语言学研究——以对瞬间继起机能辞的考察为例 [J]. 日语学习
与研究（4）.

[25] 毛文伟 . 2013. 中国日语学习者作文词汇量及高频词目研究 [J]. 外语电化教学（4）.

[26] 沈家煊 . 1994."语法化"研究综观 [J]. 外语教学与研究（4）.

第十二章　总结与展望

1. 本书的总结

本书共由12章构成。本书旨在运用认知语言学理论，深入探索我国日语学习者的认知规律。在开展实证性研究，系统考察学习者表达失误的呈现方式和分布规律的基础上，通过汉、日对比和表达失误分析，以表达失误为线索，运用包括图形与背景、基体与侧面、范畴、原型、意向图示、隐喻、转喻、提喻等在内的认知语言学主要相关理论，深入分析第二语言的形成机理以及不同学习阶段的具体特征，透视其中蕴含的认知规律，探讨相应对策，促进认知语言学理论与二语习得研究的交叉融合，推动理论创新和方法创新，为改革我国日语教学模式、提升我国日语教学水平提供有益借鉴。

第一章回顾了二语习得研究产生、演变的历史，考察了日语二语习得研究的发展历程。二语习得研究的兴起与外语教育的蓬勃发展息息相关。欧美学者与日本学者的研究着眼点差异显著。欧美学界的研究注重理论探讨，对于第二语言习得的机制和原理提出了很多假设和理论框架，并在20世纪70年代完成了从学习者表达失误研究向中介语研究的转变。相比之下，日本的二语习得研究起步虽不算晚，但是受到传统研究理念的影响，长期停留在语言对比研究阶段。学习者表达失误研究在20世纪70年代曾经受到一定重视。但进入80年代后，逐渐式微。直到90年代之后，中介语研究才逐渐成为学习者产出研究的主流研究方法。与欧美相比，晚了将近20年左右。同时，日本的二语习得研究呈现出重个案观察、轻理论探讨的倾向。这对于学科的进一步发展无疑是不利的。因此，亟需导入认知语言学等崭新的研究范式，对学习者的第二语言习得过程进行更加全面、深入的观察和分析，准确归纳日语学习者的认知规律和共性特征，探索学习者内部第二语言体系的形成机制以及表达失误的产生原因等，并加以合理解释。这对于深化我们对于人类语言习得机制的认识、推动日语二语习得研究的发展具有极其重要的意义。

第二章从词汇覆盖率以及高频词目出发，对各类本族语语料和学习者语料进行了分析和对比，探究了中国日语学习者语言习得的总体状况和特点。研究表明，为了成功地完成口语交际任务，学习者至少需要掌握3,559个单词，而要顺利地完成书面语交际任务，词汇量须达到6,451个以上。尽管本章的研究对象为全国日语四、八级考试作文，属于书面语范畴，但是通过统计我们发现，即便是四年级的日语学习者，他们的表达仍呈现较为明显的口语化倾向，能够熟练运用的词汇量仍非常有限，远未达到理想的水平。

此外，相较本族语语料，学习者对名词、形容词、形容动词、副词等实词以及虚词中的机能辞表现出明显的使用过剩趋势。接续词、格助词、係助词在学习者语料中的使用频率也较高。学生能够熟练应用的代词、动词和副助词总体词目偏少，覆盖率却差距不大，表现出对特定词汇的过度使用倾向。另一方面，学习者对部分日语助动词、准体助词以及终助词的使用能力明显不足。总体而言，学习者使用意义明确、构成句子主干的单词偏多，使用各类表示语气的词汇偏少，导致表达单调、缺乏交互性。因此，我们有必要在教学过程中就此有针对性地加以强化。同时，适当抑制容易出现使用过度的词类，丰富学生的表达内容，帮助学习者内部的目标语语言体系顺利向母语使用者靠拢。

第三章在充分汲取先行研究成果的基础上，探讨了学习者表达失误赋码的体系规划和标注时需要遵循的基本原则，并列举实例，考察了学习者表达失误的类型、分布特征和具体表现。

第四章以中国日语学习者语料库（CJLC）中所收2007年中译日语料为基本研究对象，结合本族语语料库，对学习者产出中出现的各种表达失误现象进行了较为系统的考察、分析和归因。表达失误现象的成因大致可以归为3类，即单纯的目标语缺陷、语言负迁移以及文化背景差异。归根结底，都是由于学习者缺乏真实、自然的语言实践环境，导致目标语有效输入不足。而很多表达失误的发生都可以用认知语言学的相关理论加以合理的、有效的解释。

因此，为了改善语言教学的效果，我们必须合理引入认知语言学理论，采取各种手段，全面考察学习者的习得过程及不同阶段的习得特点，对学习者与母语使用者在识解模式、词汇的原型意义、意象图式以及对隐喻、转喻、提喻等的理解、运用等方面存在的共性特征和微妙差异取得更加准确、深入的认识，以便制订出更加符合学习者实际需求、切实高效的对策，提高目标语输入的强度和质量。同时，从宏观和微观上准确把握学习难点，重视汉、日表达在范畴、意义、语义拓展、语

境、文化等方面的异同，有的放矢地对教材教辅编写、课堂教学等各个环节进行改革，不断丰富学习者的知识储备，促进学习者的语言发展，纠正学习者的表达失误，确保学习者内部目标语言知识得到完整、准确的建构。

第五章回顾了认知语言学的形成及发展历程，系统梳理了其主要研究内容及特点。随后，结合研究实例，探讨了认知语言学在二语习得乃至学习者表达失误研究中的应用方式。

认知语言学是从人类的认知过程出发，考察各种语言现象形成、使用规律的语言学分支。它并不是一套具体的语言学理论，而是一种研究范式，包括隐喻理论、框架语义学、构式语法、认知语法以及心理空间理论等一系列基本假设、研究视角和观点。这些假设、视角和观点均基于同一原则，即"语言现象是人类处理信息的认知过程"。

认知语言学的研究内容主要包括：识解模式、视点、范畴、原型、意象图式、隐喻、转喻、提喻、语法化、百科全书式的意义等。研究者力图从这些视角出发，深入剖析在人类语言活动中反映出的人类的认知规律，说明语言与心理、文化乃至交际的互动关系，对不同领域语言现象之间的关系以及相互作用加以解析，并从根本上改变传统语言学研究条块分割的做法。

经过不懈努力，国内外研究者在认知语言学、第二语言习得以及学习者表达失误研究等领域均取得了丰硕成果。但是，认知语言学和学习者表达失误研究尚处于相对独立的状态。两者之间很少发生交叉融合。大多数认知语言学研究者都聚焦日语本体研究，致力于通过对日语各种语言现象的分析透视其中蕴含的认知机理，形成对语言事实的合理解释。学习者表达失误研究则着重观察各类表达失误的表现形式、出现规律和产生原因，并探讨相应对策。近年来，一些研究者开始尝试运用认知语言学理论对学习者的习得状况和规律进行分析、解释，但将其直接运用于学习者表达失误研究的仍不多见。实际上，学习者表达失误是中介语的一个重要组成部分，是我们考察学习者内部第二语言形成状况的重要窗口。我们应该将认知语言学和学习者表达失误研究有机结合，在发现常见表达失误的基础上，运用认知语言学理论，从识解方式、范畴、原型意义、意象图式、隐喻映射、转喻转指以及提喻等视角出发，结合汉日对比，分析表达失误的发生原因，探讨背后隐含的认知机理，深化我们对学习者认知机制的认识。

第六章首先系统梳理了认知语言学关于识解方式的基本理论。对于感知到的客体，认知主体并非都给予同等关注，而是根据具体需要，结合突显的难易程度，聚

焦那些具有信息较为特殊、可运动性强和契合度高等特征的客体，将其作为图像突显，而将其余客体视作背景。即便是对于单一客体，认知主体也不会对其所有组成部分一视同仁，同样会将其作为基体，聚焦、突显其中的某一部分，以获得所需侧面。合理设定识解的层级，是顺利完成认知和语言表达任务的重要一步。图像、侧面的选取规律以及层级的决定方式构成了识解方式的各个环节。

在实例分析部分，笔者对日语数量词的连体、连用修饰用法进行了对比研究。结果发现，两者在对象把握的层级方面存在着显著差异。当数量词作连体修饰时，说话者将客体（无论是单数还是复数）作为一个整体进行把握，并将其突显为图像，以此区别于其他客体。此时，数量词表示的是客体的特征。而当数量词作连用修饰时，如果是复数的客体，说话者就会降低识解的层级，将其分解为多个独立客体。此时，数量词表示的是客体的具体数量。识解层级上的不同导致两种用法不仅表达效果迥异，而且在很多情况下不可互换。如果学习者不能准确设定识解的层级，就会导致表达失误的发生。可见，深入分析母语使用者常用的识解方式，对于探究该语言的生成机制具有重要意义。在此基础上，我们应该通过讲解、训练和纠错，帮助学习者掌握正确选择识解方式的能力，确保其产出准确、规范，符合母语使用者习惯，减少表达失误的发生。

第七章首先系统梳理了认知语言学关于范畴和原型的理论框架。人类在认知外部世界时，无时无刻不对客体进行着范畴化。范畴化就是认知主体在事物间进行对比，找寻共同特征或家族相似性，并据此逐步构建起符合外部世界客观规律的范畴体系的过程。作为范畴化过程中的基准点，认知主体会合成一个具备该范畴中最为典型特征的成员，即原型。范畴化和原型能够帮助我们以最小的认知代价获取、记忆以及再现尽可能多的信息。因此，对于人的认知活动，特别是语言习得来说，具有重要意义。高层次范畴、基本层次范畴和低层次范畴构成了范畴的基本层级结构。其中，最重要的是基本层次范畴，它正处于同层次范畴间差异由大到小的转折点，是认知主体在提及该范畴时最容易被唤起的层级。梳理教学内容，明确导入知识的范畴结构以及基本层次范畴，将有助于凝练教学内容，完善知识体系，聚焦重点项目，提高教学效果。

在实例分析部分，笔者全面梳理了日语格助词「で」的语法功能，发现其包括两大子范畴，原型意义分别为「道具」和「背景」。前者是行为链的直接参与者，后者不是。在隐喻、内化等的作用下，从「道具」这一原型意义扩展出表示"手段""媒体"和"根据"的用法。从「背景」这一原型意义中则分化出表示场所

背景（<場所>）、时间背景（<時間>）、参与者背景（<様態>）和因果背景（<原因·理由>）等用法。随后，在发生隐喻、转喻、边界突显等的情况下，从各用法中再次扩展出表示「場」、「動作主」、「範囲」、「期間」、「数量限定」、「時限定」等的用法。分析学习者产出后发现，将格助词「で」误作「に」、「が」或发生缺失是最常见的表达失误。在「場所」这一原型意义上通过隐喻、转喻或是边界突显而形成的「場」、「範囲」、「動作主」、「期間」和「動作主·対象の様態」等用法是该格助词的习得难点。我们应该有针对性地提高输入的质量和强度，重点说明其与原型意义的关联以及派生原理，开展对比分析，辅以适当形式的练习，有意识地增强这些难点知识的输入和训练。

第八章首先系统梳理了认知语言学关于意象图示的基本理论。意象图示以认知主体的实际体验为基础，是认知主体从实际体验中概括出来的抽象的认知框架，由认知主体与外部世界互动获得的具体感觉、知觉经验通过概念系统升华而得，是认知语言学重要的理论支柱之一。在人们认知外部事物的过程中，意象图示起着核心作用。意象图示可以分为"空间""运动""力"等多种类型，覆盖我们认知外部世界的各个领域。在实际认知过程中，在隐喻等的作用下，意象图示所含对象会发生扩展，引发语言形式的语义或概念结构扩张。部分意象图示之间还会发生单向或双向转化。这能够帮助我们拓展认知的深度和广度，并通过已知的认知框架理解未知的事物或规律。

在实例分析部分，笔者运用意象图示理论考察了日语助数词「本」的使用规律。"细长的无意志物"是该助数词的原型意义。能用「本」计数的物品的意象图示都应符合这一特征。但在实际使用过程中，许多原始意象图示明显不符合该条件的事物也可以用「本」来计数。这是因为，在认知过程中，这些事物的意象图示发生了转变，在认知主体的脑海里形成了"细长"的特征。笔者结合实例，详细分析了这些事物的原始意象图示、变化路径以及其中蕴含的认知机理，对助数词「本」的使用规律形成了较为统一、合理的解释。

第九章首先系统梳理了认知语言学关于隐喻的主要观点。认知语言学认为，隐喻是人们思维、行动和表达思想的一种系统的认知方式。认知主体根据自身经验，对如何把握外界事物形成了自己的主观解释，并以这些主观解释为基础，在两个概念之间发现了某种联系或相似之处，通过跨域映射形成了隐喻。人们通过隐喻，参照熟知的、有形的、具体的概念来认识一些陌生的、无形的、抽象的概念，由此形成了不同概念之间相互关联的认知方式。隐喻有三种基本类型，即结构隐喻、存在

隐喻和方位隐喻。其中，结构隐喻以源域概念喻指与之结构相似的目标域概念。存在隐喻以具体事物喻指状态、行为、思想、情感等抽象概念。方位隐喻以具体的方位概念喻指情绪、时间、数量、地位等抽象概念。结构隐喻、存在隐喻都建立在认知主体对源域概念与目标域概念相似性的主观认知基础上，而方位隐喻的成立则是基于认知主体拥有的两个现象同时发生的主观经验。

在实例分析部分，笔者运用实例，系统考察了汉、日<上—下>隐喻的具体映射方式。在汉、日两种语言的隐喻中，空间方位<上—下>的映射域都可以分为六大类型，即"状态""数量程度""等级""行为现象""方位"和"时间"。大部分映射的目标域概念都是相同或相似的。这体现了人类心理体验及主观认知的共性。但是，两种语言在部分映射对象方面存在着差异。例如，相对方位<表面—内部>在日语中与空间方位<上—下>构成对应关系，在汉语中则与<外—里>发生跨域映射。日语中的「下」可以映射"预先的、酝酿的"，汉语中的"下"则不能。在空间方位与时间概念构成映射时，汉语有横向和纵向两种模式，日语中却只有横向一种，即<前—次>，而不是<上—下>。在汉语中，<在范围内—在范围外>以及行为、活动的<开始—结束>都和空间方位<上—下>构成对应关系，而日语中却不存在这种跨域映射。汉、日两种语言间存在的这些差异会导致理解错误或是表达失误的发生，并对学习者的认知产生较大影响。

第十章首先系统梳理了认知语言学关于转喻和提喻的主要观点。转喻和提喻都是人类概念系统的一部分，是认知主体用一个概念去指代、描述另一个概念的方法。

转喻是在特定的理想化认知模型（ICMs）作用下，认知主体以一个易于或适于直接触及的概念实体为参照点，认知另一个不易或不宜直接触及的概念实体的心理过程。转喻可以分为两大类，分部由ICMs整体与部分之间互换以及ICMs组成部分之间互换形成。前者包括5种类型，即整体部分转喻、标量转喻、构成转喻、事件转喻、范畴特征转喻。后者包括8种类型，即动作转喻、工具转喻、因果转喻、生产转喻、控制转喻、领属转喻、容器转喻和地点转喻。

提喻则是通过属于<类—种>关系的两个事物间相互替换而构成的一种认知模式。其特点在于，与本体相比，喻体不发生范畴上的转换，而是在认知的范畴层级上出现上升或下降，同时，伴随着涵盖范围的扩大或缩小。

本章还着重分析了喻解连锁现象。在词义衍生过程中，隐喻、转喻和提喻往往会连续出现。通过叠加，使词汇意义发生更加复杂的引申、扩展，由此形成喻解连

锁。在考察词汇的语义演变时，喻解连锁是非常重要的研究内容，对于我们全面、准确地把握语义拓展的具体路径和机理具有重要意义。

在实例分析部分，笔者详细梳理了日语中的「目」和汉语中的"眼"的语义扩展路径，通过汉、日对比，笔者发现，在「目」和"眼"的意义拓展过程中，隐喻、转喻和提喻均发挥了重要作用。日语的「目」的意义拓展可以分为词汇和词组两个层面，汉语虽然无法作此区分，但在映射或转指对象上具有很高的相似性。这不仅体现了人类对于眼睛这一重要的感觉器官在形状、功能等方面的认知共性，更反映了人类在隐喻、转喻以及提喻等认知模式方面的共性。同时，两词也各自拥有一些特有的语义拓展方式。其中，既有映射或转指路径方面的不同，也有具体喻体上的差异。

在此基础上，笔者系统考察了中国日语学习者对「目」这一常用词汇的使用状况。通过分析发现，学习者未能全面掌握该词的语义、用法。学习者对基于转喻的，尤其是由汉、日共通的拓展方式引申出的意义较为熟悉，但对于基于隐喻，尤其是日语独有的意义使用很少。尤其显著的是，学习者对「目」的固定搭配掌握普遍不佳，不仅能够使用的形式很少，而且使用频率也很低。这反映出学习者词汇知识和运用能力的不足。

在导致表达失误的原因方面，除了基础表达方面的错误以外，学习者对「目」的误用多由母语干扰引起。具体原因包括对「目」的意义、用法进行了不当推导、缺乏对汉、日两种语言在该词隐喻或转喻等方面差异的充分认识以及对于某些词义的不当使用等。可以看出，由于学习者未能储备足够的目标语言知识，导致其在满足输出需求时，大量依赖母语知识进行临场推导，以获得所需目标语言形式。这必然会导致表达失误的频繁发生。因此，教师应该在教学过程中有意识地加强目标语言输入，有针对性地就相关语言形式进行对比、分析和讲解，结合各种形式的练习，不断丰富学习者的知识储备，不断纠正学习者的表达失误，确保学习者内部目标语言知识得到完整、准确的建构。

在第十一章，笔者首先从语法化视角出发，剖析了日语词汇的相互转化路径，分析了语法化的本质现象和判定依据，探讨了机能辞的认知机理和判定标准，在此基础上，考察了学习者对机能辞的习得情况以及表达失误的产生原因。

语法化是指一些意义实在的词语或构式转化为无实在意义、仅表语法功能的成分，其结果是原不属于语法体系的语言形式被编入语法体系，从而由主要词类变为次要词类，由开放词类变为封闭词类。根据形态和句法功能，日语词汇可以分为实

词和虚词。后者又包含助词助动词和机能辞两大类。助词助动词的语法化程度普遍很高，词汇意义已彻底消失，属于完全的封闭性范畴，数量较为有限。而机能辞数量众多，语法化程度相对较低，与单纯的词语组合的界限较为模糊，导致学习者的习得情况不佳，表达失误较为频繁。结合实例，深入分析日语词汇演变的诸多路径后可以发现，日语实词、机能辞和助词助动词之间不断发生着相互转化。语法化是其中的一个重要途径。但其他演变路径也不可忽视。

语法化有五个本质现象，即Layering（分层）、Divergence（分歧）、Specialization（特化）、Persistence（保持）和De-categorialization（脱范畴化）。这些现象在日语机能辞的形成过程中有着较为显著的体现。意义的抽象性、范畴的成立、标示的义务性、功能的受限性以及语法范畴内部的相互作用则可以充当判断语法化是否发生的依据。但是，具体到判断某一构式是否已经成为机能辞，这些依据的重要性各有不同。其中，范畴的成立、标示的义务性、功能的受限性和语法范畴内部的相互作用具有较为明显的形态特征，可以在细化后充当判断语法化程度的依据，意义的抽象性则只能充当参考性依据。

相较于实词和助词、助动词，机能辞的范围相对模糊。为了深入考察学习者对机能辞的习得情况，必须首先解决机能辞的认知机理和判定标准问题。之所以参与语言交际的双方能够将机能辞作为一个整体，而不是单纯的词语组合来认知，是因为其具备了一些区别于单纯的词语组合的显著特征。这些特征主要表现在形态特化、功能特化、先行结构特化以及对后续表达形式的影响等四个方面。其中，形态特化包括文言要素的留存和脱离现代日语语法范畴规则的制约等。后者主要表现为助词脱落、格扩张、接续能力扩张等。功能特化即机能辞功能的不可分析性。此外，机能辞在接续、先行表达的结构以及对后续内容的引导等方面也形成特化。这些都构成了衡量机能辞度的显性指标。另一方面，假名书写、机能辞构成要素的意义或功能弱化、对先行或后续表达的语义特征、词义、时态、时体等的限制等也是机能辞的特征。但由于其并非机能辞所独有，只能充当判定机能辞的参考指标。

不同机能辞在学习者产出中的出现频率差异很大。有些机能辞在四级、八级作文中均得到频繁使用，有一些机能辞的使用频率则都很低。随着学习时间的延长，学习者掌握的机能辞不断增加，使用频率也逐渐提高。这显示了其语言表达能力尤其是书面语写作能力的提升。而且，学习者对机能辞的使用较母语使用者更为频繁。这可以认为是训练迁移的必然结果。分析相关表达失误可以发现，学习者通常能够将包含文言要素的机能辞作为一个整体加以认知，但对于经由语法化形成的机

能辞，则往往会将其视作几个词汇的组合而导致表达失误的发生。这是由于，学习者忽略了机能辞构成要素在发生脱范畴化后发生了助词脱落、语法范畴丧失等特化现象。更多的学习者表达失误之所以发生，是由于学习者对于机能辞的功能掌握不够准确，缺乏辨别近义语法形式的能力，或是受到了目标语言以及母语的干扰。部分学习者对于机能辞在接续方面的特化情况掌握不佳。其使用的先行词汇、结构与母语使用者差异显著。此外，还有学习者未能准确掌握机能辞对后续表达的内容、褒贬以及语气等所具有的特定引导功能。这些都导致学习者对机能辞习得不充分，表达不规范、不准确，有必要在教学过程中有针对性地加以重点讲解和反复练习。迄今为止，与其他领域相比，日语机能辞研究受到的关注较少。相关研究多停留在个案分析阶段，鲜见对机能辞的语法定位、整体特征以及先行、后续表达特化等现象的全面、深入的剖析和研究。这在一定程度上对教学活动的开展造成了不利影响，有待学界今后进一步的关注和努力。

第十二章在总结本书内容的基础上，对今后日语二语习得研究的发展方向进行了展望。

2. 今后的展望

回顾已有研究成果可以发现，作为一种研究范式，基于实证的学习者认知研究已经得到了越来越多的关注和认同。认知语言学理论的引入对日语二语习得研究起到了巨大的推动作用。两者的互动为广大研究者提供了崭新的研究视角和丰富的研究内容，使得该领域的研究日趋活跃，对象日趋多元。正如赵艳芳（2001）指出的那样，语言是认知的一部分，受人们认识世界的方法和规律制约，要想做到描写的充分性，必须对语言现象做出解释，必须研究人的认知规律。学习者表达失误作为中介语的一个重要组成部分，是考察学习者内部第二语言建构状况和过程的重要窗口。要对其形成规律加以合理解释，离不开对于学习者认知活动全面、深入的考察和分析。可见，引入认知语言学理论是深化表达失误研究的必然需要。当前，该领域研究方兴未艾，研究视野有待进一步拓展，研究内容有待进一步丰富，研究方法有待进一步完善，大量理论和实践问题亟待解决。因此，合理运用认知语言学理论，对第二语言构建以及表达失误形成的全过程进行更加深入、准确的分析和阐释，从而脱离语言形式的羁绊，加强对学习者认知发展规律及在线语言加工机制的考察，将是今后日语二语习得研究的发展方向之一。

其次，对于中国日语学习者来说，与学习母语不同，在第二语言即日语的习得过程中，作为母语的汉语持续发挥着重要影响。本书从识解、意象图式、隐喻、转喻以及提喻等视角对汉、日两种语言进行的多维度对比揭示了两者在认知方面具有的许多共同特征。这种跨语言共性实际上反映了人类认知活动的相似性。同时，汉、日两种语言也存在着各自的特异性。这些相似性和特异性在二语习得过程中起着重要作用，是构成语言正、负迁移的根本原因。在开展汉、日对比研究的基础上，我们应该从汉语母语使用者的视角出发，系统审视、分析母语经验对学习者的影响。这有助于我们对第二语言的构建过程取得更加全面、清晰、深入的认识，对表达失误的产生机制形成更加准确、合理、有说服力的解释。因此，将语言对比研究与表达失误研究相结合，以前者为基础，为后者提供视角和理据，也将是今后日语二语习得研究的发展方向之一。

最后，现有理论成果与教学实践之间存在着不匹配现象。尽管研究者们从认知语言学视角出发，对一些学习者表达失误进行了较为深入的考察，对一些传统的语言教学难点给予了较为透彻的解析和较有说服力的解释，取得了一些重要研究成果，但总体而言，研究的覆盖面仍较为有限。在实际教学中，尚有大量常见问题亟待理论层面的深入分析和实践层面的对策建议，亟需研究者将理论成果更好地应用到教学实践中去，在充分认识学习者认知规律的基础上，制订符合学习者实际需求、显著改善语言学习效果、有效减少表达失误的教学方案，以便提高外语教学的效率和效果，体现研究的应用价值。因此，着眼于理论成果与教学实践的有机结合，致力于切实有效的方案设计，也将是今后日语二语习得研究的发展方向之一。

相信在广大研究者的不懈努力下，基于实证的学习者认知研究必将得到进一步的深化和发展，不断丰富我们对于人类认知模式、第二语言发展规律以及表达失误形成机制等的认识，为教学实际提供切合实际、合理高效的解决方案，为改革教学内容、改进教学方法、改善教学效果提供有益启示。

参考文献

[1] 贾红霞，霍明杰，李涤非.2011.国内认知语言学与二语习得研究的新趋势——全国第二届认知语言学与二语习得学术研讨会综述 [J].外国语（02）.

[2] 王忻.2016.偏误—对比—认知语言研究范式的新尝试——以"对中国日语学习者偏误的认知语言学研究"为例 [J].外国语（04）.

[3] 于翠红，刘件福.2015.认知语言学视角下的二语习得研究范式新进展 [J].现代外语（06）.

[4] 赵艳芳.2001.认知语言学概论 [M].上海外语教育出版社.

附录1 中国日语学习者语料库概况

本书讨论中使用的学习者表达失误实例大部分取材自中国日语学习者语料库（CJLC）。该语料库是国家社会科学基金项目"中国日语学习者语料库的建设与研究（08BYY075）"的建设内容之一，于2008年3月启动。语料库以反映中国日语学习者的实际学习情况为目标。通过广泛、系统地收集我国高校日语专业学生的语料，从一个侧面，客观、翔实、准确地反映我国日语专业学生的语言习得和发展状况[①]。它的建成填补了国内外在这一领域的空白，为我国高校日语专业教学大纲、课程设置、教学内容、教学标准、教学方法、词汇表的制定和完善以及教学评估提供客观依据。同时，有力地推动二语习得和日语语言学研究的发展。

该语料库的语料随机抽选自2007—2009年全国日语专业四、八级考试的作文和中译日试卷[②]。该考试由教育部高等学校外语专业教学指导委员会日语分委员会组织实施，目的是对全国各大院校日语专业学生的日语水平进行综合评价。经过多年的努力，已经发展成为覆盖面广、代表性强、评价科学、受到社会广泛认可的专业评价体系。截至2010年，每年参加四、八级考试的学校分别达到230和241所，报考人数达到21,131人和8,907人。这在很大程度上保证了本语料库所收素材的代表性。而全国日语专业四、八级考试将考生分别限定为日语专业二、四年级，又确保了语料素材的同质性。

CJLC所收素材的抽取分两阶段进行。首先按照一定比例（2007年四级约1：30，八级约1：16，其他年份根据考生总人数适当调整），随机分别抽取1,500份试卷（其中四、八级作文和八级翻译各500份）。遇零分或空白卷，则选取其前或后一份试卷。其次，从抽取到的试卷中，再随机抽取四、八级作文和八级翻译各400份。其

[①] 语料库的建设是一个庞大的系统工程。受经费和人力所限，本语料库收录的语料全部为考试命题作文。为了全面考察学习者书面语习得情况，还应该广泛收集各年级的作文以及毕业论文等素材。除此之外，有必要建设学习者口语语料库，以反映中国日语学习者的口语发展状况。这些都是未来日语界开展合作研究的重要课题。

[②] 全国日语四、八级考试都有作文部分。此外，八级考试还设有中译日试题。

余的作为备份留存待用。之所以分两阶段抽取，是考虑到可能因书写等原因出现废卷以及素材增补的需要，而原始卷可能被销毁，因此有必要保证素材具有一定的冗余量。建成后的各子语料库大致规模如表1所示。

表1 中国日语学习者语料库各子库的构成及规模

	四级作文			八级作文			中译日		
	2007	2008	2009	2007	2008	2009	2007	2008	2009
份数	400	400	400	400	400	400	400	400	400
单词数	87,190	83,913	82,213	107,909	102,676	105,595	86,605	74,746	87,037

1. 中国日语学习者语料库（CJLC）的系统特色

从开发方式来看，现有的语料库都呈现分散式开发模式，在开发和发布过程中没有得到特定软件平台的支撑。数据由建设者分头输入、处理后再汇总在一起。尽管这种开放方式的入门门槛较低，建设者只需具备基本的文字处理软件使用能力即可参与开发。发布后也无需日常运营开支，但是也存在着明显不足。

首先，语料库建设是一项庞大的工程，为了保证语料的质量和开发效率，通常需要多人协同进行。由于缺乏平台支撑，在输入、校对、标注、修正等各个阶段，都必须反复进行语料的分发和汇总，重复劳动多，也容易出现差错。

其次，为了提高语料的可用性，还需要对语料进行标注。但是，仅凭文字处理软件或Dreamweaver等HTML编辑工具，很难对语料进行深度标注。在赋码过程中，所有错误码和数据标签都须手工输入，既不直观，加重了标注者的负担，也提高了出错的几率。杨惠中、卫乃兴（2005）报告，在中国大学学习者英语口语语料库（COLSEC）素材的汇总过程中，观察到了文本标签嵌套错误、标签拼写错误、标签设定不一致、全角半角不一致、错误码设置过多等诸多问题。这些都需要人工修正。而在发布之后，由于语料库分散在不同用户手中，使得开发者难以迅速、高效地对语料或应用程序进行统一维护、升级和扩充，也不利于版权保护。

运用基于B/S架构的整合型语料库开发应用平台[①]可以有效地解决这些问题，提

[①] 目前常见的 C/S（客户机／服务器）和 B/S（浏览器／服务器）架构具有不同特点，适应的需求各异。前者服务器运行负荷较轻，数据储存管理较为透明。但是，需要同时对服务器和客户端进行维护和管理，技术支持复杂，维护成本高，工作量大。而 B/S（浏览器／服务器）架构只需管理服务器端，不需要数据同步，维护和升级简单，能够方便、迅速地对系统进行改进和升级。成本较低，软件平台选择更多。缺点是服务器负荷相对较重。但这对于同时在线用户数有限的学习者语料库来说，不构成很大问题。因此，课题组选择后者作为语料库的平台架构。

高语料库开发效率。在B/S结构平台的支撑下，用户界面由IE等浏览器来实现，数据统一存储在服务器端，主要功能和事务逻辑也在服务器端完成。由此简化了建库流程，实现了数据的自动分发和汇总，系统维护、升级更为快捷。同时，由于支持Unicode，也便于实现多语言界面，给语料库的建设和应用带来了很多方便。

中国日语学习者语料库平台由建库和应用两大子系统构成。下属各子模块界面不同，需要特定权限方能进入。系统管理员根据实际需要为用户灵活分配权限，通过网络完成输入、标注、校对、检索和管理等各项工作。由于数据库存在于服务器端，可以实现多用户共享，所以数据的输入和标注等不同阶段的工作可以同时进行，互不干扰。当然，对于某一特定语料来说，还是需要按照一定流程完成输入、标注等一系列工作（详见图1）。

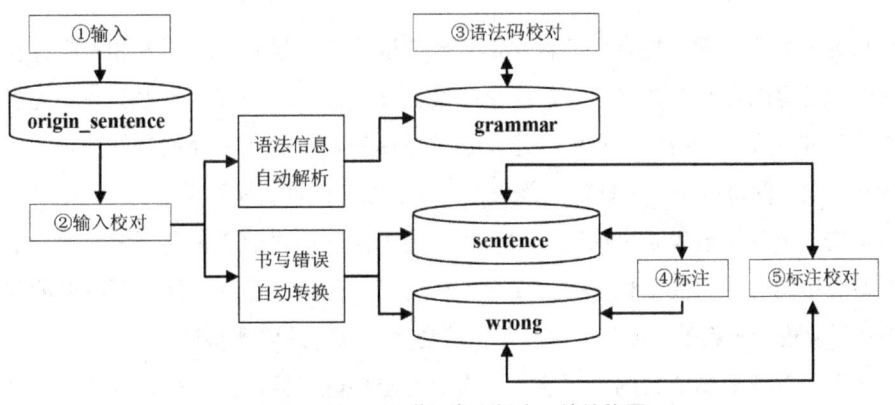

图1 中国日语学习者语料库系统结构图

在互联网应用的初期，开发者多使用C或Perl等CGI语言进行Web开发。现在，已有C#/ASP.NET、JSP和PHP5等多种方案可供选择。课题组选择了AMP（Apache/MySQL/PHP）解决方案，即以PHP5编写语料库开发平台，MySQL作为数据库，Apache为Web服务器发布软件。由于它们都是遵循GPL的开放源码软件，因此不必缴纳软件使用费。这在很大程度上降低了开发费用。同时，又拥有丰富的资源可供使用、修改或重组。在成本和可用资源方面，优于C#/ASP.NET/IIS解决方案。

在标注阶段，项目组邀请长年教授作文课的日籍教师对语料中出现的各类语法、词汇等错误进行标注、修改和校对。参考王忻（2006）等先行研究的成果，本系统共设置了"书写""词汇""语法""表达"等四大类错误码共计72项（表达失误的体系设定如下图所示。因篇幅所限，具体编码从略）。由于错误码数量众多，难以准确记忆，系统采用了两级下拉式菜单供标注者选取。不仅更加直观，也

避免了输入错误或字符的全角半角差异。所有标注编码均由系统在后台自动生成，避免了文本标签嵌套错误、标签拼写错误、标签设定不一致等现象的发生。错误标注存入wrong库表，并以例1所示形式呈现①。

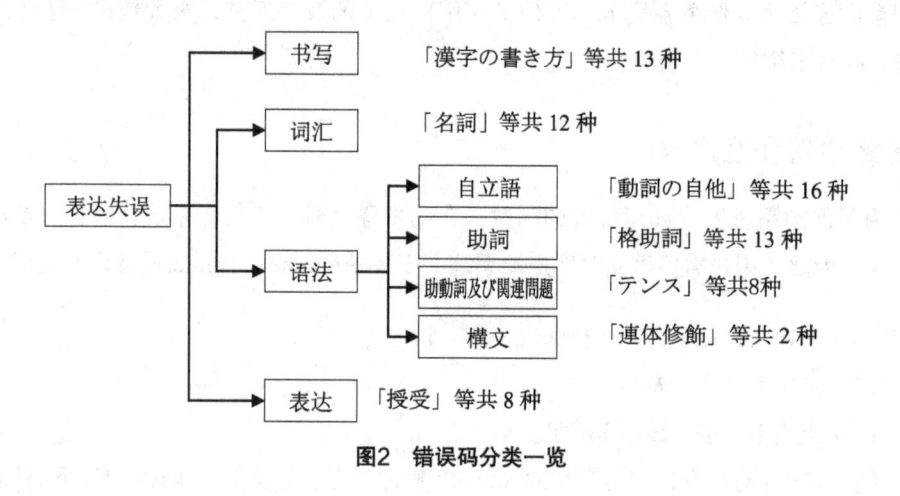

图2　错误码分类一览

砂 {1, ?, 表記 – 漢字の書き方，鍋} はもともと釜の一種で、

　　上述每个步骤完成之后，系统都会通过网络自动回收语料，并存入相应的库表，留待下一步处理。在库表中，专门设置了相应字段存放语料的状态信息，从而实现对语料的自动管理。在某一阶段工作未完成之前，该语料对于其他工作人员（不包括管理员）不可见。这样就避免了重复或遗漏操作的可能。同时，在管理员设置了某一参与者的具体工作量之后，所有数据的分发和回收均由系统自动完成，无需人工参与，节省了这些环节上的大量操作。不同阶段工作可以同步进行，也提高了建库效率。

　　此外，本系统的检索模块实现了"关键词检索""提取相邻词""根据相邻词词性筛选例句""根据特定错误筛选例句""根据特定错误提取相邻词"等功能。使用者可以方便地根据研究需要，从特定年份、等级和类型的素材中提取出相应语料。

　　为了提高研究效率，我们还需要对语料进行多角度的定量分析。本系统的统计模块实现了"高频词统计""错误一览统计""词长统计""词语搭配强度计算"

---

① 括号中的内容为错误标签，分别显示错误编号、错误形式、错误类型和正确形式。为了突出重点，只保留了与论述内容相关的错误标签。另外，试卷编号从略。

等功能。今后将根据实际应用的需要，不断丰富检索和统计功能，更好地为语言研究服务[1]。

由于本系统采用了B/S架构，语料库各项应用的维护和升级都可以在客户端通过远程桌面连接登录服务器完成。实现了对用户需求的及时反馈，极大地提高了建库效率，降低了维护和升级的成本[2]。

2. 系统设置和登录方法

为了保护系统安全和建设者的利益，在用户登录时，语料库系统将对客户端进行认证。为此，用户需要事先对客户端系统上安装的Internet Explorer进行以下设定。

（1）点击 [工具] 菜单下 [Internet 选项]。

（2）点击 [安全] 选项卡。

（3）点击 [自定义级别] 按钮。

（4）点击 [对没有标记为安全的 ActiveX 控件进行初始化和脚本运行] 项下的 [启用] 或 [提示] 选择项后，点击 [确定] 按钮。

（5）这时，系统会提示 [是否要更改区域的安全设置？]，点击 [是] 按钮。

（6）点击 [确定] 按钮。

使用本语料库时，请首先打开系统主页http://cjlc.shisu.edu.cn。此时，系统会提示："在此页上的ActiveX控件和本页上的其他部分的交互可能不安全。你想允许这种交互吗？"点击[是]按钮。输入用户名、密码和验证码后，点击[登录]按钮进入系统。如果还不是本语料库的注册用户，可以将姓名、性别、单位、学历、职称、研究方向等本人信息通过email发往maowenwei@hotmail.com进行申请。每个用户限用2台电脑登录系统。

---

[1] 该语料库建设应用平台已于 2008 年 12 月上线运行。网址为 cjlc.shisu.edu.cn。经过两年多的使用和调试，系统运行正常。所有功能均已实现，有力地支持了项目建设和后续研究的开展。在项目结项后，平台已在一定范围内向广大研究者开放。

[2] 该系统的细节详见毛文伟（2009c）。

附录2　日语机能辞评价指标统计表①

No		先行表现形式					形态、功能						后续表现形式					合計
		語	非	テ	ア	構	文	非	統	副	機	仮	語	テ	ア	モ	誘	
1	あいだ	○	×	×	×	×	×	×	×	○	×	○	×	×	×	×	×	0
2	あいだに	○	×	×	×	×	×	×	×	○	×	×	×	×	×	×	×	0
3	あげく	○	×	○	○	×	×	○	×	○	○	○	○	○	○	○	○	2
4	あげくのはてに（は）	○	×	○	○	×	×	○	×	○	×	○	○	○	○	○	○	1
5	あっての	○	○	□	□	×	×	×	○	□	○	○	×	×	×	×	×	2
6	あと	○	×	○	○	○	×	×	×	○	×	○	○	○	○	○	○	0
7	あとから	○	×	○	○	○	×	×	×	○	×	○	○	○	○	○	×	0
8	あとで	○	×	○	○	○	×	×	×	○	×	○	○	○	○	○	×	1
9	あとに	○	×	○	○	○	×	×	×	○	×	○	○	○	○	○	×	0
10	あまり（に）	○	×	×	×	×	×	×	×	○	×	○	○	○	○	○	×	2
11	以外	×	×	×	×	×	×	×	×	×	×	×	×	×	×	×	×	0
12	以上（は）	×	×	○	○	×	×	×	×	○	×	×	○	○	○	○	○	2
13	以前	×	×	○	○	×	×	×	×	×	×	×	×	×	×	×	×	0
14	一方	○	×	×	×	×	×	×	×	○	×	○	○	○	○	○	○	2
15	（した）うえで	×	×	×	×	×	×	×	×	×	○	×	○	○	○	○	○	2
16	（する）うえで	×	×	×	×	×	×	×	×	×	○	×	○	○	○	○	○	1
17	うえ（に）	×	×	×	×	×	×	×	×	×	×	○	○	○	○	○	○	1
18	うえは	×	×	×	×	×	×	×	×	○	○	○	×	×	×	×	×	2
19	うちに	×	×	×	×	×	×	×	×	×	○	×	×	×	×	×	×	0
20	うちは	×	×	×	×	×	×	×	×	×	○	×	×	×	×	×	×	0
21	おかげで	×	×	×	×	×	×	×	×	×	×	×	×	×	×	×	×	0
22	おもったものだから	×	×	×	×	×	×	×	×	×	×	×	×	×	×	×	×	0
23	おりから	○	×	○	○	×	×	×	×	○	×	○	○	○	○	×	×	0
24	おり（に）	×	×	○	○	×	×	×	×	○	×	×	○	○	○	○	×	0
25	かぎり	×	×	×	×	×	×	○	○	○	○	○	×	×	×	×	○	2

---

① 表中各指标为简称，意义如下："語"代表"語彙"。"非"代表"非文法"。"テ"代表"テンス"。"ア"代表"アスペクト"。"構"代表"構造"。"文"代表"文語要素"。"統"代表"統語機能喪失"。"副"代表"副詞化"。"機"代表"機能分析不可"。"仮"代表"仮名表記"。"モ"代表"モダリティ"。"誘"代表"誘導機能の分析不可"。

（续表）

No		先行表现形式					形态、功能						后续表现形式					合計
		語	非	テ	ア	構	文	非	統	副	機	仮	語	テ	ア	モ	誘	
26	が最後	○	○	○	○	×	×	×	○	○	○	○	○	○	○	○	○	3
27	かたがた	○	×	□	□	×	×	×	□	□	○	○	○	×	×	×	×	1
28	かたわら	○	×	○	○	×	×	×	○	○	×	○	○	×	×	×	○	1
29	がてら	○	×	□	□	×	×	×	□	□	○	□	×	×	×	×	×	1
30	かというと	×	×	×	×	×	×	×	○	□	○	○	×	×	×	○	○	2
31	かといえば	×	×	×	×	×	×	×	○	□	○	○	×	×	×	×	○	
32	かどうか	×	×	×	×	×	×	×	×	×	□	×	×	×	×	×	×	0
33	（か）とおもうと［継起］	○	×	○	○	×	×	×	○	○	○	○	○	○	○	○	○	2
34	かとおもうと［逆接］	○	×	○	○	×	×	×	○	□	○	○	○	○	○	○	○	
35	（か）とおもうほど	×	×	×	×	×	×	×	○	□	×	○	○	○	×	×	×	0
36	（か）と思う間もなく	○	×	○	○	×	×	×	○	×	×	×	○	○	○	○	×	0
37	（か）とおもえば［逆接］	×	×	×	×	×	×	×	○	□	○	○	○	×	×	○	○	2
38	（か）とおもったら	○	×	×	×	×	×	×	○	□	○	○	○	×	×	○	○	2
39	かな	×	×	×	×	×	×	×	□	□	○	□	□	□	□	□	□	1
40	がな	×	×	×	×	×	×	×	□	□	○	□	□	□	□	□	□	1
41	が早いか	○	○	○	○	×	×	×	○	○	○	○	○	○	○	○	×	3
42	がまま	○	○	○	○	×	○	×	○	○	×	×	×	×	×	×	×	2
43	がゆえ（に）	×	○	×	×	×	○	×	○	×	○	×	×	×	×	×	×	2
44	からいいようなものの	×	×	×	×	×	×	×	×	×	×	×	×	×	×	×	×	0
45	からいうと	○	×	□	□	×	×	×	○	□	○	○	×	×	×	○	×	1
46	からいえば	○	×	□	□	×	×	×	○	□	○	○	×	×	×	○	×	1
47	からいったら	○	×	□	□	×	×	×	○	□	○	○	×	×	×	○	×	1
48	からいって	○	×	□	□	×	×	×	○	□	○	○	×	×	×	○	×	1
49	からか	×	×	×	×	×	×	×	□	□	○	□	□	×	×	×	×	0
50	からこそ	×	×	×	×	×	×	×	□	□	×	□	×	×	×	×	×	0
51	からしたら	○	×	□	□	×	×	×	○	□	○	□	×	×	×	○	○	2
52	からして	○	×	□	□	×	×	×	○	□	○	□	×	×	×	○	○	2
53	からすると	○	×	□	□	×	×	×	○	□	○	□	×	×	×	○	○	2
54	からすれば	○	×	□	□	×	×	×	○	□	○	□	×	×	×	○	○	2
55	からって	×	×	×	×	×	×	×	□	□	×	□	×	×	×	×	×	0
56	からでこそ	×	×	×	×	×	×	×	□	□	×	□	×	×	×	×	×	0
57	からといって	×	×	×	×	×	×	×	○	□	×	○	×	×	×	○	○	1
58	からとおもって	×	×	×	×	×	×	×	×	□	×	○	×	×	×	×	×	0
59	からとて	×	×	□	□	×	○	×	□	□	×	□	×	×	×	×	○	2

（续表）

No		先行表現形式					形态、功能						后续表現形式					合計
		語	非	テ	ア	構	文	非	統	副	機	仮	語	テ	ア	モ	誘	
60	からには	×	×	○	○	×	×	○	□	□	○	□	×	○	×	×	○	3
61	からの（数量詞＋）	○	×	□	□	×	×	×	□	□	×	□	×	×	×	×	×	0
62	からは	×	×	○	○	×	×	×	□	□	×	□	×	×	×	○	○	0
63	からみたら	○	×	□	□	×	×	×	○	□	×	○	×	×	×	○	○	1
64	からみて	○	×	□	□	×	×	×	○	□	×	×	×	×	×	○	○	1
65	からみると	○	×	□	□	×	×	×	○	□	×	×	×	×	×	○	○	1
66	からみれば	○	×	□	□	×	×	×	○	□	×	○	×	×	×	○	○	1
67	かわりに	○	×	○	○	×	×	×	○	×	○	○	×	×	×	○	○	2
68	をきっかけに	○	×	□	□	×	×	×	○	□	×	○	×	×	×	×	×	0
69	くせして	×	×	×	×	×	○	×	○	×	○	○	×	×	×	○	○	3
70	くせに	×	×	×	×	×	×	×	○	×	○	○	×	×	×	○	○	2
71	くらいだから	×	×	×	×	×	×	×	□	□	×	×	×	×	×	×	×	0
72	くらいなら	×	×	×	×	×	×	×	□	□	×	□	×	×	×	×	○	0
73	ぐらいならむしろ	×	×	○	○	×	×	×	□	□	×	×	×	×	×	○	○	0
74	結果	○	×	○	○	×	×	×	○	×	×	×	×	×	×	○	×	0
75	現在	×	×	×	×	×	×	×	×	×	×	×	×	×	×	×	×	0
76	こそあれ／すれ	○	×	□	□	×	○	×	○	×	○	○	×	×	×	○	○	3
77	ことから［根拠］	×	×	×	×	×	×	×	○	×	○	○	×	×	×	○	○	2
78	ことか	○	×	×	×	×	×	×	×	×	○	×	□	□	□	□	□	1
79	ことだし	×	×	×	×	×	×	×	○	×	○	○	×	×	×	○	○	0
80	こととて	×	×	×	×	×	○	×	○	×	○	○	×	×	×	○	○	3
81	ことなく	×	×	○	○	×	×	○	○	×	○	×	×	×	×	○	×	2
82	ことなしに	×	×	○	○	×	○	×	○	×	○	○	×	×	×	○	○	4
83	ことに［感情］	○	×	○	○	×	×	×	○	×	○	○	×	×	×	○	○	2
84	ことには［引用］	○	×	○	○	×	×	×	○	×	○	○	×	×	×	○	○	2
85	ことは	×	×	×	×	×	×	×	×	×	○	○	×	×	×	○	○	2
86	ことを通して	×	×	×	×	×	×	×	○	×	○	×	×	×	×	×	×	0
87	際	○	×	○	○	×	×	×	○	×	○	×	×	×	×	○	×	0
88	最中	○	×	○	○	×	×	×	×	×	○	×	×	×	×	×	×	0
89	次第	○	×	□	□	×	×	○	○	×	○	×	×	○	○	○	○	3
90	じゃあるまいし	×	×	□	□	×	○	×	○	×	○	×	×	×	×	○	○	2
91	瞬間	○	×	○	○	×	×	×	×	×	○	×	○	○	○	○	○	0
92	すえに	○	×	○	○	×	×	×	○	×	○	×	○	○	○	○	○	0
93	ずして	×	×	□	□	×	○	○	○	×	□	○	×	×	×	○	○	2
94	ずとも	×	×	□	□	×	○	○	□	×	×	○	×	×	×	○	○	2
95	ずに	×	×	□	□	×	○	×	□	□	×	○	×	×	×	○	×	1
96	すればいいものを	×	×	□	□	×	×	×	○	×	×	○	×	○	○	○	×	0

266　基于语料库的中国日语学习者认知研究

（续表）

No		先行表現形式					形態、功能						后续表现形式					合計
		語	非	テ	ア	構	文	非	統	副	機	仮	語	テ	ア	モ	誘	
97	せいか	×	×	×	×	×	×	×	○	×	○	○	×	×	×	○	○	2
98	せいで	×	×	×	×	×	×	×	○	×	×	○	×	×	×	○	×	0
99	刹那	○	×	○	○	×	×	×	○	×	○	○	○	○	×	○	○	0
100	そばから	○	×	○	○	×	×	×	○	×	○	○	×	×	×	○	○	2
101	だい	×	×	×	×	×	○	×	□	□	×	□	□	□	□	□	□	1
102	たいだけ	×	×	□	□	×	□	□	□	□	×	□	○	×	×	○	×	0
103	たいんですが	×	×	×	×	×	×	×	□	□	×	□	×	×	×	×	×	0
104	だけあって	×	×	×	×	×	×	×	○	□	○	○	×	×	×	×	○	2
105	だけで	×	×	○	○	×	×	×	□	□	×	□	×	×	×	×	×	0
106	だけでなく	×	×	□	□	×	×	×	□	□	×	□	×	×	×	×	×	0
107	だけに	×	×	×	×	×	×	×	□	□	×	○	×	×	×	×	×	2
108	だけにかえって	×	×	×	×	×	×	×	□	□	×	□	×	○	×	×	×	0
109	だけになおさら	×	×	×	×	×	×	×	□	□	×	□	×	○	×	×	×	0
110	だと	×	×	×	×	×	×	×	□	□	×	□	□	□	□	□	□	0
111	たびに	×	×	×	○	×	×	×	○	×	○	○	×	○	×	○	×	0
112	ため［原因］	×	×	×	×	×	×	×	□	□	○	○	×	×	×	○	○	2
113	ために［目的］	○	×	○	○	×	×	×	○	×	○	○	○	×	×	○	○	2
114	たら最後	○	×	○	○	×	×	×	○	□	○	×	○	×	×	×	×	3
115	たりしたら／しては	×	×	□	×	×	×	×	○	□	×	□	×	×	×	×	×	0
116	たりして	×	×	□	×	×	×	×	○	□	×	□	×	×	×	×	×	0
117	たりとも	○	×	□	□	×	○	○	×	□	×	○	×	×	×	○	○	4
118	たりなんかして	×	×	×	×	×	×	×	○	□	×	□	×	×	×	×	×	0
119	たるや	○	×	□	□	×	○	○	×	□	×	○	○	×	×	○	○	4
120	だろうに	×	×	×	×	×	○	×	□	□	×	□	×	×	×	×	×	1
121	ついで（に）	○	×	×	○	×	×	×	○	○	×	○	×	×	×	×	×	0
122	つつも	×	×	□	□	×	○	×	□	□	×	□	×	×	×	×	×	1
123	ってば	×	×	×	×	×	×	○	×	□	○	□	□	□	□	□	□	2
124	（した）つもりで	○	×	○	○	×	×	×	×	×	○	□	×	○	×	○	○	2
125	であれ…であれ	○	×	□	□	×	○	×	○	□	×	○	○	×	×	○	×	1
126	であろうと…であろうと	○	×	□	□	×	○	×	□	□	×	○	○	×	×	○	×	1
127	であろうとなかろうと	×	×	□	□	×	○	×	○	□	×	○	○	×	×	○	×	1
128	であろうと（も）	×	×	□	□	×	○	×	○	□	×	○	○	×	×	○	×	1
129	ていては	×	×	□	□	×	×	×	○	□	×	□	○	×	×	○	×	0
130	て以来	○	×	□	○	×	×	○	○	○	×	○	×	×	×	○	×	1
131	て以来はじめて	○	×	□	○	×	×	×	○	×	×	×	×	×	×	○	×	0

（续表）

No		先行表現形式					形態、功能						后続表現形式					合計
		語	非	テ	ア	構	文	非	統	副	機	仮	語	テ	ア	モ	誘	
132	ているところをみると	×	×	□	□	×	×	×	○	×	×	○	×	×	×	○	×	0
133	てから	○	×	□	□	×	×	×	□	□	×	□	×	×	×	×	×	0
134	てからでないと	○	×	□	□	×	×	×	○	□	×	□	○	×	×	○	×	0
135	てからでなければ	○	×	□	□	×	×	×	○	□	×	□	○	×	×	○	×	0
136	てからというもの（は）	○	×	□	□	×	×	×	○	○	○	○	×	○	×	○	○	2
137	てこそ	×	×	□	×	×	×	×	□	□	×	×	×	×	×	○	×	0
138	てでも	×	×	□	○	×	×	×	□	□	×	×	○	×	×	○	×	0
139	ては［条件］	×	×	□	□	×	×	×	□	□	○	□	×	×	×	○	○	2
140	ては［反復］	○	×	□	□	×	×	×	□	□	○	□	×	×	×	○	○	2
141	では［名詞＋］	○	×	□	□	×	×	×	□	□	×	×	○	×	×	○	×	0
142	ではあるが	×	×	□	□	×	×	×	□	□	×	□	×	×	×	○	×	0
143	ではないか	×	○	□	□	×	×	×	□	□	×	□	×	×	×	□	□	2
144	ではないだろうか	×	○	□	□	×	×	×	□	□	×	□	×	×	×	□	□	2
145	ではなかったか	×	○	□	□	×	×	×	□	□	×	□	×	×	×	□	□	2
146	ではなかろうか	×	○	□	□	×	×	×	□	□	×	□	×	×	×	□	□	2
147	（と）て間もなく	○	×	□	□	×	×	×	○	□	×	○	○	×	×	×	×	0
148	てみたら	×	×	□	○	×	×	×	○	□	×	○	×	○	×	×	×	0
149	てみてはじめて	×	×	□	○	×	×	×	○	□	×	○	×	×	×	×	×	0
150	てみると	×	×	□	○	×	×	×	○	□	×	○	×	×	×	×	×	0
151	てみれば	×	×	□	○	×	×	×	○	□	×	○	×	×	×	×	×	0
152	でもあるまいし	×	×	□	□	×	○	×	○	□	×	○	×	×	×	○	○	2
153	でもしたら	×	×	□	□	×	×	×	○	□	×	□	×	×	×	○	×	0
154	でもって	○	×	□	×	×	×	×	□	□	○	○	×	×	×	○	○	2
155	とあいまって	×	×	□	□	×	×	×	□	□	○	○	×	×	×	○	○	2
156	とあって	×	×	×	×	×	×	×	□	□	○	○	×	×	×	○	○	2
157	とあっては	×	×	×	×	×	×	×	□	□	○	○	×	×	×	○	○	2
158	といい…といい	○	×	□	□	×	×	×	○	□	○	○	○	×	×	○	○	2
159	というか	×	×	×	×	×	×	×	×	□	×	×	×	×	×	○	×	0
160	ということは	×	×	×	×	×	×	×	○	□	○	○	×	×	×	○	×	0
161	ということなら	×	×	×	×	×	×	×	○	□	○	○	×	×	×	×	×	0
162	というだけ（の理由）で	×	×	×	×	×	×	×	○	×	×	○	×	×	×	○	×	0
163	という点	×	×	×	×	×	×	×	○	□	×	△	×	×	×	×	×	0
164	というと	×	×	×	○	×	×	×	○	□	○	○	×	×	○	○	○	2
165	というのなら	×	×	×	×	×	×	×	○	□	○	○	×	×	×	○	×	0
166	というのは	×	×	×	×	×	×	×	○	□	○	○	×	×	×	○	○	2

（续表）

No		先行表现形式					形态、功能						后续表现形式					合計
		語	非	テ	ア	構	文	非	統	副	機	仮	語	テ	ア	モ	誘	
167	というのも	×	×	×	×	×	×	×	○	□	×	○	×	×	×	○	×	0
168	というふうに	×	×	×	×	×	×	×	○	×	×	○	×	×	×	×	×	0
169	というものは	○	×	□	□	×	×	×	○	×	×	×	○	×	×	×	×	0
170	というより	×	×	×	×	×	×	○	○	□	×	×	×	×	×	○	○	2
171	といえど（も）	○	×	□	□	×	○	×	○	□	×	○	×	×	×	○	×	1
172	といえば	×	×	×	○	×	×	×	○	□	○	○	×	○	○	○	○	2
173	といった	×	×	□	×	×	×	×	○	□	○	○	×	○	○	○	×	2
174	といったら	×	×	×	×	×	×	×	○	□	○	○	×	○	○	○	○	2
175	といって［理由］	×	×	×	×	×	×	×	○	□	○	○	×	○	×	○	×	2
176	といっては［評価］	×	×	×	×	×	×	×	○	□	×	○	○	×	×	○	×	2
177	といっても	×	×	×	×	×	×	×	○	□	×	○	×	○	×	○	×	2
178	といわず…といわず	○	×	□	ア	×	○	×	○	×	○	○	×	×	×	○	×	3
179	といわんばかり	×	×	×	×	×	○	○	○	□	×	○	×	×	×	○	×	3
180	と思いきや	×	×	×	×	×	×	○	○	□	○	○	×	○	○	○	○	3
181	とおり	○	×	×	×	×	×	×	×	○	×	×	×	×	×	×	×	0
182	どおり	○	×	□	×	×	×	×	×	○	×	○	×	×	×	×	×	0
183	とか…とか	○	×	×	×	×	×	×	×	×	○	□	×	×	×	×	×	1
184	とか（いう）	×	×	×	×	×	×	×	×	□	×	○	×	×	×	×	×	0
185	とかで	×	×	×	×	×	×	×	×	□	×	○	×	×	×	×	×	0
186	とき	×	×	×	×	×	×	×	×	○	×	×	×	×	×	×	×	0
187	ときたら	○	×	□	□	×	×	○	○	×	○	○	×	×	×	×	○	3
188	ときているから	○	×	×	×	×	×	×	×	□	×	○	×	×	×	×	×	0
189	とくると（とくれば）	○	×	□	□	×	×	○	○	□	×	○	×	×	×	×	○	3
190	（した）ところ［順接］	○	×	○	○	×	×	×	○	○	○	○	×	×	×	×	×	2
191	（した）ところが［逆説］	○	×	○	○	×	×	×	○	×	○	○	×	×	×	×	○	2
192	どころか	×	×	×	×	×	×	×	○	×	○	○	×	×	×	×	○	2
193	（した）ところで	○	×	○	○	×	×	×	○	×	○	○	×	×	×	×	○	2
194	ところに	×	×	○	○	×	×	×	○	×	×	○	×	○	○	○	×	0
195	ところによると	×	×	×	×	×	×	×	○	×	×	○	×	×	×	×	×	0
196	ところの	×	×	×	×	×	×	×	○	×	×	○	×	×	×	×	×	0
197	ところを	×	×	×	×	×	×	×	○	×	×	○	○	○	○	○	×	0
198	ところ（を）	○	×	×	×	×	×	×	○	○	×	○	○	×	×	×	○	2
199	ところをみると	×	×	×	×	×	×	×	○	×	×	○	×	×	×	×	×	0
200	としたら	×	○	×	×	×	×	×	○	□	○	○	×	×	×	×	○	3
201	として	○	×	□	□	×	×	×	○	□	○	○	×	×	×	○	○	2

附录 2 日语机能辞评价指标统计表

（续表）

No		先行表現形式					形態、功能						后续表現形式					合計
		語	非	テ	ア	構	文	非	統	副	機	仮	語	テ	ア	モ	誘	
202	としては	○	×	□	□	×	×	×	○	□	○	○	×	×	×	○	○	2
203	としても［主題］	○	×	□	□	×	×	×	○	□	○	○	×	×	×	○	○	2
204	としても［逆接］	×	○	×	×	×	×	×	○	□	○	○	×	×	×	×	○	3
205	とすぐ	×	×	○	○	×	×	×	□	□	×	□	○	×	×	○	×	0
206	とすると	×	○	×	×	×	×	×	○	□	○	○	×	×	×	○	○	3
207	とすれば	×	○	×	×	×	×	×	○	□	○	○	×	×	×	○	○	3
208	とたん（に）	○	×	○	○	×	×	×	○	○	△	○	○	○	○	○	△	2
209	途中（で／に）	○	×	○	×	×	×	×	×	○	×	×	○	○	○	○	×	0
210	途中（は）	○	×	□	○	×	×	×	×	○	×	×	○	×	○	×	×	0
211	とて	○	×	□	□	×	×	○	○	□	○	○	×	×	×	○	○	3
212	とて（も）	○	×	□	□	×	×	○	○	□	○	○	×	×	×	×	○	3
213	と同時に	×	×	○	○	×	×	×	×	×	×	×	×	○	○	○	×	1
214	とともに	×	×	○	○	×	×	×	×	×	○	×	×	○	○	○	○	1
215	となく	○	×	□	□	×	×	×	×	□	×	×	×	×	×	×	×	1
216	となったら	×	○	×	×	×	×	×	○	□	○	○	×	×	×	○	○	3
217	となっては	×	○	×	×	×	×	×	○	□	○	○	×	×	×	○	○	3
218	となると	×	○	×	×	×	×	×	○	□	○	○	×	×	×	○	○	3
219	となれば	×	○	×	×	×	×	×	○	□	○	○	×	×	×	○	○	3
220	との	×	×	×	×	×	×	×	□	□	×	□	□	×	×	×	×	1
221	とは	×	×	×	×	×	×	×	□	□	×	□	□	×	×	×	×	1
222	とはいいながら	×	×	×	×	×	×	×	○	□	○	□	×	×	×	×	×	2
223	とはいうものの	×	×	×	×	×	×	×	○	×	○	□	×	×	×	×	×	2
224	とはいえ	×	×	×	×	×	○	×	○	□	○	□	×	×	×	×	×	3
225	とはいっても	×	×	×	×	×	×	×	○	□	○	□	×	×	×	×	×	2
226	とはうってかわって	×	×	□	□	×	×	×	×	□	×	□	×	×	×	×	×	0
227	とばかり（に）	×	×	×	×	×	×	×	□	□	○	□	○	×	×	×	×	2
228	と（は）反対に	×	×	□	□	×	×	×	□	□	×	□	×	×	×	×	×	0
229	（…とは）別に	×	×	□	□	×	×	×	×	×	×	×	×	×	×	×	×	0
230	とみえて	×	×	□	□	×	×	×	×	□	×	○	×	×	○	○	×	0
231	ともなく	○	×	×	×	×	×	○	×	□	○	□	×	×	×	×	○	3
232	にともなって	○	×	□	□	×	×	×	○	□	×	□	×	×	○	×	×	0
233	ともなると	○	×	□	□	×	×	×	○	□	×	□	×	○	○	○	○	1
234	ともなれば	○	×	□	□	×	×	×	○	□	×	□	×	○	○	○	○	1
235	とやら	×	×	□	□	×	×	×	□	□	×	□	×	×	×	×	×	0
236	ないか［勧誘・命令］	○	×	□	○	×	×	×	□	□	□	□	□	□	□	□	□	1
237	ない（か）［確認・主張］	×	×	□	○	×	×	×	□	□	○	□	□	□	□	□	□	1

（续表）

No		先行表現形式					形态、功能						后続表現形式					合計
		語	非	テ	ア	構	文	非	統	副	機	仮	語	テ	ア	モ	誘	
238	ないかしら	×	×	□	○	×	×	×	□	□	○	□	□	□	□	□	□	1
239	ないかな	×	×	□	×	×	×	×	□	□	×	□	□	□	□	□	□	0
240	ないことには［仮定］	×	×	□	○	×	×	×	○	×	○	□	×	×	×	○	○	2
241	ないで	×	×	□	×	×	×	×	□	□	×	□	○	×	×	×	×	0
242	ないと	×	×	□	×	×	×	×	□	□	×	□	○	×	×	×	×	0
243	ない（ぬ）までも	×	×	□	□	×	×	×	□	□	×	□	×	×	×	○	○	2
244	ないものか	×	×	□	×	×	×	×	○	×	□	□	□	□	□	□	□	0
245	ないものだろうか	×	×	□	×	×	×	×	○	×	□	□	□	□	□	□	□	0
246	ながらも	○	×	□	×	×	×	×	□	□	×	□	×	×	×	×	×	0
247	ながらに	○	×	□	×	×	○	×	□	□	×	□	×	×	×	×	×	1
248	なくしては	×	○	□	□	×	×	×	○	□	×	○	×	×	×	×	×	1
249	なければよかったのに	×	×	×	×	×	×	×	○	□	×	□	×	×	×	×	×	0
250	なしに	○	×	□	×	×	○	×	□	□	×	○	×	×	×	×	×	1
251	（した）なら	×	×	○	○	×	×	×	□	□	×	□	×	×	×	×	×	0
252	ならでは	○	×	□	□	×	×	×	□	□	○	□	×	×	×	×	×	2
253	（した）なりで	×	×	□	□	×	×	×	□	□	×	□	×	×	×	○	○	2
254	なりと（も）	×	×	□	□	×	×	×	□	□	×	□	×	×	×	×	×	1
255	なり何なり	×	×	○	×	×	×	×	□	□	×	×	×	×	×	×	×	0
256	にあたって（にあたり）	×	○	○	○	×	×	×	○	□	○	○	×	×	×	×	×	2
257	にあって	×	×	□	□	×	×	×	○	□	○	○	×	×	×	○	×	1
258	にあっては（人）	○	×	□	□	×	×	×	□	□	□	○	×	×	×	×	×	0
259	にあっても	×	×	□	□	×	×	×	□	□	○	○	×	×	×	×	×	0
260	にいたって（も）	×	○	□	□	×	×	×	□	□	×	□	×	×	×	×	○	3
261	にいたっては	×	○	□	□	×	×	×	□	□	×	□	×	×	×	×	○	3
262	にいたると	×	○	□	□	×	×	×	□	□	×	□	×	×	×	×	○	3
263	にいたるまで	×	○	□	□	×	×	×	□	□	×	□	×	×	×	×	○	3
264	にいわせれば	○	×	□	□	×	×	×	□	□	×	×	×	×	×	○	×	0
265	において	○	×	□	□	×	×	×	□	□	×	○	×	×	×	○	○	2
266	に応じて	○	×	□	□	×	×	×	□	□	×	○	○	×	×	×	×	0
267	におかれましては	○	×	□	□	×	×	×	□	□	×	○	○	×	×	×	○	2
268	における	○	×	□	□	×	×	×	□	□	○	□	○	×	×	×	○	2
269	にかかっては	○	×	□	□	×	×	×	□	□	○	□	○	×	×	×	×	1
270	にかかわらず	○	×	□	□	○	○	×	□	□	○	□	×	×	×	×	○	4
271	にかかわる	○	×	□	□	×	×	×	□	□	×	□	×	×	×	×	×	0
272	に限って	○	×	□	□	×	×	×	□	□	×	○	×	×	×	×	×	0

（续表）

No		先行表现形式					形态、功能						后续表现形式					合計
		語	非	テ	ア	構	文	非	統	副	機	仮	語	テ	ア	モ	誘	
273	に限らず	○	×	□	□	×	×	×	○	□	×	○	×	×	×	×	×	0
274	に限り	○	×	□	□	×	×	×	○	□	×	○	×	×	×	×	×	0
275	にかけたら	×	×	□	□	×	×	×	○	□	×	○	×	×	×	○	○	2
276	（から）にかけて	○	×	□	□	×	×	×	○	□	○	○	×	×	×	×	×	1
277	にかけて	×	×	□	□	×	×	×	○	□	○	○	×	×	×	×	○	2
278	にかけて（も）	○	×	□	□	×	×	×	○	□	□	○	×	×	×	×	×	1
279	にかけると	×	×	□	□	×	×	×	○	□	×	○	×	×	×	×	×	0
280	にかこつけて	○	×	□	□	×	×	×	○	□	×	○	×	×	×	×	×	0
281	にかまけて	○	×	□	□	×	×	×	○	□	×	○	○	×	×	×	×	0
282	にかわって（かわり）	×	×	□	□	×	×	×	○	□	×	○	×	×	×	×	○	1
283	に関して	×	×	□	□	×	×	×	○	□	△	○	×	×	×	×	×	1
284	に比べて	×	×	□	□	×	×	×	○	□	×	○	×	×	×	×	×	1
285	にくわえ（て）	×	×	□	□	×	×	×	○	□	×	○	×	×	×	×	×	0
286	にこたえ（て）	○	×	□	□	×	×	×	○	□	×	○	×	×	×	×	×	1
287	に際し（て）	×	○	○	○	×	×	×	○	□	△	○	×	×	×	×	×	2
288	にさきだって（さきだち）	×	○	○	○	×	×	×	○	□	×	○	×	×	×	×	○	2
289	に従って（従い）[順守]	○	×	□	□	×	×	×	○	□	○	○	×	×	×	×	×	1
290	に従って（従い）[順接]	○	○	○	○	×	×	×	○	□	○	○	○	×	×	○	×	2
291	にしたって	○	×	□	□	×	×	×	○	□	○	□	×	×	×	○	×	1
292	にしたって	×	○	○	○	×	×	×	○	□	○	□	×	×	×	○	×	2
293	にしたら	○	×	□	□	×	×	×	○	□	○	□	×	×	×	×	○	2
294	にして[主題]	×	×	□	□	×	×	×	○	□	○	□	×	×	×	×	○	2
295	にして[強調]	○	○	□	□	×	○	×	○	□	○	□	×	○	×	○	○	4
296	にしてからが	×	×	□	□	×	×	×	○	□	○	□	×	×	×	×	×	0
297	にしては	×	○	○	○	×	×	×	○	□	○	□	×	×	×	×	○	2
298	にしてみては	○	×	□	□	×	×	×	○	□	×	○	×	×	×	×	×	0
299	にしてみれば	○	×	□	□	×	×	×	○	□	×	○	×	×	×	×	×	0
300	にしても	○	×	□	□	×	×	×	○	□	○	□	×	×	×	×	○	2
301	にしても…にしても	○	×	□	□	×	×	×	○	□	○	□	×	×	×	×	○	2
302	にしろ	○	×	□	□	×	×	○	○	□	○	□	×	×	×	○	○	3
303	にしろ…にしろ	○	×	□	□	×	×	○	○	□	○	□	×	×	×	○	○	3
304	にせよ	○	×	□	□	×	×	○	○	□	○	□	×	×	×	○	○	3
305	にせよ…にせよ	○	×	□	□	×	×	○	○	□	○	□	×	×	×	○	○	3
306	にそくして	○	×	□	□	×	×	×	○	□	○	×	×	×	×	×	×	1
307	にそって	○	×	□	□	×	×	×	○	□	×	○	×	×	×	×	×	0

（续表）

No		先行表現形式					形態、功能						后続表現形式					合計
		語	非	テ	ア	構	文	非	統	副	機	仮	語	テ	ア	モ	誘	
308	に対して	×	×	□	□	×	×	×	○	□	△	○	×	×	×	×	×	1
309	に対する	×	×	□	□	×	×	×	○	□	○	○	×	×	×	×	×	1
310	について（つき）	×	×	□	□	×	×	×	○	□	○	○	○	×	×	×	×	1
311	につき［理由］	×	×	□	□	×	×	×	○	□	○	○	○	○	○	○	○	2
312	（疑問詞＋）につけ	×	×	□	□	×	×	×	○	□	○	○	×	×	×	○	○	2
313	（動詞＋）につけ	○	○	○	○	○	×	×	○	□	○	○	×	×	×	○	○	3
314	につけ…につけ	○	○	○	○	○	×	×	○	□	○	○	×	×	×	○	○	3
315	につれて（も）	○	○	○	○	○	×	×	○	□	○	○	×	○	×	○	○	3
316	にて	○	×	□	□	×	×	○	□	□	○	□	×	×	×	×	×	2
317	にとおもって	○	×	□	□	×	×	×	○	□	×	○	○	×	×	×	×	0
318	にとって（とり）	○	×	□	□	×	×	×	○	□	×	○	○	×	×	×	×	2
319	にとどまらず	○	×	□	□	×	○	□	○	□	×	○	×	×	×	×	○	2
320	にともなって（ともない）	○	×	□	□	×	×	×	○	□	×	○	○	×	×	×	×	0
321	になく	×	×	□	□	×	×	×	×	○	□	□	×	×	×	×	□	0
322	になると	×	×	□	□	×	×	×	○	□	○	○	×	×	×	○	○	2
323	ににあわず	×	×	□	□	×	○	□	×	□	×	×	×	×	×	×	×	1
324	には（目的）	×	×	□	□	×	×	×	○	□	×	○	○	×	×	×	×	3
325	に反し（て）	○	×	□	□	×	×	×	○	□	×	×	×	×	×	×	×	0
326	にひきかえ	×	×	□	□	×	×	×	○	□	○	○	×	×	×	○	○	2
327	にむかって	○	×	□	□	×	×	×	○	□	×	○	○	×	×	×	×	0
328	にむけて［目標］	×	×	□	□	×	×	×	○	□	○	○	○	×	×	×	×	1
329	に面して	○	×	□	□	×	×	×	○	□	×	×	×	×	×	×	×	0
330	にも	×	×	□	□	×	×	×	□	□	×	□	×	×	×	×	×	0
331	にもかかわらず	×	○	×	×	×	○	○	○	□	○	○	×	×	×	○	○	4
332	にもとづいて	×	×	□	□	×	×	×	○	□	×	×	○	×	×	×	×	0
333	にもなく	×	×	□	□	×	×	×	×	○	□	○	×	×	×	×	○	1
334	にもまして	×	×	□	□	×	×	×	○	□	×	×	×	×	×	○	○	1
335	によったら	×	×	□	□	×	×	×	○	□	○	○	×	×	×	○	○	2
336	によって（より）［原因・手段・根拠・動作主］	×	×	□	□	×	×	×	○	□	○	○	×	×	×	×	×	1
337	によって（より）［場合］	×	×	□	□	×	×	×	○	□	×	○	×	×	×	×	○	1
338	によらず	×	×	□	□	×	○	□	○	□	×	×	×	×	×	×	×	2
339	によると［根拠］	×	×	□	□	×	×	×	○	□	○	○	×	×	×	○	○	2
340	によれば	×	×	□	□	×	×	×	○	□	○	○	×	×	×	○	○	2
341	にわたって	○	×	□	□	×	×	×	○	□	○	○	○	×	×	×	×	1

（续表）

No		先行表現形式					形態、功能						后続表現形式					合計
		語	非	テ	ア	構	文	非	統	副	機	仮	語	テ	ア	モ	誘	
342	にわたり	○	×	□	□	×	×	×	○	□	○	○	○	×	×	×	×	1
343	ぬうちに	×	×	□	○	×	×	×	○	×	×	○	×	×	×	×	×	0
344	ぬきで	×	×	□	□	×	×	×	×	×	×	×	×	×	×	×	×	0
345	ぬきに（は）	×	×	□	□	×	×	×	○	□	×	○	○	×	×	×	○	1
346	ぬばかり	×	×	□	○	×	×	×	□	□	○	□	×	×	×	○	×	1
347	ぬ間に	×	×	□	□	×	×	×	○	×	×	×	×	×	×	×	×	0
348	のうえで（は）	○	×	□	□	×	×	×	○	□	○	□	×	×	×	×	×	1
349	のか	×	×	×	×	×	×	×	□	□	○	□	□	□	□	□	□	1
350	のことだから	○	×	□	□	×	×	×	○	×	○	□	×	×	×	×	○	2
351	のことで	○	×	□	□	×	×	×	○	×	×	×	×	×	×	×	×	0
352	のだから	×	×	×	×	×	×	×	□	□	×	×	×	×	×	×	×	0
353	のだろうか	×	×	×	×	×	×	×	×	×	×	×	×	×	×	×	×	0
354	（の）なら別だが	×	×	×	×	×	×	×	×	×	×	×	×	×	×	×	×	0
355	のみならず	×	×	×	×	×	○	×	□	□	×	×	×	×	×	×	○	2
356	のもとで	○	×	□	□	×	×	×	○	×	○	×	×	×	×	×	×	1
357	のもとに	○	×	□	□	×	×	×	○	×	○	×	×	×	×	×	×	1
358	のゆえに	×	×	□	□	×	×	×	×	×	○	×	×	×	×	×	×	0
359	場合	×	×	□	□	×	×	×	×	×	○	×	×	×	×	×	×	0
360	場合をのぞいて	×	×	×	×	×	×	×	×	×	×	×	×	×	×	×	×	0
361	はいいとしても	×	×	□	□	×	×	×	○	□	×	×	×	×	×	○	×	0
362	はおろか	×	×	□	□	×	×	○	○	×	○	×	×	×	×	×	○	3
363	ばかりか	×	×	×	×	×	×	×	□	□	○	□	×	×	×	×	×	2
364	ばかりで	×	×	○	×	×	×	×	□	□	×	×	○	×	×	×	×	1
365	ばかりでなく	×	×	×	×	×	×	×	□	□	○	×	×	×	×	×	×	1
366	ばかりに	×	×	○	×	×	×	×	□	□	○	□	○	○	×	○	○	2
367	ばかりの	×	×	○	○	×	×	×	□	□	×	×	×	×	×	×	×	0
368	ばかりは	○	×	□	□	×	×	×	□	□	○	□	×	×	×	×	×	2
369	ばこそ	×	×	□	×	×	×	×	□	□	○	□	×	×	×	×	○	2
370	はとにかく（として）	×	×	□	□	×	×	×	×	□	○	□	×	×	×	×	○	2
371	はともかく（として）	×	×	□	□	×	×	×	×	□	○	□	×	×	×	×	×	2
372	はぬきにして	×	×	□	□	×	×	×	○	□	×	×	×	×	×	×	×	0
373	は別として	×	×	□	□	×	×	×	×	×	○	×	×	×	×	×	×	0
374	はもちろん	×	×	□	□	×	×	×	×	×	×	×	×	×	×	×	×	0
375	はもとより	×	×	□	□	×	×	×	×	×	×	×	×	×	×	×	×	0
376	ばよかったのに	×	×	□	×	×	×	×	×	×	□	×	×	×	×	×	×	0
377	範囲で	×	×	×	×	×	×	×	×	×	×	×	×	×	×	×	×	0
378	反面	×	×	×	×	×	×	×	○	○	×	×	×	×	×	×	×	0

274　基于语料库的中国日语学习者认知研究

（续表）

No		先行表現形式					形態、功能						後続表現形式					合計
		語	非	テ	ア	構	文	非	統	副	機	仮	語	テ	ア	モ	誘	
379	ぶんには	×	×	○	×	×	×	×	×	×	×	○	×	×	×	×	×	0
380	べからず	×	×	○	○	×	○	×	□	□	×	□	×	×	×	×	×	1
381	べく	×	×	○	○	×	○	×	□	□	○	□	×	×	×	×	×	2
382	まいに	×	×	○	○	×	○	×	□	□	×	□	□	□	□	□	□	1
383	まえに	×	×	○	○	×	×	×	×	×	×	×	×	×	×	×	×	0
384	までして	×	×	□	□	×	×	×	□	□	×	□	×	×	×	×	×	0
385	までに	○	×	×	×	×	×	×	×	×	×	×	×	×	×	×	×	0
386	までも	○	×	○	○	×	×	×	□	□	○	○	○	×	×	×	○	2
387	まま（で）	○	×	○	○	×	×	×	×	×	×	×	×	×	×	×	×	0
388	まま（に）	×	×	○	○	×	×	×	×	×	×	×	×	×	×	×	×	0
389	ままを	×	×	×	×	×	×	×	×	×	×	×	×	×	×	×	×	0
390	もさることながら	×	×	□	□	×	×	×	□	○	○	○	×	×	×	○	○	2
391	ものか／…もんか	×	×	○	○	×	×	×	□	□	○	○	□	□	□	□	□	1
392	ものだから	×	×	×	×	×	×	×	×	×	○	○	×	×	×	×	×	1
393	もので	×	×	×	×	×	×	×	×	×	○	□	×	×	×	×	×	1
394	ものなら	○	×	○	○	×	×	×	□	□	○	○	×	×	×	×	○	2
395	ものの	×	×	×	×	×	×	×	×	×	×	×	×	×	×	×	○	2
396	ものを	×	×	×	×	×	×	×	×	×	×	×	×	×	×	×	○	2
397	やいなや	○	○	○	○	×	×	×	×	×	×	×	○	○	○	○	○	3
398	ようか［疑問・反語］	×	×	□	□	×	×	×	□	□	×	□	□	□	□	□	□	0
399	ようか［意向］	×	×	□	□	×	×	×	□	□	×	○	□	□	□	□	□	1
400	ようが	○	×	□	□	×	×	×	□	□	×	○	○	×	×	×	○	2
401	ようが…まいが	○	×	□	□	×	○	×	□	□	×	○	○	×	×	×	○	3
402	ようが…ようが	○	×	□	□	×	×	×	□	□	×	○	○	×	×	×	○	2
403	ようことなら	○	×	□	○	×	○	×	○	×	○	○	×	×	×	×	×	3
404	ようったって	×	×	□	○	×	×	×	×	×	×	□	×	×	×	×	×	0
405	ようでは	×	×	□	○	×	×	×	□	□	×	□	×	×	×	×	×	0
406	ようではないか（ようじゃないか）	×	×	□	○	×	×	○	□	□	×	□	□	□	□	□	□	2
407	ようでもあるし	○	×	□	×	×	×	×	□	□	×	○	×	×	×	○	×	0
408	ようと	○	×	□	×	×	×	×	□	□	○	○	○	×	×	○	×	2
409	ようと…まいと	○	×	□	×	×	○	×	□	□	○	○	○	×	×	○	○	3
410	ようと…ようと	○	×	□	×	×	×	×	□	□	○	○	○	×	×	○	○	2
411	ようとも	○	×	□	○	×	○	×	□	□	○	○	○	×	×	×	×	1
412	ようにも	○	×	□	×	×	×	○	□	□	○	○	○	×	×	○	○	3
413	ように	×	×	○	○	×	×	×	□	□	×	□	×	×	×	×	×	0
414	ようによっては	○	×	□	○	×	×	×	○	□	×	○	×	×	×	○	×	0

（续表）

No		先行表现形式					形态、功能						后续表现形式					合計
		語	非	テ	ア	構	文	非	統	副	機	仮	語	テ	ア	モ	誘	
415	ようものなら	○	×	□	○	×	○	×	○	×	○	○	×	×	×	○	○	3
416	わけだから	×	×	×	×	×	×	×	○	×	×	○	×	×	×	×	×	0
417	割合に	×	×	×	×	×	×	×	×	×	×	×	×	×	×	×	×	0
418	わりに（は）	×	×	×	×	×	×	×	○	×	○	○	×	×	×	○	○	2
419	をおいて	○	×	□	□	×	×	×	○	□	○	○	○	×	×	○	○	2
420	を介して	○	×	□	□	×	×	×	○	×	○	○	×	×	×	×	×	0
421	を駆って	○	×	□	□	×	×	×	○	×	○	○	×	×	×	×	×	0
422	をかぎりに	○	×	□	□	×	×	×	○	×	○	○	×	×	×	○	○	2
423	を皮切りに（して）	×	×	□	□	×	×	×	○	×	○	○	×	×	×	○	○	1
424	を契機として	○	×	□	□	×	×	×	○	×	○	○	×	×	×	×	×	0
425	をこめて	×	×	□	□	×	×	×	×	□	×	○	×	×	×	×	×	0
426	を前提に	×	×	□	□	×	×	×	×	×	×	×	×	×	×	×	×	0
427	を頼りに	×	×	□	□	×	×	×	×	×	×	×	×	×	×	×	×	0
428	を中心に	×	×	□	□	×	×	×	×	×	×	×	×	×	×	×	×	0
429	を通じて［仲介］	×	×	□	□	×	×	×	○	×	○	○	×	×	×	×	×	1
430	を通じて［範囲］	○	×	□	□	×	×	×	○	×	○	○	×	×	×	×	×	1
431	を通して	○	×	□	□	×	×	×	○	×	○	○	×	×	×	×	×	1
432	を問わず	○	×	□	□	○	○	×	○	×	○	○	×	×	×	×	×	3
433	をのぞいて	×	×	□	□	×	×	×	○	×	○	○	×	×	×	×	×	0
434	をはじめ（として）	×	×	□	□	×	×	×	○	×	○	○	×	×	×	○	○	2
435	をふまえ	×	×	□	□	×	×	×	×	□	×	○	×	×	×	×	×	0
436	をめぐって	×	×	□	□	×	×	×	○	□	○	○	○	×	×	×	×	2
437	をめぐり	×	×	□	□	×	×	×	○	□	○	○	○	×	×	×	×	2
438	をもって［状態］	○	×	□	□	×	×	×	○	×	○	○	×	×	×	×	×	1
439	をもって［手段］	×	×	□	□	×	×	×	○	×	○	○	×	×	×	○	×	1
440	をもって［境界］	○	×	□	□	×	×	×	○	×	○	○	×	×	×	○	○	2
441	をもとに	×	×	□	□	×	×	×	×	×	×	×	×	×	×	×	×	0
442	をものともせずに	×	×	□	□	×	○	×	○	×	○	○	×	×	×	○	○	3
443	をや	×	×	□	□	×	×	×	□	□	×	□	□	□	□	□	□	0
444	をよそに	○	×	□	□	×	×	×	○	×	○	○	×	×	×	○	○	2
445	を前に（して）	×	×	□	□	×	×	×	×	×	×	×	×	×	×	×	×	0
446	んがため	×	×	□	○	×	○	×	□	□	×	□	×	×	×	×	×	1
447	んばかり	×	×	□	○	×	○	×	□	□	○	□	×	×	×	×	×	2

附录3　参考文献

英语文献

Bernard, C. 1998. Perspectives on grammaticalization [A]. Toshio, O. ed. Studies in Japanese Grammaticalization: Cognitive and Discourse Perspectives [C]. Tokyo: Kuroshio Publishers.

Blank, A. 1999. Co-presence and succession: A cognitive typology of metonymy [A]. Panther & Radden ed. Metonymy in Language and Thought [C]. Amsterdam: John Benjamins Publishing Company.

Block, D. 2003. The Social Turn in Second Language Acquisition [M]. Edinburgh: Edinburgh University Press.

Bonk,W. J. 2000. Second language lexical knowledge and listening comprehension [J]. International Journal of Listening (14).

Buteau, M. 1970.The students' errors and the learning of French as a second language [J]. International Review of Applied Linguistics (8).

Corder, S. P. 1967. The significance of learners' errors [J]. International Review of Applied Linguistics (5).

Corder, S. P. 1971. Idiosyncratic dialects and error analysis [J]. International Review of Applied Linguistics (9).

Croft, W. 1993. The role of domains in the interpretation of metaphors and metonymies [J]. Cognitive linguistics (4).

Ellis, R. & Barkhuizen, G. 2005. Analysing Learner Language [M].Oxford: University Press.

Fauconnier, G. 1994. Mental Spaces: Aspects of Meaning Construction in Natural Language [M]. Cambridge: Cambridge University Press.

Fillmore, C. 1982. Frame semantics [A]. Linguistic Society of Korea ed. Linguistics in the morning calm [C]. Seoul: Hanshin Publishing.

Fillmore, C. 1988.The mechanisms of "Construction Grammar" [J]. Berkeley Linguistics Society (14).

Granger, S. 2002. A bird's-eye view of learner corpus research [A]. Granger, S. & Hung, J. & Petch-Tyson, S. ed. Computer Learner Corpora, Second Language Acquisition and Foreign Language Teaching [C]. Amsterdam: John Benjamins Publishing Company.

Hopper, Paul J. 1991. On Some Principles of Grammaticalization [A].Elizabeth Closs Tragugott & Bernd Heine ed. Approaches to grammaticalization I [C]. Amsterdam: John Benjamins Publishing Company.

Hopper & Traugott.2003.Grammaticalization [M]. Cambridge: Cambridge University Press.

Jakobson, R. 1960. Closing statement: linguistics and poetics [A]. Sebeok, T. A. ed. Style in language [C]. Cambridge, MA: MIT Press.

Johnson, M. 1987. The Body in the Mind: The Bodily Basis of Meaning, Imagination and Reason [M]. Chicago: University of Chicago Press.

Kovecses, Z. 2002.Metaphor: A Practical Introduction [M] .Oxford: Oxford University Press.

Krahnke, K. & Krahnke, K. & Nishimura, T. 1993.Pragmatics and transfer: Japanese ellipsis in English interlanguage [A]. m.s. at The 4th International Pragmatics Conference [C], Kobe, Japan.

Lakoff, G. & Johnson, M. 1980. Metaphors We Live By [M]. Chicago: University of Chicago Press.

Lakoff, G. & Köovecses, Z.1987.The Cognitive Model of Anger Inherent in American English [A]. Holland, D. & Quinn, N. ed. Cultural Models in Language and Thought [C]. New York: Springer.

Lakoff, G. & Turner, M. 1989. More than cool reason: a field guide to poetic metaphors [M]. Chicago: University of Chicago Press.

Lakoff, G. 1987. Women, Fire and Dangerous Things: What Categories Reveal About Mind [M]. Chicago: University of Chicago Press.

Lakoff, G. 1993. The contemporary theory of metaphor[A]. Dirk, G. ed. Cognitive Linguistics: Basic Readings [C]. Berlin: Mouton de Gruyter.

Langacker, R. W. 1987. Foundations of Cognitive Grammar, Volume I: Theoretical Prerequisites [M]. Stanford: Stanford University Press.

Langacker, R. W. 1990. Concept, Image and Symbol: The Cognitive Basis of Grammar [M]. Berlin: Mouton de Gruyter.

Langacker, R. W. 1991. Foundations of Cognitive Grammar, Volume II: Descriptive Application [M]. Stanford: Stanford University Press.

Langacker, R. W. 1993. Reference-point constructions [J]. Cognitive Linguistics (4).

Langacker, R. W. 1999. Grammar and Conceptualization [M]. Berlin: Mouton de Gruyter.

Larsen-Freeman, D. & Long, M. H. 1991. An Introduction to Second Language Acquisition Research [M]. Beijing: Foreign Languages Teaching and Research Press.

Lipka, L. 1988. A rose is a rose is a rose: On simple and dual categorization in natural languages [A]. Hüllen & Schulze ed. Understanding the Lexicon: Meaning, Sense and World Knowledge in Lexical Semantics [C]. Tübingen, Germany: Max Niemeyer Verlag.

Littlemore, J. & Low, G. 2006. Metaphoric Competence, Second Language Learning, and Communicative Language Ability [J] .Applied Linguistics (2).

MacCormac, E. R. 1990. A Cognitive Theory of Metaphor [M]. Cambridge, MA.: MIT Press.

Makino & Tsutsui. 1995. A Dictionary of Intermediate Japanese Grammar [M]. Tokyo: The Japan Times.

Meunier, F. 1998. Computer tools for interlanguage analysis: A critical approach [A]. Granger, S. ed.. Learner English on Computer [C]. London and New York: Addison Wesley Longman.

Nation, P. & R.1997. Waring.Vocabulary size, text coverage and word lists [A]. Schmitt, N. & McCarthy, M. ed. Vocabulary: Description, Acquisition and Pedagogy [C]. Cambridge: Cambridge University Press.

Nemser, W. 1971. Approximative Systems of Foreign Language learners [J]. International Review of Applied Linguistics (9).

Panther, K. & Linda, T.1999. The Potentiality for Actuality metonymy in English and Hungarian [A]. Panther & Radden ed. Metonymy in Language and Thought [C]. John Benjamins Publishing Company.

Radden, G. & Kovecses, Z. 1999. Towards a theory of metonymy [A] .Panther & Radden ed. Metonymy in Language and Thought [C]. Amsterdam: John Benjamins. Publishing Company.

Rosch, E. 1973.Natural categories [J].Cognitive Psychology (4).

Rosch, E. 1974.Linguistic relativity [A].Silverstein ed. Human Communication [C].New York: Halsted Press.

Rosch, E. 1975.Cognitive reference points [J].Cognitive Psychology (7).

Rosch, E. 1977.Human categorization [A].Warren ed. Advances in Cross Cultural Psychology [C]. London: Academic Press.

Rosch, E. 1978. Principles of categorization [A]. Rosch & Lloyd ed. Cognition and Categorization [C]. Hillsdale, NJ: Lawrence Erlbaum.

Selinker, L. 1972.Interlanguage [J].International Review of Applied Linguistics (10).

Talmy, L. 1988.The relation of grammar to cognition [A]. Rudzka-Ostyn, B. ed. Topics in cognitive linguistics [C]. Amsterdam: John Benjamins Publishing Company.

Talmy, L. 2000a.Toward a Cognitive Semantics 1: Concept Structuring Systems [M]. Cambridge, MA:MIT Press.

Talmy, L. 2000b.Toward a Cognitive Semantics 2: Typology and Process in Concept Structuring [M]. Cambridge, MA: MIT Press.

Ullmann, S. 1962. Semantics: An Introduction to the Science of Meaning [M]. Oxford: Blackwell.

Ungerer, F. & Schmid, H. J. 1996.An Introduction to Cognitive Linguistics [M]. London: Longman Group Uk Ltd.

Wales, K. 1989. A Dictionary of Stylistics [M]. London: Longman Group UK Ltd.

Wittgenstein, L. 1953. Philosophische Untersuchungen [M]. Oxford: Blackwell.

日语文献

青木晴夫. 1980. 英語を母語とする日本語学習者の問題点[J]. 日本語教育（40）.

葦原恭子, 小野塚若菜. 2014. 高度外国人材のビジネス日本語能力を評価するシステムとしてのビジネス日本語Can-do statementsの開発——BJTビジネス日本語能力テストの測定対象能力に基づいて[J]. 日本語教育（157）.

有薗智美. 2013. 行為のフレームに基づく「目」，「耳」，「鼻」の意味拡張[J].名古屋学院大学論集（1）.

飯田朝子. 2004. 数え方の辞典[Z]. 東京：小学館.

井内麻矢子. 1993. 初級日本語学習者を対象として助詞の縦断的習得研究[D]. お茶の水女子大学.

池上嘉彦.1995.言語の意味分析における〈イメージスキーマ〉[J].日本語学（10）．

池上嘉彦.1999.日本語らしさの中の〈主観性〉[J].言語（1）．

池上嘉彦.2006.〈主観的把握〉とは何か[J].言語（5）．

池上嘉彦,守屋三千代.2009.自然な日本語を教えるために[M].東京：ひつじ書房.

石井佐智子.2008.日本語における主観性の習得：言い切りの「た」を通して[A].大学院教育改革
　　支援プログラム「日本文化研究の国際的情報伝達スキルの育成」活動報告書[C].

市川保子.1993.中級レベル学習者の誤用とその分析──複文構造の習得を中心に[J].日本語教育
　　（81）．

市川保子.1997.日本語誤用例文小辞典[M].東京：凡人社.

伊藤健人.2008.イメージ・スキーマに基づく格パターン構文[M].東京：ひつじ書房.

岩沢正子,髙石久美子.1994.「算数」の教科学習を助ける日本語テキスト試案[J].日本語教育
　　（83）．

于康.2013.中国語母語話者の日本語学習者の「格助詞」不使用について[J].言語と文化（16）．

宇佐美洋,鑪水兼貴.2006.「XMLによる作文添削情報表示システム」仕様の発展について[A].
　　「日本語教育のための言語資源及び学習内容に関する調査研究」報告書[C].国立国語研究
　　所.

内尾久美.1973.助詞の変遷[A].品詞別日本文法講座　助詞[C].東京：明治書院.

内田茂.1998.留学生の日本語作文に見られる助詞の誤用について[J].教育研究所紀要（34）．

江田すみれ.1991.複合辞による条件表現　I──「となると」の意味と機能[J].日本語教育
　　（75）．

江田すみれ.1999.条件を表す複合辞「とすると」「とすれば」「としたら」の共通点と相違点に
　　ついて[J].日本語教育（99）．

大石久実子.1998.願望疑問文に関する自然談話分析──外国語を母語とする日本語話者のデータ
　　[J].日本語教育（97）．

大塚正之,岡智之.2016.場の観点から認知を捉える──主観的把握と客観的把握再考－[A].日本
　　認知言語学会論文集（16）[C].日本認知言語学会.

大野喜代治.1982.ニューカッスル大学の日本語教育[J].日本語教育（48）．

大堀壽夫.2002a.認知言語学[M].東京：東京大学出版会.

大堀壽夫.2002b.認知言語学II：カテゴリー化[C].東京：東京大学出版会.

大堀壽夫.2005.日本語の文法化研究にあたって[J].日本語の研究.第1巻3号.

岡田美穂,林田実.2016.中国語を母語とする中級レベルの日本語学習者の移動先を表す「に」と
　　動作場所を表す「で」の習得[J].日本語教育（163）．

岡智之.2007.日本語教育への認知言語学の応用──多義語、特に格助詞を中心に[J].東京学芸
　　大学紀要総合教育科学系（58）．

岡部寛.2000.格助詞の使い分け[J].京都橘女子大学研究紀要（26）．京都橘女子大学.

影山太郎.1996.動詞意味論：言語と認知の接点[M].東京：くろしお出版.

加藤重広.1997.日本語の連体数量詞と遊離数量詞の分析[J].富山大学人文学部紀要（26）．

樺島忠夫, 寿岳章子. 1965. 文体の科学[M]. 京都：総芸舎.

関承. 2014. 中国語母語話者における日本語自・他動詞の習得研究[D]. 広島大学.

舘岡洋子. 2001. 読解過程における自問自答と問題解決方略[J]. 日本語教育（111）.

金蘭. 2013. 中国人日本語学習者における語彙的統語的複合動詞の習得[J]. 国際文化学（26）.

工藤拓, 山本薫, 松本裕治. 2004. Conditional Random Fieldsを用いた日本語形態素解析[J]. IPSJ SIG Notes（47）.

黒田巍. 1963. 外国語教育に於ける文型練習の意義[J]. 日本語教育（2）.

国立国語研究所. 1951. 現代語の助詞・助動詞：用法と実例[M]. 秀光出版.

輿水実. 1964. 言語テストの種類と作り方[J]. 日本語教育（4・5）.

小林賢次. 2005. 条件表現史にみる文法化の過程[J]. 日本語の研究. 第1巻3号.

小柳かおる. 2001. 第二言語習得過程における認知の役割[J]. 日本語教育（109）.

呉琳. 2014. 身体部位詞の多義性とその習得——視覚器官〈目〉の日中対照を通して[J]. 言語文化教育研究（12）.

齋藤ひろみ. 2009. 外国人児童の就学時における日本語会話力——インタビュータスク時の発話資料の分析を通して[J]. 日本語教育（142）.

左咏梅. 2007.「上」と「下」のメタファーについて[J]. 大学院論文集（4）. 杏林大学大学院国際協力研究科.

佐治圭三. 1991. 誤用例分析の一例[J]. 日本語学（10-2）.

佐藤喜代治. 1970. 助詞の史的展開[J]. 国文学 解釈と鑑賞.（442）.

嶋津拓. 2016. 海外への「日本語の普及」に対する日本国民の意識——インターネット調査の結果から[J]. 日本語教育（163）.

朱桂栄, 砂川有里子. 2010. ジグソー学習法を活用した大学院授業における学生の意識変容について——活動間の有機的連携という観点から[J]. 日本語教育（145）.

鐘勇, 井上奈良彦. 2013. 日本語における上下メタファーの体系構成及びその特徴に関する一考察[J]. Studies in Languages and Cultures（30）.

鐘勇. 2013. 中国人日本語学習者のメタファー表現理解に影響する要因[J]. 比較社会文化研究（34）.

菅井三実. 1997. 格助詞「で」の意味特性に関する一考察[J]. 名古屋大学大学部研究論集（127）.

菅谷奈津恵. 2002. 日本語学習者によるイク/クル、テイク/テクルの習得：プロトタイプ理論の観点から[J]. 言語文化と日本語教育.

杉浦正利, 大曽美恵子, 市川保子, 奥村学, 小森早江子, 白井英俊, 滝沢直宏, 外池俊幸. 1997. 日本語学習者の作文コーパス：電子化による共有資源化[A]. 言語処理学会第3回年次大会論文集[C]. 言語処理学会.

杉村泰. 2010. コーパスから見た中国人日本語学習者の格助詞に関する問題点について[J]. 言語文化研究叢書（9）.

鈴木忍. 1978. 格助詞を中心にして[J]. 日本語教育（34）.

砂川有里子. 1987. 複合助詞について[J]. 日本語教育（62）.

砂川有里子. 1998. 日本語文型辞典[Z]. くろしお出版社.

迫田久美子. 2001. 学習者の誤用を生み出す言語処理のストラテジー（1）——場所を表す「に」と「で」の場合[J]. 広島大学日本語教育研究（11）.

迫田久美子. 2002. 日本語教育に生かす第二言語習得研究[M]. 東京：アルク.

高橋英光. 2010. 言葉のしくみ——認知言語学のはなし[M]. 北海道大学出版会.

武田祈. 1972. 「外国人のための基本語用例辞典」について[J]. 日本語教育（17）.

田中章夫. 1977. 近代語における複合辞的表現の発達[A]. 国語学と国語史[C]. 東京：明治書院.

田中聡子. 2002. 視覚表現に見る視覚から高次認識への連続性——視覚の文化モデル[J]. 言語文化論集（23-2）.

田野村忠温. 2002. 辞と複合辞[A]. 日本語学と言語学[C]. 東京：明治書院.

築島裕. 1959. 国語学要説[M]. 東京：創元社.

張蘇. 2013. 中国語母語話者による日本語受動文の習得：プロトタイプ理論を援用して[J]. 国際文化研究（19）. 東北大学国際文化学会.

趙南星. 1993. 韓国人日本語学習者による漢字書きの誤りの分析と評価[J]. 日本語教育（80）.

張麗虹. 2015. 中国人日本語学習者の複合動詞習得に関する認知的考察[J]. 応用言語学研究論集（8）.

陳曦. 2012. 日本語学習者における複合動詞の誤用分析[J]. ことばの科学（25）.

辻幸夫. 1991. カテゴリー化の能力と言語[J]. 言語（20-10）.

辻幸夫. 2003. 認知言語学への招待[M]. 東京：大修館書店.

程焱. 2015. 中国の大学日本語専門教育における学習者の「ベキダ」と「ハズダ」の使用意識について——短文作成問題と選択式問題に見られる誤用の分析結果から[J]. 日本語教育（160）.

翟東娜. 2008. 事態認識と把握に関わる誤用について[J]. 応用言語学研究論集（2）.

寺村秀夫. 1990. 外国人学習者の日本語誤用例集[M]. 特別推進研究「日本語の普遍性と個別性に関する理論的及び実証的研究」分担研究「外国人学習者の日本語誤用例の収集、整理及び分析」資料. 大阪大学.

時枝誠記. 1950. 日本文法口語篇[M]. 東京：岩波書店.

戸坂弥寿美, 寺嶋弘道, 井上佳子, 高尾まり子. 2016. 学外での日本語母語話者へのインタビュー活動に関する一考察——学習者の不安とその変化を中心に[J]. 日本語教育（164）.

中島悦子. 1990. 日本語と中国語の条件表現——「と」と"一"と"就"を中心に[J]. 日本語教育（72）.

長友和彦. 1993. 日本語の中間言語研究——概観[J]. 日本語教育（81）.

永野賢. 1953. 表現文法の問題——複合辞の認定について[A]. 金田一博士古稀記念言語民族論叢[C]. 東京：三省堂.

中村明. 1972. 国語辞典の情報対比[J]. 日本語教育（17）.

中村祐理子. 2002. 中級学習者の受け身使用における誤用例の考察[J]. 北海道大学留学生センター紀要（6）.

中村渉. 2004. 他動性と構文：プロトタイプ・拡張・スキーマ[A]. 認知文法論 2[C]. 大修館書店.

鍋島弘治朗. 2011. 日本語のメタファー[M]. 東京：くろしお出版.

仁田義雄，柴谷方良，村木新次郎，矢沢真人. 2000. 文の骨格[M]. 東京：岩波書店.

野内良三. 1998. レトリック辞典[Z]. 東京：国書刊行会.

橋本永貢子. 2014. 中国語の量詞"条"と日本語の助数詞「本」の多義的ネットワーク[J]. 日中語
　　彙研究（4）. 愛知大学中日大辞典編纂所.

蓮池いずみ. 2004. 場所を示す格助詞「に」の過剰使用に関する一考察[J]. 日本語教育（122）.

濱野寛子，李在鎬. 2007. 助数詞「本」のカテゴリー化をめぐる一考察[A]. 言語学と日本語教育Ⅴ
　　[C]. 東京：くろしお出版.

早瀬尚子，堀田優子. 2005. 認知文法の新展開——カテゴリー化と用法基盤モデル[M]. 東京：研究
　　社.

福岡昌子. 1998. イントネーションから表現意図を識別する能力の習得研究——中国4方言話者を
　　対象に自然・合成音声を使って[J]. 日本語教育（96）.

古川智樹，手塚まゆ子. 2016. 日本語教育における反転授業実践——上級学習者対象の文法教育に
　　おいて[J]. 日本語教育（164）.

古藤友子. 1987. 日中漢字音の対照[J]. 日本語教育（62）.

松木正恵. 1990. 複合辞の認定基準・尺度設定の試み[J]. 早稲田大学日本語教育センター紀要
　　（2）.

松木正恵. 1992. 複合辞性をどう捉えるか——現代日本語における複合接続助詞を中心に[A]. 辻村
　　敏樹教授古稀記念論文集　日本語史の諸問題[C]. 東京：明治書院.

松田真希子，森篤嗣，金村久美. 2006. 日本語学習者の名詞句の誤用と言語転移[J]. 留学生教育
　　（11）.

松本ースタート洋子. 2003. 日本語学習者によるワープロ文書の誤用漢字は「同音漢字の誤変換」
　　なのか[J]. 日本語教育（118）.

松本曜. 2003. 認知意味論[M]. 東京：大修館書店.

水野晴光. 1987. 日本語の中間言語分析[J]. 日本語教育（62）.

宮内佐夜香. 2003. 江戸後期から明治初期における接続助詞ニ・ノニの消長[J]. 日本語研究
　　（23）. 東京都立大学国語学研究室.

三宅知広. 2005. 現代日本語における文法化[J]. 日本語の研究. 第1巻3号.

望月圭子. 2009. 中国語を母語とする上級日本語学習者によるヴォイスの誤用分析[J]. 東京外国語
　　大学論集（78）.

籾山洋介. 1995. 多義語のプロトタイプ的意味の認定の方法と実際——意味転用の一方向性：空間
　　から時間へ[J]. 東京大学言語論集（14）.

籾山洋介. 1998. 換喩（メトニミー）と提喩（シネクドキー）：諸説の整理・検討[J]. 名古屋大学
　　日本語・日本文化論集（6）.

籾山洋介. 2002. 換喩をめぐって——認知言語学からのアプローチ[J]. 表現研究（76）.

守一雄. 1995. 認知心理学[M]. 東京：岩波書店.

守谷智美. 2005. 研修生の日本語学習動機とその生起要因——ある中国人研修生グループの事例か

ら[J].日本語教育（125）.

森山新,冉愛玲.2008.日本語母語話者と中韓日本語学習者の持つ格助詞デのカテゴリー構造比較[J].お茶の水女子大学人文科学研究（4）.

森山新.2008.認知言語学から見た日本語格助詞の意味構造と習得[M].東京：ひつじ書房.

森山新.2016.上下のメタファーの観点からみた動詞「あがる」の意味構造分析[J].お茶の水女子大学人文科学研究（12）.

森雄一,高橋英光.2013.認知言語学――基礎から最前線へ[M].東京：くろしお出版.

森雄一.2001a.提喩および「全体-部分」「部分-全体」の換喩における非対称性について[A].日本認知言語学会論文集（1）[C].日本認知言語学会.

安田春子.2008.格助詞「に」「で」の誤用研究――タイ中国の日本語学習者を対象に[J].鳴門教育大学実技教育研究（18）.

山泉実.2005.シネクドキの認知意味論に向けて：類によるシネクドキ再考[A].認知言語学論考（4）[C].東京：ひつじ書房.

山内美穂.2015.会話で「単独使用」される「たり」――なぜ「たり」で「可能性」や「意外性」が表せるのか―[J].日本語教育（162）.

山梨正明.1993.格の複合スキーマモデル:格解釈のゆらぎと認知のメカニズム[A].日本語の格をめぐって[C].東京：くろしお出版.

山梨正明.1995.認知文法論[M].東京：ひつじ書房.

山梨正明.2000.認知言語学原理[M].東京：くろしお出版.

山梨正明.2012.認知意味論研究[M].東京：研究社.

山本忠雄.1940.文体論――方法と問題[M].東京：賢文館.

姚艶玲.2004.中国語母語話者の日本語自他動詞の使用実態――作文とKYコーパスの分析を通して[J].東アジア日本語教育・日本文化研究（7）.

楊虹.2015.初対面会話における話題上の聞き手行動の中日比較[J].日本語教育（162）.

楊煜雯.2016.台湾人日本語既習者の発音能力を維持するe-learning教材の作成と実践[J].日本語教育（164）.

吉井量人.1977.近代東京語因果関係表現の通時的考察――「から」「と」「ので」を中心として[J].国語学（110）.国語学会.

吉川武時.1978.誤用例による研究の意義と方法[J].日本語教育（34）.

林玉惠.2002.字形の誤用からみた日中同型語の干渉及びその対策[J].日本語教育（112）.

汉语文献

蔡龙权.2003.隐喻理论在二语习得中的应用[J].外国语（6）.

曹大峰.2006.汉日平行语料库与翻译研究[J].外语教学与研究（3）.

陈朗.2010.二语教学中的隐喻能力培养[J].外语学刊（5）.

陈善敏,王崇义.2008.提喻的认知研究[J].外国语言文学（3）.

陈万霞. 2002. 英语学习者作文中的搭配错误分析[J]. 解放军外国语学院学报（1）.

陈新仁, 蔡一鸣. 2011. 为提喻正名——认知语义学视角下的提喻和转喻[J]. 语言科学（1）.

董成如. 2004. 转喻的认知解释[J]. 解放军外国语学院学报（2）.

高见, 戴曼纯. 2009. 英语学习者主题结构的习得研究[J]. 解放军外国语学院学报（1）.

桂诗春, 杨惠中. 2003. 中国学习者英语语料库[M]. 上海外语教育出版社.

贾红霞, 霍明杰, 李滁非. 2011. 国内认知语言学与二语习得研究的新趋势——全国第二届认知语言学与二语习得学术研讨会综述[J]. 外国语（02）.

姜亚军, 张辉. 2003. 国外隐喻与第二语言习得研究述评[J]. 国外外语教学（2）.

揭侠, 齐明皓. 2004. 日语中的换喻[J]. 外语研究（5）.

揭侠. 2005. 日语中的提喻[J]. 外语研究（2）.

蓝纯. 1999. 从认知角度看汉语的空间隐喻[J]. 外语教学与研究（4）.

李雪. 2012. 概念隐喻、概念转喻与词汇研究[J]. 外语学刊（4）.

李月平, 毛文伟. 2011. 小说文体的量化研究——夏目漱石的短篇小说为例[J]. 外语电化教学（1）.

马刚, 吕晓娟. 2007. 基于中国学习者英语语料库的情态动词研究[J]. 外语电化教学（3）.

毛峰林, 毛贺力. 2009. 日语隐喻、换喻及提喻表达方式的语用探讨——兼与汉语对比[J]. 日语学习与研究（6）.

毛帅梅. 2009. 论转喻的分类[J]. 外语学刊（4）.

毛文伟. 2002. 试析复合辞"～テナラナイ"、"～テショウガナイ"、"～テタマラナイ"的异同——语料库统计法在语法研究中的应用一例[J]. 解放军外国语学院学报（3）.

毛文伟. 2004. 「～カラニハ」と「～イジョウ」に関する一考察[A]. 日本学研究——纪念中日邦交正常化三十周年[C]. 上海外语教育出版社.

毛文伟. 2007. 论语料库信息自动筛选技术的实现及排错——以对接尾词"み"的考察为例[J]. 外语电化教学（1）.

毛文伟. 2009a. 日语语料库建设的现状综述[J]. 日语学习与研究（6）.

毛文伟. 2009b. 语料库在历时语言学研究领域的应用——以对机能辞「とたん（に）」的考察为例[J]. 外语电化教学（1）.

毛文伟. 2009c. 整合型学习者语料库平台的规划与实现——以中国日语学习者语料库CJLC的构建为例[J]. 现代教育技术（9）.

毛文伟. 2010. 基于语料库的历时语言学研究——以对瞬间继起机能辞的考察为例[J]. 日语学习与研究（4）.

毛文伟. 2012a. 日语学习者产出文本特征的量化分析[J]. 解放军外国语学院学报（1）.

毛文伟. 2012b. 日语自动词性赋码器的信度研究[J]. 外语电化教学（3）.

毛文伟. 2013a. 日本的日语二语习得研究50年:回顾与展望——以『日本語教育』学刊为例[J]. 东北亚外语研究（1）.

毛文伟. 2013b. 中国日语学习者作文词汇量及高频词目研究[J]. 外语电化教学（4）.

尚国文. 2013. 认知语言学研究方法述评[J]. 外国语文研究（2）.

沈家煊. 1994. "语法化"研究综观[J]. 外语教学与研究（4）.

束定芳, 汤本庆.2002.隐喻研究中的若干问题与研究课题[J].外语研究（2）.

束定芳.2004.隐喻和换喻的差别与联系[J].外国语（3）.

松井荣一.2009.日本语新词典[Z].上海外语教育出版社.

孙海燕.2004.基于语料库的学生英语形容词搭配语义特征探究[J].现代外语（4）.

孙海燕.2008.中国EFL学习者搭配能力的发展特征探析[J].外语研究（2）.

王春艳.2009.基于语料库的中国学习者英语近义词区分探讨[J].外语与外语教学（6）.

王立非, 张岩.2007.大学生英语议论文中高频动词使用的语料库研究[J].外语教学与研究（2）.

王沁.2009.基于英语语料库（CEM）的母语迁移语料研究[J].现代教育技术（11）.

王忻.2010a.从中国学习者偏误看日语接续表达形式[J].杭州师范大学学报（社会科学版）（1）.

王忻.2010b."行为可供性"原理视阈下的汉日方位词隐现规则——从中国日语学习者"の中"等多余使用偏误说起[J].日语学习与研究（5）.

王忻.2011a.认知语言学方法论对中国日语学习者偏误研究的启示[J].外语与外语教学（1）.

王忻.2011b.识解与中国日语学习者"态"范畴偏误[J].日语学习与研究（4）.

王忻.2015.中国日语学习者惯用语偏误与构式语法[J].杭州师范大学学报（3）.

王忻.2016.偏误—对比—认知语言研究范式的新尝试——以"对中国日语学习者偏误的认知语言学研究"为例[J].外国语（4）.

王忻, 何哲.2016.界理论视阈下的日语助词マデ、マデニ考察及其偏误分析[J].浙江大学学报（6）.

文秋芳, 丁言仁, 王文宇.2003.中国大学生英语书面语中的口语化倾向——高水平英语学习者语料对比分析[J].外语教学与研究（4）.

文秋芳, 王立非.2004.二语习得研究方法35年：回顾与思考[J].外国语（4）.

文秋芳.2009.学习者英语语体特征变化的研究[J].外国语（4）.

文旭.2002.认知语言学的研究目标、原则和方法[J].外语教学与研究（2）.

杨娜.2014.二语隐喻能力与词汇认知系统的构建[J].外语研究（2）.

伊娜.2010.换喻与提喻差异的认知分析[J].当代教育理论与实践（2）.

于翠红, 刘件福.2015.认知语言学视角下的二语习得研究范式新进展[J].现代外语（06）.

张萍.2007.不同二语学习者词汇复杂度的语料库对比研究[J].中国外语（3）.

张雪梅, 杨滢滢.2009.英语专业学习者的时态习得现状——一项基于中国英语专业写作语料库的研究[J].外国语文（3）.

赵艳芳.2001.认知语言学概论[M].上海外语教育出版社.

甄凤超.2005.中国学习者英语口语词汇量及常用词汇研究——基于英语口语语料库的词目研究[J].解放军外国语学院学报（5）.